庹志华 \ 编著

JIEQINGZHICI

节庆致辞

中原出版传媒集团
中原农民出版社
· 郑州 ·

图书在版编目（CIP）数据

节庆致辞／庹志华编著．—郑州：中原出版传媒集团，中原农民出版社，2013．6

ISBN 978－7－5542－0332－3

Ⅰ．①节… Ⅱ．①庹… Ⅲ．①演讲-范文 Ⅳ．①H019

中国版本图书馆 CIP 数据核字（2013）第 095455 号

出版：中原出版传媒集团　中原农民出版社

（地址：郑州市经五路 66 号　电话：0371—65751257

邮政编码：450002）

发行单位：全国新华书店

承印单位：北京东光印刷厂

开本：710mm × 1010mm　1/16

印张：22.25　**字数**：350 千字

版次：2013 年 6 月第 1 版　**印次**：2013 年 6 月第 1 次印刷

书号：ISBN 978－7－5542－0332－3　**定价**：38.80 元

前　言

中华民族历史悠久，文明渊源深厚，数千年积淀的民风、民俗、节日、庆典，越遍山山水水，一草一木，与全世界的华人水与乳般的交融、云与龙般的相从。我们的春节、我们的七夕、我们的中秋……

无论是亲朋聚会还是婚礼庆典，无论是政界沙龙还是商界盛典，一番激动人心的现场即兴贺辞往往是领导者彰显自己才华与魅力的绝佳时机。但是怎样在高朋满座欢聚一堂之时，怎样信手拈来，让自己的语言如风行水上，为节日、庆典欢乐的气氛锦上添花呢？

《节庆致辞》是一本专门针对各种庆典场合贺辞的实用书籍，全书共有十余篇，精选了节日、新婚、开（闭）幕、开业、学校活动、周年纪念、庆功、升职、就职、各类比赛、乔迁等庆典场景的贺辞实例百余种。通过各方面的展示，向读者阐述了庆典贺辞在各种人际交往、职场官场的重要作用。

本书采取了众多贴近生活的范例，致辞人对致辞场景的描述让读者有一种身临其境的感觉。同时，还为读者提供了大量的节庆贺辞佳句，以便丰富读者的视野。贺辞实例中不但有名人的经典贺辞欣赏，而且还包括庆典的礼仪习俗，为读者节选和创作提供了较大的选择空间。

在公开场合贺辞要做到语言优美，通俗易懂，并且力求诙谐、风趣和幽默，尽可能做到既通俗易懂，又生动形象，既言简意明，又娓娓动听。

书中文字深入浅出，通俗易懂，具有较强的趣味性，读起来朗朗上口，锦言妙语可以让你的事业和社交别开新的洞天。

编　者

目 录
Contents

第一章
庆节日致辞

节日贺辞有讲究

节日是一种民俗文化，是人们生活不可缺少的重要组成部分。不管是中国的传统节日，还是外来的“洋节日”都有着丰富的文化内涵。特别是我们中华民族的传统节日，是从远古发展演变而来的，它们的形成经历了一个历史文化长期积淀凝聚的过程。

既然节日饱含文化，那么必然要求人们在各种重大的节日活动中的致辞，充分展示语言的魅力。而需要注意的是，不同的节日有着不同的文化内涵，也就说明每个节日贺辞所需要表达的主题应该是有区别的。例如，在国庆节致辞时，主要是纪念新中国成立、回顾国家成就；在护士节致辞时，很多人会通过缅怀南丁格尔激发护士们的工作热情。根据节日自身的特点确定贺辞主题、表达思想，是致节日贺辞首先要注意的问题。

节日贺辞的主题确定之后，就要进行内容的组织了。值得注意的是，无论是在哪个节日，致辞的内容都应该具有现实意义，因为只有贴近人们生活的贺辞内容才能让人们感到亲切，才能产生强烈的共鸣和反响。例如，在国际劳动节致贺辞时，贺辞内容应该围绕一些感人的劳模事迹，颂扬和赞美劳动者的崇高精神。

事实上，即使是同样的贺辞内容，从不同人的口中说出，产生的效果有时也会有天壤之别，其原因就在于他们对语言风格的把握。不同的节日有特定的文化内涵，这要求我们的贺辞根据实际的需要来发挥，有时需要热情，有时需

要冷静，有时需要幽默，有时需要严肃。如果在任何场合中都用千篇一律的节日贺辞，那恐怕不仅听众会烦，自己也会难以忍受。当然，要想讲得出色，让听众感觉耳目一新，最好能在撰稿时以自身的个性语言来表现自己独特的气质。而更高的要求是致辞人能掌握多种语言风格，以便在特定的场合或情景中展示出最有感染力和吸引力的节日贺辞。

春　节

◎春节纵览

春节俗称过年，又叫做年节，它是集祈年、庆贺、娱乐为一体的中华民族最隆重、最热闹的传统佳节。事实上，很多人还不知道，从传统意义上来讲，春节不仅仅是指大年三十和初一，而是指从腊月二十三一直到正月十五这一段时间，只是最热闹的要数除夕和大年初一了。

春节历史久远，有四千多年的历史了。关于春节的起源有多种说法，其中被公众普遍接受的是春节由虞舜兴起。传说公元前20世纪，舜继天子位，带领着手下一干人等祭拜天地，从此人们便把这一天称为“岁首”。据说这就是农历新年，也就是春节的最初由来。

春节在古代也叫做元旦，而春节所在月份就叫做元月。值得一提的是，中国历代元旦的时间并不一致。例如，夏将孟春（春季的首月）的元月作为正月，商将腊月作为正月，秦大一统后把十月作为正月，汉初沿用秦制。这样的历纪让汉武帝刘彻感到混乱，于是就令大臣公孙卿和司马迁造“太阳历”，规定以农历正月为一岁之首，以正月初一为一年的第一天，也就是元旦。此后，中国一直沿用农历纪年，直到清末。辛亥革命以后，公历1月1日被称为“元旦”，称农历正月初一为“春节”。

关于在春节期间开展庆祝活动的历史也十分久远了。大约在西周时，人们在年节会举行盛大的庆祝丰收的活动，后来祭天祈年便成为年俗的主要内容。人们借过年之际酬谢诸路神明，如灶神、门神、财神等，也祈愿在新的一年得到更多福佑。春节历来也被当作是阖家团圆、敦亲祀祖的日子。除夕之夜，全家欢聚一堂，吃过“年饭”，长辈会给孩子们“压岁钱”，然后一家人团坐“守岁”。大年初一凌晨，鞭炮齐鸣，辞旧岁、迎新年的活动达到高潮。大年初一，人们依次给长尊拜年，紧接着同族亲友相互祝贺。此外，各种丰富多彩的娱乐活动，如耍狮子、扭秧歌、踩高跷等也为新春佳节增添喜庆气氛。

春节历经了几千年的文化积淀，有着异彩纷呈的民俗风情。现在，物质生活水平提高了，人们对亲情、友情、和谐、美满的追求也变得更加强烈，而春节庆祝以辞旧迎新，祝福团圆平安、兴旺发达为主题也更丰富多彩了。

春节贺辞的一个显著特点就是语境的时间性强，往往有明显的时间划分，一边是辞旧，一边是迎新。这也表现在春节贺辞的主题上，通常都是回顾过去的成绩，展望未来的发展。春节贺辞一般都在最后表达鼓励、希望和祝愿。

◎经典致辞

范例一

[致辞背景] 公司新春酒会

[致辞人] 公司总裁

各位来宾、各位朋友：

律回春晖渐，万象始更新。值此岁序更迭，喜庆将至之际，我谨代表××公司全体同仁，对所有新老客户和朋友予以我们的真诚信赖、热情支持致以深深的谢意！

××××年是极不平凡的一年，在中国经济艰难复苏这一年里，我们的业务开展倍感艰辛。一路走来，有汗水也有泪水。当我们遇到挫折时，你们的支持与鼓励是我们最大、最强的动力，真诚感谢你们十年如一日的信任与支持。可以说，我们取得的每一份成绩，每一点进步，都跟你们的理解、支持与信赖密不可分。你们坚定了我们信心，让我们勇往直前、迎难而上！

展望××××年，我们将继续秉承“××××”的服务宗旨，继续推进集团管控模式与人力资源变革，深化内部管理，优化作业流程，以力求为大家提供更优质、更快捷的服务。同时，我们也期待着与大家有更多的交流、更多的默契。大家的肯定就是我们工作的价值。

九万里风篷正举，让我们一同携手，共同营造一片属于我们的市场经济的蓝天！

最后，祝大家新春快乐、身体健康，恭喜发财！

范例二

[致辞背景] 新春佳节来临之际

[致辞人] 公司经理

尊敬的广大员工、家属：

爆竹声声和谐年，凯歌阵阵迎新春。值此辞旧迎新的喜庆时刻，我谨代表××公司向广大员工及家属致以新年的问候和节日的祝福！

××××年是公司稳健发展的一年。在全球经济不景气，尤其是金融危机的重创下，我们通过产业升级打开局面，依靠科技创新谋求发展。××××年也是公司全体员工与时俱进、开拓创新、团结奋斗、取得新的成绩的一年。公司全体员工在各自岗位上兢兢业业、辛勤耕耘，使公司的各项工作得以顺利完成。在工期紧、任务重的情况下，我们的员工面对种种考验，发扬特别能吃苦、特别能战斗的精神，知难而上，顽强拼搏，表现出高昂的斗志和极大的工作热情，体现出良好的精神风貌，为公司施工任务的圆满完成作出了重要贡献，为公司品牌的树立打下了坚实的基础。

一元复始，万象更新。此刻，新春的钟声即将敲响，××××年将是公司发展非常重要的一年，我们应有清醒的认识和更开阔的视野。当前，我国经济形势发生了深刻变化。企业成本上升，客户日益挑剔，市场瞬息万变，行业竞争加剧……我们面临前所未有的挑战。

过去的一年有太多感慨，新的一年又有太多期待。我坚信：因为有全体员工的努力奋斗，因为有梦想，我们携手并肩，稳健前行；因为有承诺，我们奋发进取，义无反顾！

××××年，将是我们创造梦想、谱写华章的一年！最后恭祝大家安康快乐，万事如意！

范例三

[致辞背景] 公司春节酒会

[致辞人] 员工代表

尊敬的各位领导、各位同事：

大家晚上好！

鼠年悄然去，金牛迎春来。值此辞旧迎新、新春佳节的喜庆时刻，我谨代表××公司全体员工向一年来支持我们工作的公司各级领导及家属致以新春的问候！

回顾××××年，公司凭借科学的管理，让全体成员以饱满的精神、富有激情的工作态度，在紧张纷繁而又有序的工作中度过了不平凡的一年，取得了可喜的成绩。这份成绩是公司全体成员共同努力的结果，也是公司各级领导正确领导的结果。

春风即将撞响吉祥的钟声。展望××××年，我们充满了必胜的信心和奋进的力量。新年新气象，只要我们在新的一年里顽强拼搏，积极进取，响应公司号召，公司的效益就会越来越好，我们的生活就会更加美好，我们的前途就会更加广阔！

最后，祝大家新春愉快、幸福安康！

范例四

[致辞背景] 全院职工及家属大会

[致辞人] 医院董事会代表

女士们、先生们，朋友们：

辞旧岁看江山如画，贺新春迎盛世繁华。伴随着新年的喜庆气息，我们即将跨入崭新的××××年。值此辞旧迎新之际，我谨代表医院领导班子成员，向一直以来关心和支持医院工作的各级领导、各界朋友，向心系医院发展的离退休老同志，向辛勤工作、无私奉献的全院职工致以最诚挚的问候和最衷心的祝福！

岁月不居，天道酬勤。即将过去的这一年，对我们医院来说是极富挑战性的一年。是不平凡的一年。这一年中，我院深入贯彻落实科学发展观，紧扣“学科建设、人才培养”主题，不断增强医院核心竞争力。我们突破传统、整合现代，成就了我院前所未有的辉煌。我们欣喜地看到，在院领导躬力亲为的指导和白衣天使们的辛勤劳动下，医院取得的喜人成就。这成就凝聚着全院职工的心血和汗水，展现出了我院职工爱岗敬业、无私奉献和顽强拼搏精神。在此，我真诚地向你们道一声：感谢你们！你们辛苦了！

旧岁已展千重锦，新年再进百尺竿。展望××××年，新的起点，新的希望，新的目标，昭示着美好的未来。听！充满机遇与挑战的××××年的号角已经吹响了！让我们带着激情和喜悦整装出发，携手并肩，奋勇向前！

最后，恭祝全院职工及家属新年快乐、幸福吉祥！

范例五

[致辞背景] 学校春节联欢会

[致辞人] 校长

老师们、同学们，朋友们：

大家好！

今天，我们在这里欢聚一堂，共度新春。在辞旧迎新之际，我代表学校向支持学校工作、关心学校建设的各级领导、家长朋友、社会各界人士，向关注母校发展的校友们，向辛勤耕耘、无私奉献的全体教职员工及全体教职工家属们表示衷心的感谢和崇高的敬意，并致以最美好的新春祝福！

时光匆匆，岁月流逝。××××年，在教育局的正确领导和全校师生的共同努力下，我校教育工作坚持以人为本，以办人民满意教育为宗旨，内抓管理，外树形象，深化课程改革，强化教学管理，提高学校的核心竞争力，促进了学校的可持续发展，取得了一个又一个的好成绩，得到了上级领导的肯定和社会各界人士的赞誉。

收获之后，还要耕耘。××××年翩然而至。翘首远望，憧憬未来，我们胸中涌动着的是超越的激情、腾飞的畅想。××学校的宏伟蓝图正等着我们再去勾画，美好愿景正等着我们去展望，我们的事业发展亟待谱写出崭新的篇章！

我们将看到学校进一步扩大的社会影响，进一步提升的整体办学水平；我们将看到学科建设的进一步加强，学校特色的进一步彰显；我们将努力做到学校德育体系的和谐化、课程体系的人性化、课堂教学的最优化。我们坚信，我们共同耕耘的这片热土、我们为之共同奋斗的××学校，将成为一所“教育高质、管理科学、特色鲜明、影响深远”的现代化学校。

老师们，同学们，朋友们！让我们心连心、手牵手，接受新春的赐予，享受这新的一年！让我们同心同德、群策群力，为我们深爱的××学校的美好明天而奋斗！

最后，祝大家新年快乐、万事如意！

◎妙语赏析

春节贺辞妙语

★春节即将来到，我用祝福捻制成的绒线，在烛光下为您织起一件红色的毛衣：前身是平安，后身是幸福；吉祥是厚厚的肩，如意戴在袖子里；领子蕴藏着体贴，口袋把快乐盛满。将它穿在身上，让温暖包裹着您。让我的心陪伴您度过新年！

★新的一年开始，祝好事接二连三，心情四季如春，生活五颜六色、七彩缤纷，偶尔“八”点小财，烦恼抛到九霄云外！请接受我十（实）心十（实）意的祝福。祝新春快乐！

★春天的钟声响，新年的脚步迈。祝新年的钟声敲响你心中快乐的音符，幸运与平安如春天的脚步紧紧相随！

★新年好运到，好事来得早；朋友微微笑，喜庆将你绕；花儿向你开，鸟儿对你叫；生活美满又如意！喜庆！喜庆！一生平安如意！

★新春到来喜事多，阖家团圆幸福多，心情愉快朋友多，身体健康快乐多，一切顺利福气多，新年吉祥生意多。祝您好事多！多！多！

★一起工作的日子是快乐的，一起奋斗的日子是难忘的！感谢您一直对我的帮助，新年之际给你多多祝福。祝福加祝福是很多个祝福，祝福减祝福是祝福的起点。祝福乘祝福是无限个祝福，祝福除祝福是唯一的祝福。祝福你平安幸福，新年快乐！

★岁末甫至，福气东来，鸿运通天。否极泰来时，重申鲲鹏之志；惜时勤业中，展示无限风采。祝新年吉祥！

★祝您春节一而再、再而三，事事如意，五福临门，六六大顺，七彩生活，八面玲珑，久盛不衰，十全十美。百年好合，千禧之际，万贯家财！慢慢享用！

★祝愿你在新的一年里，所有的希望都能如愿，所有的梦想都能实现，所有的期待都能出现，所有的付出都能兑现！

★祝你新年一帆风顺，二龙腾飞，三羊（阳）开泰，四季平安，五福临门，六六大顺，七星高照，八方来财，九九同心，十全十美！

★新年的钟声就要响起，每一声都是我的一个祝福。送十二个祝福给你，让它伴着你！新年快乐！

★新年里举起杯，任酒的醇香在空气中荡漾，任我对你的感激在杯里慢慢沉淀……深深祝福，祝你新年幸福美满、健康快乐！

★山脉能阻隔天高地远，却阻隔不住深深思念；经纬可拉开距离，却挡不住真挚情感；岁月可流逝华年，但朋友再远也会亲密无间。春节来临，送去我的祝福片片……

春节妙联佳句

一般春联

风和日丽；人勤地丰　　三星在户；五业其昌　　百事皆乐；万象更新

云霞呈秀；梅柳生辉　　门迎百福；户纳千祥　　金莺报喜；玉燕迎春

山河添秀色；大地沐春晖　　好景年年好；新春岁岁新

春晖盈大地；正气满乾坤　　淑气芝兰茂；春风桃李香

三阳临吉地；五福萃华门　　花随春意发；福从好运来

半年飞瑞雪；好景舞春风　　万里春光美；九州瑞气浓

春风舒冻柳；瑞雪兆丰年

瑞雪娇梅袅柳；新春美酒佳联　　四海旌旗映日；五湖战鼓催春

天时地利人和；虎跃龙腾鹏展　　风展红旗似画；春来绿水如蓝

岁岁三春得意；年年万事开心　　喜看江山如画；展望前程似锦

一元二气三阳泰；四时五福六合春

柳眼桃腮舒化日；莺歌燕舞闹春风

三阳开泰生机发；九天增辉喜气扬

玉树暖迎沧海日；珠帘光动锦城春

天增岁月人增寿；春满乾坤福满门

春到千家同致富；福临万户共迎祥

百业兴昌欣逢盛世；万民愉悦喜接新年

辞旧岁合力山成玉；庆新春同心土变金

鸟语花香有声有色；国强民富可喜可歌

瑞雪纷飞村村兆瑞；春风浩荡处处迎春

人杰地灵百业兴旺；山欢水笑五谷丰登

华夏中天艳阳高照；神州大地紫气东来

旭日出东方光弥宇宙；百花开大地春满人间
大地播春光山清水绿；神州增秀色万紫千红
五更分二年年年祝福；一夜连双岁岁岁呈祥

松香竹香梅香香风阵阵；天美地美人美美意重重
迎新年万众共饮奋飞酒；干四化九州齐唱改革歌
万木逢春三山五岭皆吐翠；百花得意万紫千红尽争荣

新瑞色布人间锦绣河山添锦绣；春阳普大地光辉节日更光辉
松劲南山鹤栖北野天南海北人高寿；莺歌西月燕舞东风河西江东景长春

机关团体专用联

实事求是；以身作则　　伟业千古；福泽万年
先公后私；舍己为人　　春意无限；江山多娇
有公德乃大；无私品自高　神州春意满；大地颂声高
一身正气袪邪气；两袖清风拂歪风
任劳任怨挑重担；全心全意为人民
克己奉公昭正直；为民做仆倡清廉
铁面无私党风正；执法有据民心安
心存民生同百姓乐；胸怀国计先天下忧
锦绣山河天长地久；安定团结国泰民安
替群众办事真心实意；为人民掌权廉洁奉公
老传统老作风发扬光大；新思想新道德蔚然成风
知人善用四化花繁叶茂；才路广开群星灿烂云集

商业专用联

生意兴隆；财源茂盛　　琳琅满目；顾客盈门　　堆金积玉，聚宝藏玢
聚沙为塔；滴水成河　　宏基永固；源水长流　　门盈喜气；店满春风
汇川纳海；敛福生财　　春阳乍暖；生意勃兴　　兴隆大业；昌裕后人
云霞分五色；锦绣聚千纯　　巧做百家菜；喜迎四方客
三江待茶客；四海迎春风　　多想生财道；广开致富门
环绕生财地；祥开造福门　　接八方贵客；迎四海亲人

生意兴隆通四海；风味佳美誉三秦
东风利市春来有象；生意兴隆日进无疆
顾客如川川流不息；生财有道道畅无穷
广开资源，财似造山千篑少；畅通渠道，物随人意四方流

教育专用联

文坛香溢；艺苑花荣　学知不足；业精于勤　十年树木；百年树人
风华正茂；意气方遒　读万卷书；行万里路　书山觅宝；学海泛舟
一代园丁乐；四时桃李荣　文坛有芳草；艺苑多奇葩
艺苑百花俏；文坛万象新　学海凭鱼跃；书林任鸟翔
园丁呕心沥血；桃李斗艳争奇　打开科学宝库；培养建设栋梁

一身许国传科技；两袖新风作师表
神州满园桃李艳；中华遍地栋梁材
书山有路勤为径；学海无涯苦作舟
攻千重关心怀天下；读万卷书志在四方

卫生医疗专用联

起死回生通妙诀；救死扶困羡良医
永求良药医百病；发挥妙手治千人
健康门第春常在；卫生人家庆有余

讲卫生天增岁月人增寿；除疾病春满神州福满门
白衣红心，舍己为人，先防再治；高术精艺，扶伤救死，妙手回春

部队、军烈属专用联

英雄门第；革命人家　坚如磐石；固若金汤　效忠祖国；保卫边疆
铜墙铁壁；富国强民　三春美景；万里长城　军民义重；鱼水情深

春日照人多暖意；长城卫国御寒潮
戈戟驰驱挥落日；旌旗彪炳舞春风
春意饱含国防绿；朝霞尽染领章红

英雄花开英雄门第；光荣灯挂光荣人家

钢枪伴朔风威震万里；红星迎白雪辉映四方

勇攀四化高峰，喜迎新春旭日；搏击万里长空，捍卫祖国蓝天

★各生肖年专用联

鼠为生肖首；春乃岁时先　　春燕鸣暖树；金鼠跃青枝

银花火树迎金鼠；海味山珍列玉盘

银花万簇迎金鼠；火树千株展玉龙

黄牛耕沃野；紫气茏新春　　丑时春入户；牛岁福临门

玉碗生光辉琥珀；金牛焕彩耀星辰

翠柳迎春千里绿；黄牛耕地万山金

鼠去牛来辞旧岁；龙飞凤舞庆明时

金牛回春大地聚秀；红日放彩满门增辉

事事都如意；虎虎有生气　　虎气冲星斗；春光艳锦霞

春天春起色；虎岁虎生威　　承牛年好运；展虎岁鸿猷

江山秀丽春增色；事业辉煌虎更威

金牛辞岁寒风尽；白虎迎春喜气来

红梅迎春笑；玉兔出月欢　　卯门生紫气；兔岁报新春

玉兔迎春至；黄莺报喜来　　虎威惊盛世；兔翰绘新春

玉兔迎春春入户；金莺报喜喜盈门

日暖神州春晖万里；兔回大地气象一新

春日春浩荡；龙年龙腾飞　　龙年呈龙瑞；春节溢春光

千家福气金龙降；万里春光紫燕衔

云近紫台龙虎气；春回青苑凤麟游

风发龙门春浪暖；日临雁塔晓云开

玉兔呈欢辞旧岁；神龙跃起展鸿猷

山舞银蛇景；梅香瑞雪春　　花柳春风录；蛇年瑞气盈

山欢水笑普天乐；龙去蛇来遍地春

天蓝水碧青蛇降；柳绿桃红紫燕飞

风调雨顺年丰稔；龙去蛇来岁吉祥
灵蛇出洞吐春意；喜鹊登梅报福音

马踏春锦绣；莺歌世风流　　万马争飞跃；百花展笑颜
春拂芬芳地；马奔锦绣程　　老骥志千里；新春花万重
大鹏展翅青云路；骏马奔驰浩荡春
春阳送暖芳菲地；骏马奔驰锦绣程

金羊启泰；彩凤鸣春　　未时骄阳艳；羊岁淑景新
三羊生瑞气；百鸟唤春光　　金马辞旧岁；银羊贺新春
五羊献瑞人增寿；百鸟鸣春喜盈门
金凤呈祥人得意；玉羊衔瑞事称心
金猴扶正气；玉宇荡清风　　金猴开玉宇；紫燕舞新春
羊年得福全家福；猴岁迎春遍地春
回首羊年呈喜庆；举眸猴岁报平安
猴献蟠桃祝万福；春临大地发千祥
金猴玉兔弄春色；紫燕黄莺弹妙音

金鸡鸣富足；彩凤语祥和　　旭日光天地；金鸡报吉祥
九州曙色金鸡唤；四海春风紫燕掀
日新月异金鸡唱；鸟语花香大地春
鸡鸣燕舞千门福；世盛人欢四海春
鱼游春水纳余庆；鸡唱曙光报吉祥

金鸡争报晓；玉犬喜迎春　　犬守太平世；梅开如意春
犬吠鸡鸣春灿烂；莺歌燕舞景妖娆
金鸡报晓迎春至；黄犬守更接福来
辞旧灵鸡歌日丽；迎新瑞犬报年丰
雄犬偏能欺得虎；黄沙自可变成金

春丽花如锦；猪肥粮似山　　猪肥家业旺；春好福源长
吉日生财猪拱户；新春纳福鹊登梅
朱门北启新春色；紫气东来大吉祥

景象升平开泰运；金猪如意拱财源

猪增财富新春喜；燕舞祥和旧主欢

元宵节

◎元宵节纵览

春节过后的农历正月十五是中华民族的又一传统节日——元宵节。这个节日已传承两千多年，不仅盛行于海峡两岸，在海外华人聚居区也年年盛庆不衰。“元宵”中的“元”代表正月，即元月；“宵”是古人对夜的称呼。正月十五是一年中的第一个月圆之夜，可谓一元复始夜，所以人们觉得值得庆贺。当然，这也是新春的延续。

在中国民间，元宵节这天的庆祝活动多种多样。每逢正月十五，天上明月高悬，地上也点起万盏彩灯。人们出门赏月、燃灯放焰、喜猜灯谜、共品元宵，家家户户阖家团聚、同庆佳节，其乐融融。有的地方还大耍“百戏”，同贺佳节，甚至形成万民空巷的娱乐高潮。因此，元宵节可算得上是中华民族的“狂欢节”了。

元宵节最早起源于秦末，当时有“正月十五燃灯祭祀道教太乙神”的记载，可见这一节日是由“敬神送年”演变而来。东汉年间，元宵节有了“灯节”之称，这是因为在当时的街头有了放灯的习惯。这一活动对后来的元宵节影响深远。特别是到了唐代，放灯发展成为规模盛大的灯市。当时的赏灯活动十分盛行，皇宫、街道处处挂灯。

宋代的元宵节更加热闹，灯的样式比唐代更为丰富，赏灯活动要持续五天。当然，五天还不是最长的，明代的灯节一般要持续十天。清代的赏灯活动虽然只有三天，但是赏灯活动的规模是前代所不能比的，而且当时除了燃灯外，还燃放烟花助兴。

宋代元宵节还有一项新活动，那就是“猜灯谜”。据说，南宋有好事者将谜语写在纸条上，并将其贴在彩灯上供人猜。谁知这一举动广受欢迎，于是广泛流传开来。

元宵节这天，民间的习俗很多，最著名的就是吃元宵了。元宵最初被叫做“浮圆子”，后来称为“汤圆”，取团圆之意，象征全家团团圆圆、和睦美满。有些地方还有“走百病”的习俗，这种活动的参与者多是妇女，

他们结伴走墙边，或过桥，走郊外，目的在于祛病除灾。元宵节的活动随时间的推移不断丰富，很多地方在佳节期间还有耍龙灯、耍狮子、踩高跷、划旱船、扭秧歌等传统民俗表演。

元宵节事实上是春节的延续，因此元宵节贺辞与春节贺辞的形式基本相同。带有明显的辞旧迎新的意味。它的主题应该是轻松、欢乐的，对新一年充满了期待和祝愿。贺辞的语言应生动、充满感情，营造出喜庆的节日气氛。

◎经典致辞

范例一

［致辞背景］ 元宵节焰火晚会

［致辞人］ 公司领导

尊敬的各位领导、各位同志，女士们、先生们，朋友们：

大家晚上好！

金牛奋蹄迎新春，火树银花万象新。元宵佳节已至，为庆祝××××年我公司取得的丰硕成果，今夜我们在此举办元宵节焰火晚会。首先，请允许我代表公司各级向支持、关心和帮助我公司发展的社会各界人士表示衷心的感谢，并致以节日的问候和良好的祝愿！

在刚刚过去的××××年，我公司全体干部员工顶住巨大压力、历经艰苦磨难、经受严峻考验，团结奋进、锐意进取，各项事业均取得了新发展、创造了新辉煌。这一年是我公司发展历史上极不平凡的一年，是“垮的只能是困难、不垮的永远是意志”的硬骨头团队精神升华践行的一年。

深情辞旧岁，昂首迎新春。××××年的发展目标已经锁定，进军的战鼓也已经擂响。让我们齐心协力、众志成城，开拓创新，扎实苦干，去取得新的、更大的胜利。我相信，我公司的明天一定会更加美好和辉煌！

最后，预祝今天的元宵焰火晚会取得圆满成功！祝全体干部员工在新的一年里生活愉快、家庭幸福！

范例二

［致辞背景］ 集团公司元宵联欢会

［致辞人］ 董事长

同志们：

值此中华民族传统节日——××××年元宵节来临的美好时刻，我们欢聚一堂。首先，向在座的同志们，并通过你们向全体员工及其家属送去节日的问候和真诚的祝福！同时也对大家一年来的辛勤工作表示衷心的感谢！

人间易岁，普天皆春。回首过去的一年，面对严峻、复杂的形势，我们全体员工坚定信心、迎难而上、共克时艰。我们在极其艰难的情况下，展示了万众一心、和衷共济、努力拼搏的精神风貌，彰显了我们公司“团结、奉献、求是、创新”的企业精神，确保了公司生产经营工作的良好运转，圆满完成了全年的目标任务。

立足当前，我们任重道远。××××年是充满机遇、充满希望、充满挑战的一年。展望未来，我们信心百倍。在新的一年里，我们要以更加饱满的热情，更加昂扬的斗志，更加务实的作风投入到工作当中！我坚信，有我们共同的努力，××集团的明天一定会更美好，广大员工的生活也一定会更幸福！

最后，衷心祝愿大家在新的一年里工作干得顺心，生活过得舒心，家庭充满温馨！

范例三

［致辞背景］　县元宵节晚会

［致辞人］　县委书记

同志们、朋友们：

大家晚上好！

春回大地，万象更新。今晚，我们欢聚一堂，共庆元宵佳节。首先，我代表××向参加晚会的社会各界朋友表示热烈的欢迎和衷心的感谢！向全县人民致以节日的问候和美好的祝愿！

刚刚过去的××××年，是××发展最快、变化最大、人民群众得实惠最多、各项工作取得丰硕成果的一年。一年来，我们深入贯彻落实科学发展观，团结带领全县人民艰苦奋斗、共克时艰、化危为机，克服特大地震灾害和国际金融危机的严重影响，夺取了灾后重建和经济社会发展的双重胜利。全县实现国内生产总值××亿元，增长×%；财政收入××亿元，增长×%。教育、卫生等民生事业取得重大突破，统筹城乡扎实推进。放眼英雄故乡，人民安居乐业，社会和谐稳定，处处生机盎然。

回首过去，我们倍感欣慰；展望未来，我们激情满怀。××××年，是实施“十一五”规划的最后一年，也是推进“两个加快”的关键之年。在新的一年里，我们要牢牢把握“××××、××××”工作基调，坚持

“××××、××××”总体取向，深入实施“×××、×××、×××”发展战略，大力弘扬“继光精神”，团结奋进，务实创新，统筹推进经济、社会、文化和党的建设，夺取经济社会发展和灾后重建新胜利！

新的一年，新的征程。当前，全县经济发展正处于上升期，重大工作处于攻坚期。我们要以更加饱满的热情、更加昂扬的斗志和更加务实的作风，求实创新，奋力拼搏，为加快建设步伐，做出新的、更大的贡献！

最后，祝全县人民新春愉快、身体健康、阖家欢乐、万事如意！

◎妙句赏析

元宵节贺辞妙语

★赏明月，观花灯，今宵花好月圆；元宵圆，家团圆，新年好梦更圆；龙灯舞，祝福来，明朝光辉灿烂。借着元宵佳节，我真情祝愿：愿你的未来更美好！

★圆圆的月亮，相聚的情；圆圆的花灯，欢乐的情；圆圆的汤圆，温暖的情；团圆的心愿，岁岁的情。祝元宵节阖家欢乐，吉祥如意！

★一声声锣鼓敲响元宵的祝福，一幕幕烟火点燃元宵的祝福，一盏盏彩灯照亮元宵的祝福，一阵阵沸腾煮熟元宵的祝福。祝你元宵节一福接一福！

★请尝尝我亲手给你做的一碗汤圆，用“快乐”和面，“开心”做馅，在“健康”的水里煮熟，用“幸福”的小碗端到你面前。祝元宵节快乐，天天开心！

★过年好，元宵到，幸幸福福一年绕；过年好，元宵到，开开心心四季妙；过年好，元宵到，顺利全家好；过年好，元宵到，团团圆圆过元宵！

★如果一滴水代表一份寄挂，我送你整个东海；如果一颗星代表一份思念，我送你一条银河；如果一勺蜂蜜代表一份祝福，元宵节我送你一个马蜂窝！

★用呵护做糯米，揉捏进一颗真心，裹住美满与甜蜜，黏稠的浆汁是我的良苦用心，愿它品出你节日什锦的心情！

★带上我的祝福，带上我的祝愿，愿你在元宵佳节到来之际，用彩灯描绘出美丽的人生，用烟火点燃幸福的明天，用汤圆圆出未来的梦想。元宵节快乐！

★众里寻她千百度，蓦然回首，祝福却在花灯深处，你看到了吗？一盏盏灯是我一声声真情的祝福：愿你的明天如花灯般锦绣，愿你的未来如花灯般闪亮！

★带上诚挚的祝福，愿元宵的彩灯带给你五彩缤纷的世界，愿元宵的汤圆带给你“滚烫”的明天。元宵节快乐！

★三五良宵，花灯吐艳映新春；一年初望，明月生辉度佳节。元宵节快乐！

★汤圆圆，月圆圆，我的祝福也圆圆：梦圆圆，财圆圆，寿圆圆，情圆圆，福圆圆，运圆圆，家圆圆，人圆圆，愿圆圆……元宵节愿你吉祥如意万事皆圆圆！

★元宵到，送你彩灯：红色代表开心，绿色代表幸福，黄色代表梦想，蓝色代表思念，橙色代表寄托，紫色代表希望，青色代表吉祥……愿绘出你四季的安康！

元宵节诗词佳句

★法轮天上转，梵声天上来；灯树千光照，花焰七枝开。

——［隋］隋炀帝《元夕于通衢建灯夜升南楼》

★锦里开芳宴，兰红艳早年。缛彩遥分地，繁光远缀天。接汉疑星落，依楼似月悬。别有千金笑，来映九枝前。

——［唐］卢照邻《十五夜观灯》

★火树银花合，星桥铁锁开。灯树千光照，明月逐人来。

——［唐］苏道味《正月十五夜》

★千门开锁万灯明，正月中旬动地京。三百内人连袖舞，一进天上著词声。

——［唐］张祜《正月十五夜灯》

★去年元夜时，花市灯如昼。月到柳梢头，人约黄昏后。今年元夜时，月与灯依旧。不见去年人，泪湿春衫袖。

——［宋］欧阳修《生查子·元夕》

★东风夜放花千树，更吹落，星如雨。宝马雕车香满路，凤箫声动，玉壶光转，一夜鱼龙舞。蛾儿雪柳黄金缕，笑语盈盈暗香去。众里寻他千百度，蓦然回首，那人却在，灯火阑珊处。

——［宋］辛弃疾《青玉案·元夕》

★爱元宵三五风光，月色婵娟，灯火辉煌。月满冰轮，灯烧陆海，人踏春阳。三美事方堪胜赏，四无情可恨难长。怕的是灯暗光芒，人静荒凉，角品南楼，月下西厢。

——［元］佚名《折桂令·元宵》

★袨服华妆着处逢，六街灯火闹儿童!。长衫我亦何为者，也在游人笑语中。

——［金、元］元好问《京都元夕》

★有灯无月不娱人，有月无灯不算春。春到人间人似玉，灯烧月下月如银。满街珠翠游村女，沸地笙歌赛社神。不展芳尊开口笑，如何消得此良辰。

——［明］唐寅《元宵》

★正怜火树千春妍，忽见清辉映月阑。出海鲛珠犹带水，满堂罗袖欲生寒。烛花不碍空中影，晕气疑从月里看。为语东风暂相借，来宵还得尽余欢。

——［清］唐顺之《元夕影永冰灯》

★元宵争看采莲船，宝马香车格坠钿。风雨夜深人散尽，孤灯犹唤卖汤圆。

——［清］李调元《元宵》

★百枝火树千金屧，宝马香尘不绝。飞琼结伴试灯来，忍把檀郎轻别。一回佯怒，一回微笑，小婢扶行怯。石桥路滑缃钩蹑，向阿母低低说。姮娥此夜悔还无？怕入广寒宫阙。不如归去，难畴畴昔，总是团圆月。

——［清］董舜民《元夜路灯》

元宵节妙联佳句

巧人调玉烛；天下乐元宵　　锦城灯结彩；花市月含华

万家元宵夜；一街太平歌　　灯楼灿明月；火树暖春风

花市千门月；灯街万户春　　风清月朗；灯彩星辉

雪月梅柳开春景；花灯龙鼓闹元宵

一曲笙歌春似海；千门灯火夜如年

万里春灯元夕宴；满街灯火太平歌

万家灯火同秋月；大地光明不夜天

中天皓月明世界；遍地笙歌乐团圆

晴空一镜悬明月；夜市千灯照碧云
赏灯极乐繁华地；秉灯同游不夜天
远景近景良宵美景；礼花鲜花火树银花

妇女节

◎妇女节纵览

每年的3月8日，是国际劳动妇女节，在中国称为“三八妇女节”“三八节”或“国际妇女节”。妇女节的全称为“联合国妇女权益和国际和平日”，它实际上是世界各国妇女争取和平、平等、发展的节日。

妇女节的由来最早还要从1857年3月8日美国纽约的制衣和纺织女工走上街头，抗议恶劣的工作条件和低薪说起。这次抗议活动虽然最终被当局化解，但却促成了两年后第一个工会组织的建立。而且，接下来的数年里，几乎每年的3月8日都有类似的抗议游行活动。鉴于妇女群众为权利而进行的不懈斗争以及表达的要求，在1910年的第二次国际妇女代表大会上，著名德国社会主义革命家克拉拉·蔡特金提议将每年的3月8日作为全世界妇女的斗争日，得到与会代表的支持。从此以后，每年的3月8日就成为世界妇女争取权利、争取解放的节日。

我国妇女第一次群众性的三八节纪念活动，最早是在1924年的广州举行的。新中国成立伊始，中央人民政府政务院规定将每年的3月8日定为妇女节。每到这个节日，全国各地都要举行各式各样的庆祝活动。

除中国外，很多国家也都十分重视这一节日。例如，在俄罗斯，妇女节这天，亲朋好友都要聚在一起庆贺。届时，那些很少做家务的男人会亲自下厨，为全家准备丰盛的饭菜，而女士们则坐享其成。另外，俄罗斯的男人在这天也会送花给心爱的女人。

妇女节贺辞的内容一般都是对女性节日的祝贺之词、对女性功绩的评价和赞扬等，也有一些是从女性切身感受出发，鼓励女性们做自己想做的事。无论是什么样的内容。妇女节贺辞的核心要求就是要饱含真情。致辞人要从女性的角度出发，如联系她们的处境、思想等，以真情实感为基础，用发自肺腑的、情真意切而又质朴生动的语言去打动听众。事实上，妇女节贺辞要求字里行间充满真情，也是为了贴近女性，以增强感染力和亲和力。

◎经典致辞

范例一

[致辞背景] 纪念妇女节大会

[致辞人] 妇女联合会领导

各位领导、各位来宾，姐妹们：

春风和煦。在这美好的时光中，我们迎来了全世界劳动妇女团结战斗的节日——三八国际劳动妇女节。值此喜庆节日，我谨代表××区妇女联合会向在座的各位妇女姐妹并通过你们向奋斗在各条战线上的广大妇女和妇女工作者致以节日的问候！向所有关心和支持妇女事业的各级领导和社会各界人士表示衷心的感谢和崇高的敬意！

××年前，为了纪念广大女性为了争取自由和平等而勇敢斗争，第二次国际社会主义妇女代表大会将3月8日定为全世界妇女的节日。这个节日，既是一面争取平等、解放的旗帜，又是一个推动社会文明进步的标志；也是我们女性高擎三八旗帜，焕发英姿的礼赞。××年前，联合国第四次世界妇女大会在北京召开，江泽民总书记在全世界100多个国家首脑、高层官员面前和几万名关心妇女事业发展的国际社会各界人士面前，庄严宣告“男女平等是促进我国社会发展的一项基本国策”，顿时将中国妇女事业的发展推向了一个前所未有的高度。

随着时代的前进，社会的发展，我区的妇女事业在党和政府的重视下蓬勃发展。回顾历史，我们骄傲万分；展望未来，我们期待满满。××××年是满怀希望的一年，它充满机遇、富于挑战。乘着三八国际劳动妇女节××周年和男女平等基本国策确立××周年的东风，我们要高举邓小平理论旗帜，以“三个代表”重要思想为指导，牢固树立科学发展观，在区委、区政府的正确领导下，在市妇联的关心指导下，根据妇女儿童两个规划实施要求，带领全区妇女姐妹们积极响应市妇联“××××、××××”的号召，把握时代脉搏，抓住机遇、迎接挑战，务实创新、积极进取，努力开拓妇女工作新局面，把我区的妇女事业推上一个新台阶。

同志们、姐妹们，让我们斗志昂扬地投入到××区新一轮发展的宏图伟业中去，让我们以坚定的信心、奉献的精神，投身到建设社会主义和谐社会的光辉事业中去。美好的未来正等待我们去开创，让我们携手共进，共铸明日的辉煌！

最后，祝在座的姐妹们工作顺利、身体健康、家庭幸福、节日快乐！

谢谢！

范例二

［致辞背景］ 妇女节文艺晚会

［致辞人］ 公司经理

各位领导，全厂女职工及各位朋友：

晚上好！

今晚，我们在这里欢聚一堂，举行文艺晚会来共同庆祝第××个全世界妇女的共同的节日——三八国际劳动妇女节。首先，我代表公司向全体的女员工们致以节日的问候和良好的祝愿，衷心祝愿你们节日愉快、工作顺利、身体健康、家庭幸福！同时也向出席今天晚会的各位领导和朋友表示热烈的欢迎！

××公司成立以来，我公司女员工在各自的岗位上，爱岗敬业，艰苦奋斗，勇于创新，积极开拓，充分发挥了“半边天”的作用，为公司的发展壮大作出了积极的贡献。如今，公司已拥有××多员工，年产值达××多万元，综合生产能力跃居全市同行业之首，进入新的发展阶段。公司的这些成绩是包括广大女员工在内的所有员工共同努力、倾情奉献的结果，凝聚了你们的心血和汗水。在此，我真诚地向全体女员工表示衷心的谢意和崇高的敬意！

当前，公司已进入扩大规模、加快发展的关键时期，更承担着发展壮大××产业的重要使命。这对我们来说，既是一次机遇，也是一种挑战。希望全体女员工要以公司为家，立足本职工作，勤勉工作，自强不息，不断提高专业技能知识和管理知识，练就一身过硬的本领，树立强烈的竞争意识和进取意识，积极应对新形势下企业发展带来的挑战，继续为公司的发展作贡献。

最后，再次祝广大女员工节日快乐，并预祝晚会取得圆满成功！

谢谢大家！

范例三

［致辞背景］ 妇女节座谈会

［致辞人］ 校领导

各位教师，亲爱的姐妹们：

大家好！

三月里的阳光格外灿烂，三月里的校园春意盎然。在这个春渐暖、花将开的美丽时节，我们迎来了一年一度的三八国际劳动妇女节。今天，××校的××位姐妹们在这里欢聚一堂，共同庆祝女同胞自己的节日。在此，我代表党总支校委会向全校妇女同志表示节日的问候和良好的祝愿！并对为××校的发展做出积极贡献的女同志们表示最诚挚的祝贺和感谢！

俗话说，妇女能顶“半边天”，而我校现有女教职工占全校教职工总数的一半以上，俨然顶起了我校的大半边天。广大女职工在工作上是“半边天”，在家庭里是“主心骨”，你们担当着比男同志更多的角色，作为一位母亲、一位妻子、一位女儿，把自己的辛劳和爱献给了家庭；作为一名职工、一名教师，你们把自己的勤奋和智慧献给了学校和你们深爱的莘莘学子。你们为学校的发展作出了不懈的努力和无私的奉献，学校因你们而充满生机和活力，家庭也因你们而充满了温馨和甜蜜。

女老师有女性独特的魅力，你们能用温柔感化性格刚烈的学生，能苦口婆心地教导调皮的学生，能在容易被忽视的事务上给予学校良好的建议……你们的细心使一切工作都变得更加圆满！如果没有你们，××校的今天就不会如此美好。今后，学校将进一步重视妇女工作，在保护女教职工权益的同时，积极改善女同志的工作条件，并想方设法帮助女同志排忧解难，以便让女同志在学校发展过程中更好地发挥作用。

姐妹们，春风春草绿，××校园美。今年对我们来说更具挑战、更有希望，我们将继续沿着创建省级示范院校的道路前进，落实学校提出的各项举措，认真实施打造名校品牌的发展战略。这些任务光荣而艰巨，希望全体女职工紧跟时代步伐，肩负改革和发展的重任，尽心竭力地完成教育教学工作任务，做师德建设的楷模、行风建设的表率、家庭美德的模范；充分发挥自己的聪明才智，把个人奋斗与学校目标结合起来，把理想抱负与教育教学实践结合起来，立足自身岗位，发扬巾帼不让须眉的精神，建功立业，努力为学校的创建、发展、稳定做出新的、更大的贡献！同时，也希望全体女同志在做好繁忙的工作和繁重的家务之余，注意关爱自己，注意休息和保健。

愿你们以良好的职业道德、崇高的奉献精神，再创事业辉煌！

最后，祝女同志节日快乐、身体健康、事业有成、家庭幸福、青春永驻！

范例四

［致辞背景］ 妇女节来临之际

［致辞人］　某研究院领导

全体女同胞们：

你们好！

阳春布德泽，万物生光辉。在这风光怡人的暖春三月，我们如期迎来了第××个国际妇女节。这是全世界妇女的重要节日，也是我院女同胞们的重要节日。值此妇女节到来之际，我谨向全院女同胞致以节日的问候和良好的祝愿！

三八国际妇女节是一个特殊的节日，它是全世界妇女争取自由、平等、进步的日子，体现了社会进步和时代发展对女性的重视、理解及关爱，同时也体现了广大女性自立自强精神力量。

一百多年来，全世界广大女性同胞在享受和男性同工同酬、同等权利等方面，获得了应有的尊重和尊严；五十多年来，我国女性同胞在追随世界进步，积极争取女权进步和发展方面也同样取得了巨大的成功，赢得了世界各国的尊重和信赖。

青山遮不住，毕竟东流去。翻越了历史的百年，我们能看到，在社会进步的大潮中，世界妇女运动日新月异，不断发展。我院广大女同胞正是在这大好时代充分享受这进步与发展的一个缩影，你们正在各自平凡的岗位上书写着美丽的人生诗篇。

长期以来，你们担负家庭与工作的双重压力，却无怨无悔，任劳任怨；为了全院的发展，轻小家重“大家”，辛勤工作在各自的岗位上。你们所作出的功绩是不可磨灭的，你们的地位是无法取代的，你们是全院名副其实的“半边天”。在我院硕果累累的××××年，你们充分发扬“自尊、自爱、自立、自强”的巾帼精神，在各个岗位辛勤耕耘，充分发挥自己的聪明才智，充分展示了当代妇女勤劳勇敢、艰苦奋斗、乐于奉献的优秀品质和开拓创新、勇往直前、顽强拼搏的精神风貌。我院各项战略规划的实现，都凝聚着你们无尽的心血和汗水。为此，我们再次向你们表示衷心的感谢，并致以崇高的敬意！

妇女同志们！当前，我院向“××××”宏伟蓝图进军的号角已经吹响，美好明天催人奋进，崭新事业时不我待。希望你们再接再厉，不断提升个人素养，以素质树地位，以业绩求平等，不断追求人生新境界；也希望你们处理好学习、工作和家庭之间的关系，保持持久的学习热情，不断用新知识、新技能充实自己，提高自己，完善自己；更希望你们自尊、自信、自立、自强，勇于表现和施展才能，积极参与全院的改革发展，用出

色的工作业绩证明自己的价值！

在这属于你们的节日里，衷心祝愿你们工作顺利、青春永驻、阖家欢乐！

范例五

［致辞背景］ 妇女节来临之际

［致辞人］ 县委书记

同志们、姐妹们：

春风送暖，万象更新。今天，我们迎来了第××个三八国际劳动妇女节。在此，我谨代表县委、县政府向全县妇女和妇女工作者致以节日的问候和美好的祝愿！向关心、支持我县妇女工作和妇女事业发展的社会各界朋友表示衷心的感谢和崇高的敬意！

一百多年前，为纪念广大女性争取自由与和平的勇敢斗争，第二次国际社会主义妇女代表大会将3月8日定为国际劳动妇女节。一百多年来，勤劳勇敢的××（地）妇女同志与全国妇女同胞一样，积极发扬“自尊、自信、自立、自强”的精神，奋斗在社会各个领域，为推动经济发展和社会进步作出了不可磨灭的贡献！尤其是近年来，我县广大妇女同胞秉承自强不息、勤劳勇敢、甘于奉献的优秀品质，不怕困难、敢于胜利，积极投身于“××××”建设的浪潮中，用实际的工作业绩促进了××（地）又好又快发展，充分展现了我县妇女同志创新进取的精神风貌。事实证明，我县广大妇女同胞是××（地）经济社会发展的“半边天”，更是社会主义建设不可或缺的重要力量。

××××年是我县经济社会发展“蓄势跨越”和建设“××××”关键期，因此做好这一年的工作关系当前、影响长远，希望全县广大妇女同志立足新起点、新要求，继续解放思想、开拓创新，继续弘扬“不怕困难、敢于胜利”的精神，用智慧和汗水共同开创美好生活，也为推进××（地）妇女事业全面发展、构建和谐美好的新××（地）作出新的更大的贡献！

最后，祝全县妇女同胞们工作顺利、身体健康、节日愉快、阖家幸福！

范例六

［致辞背景］ 妇女节庆祝大会

［致辞人］ 女职工代表

尊敬的各位领导、各位女同胞：

大家好！

今天，能代表全校所有默默耕耘在教育教学工作岗位，为学校的发展奉献着青春和汗水的女职工在大会上发言，我感到十分荣幸。值此三八妇女节之际，首先请允许我向全体女同胞道一声：节日好！另外，我谨代表全校女职工向关心女职工工作和生活的领导致以诚挚的感谢！

今天是一个特殊的日子，我此时此刻最想说的是：作为××的女职工，我是幸福的。在××这片沃土上，我们与男同胞们一起并肩耕耘，挥洒着汗水，拥有同样的广阔天地施展智能，拥有同样的平台展示才华，甚至还得到了比男同胞们更多的关爱与支持。这一切的一切，虽与时代发展、社会进步紧密相关，但更直接源于学校的发展，源于学校实力的增强，源于学校领导的“以人为本”治校方略。

近几年，学校的大发展中。我们面对新的机遇和挑战，工作上只争朝夕，以高标准要求自己，不断提高个人综合素质，努力成长为勇于创新、敢挑重担的知识型、学习型的新时代女职工，取得了一定的成绩。但成绩仅代表过去，只有不断进步才能在未来取得更大的成绩。因此，姐妹们，让我们充分发挥“半边天”的作用，与男同胞们一起，为学校的发展不断努力，创造我校更加辉煌的明天！

最后祝各位领导、各位同仁工作顺利！祝全体女同胞们节日快乐！

谢谢大家！

◎妙句赏析

妇女节贺辞妙语

★好女人是山，端庄大方；好女人是水，柔情绵绵；好女人是书，满腔智慧；好女人是港，安全可靠。祝好女人三八妇女节快乐！

★三月是春意浓浓的日子，是属于女人的日子。黑夜因你们而美丽，日出因你们而绚烂，世界因你们而多彩，生活因你们更浪漫。三八节快乐！

★听说，和漂亮的女人交往养眼，和聪明的女人交往养脑，和健康的女人交往养身，和快乐的女人交往养心！和你交往，全养了！祝完美的女人妇女节快乐！

★三月八送你“花”：有钱花，尽管花，使劲花；三月八愿你“发”：短信发，祝福发，把财发；三月八三个“吧”：高兴吧，快乐吧，收到祝福幸福吧！

★世界因为有了女人，而显得分外美丽！问候只是短短的几行，却是一个浓浓的真意！祝三八节快乐，永远年轻漂亮！

★“八”笑容甜蜜绽放，让幸福陪你到四方；“八”身体锻炼强壮，让自己始终都健康；“八”烦恼一脚踢开，让心情每天喜洋洋；“八”压力统统卸下，让惬意装满你胸膛；“八”青春握手上，愿你美丽万年长；“八”快乐带身上，愿你烦恼都遗忘。三八妇女节就要到了，提前愿你过得愉快、心情舒畅！

★给母亲一束鲜花，让母亲幸福安康；给妻子一束鲜花，让妻子永葆青春；给女儿一束鲜花，让女儿美丽如花。祝伟大的女同胞们节日快乐！

★女人堆里有了你，大家显得都美丽；朋友堆里有了你，温馨热情有福气；家里有了你，蜂蜜加糖特甜蜜。祝你年轻更美丽！三八妇女节快乐！

妇女节妙联佳句

三八宏图展；九州春意浓　　丹心悬日月；巧手绣春秋

良辰三八节；妇女半边天　　淑气芝兰茂；春风桃李香

中华妇女立壮志；当代巾帼谱新篇　　巾帼英雄胆气壮；劳动模范心灵美

中华巾帼多奇志；当代女流胜伟男　　为妇女扬眉吐气；与男儿并驾争雄

志在四化，不愧女中豪杰；胸怀五洲，实为巾帼英雄

巾帼多贡献，两个文明结硕果；妇女有功劳，五好家庭开新花

劳动节

◎劳动节纵览

劳动节是一个国际性的节日，所以又称为五一国际劳动节。它被定在每年的5月1日。每逢这天，世界各国的劳动人民就会举行各种庆祝活动。在我国，每年的劳动节，举国欢庆，人们兴高采烈地聚集在公园、剧院、广场，参加各种庆祝集会或文体娱乐活动，并对有突出贡献的劳动者进行

表彰。

劳动节源于一次著名的工人大罢工事件——美国芝加哥工人大罢工。1886 年 5 月 1 日，美国芝加哥约 22 万工人为争取实行八小时工作制，举行声势浩大的大罢工，最终获得胜利。为了纪念这一伟大的工人运动，1889 年 7 月，第二国际决定将每年的 5 月 1 日定为国际劳动节。这一决定受到广大劳动人民的欢迎，于是以后每年 5 月 1 日人们便举行各种庆祝活动。

在中国，劳动节的庆祝活动最早可追溯到 1918 年。当时，一些革命知识分子在上海、苏州、杭州、汉口等地向当地劳动群众散发介绍五一的传单。1920 年 5 月 1 日，北京、上海、广州等各工业城市的工人群众举行了声势浩大的游行、集会。仁人志士纷纷对五一进行介绍，并号召中国工人把当年的五一作为觉醒的日期。这是中国首次纪念五一国际劳动节的活动。新中国成立后，5 月 1 日被定为法定的劳动节。

五一国际劳动节期间，世界各国都会开展相应的活动。例如在五一期间，菲律宾和泰国的工会会组织人们为提高工资和争取基本权利进行游行；俄罗斯在这天全国放假，并举行各种庆祝活动，游行和集会是必不可少的活动项目；南美洲巴西的劳动节要持续一周，人们身着盛装，情绪高涨地进行游行、集会，有时还会载歌载舞，看起来就像是狂欢节。

劳动节贺辞一般以劳动为主题，倡导劳动光荣、劳动伟大的思想，促使社会形成热爱劳动的良好风气。劳动节贺辞的主题内容包括：表彰先进，号召大家学习；总结成果，肯定劳动者的贡献；提出任务，鼓励大家努力；表示慰问，关心劳动群众等。

与其他贺辞一样，劳动贺辞的开头也主要是表示祝贺和慰问。例如，很多贺辞的开头会用“今天，我们共聚一堂，在这里庆祝光荣的节日——劳动节。在此，我代表××××向在各条战线辛勤劳动、努力工作的广大工人、农民、知识分子……致以节日的问候!”贺辞结尾一般用号召性和鼓舞的话语。

◎经典致辞

范例一

［致辞背景］ 劳动节来临之际

［致辞人］ 公司总经理

朋友们：

在这春意盎然、鲜花如海、欢歌如潮的季节，我们迎来了全世界劳动者的共同节日——五一国际劳动节。在此，我向辛勤工作在公司各个岗位的全体员工及你们的家属致以节日的问候和崇高的敬意！向长期以来一直关心和支持公司发展的四海宾朋致以诚挚的问候！

劳动最美丽，劳动最光荣。××年来，我们××公司全体员工用自己的智慧和力量改变着公司经营和发展的面貌，用创造精神谱写了一曲曲××公司建设与进步的光辉篇章。回首过去，××公司的每一步成长，都离不开广大员工的辛勤工作和所有新、老宾朋的大力支持。特别是在今年，××公司的市场开拓力度进一步加大，经营状况开始保持高速增长，××和××的销售率、产品的质量持续走高，前×个月连续超额完成预算指标，同时还圆满完成了公司重组工作。这些喜人的业绩与我公司的规范管理、部门间的通力合作和全体员工的敬业与奉献密不可分，值得我们大家引以为荣。

展望未来，我们将在"××××、××××"的经营方针的指引下，秉承"××××、××××"的公司精神，坚持以市场为导向，充分利用信息化资源，扩大市场占有率，逐步完善公司的体制、制度，提高整体服务质量和管理水平，最大限度地满足客户的需求，创造更加优良的社会效益和经济效益。望大家再接再厉，再创佳绩！

最后，再次向全体员工及新老宾朋致以节日的问候，祝大家五一快乐，身体健康、万事如意！

范例二

[致辞背景] 劳动节来临之际

[致辞人] 学校领导

教职员工同志们、同学们：

你们好！

值此五一国际劳动佳节来临之际，我代表××学校领导班子成员向全校教职员工、全校同学致以节日的问候！祝大家身体健康，节日快乐！祝所有同学学习进步！

建校××多年来，全校师生员工通过不断努力取得了巨大的成绩，我们加强师资队伍建设，深化制度改革，加快人才队伍的建设，在学校的升学、教学管理、教学改革、师资建设方面都有很大的进步，特别是工作在第一线的老师们，是你们的辛勤劳动铸就了××学校今天的辉煌，是你们的劳动塑造了××（学校）的品牌，××（学校）因你们而精彩！

××（学校）的老师们，你们辛苦了！在××（学校）成长的道路上，你们辛勤的浇灌，使学生茁壮成长；你们辛勤的劳动，使学生们取得了辉煌的成绩；你们不断的创新，使××（学校）赢得了未来。老师们，让我真诚地向你们道一声祝福：祝你们节日快乐、家庭美满、生活幸福！

劳动是美丽的，劳动是光荣的，创造是幸福的！你们是××（学校）的功臣，你们为社会做出了巨大的贡献！希望你们以辛勤劳动为荣，勤于学习，严于律己，无私奉献，争创一流，永葆教育战线工作者的本色！

范例三

［致辞背景］ 劳动节表彰先进大会

［致辞人］ 区工会领导

同志们：

在这英模汇聚、群星荟萃的今天，我们在这里欢聚一堂，共同庆祝五一国际劳动节，并隆重表彰诸多劳动模范、先进工作者和先进集体。在此，我谨代表区委、区政府向全区各行各业广大劳动群众致以节日的问候！向在各条战线上作出突出贡献的优秀劳动者和受到表彰的劳动模范、先进工作者和先进集体表示真诚的祝贺，并致以崇高的敬意！

××年以来，全区广大劳动群众在区委、区政府的领导下，高举邓小平理论伟大旗帜，以“三个代表”重要思想为指导，认真贯彻落实中央、市各项工作部署，上下一心，务实进取，使我区国民经济一直保持快速健康发展的良好势头，精神文明建设取得了丰硕成果。实践充分证明，工人阶级始终是先进社会生产力和生产关系的代表，始终是推动经济发展、社会进步和历史前进的基本力量，始终是社会主义建设的主力军。在这里，我再次代表区委、区政府向全区工人阶级和劳动群众表示衷心的感谢！

今天，区委、区政府在这里隆重集会，对在过去三年里表现突出被评为劳动模范、先进工作者和先进集体称号的个人和单位进行表彰，充分显示了党和政府一贯对优秀劳动者的推崇和敬意。同时，也是为了更广泛地向全社会宣传他们的先进思想和高尚品德，号召全区广大职工以他们为榜样，在全区掀起学先进、赶先进、争创先进的热潮。

今天我们在这里庆祝五一国际劳动节，就是要坚定不移地坚持党的全心全意依靠工人阶级的根本指导方针，牢固树立只有人民才是创造历史动力的基本观点，进一步加大对工人阶级地位作用的宣传，进一步弘扬工人阶级的伟大时代精神，坚持用工人阶级的先进思想和模范行为影响和带动

全社会，为全面建设小康社会、加快我区率先基本实现社会主义现代化而努力奋斗。

时代需要劳动模范，时代需要先进人物。当前，在我们全党上下万众一心，全面建设小康社会主义的今天，劳动模范的作用更加重要，弘扬劳模的无私奉献、爱岗敬业精神更具有现实意义。在这里，我代表区委、区政府号召全区广大干部、职工，尤其是政府公务人员要自觉地以先进模范人物为榜样，认真学习领会党的××大精神，贯彻落实××届×次大会提出的目标任务，要充分发挥和调动全区广大劳动者的积极性和创造性，自觉地支持贯彻党和国家为发展社会主义市场经济而采取的各项政策措施，积极支持改革，参与改革，正确对待和处理改革过程中利益关系的调整，共同为推进改革和发展而努力。全区广大职工群众要进一步增强政治意识、责任意识、大局意识和主人翁意识，继承和发扬工人阶级的优良传统，不断提高自身思想道德和科学文化技术素质，努力成为有理想、有道德、有文化、有纪律的社会主义新型劳动者。

同志们，我们任重而道远！让我们高举邓小平理论伟大旗帜，全面贯彻“三个代表”重要思想和胡锦涛总书记在××视察时的重要讲话精神，弘扬劳动模范精神，同心同德，与时俱进，开拓创新，以饱满的热忱和高昂的斗志为× ×美好明天努力奋斗！

最后，祝同志们节日愉快、身体健康、家庭幸福！

范例四

[致辞背景] “庆五一、迎五四”文艺晚会

[致辞人] 公司领导

尊敬的各位领导，亲爱的职工兄弟姐妹们：

大家晚上好！

这是个美好的季节，春意盎然、万紫千红；这是个美丽的夜晚，流光溢彩、华灯高照。今晚，我们欢聚一堂，隆重举办“庆五一、迎五四”文艺晚会。在此，我谨代表公司理事会向辛勤工作在各个岗位的全体员工和青年朋友，致以亲切的问候和良好的祝愿！向关心支持公司发展的各级领导和社会各界人士表示衷心的感谢！

回顾××××年，我们在“××××”的前提下，以提高管理水平、加大技术创新的方式度过了金融危机，全年生产××××吨，没有发生过重大安全事故，全年工伤医疗费用只有××元，确保了安全生产，取得了阶段性胜利。这是公司全体职工共同努力的结果，也是公司和我们大家

"不抛弃、不放弃"的精神体现。

希望大家更加勤奋努力地工作，以开拓创新、不断进取的精神，求真务实、超越自我的勇气，扎实苦干、努力拼搏的工作作风，在各自岗位上将自己的工作做得更出色、更精彩。我相信，只要我们团结一致，共同努力，我们××公司就一定能够实现新的、更大的发展，各项事业一定会越办越好，大家的工资和福利也肯定会有很大的改善！

最后，预祝我们今天的文艺晚会取得圆满成功！祝大家节日快乐、身体健康、全家幸福、万事如意！

范例五

[致辞背景] 劳动节来临之际

[致辞人] 集团董事长

员工朋友们：

五月是个特殊的月份，它是激情的花海，用青春拥抱时代；它是初升的太阳，用生命点燃未来；它是温婉的微风，使心灵轻轻地敞开；它是飞翔的鸟儿，用奔放诠释天地间的风采……这个美好季节的起点，我们迎来的是五一国际劳动节。在此，我谨代表集团公司向辛勤工作在各个岗位上的所有员工和青年朋友致以衷心的感谢和亲切的问候！

集团公司从小到大、由弱到强的发展历程，见证了每一位员工的辛劳；集团的每一个进步、每一次成长，也都凝结着大家的智慧、心血和汗水。步入××××年的××集团，正以优异的工作成绩和市场业绩昂首阔步；有志于献身集团事业的员工们，正用自己的无私付出、辛勤奉献，默默地践行着"××××"的忠贞承诺。

在这个属于劳动者的节日里，我脑海中浮现的是风吹日晒、酷暑严冬里坚守岗位的一张张坚毅而又执著的面孔。"一分耕耘，一分收获"。最有资格分享集团发展过程中每一颗胜利果实的是你们！是你们的辛勤耕耘，换来了集团公司的累累硕果！

雄关漫道真如铁，而今迈步从头越。让我们继续发扬自强不息的精神和团结拼搏的斗志，携手并肩，同舟共济，鼓足干劲，向着更高更远的目标奋进！我相信××集团的明天一定会更美好！

最后，再次向集团公司的全体员工，特别是坚守奋斗在一线岗位上的员工们，表示衷心的感谢，并真诚道一声：你们辛苦了！祝愿大家五一劳动节快乐！阖家幸福！

◎妙句赏析

劳动节贺辞妙语

★忙忙碌碌要停歇，春风吹来劳动节。生活就要开心些，给你思念不枯竭，祝福拥有新世界，快乐伴你不换届，幸福陪你永不谢！

★真正的劳动者对工作就像对自己的妻子那样挚爱。祝你的努力和汗水尽快变成明天成功的果实！劳动节快乐！

★把匆忙裁剪，常享点清闲；把烦恼轻叠，常展示欢颜；把脚步放慢，常体会瞬间；让春天入梦，常拥有温暖。留下我的心愿，将祝福珍藏，祝你五一开心快乐！

★您用勤劳的双手，创造了美好生活。平时工作忙碌碌，趁着五一狂购物。两手不空满载归，慰劳自己不能误。祝劳动节愉快！

★天空吸引你展翅飞翔，海洋召唤你扬帆起航，高山激励你奋勇攀登，平原等待你信马由缰。愿你前程无量！劳动节快乐！

★休息要好要轻松，劳动节日不劳动，沐浴春光沐春风，快乐生活乐无穷，思念之情潮水涌，祝福之意别样浓。祝我所有的亲人劳动节愉快！

★五一是告诉人生五个“一”：一副好身体，一份好事业，一世好心情，一圈好朋友，一生好运气。愿你一生有五个“一”！五一节快乐！

★五一放假乐悠悠，和风吹动河边柳，给你一杯问候酒，愿你快乐握在手，艳阳照亮心里头。五一劳动节休息很难求，祝愿好运跟你走！

★快乐着劳动者的快乐，幸福着劳动者的幸福，忧虑着劳动者的忧虑，温馨着劳动者的温馨。祝五一节快乐！

★祝你：事业正当午，身体壮如虎，金钱不胜数，干活不辛苦，浪漫似乐谱，快乐非你莫属！五一快乐！

★在这个庄严的日子里，祝福亲爱的朋友都能享受到自己用劳动创造的幸福和快乐！

劳动节名言佳句

★劳动是世界上一切欢乐和一切美好事情的源泉。

——［苏联］高尔基

★热爱劳动吧。没有一种力量能像劳动，即集体、友爱、自由的劳动的力量那样使人成为伟大和聪明的人。

——［苏联］高尔基

★劳动永远是人类生活的基础，是创造人类文化幸福的基础。

——［苏联］马卡连柯

★人，不管是什么，应当从事劳动，汗流满面地工作，他生活的意义和目的、他的幸福、他的欢乐就在于此。

——［俄］契诃夫

★如果你能成功地选择劳动，并把自己的全部精神灌注到它里面去，那么幸福本身就会找到你。

——［俄］乌申斯基

★世间没有一种具有真正价值的东西，可以不经过艰苦辛勤劳动而能够得到的。

——［美］爱迪生

★劳动却是产生一切力量、一切道德和一切幸福的威力无比的源泉。

——［意］拉·乔乃尼奥里

★劳动一日，可得一夜的安眠；勤劳一生，可得幸福的长眠。

——［意］达·芬奇

★我觉得人生求乐的方法，最好莫过于尊重劳动。一切乐境，都可由劳动得来，一切苦境，都可由劳动解脱。

——李大钊

★伟大的成绩和辛勤劳动是成正比例的，有一分劳动就有一分收获，日积月累，从少到多，奇迹就可以创造出来。

——鲁迅

★一分耕耘，一分收获，要收获得好，必须耕耘得好。

——徐特立

★劳动是一切知识的源泉。

——陶铸

★任何一项劳动都是崇高的，崇高的事业只有劳动。

——［英］卡莱尔

★正是劳动本身构成了你追求的幸福的主要因素，任何不是靠辛勤努力而获得的享受，很快就会变得枯燥无味，索然无味。

——［英］休谟

劳动节妙联佳句

克勤称美德；劳动最光荣

鲜花献模范；美酒敬英雄

敢想敢为齐奋勇；克勤克俭共腾飞

挥毫共写英雄谱；展卷特书大业章

十亿同心鹏展翅；九州昂首马腾蹄

进取途中多志士；拼搏场上尽英雄

齐心攻难关，心红似火；立志学先进，志坚如钢

万象更新，成城集众志；千帆竞发，破浪乘长风

庆祝劳动节，人人喜笑颜开；迎接红五月，个个干劲倍增

指点山河，翻新山河，令山河流金溢彩；热爱祖国，建设祖国，让祖国繁荣富强

青年节

◎青年节纵览

五四青年节的设立最早是在1939年的陕甘宁边区，当时的救国联合会将每年的5月4日定为中国青年节。这个节日的设立是为了纪念1919年5月4日中国青年学生进行的反帝爱国的五四运动。

1919年1月，在第一次世界大战中获胜的协约国在巴黎凡尔赛宫召开和平会议。中国作为战胜国参加会议。在会上，中国代表团代表提出废除外国在华特权，取消“二十一条”等正当要求，却均遭拒绝。更让人气愤的是，会议竟然决定让日本接管德国在华的各种特权。正当中国代表准备签字承认时，消息传到国内，群情激奋，以学生为先导的五四爱国运动爆发。

1919年5月4日，北京的3 000多青年学生为了抗议帝国主义国家在巴黎和会上支持日本对我国的侵略行动，在天安门前集会，并举行了声势浩大的游行示威，最后发展成为全国人民参加的反帝反封建的爱国运动。在全国人民的压力下，北洋政府被迫释放被捕学生，罢免曹汝霖等人的职务，并指令巴黎参加会议的代表拒绝在和约上签字。五四运动最终获得胜

利，它表现了中国人民保卫民族独立与争取民主自由的坚强意志，标志着中国新民主主义革命的开端。

鉴于五四爱国运动的重要意义，1949 年 12 月，中央人民政府政务院正式宣布 5 月 4 日为中国青年节。五四爱国运动体现出的精神被称为“五四精神”。随着时代的进步，社会的发展，“五四精神”不断丰富，其核心内容是“爱国、进步、民主、科学”。

为了纪念这一特殊的节日，弘扬“五四精神”，在节日期间，中国各地都要举行丰富多彩的纪念活动。在节日期间，很多青年积极参加志愿活动和各种社会实践。很多地方还在这时举行成人礼。青年节贺辞的主旨在于纪念五四运动、弘扬“五四精神”、激励青年奋进，要求言辞激烈、情绪高涨，体现出青春的活力。贺辞的内容，或励志，或抒发感情。另外，在特定的场合，根据自身条件运用适当的语言风格，可以更好地营造氛围。例如，一个有幽默感的人致辞，可以运用有情趣的语言表现自己的独特气质和远大志向，就能达到良好的致辞效果。

◎经典致辞

范例一

[致辞背景]　纪念五四运动暨成人宣誓仪式

[致辞人]　青年代表

五月的春风情深意暖，五月的花海流溢飘香。在花海灿烂夺目的季节里，我们迎来了五四运动××周年。今天，我们是为了青年的共同节日而来；今天，我们是为了火一样的青春而欢聚一堂。让我们一同庆祝这个令人热血沸腾的时刻！

有人说，青春是一首优美的歌，展示着欢快、美妙的旋律；有人说，青春是一幅美丽的画，挥洒出瑰丽、浪漫的色彩。××年前，一群意气风发的青年，为了驱逐黑暗、争取光明，为了祖国的富强，用他们热血和生命谱写了一曲壮丽的青春之歌，绘就了一幅宏伟的青春图画。如今，五四运动已成为中华民族史册光辉的一页。然而，它绝不仅仅是一个历史事件，而是一种精神。它表现出了青年对国家前途和命运的关注，对民族炽热的爱。

我们这一代青年是幸运的，赶上了改革开放的大好时代，站在了世纪和千年的交汇点上。长辈们常说我们这一代人是蜜罐里泡大的孩子，少些

紧迫感，也少些责任感。的确，与他们相比，我们的生活更舒适，更安逸。但这决不意味着我们可以放松身上的努力，减轻肩上的责任。面对新世纪，我们责任重大。想想当年的五四青年吧！他们稚嫩的肩上早已承当起一份救亡图存的重任，而今天建设祖国的重任将别无选择地落在我们这一代人的肩上。作为××市的青年人，我们首先应该感觉到的是责任。

我们爱着脚下的这片热土，就要承担起建设家乡，繁荣家乡的责任。是的，责任放在我们每个青年的肩上。放眼新世纪，振兴中华，建设家乡，我们不能退缩。我们要珍惜光阴，学而不倦，从不断发展的社会实践中汲取知识和智慧，把创新精神同科学态度结合起来，把胸怀大志和脚踏实地结合起来，敢于和善于推陈出新，不断地为祖国的现代化建设建功立业。

这是历史赋予我们当代青年的责任，是人民对我们的殷切期望！就让我们拿出行动来，用青春的热血，谱写人生，唱响一曲最壮丽的青春之歌！

范例二

［致辞背景］ 纪念五四暨青年节表彰会

［致辞人］ 企业领导

同志们、青年朋友们：

在这春暖花开，满载希望的日子里，我很高兴与我厂各条战线的青年代表相聚在这里，共同庆祝五四青年节，表彰全厂青年在××发展中做出突出贡献的先进集体和模范个人。在此，我代表厂党政及我个人的名义，向全厂的青年致以节日的问候！向在今天受到表彰的先进集体、模范个人表示热烈的祝贺！

××年前的五四运动，是一场伟大的反帝反封建的青年爱国运动，也是一次伟大的思想解放运动。它所孕育的“爱国、进步、民主、科学”的伟大精神，激励着一代又一代青年为民族的解放和祖国的富强立下了不朽功勋。今天，五四运动的火焰，在我们当代青年的手中继续燃烧。我们回顾五四历程，弘扬五四精神，共话青年使命，就是要动员和激发全厂青年继承和发扬五四光荣传统，在××建设中积极发挥先锋作用，在全面建设既强又大国际化新××的征程中建功立业。下面我提几点希望和要求，与各位共勉：一要坚定信念，志存高远。二要努力学习，岗位成才。三要锤炼品德，提高修养。

同志们，青年朋友们！永远绚丽的是青春，永远不朽的是精神，永远燃烧的是激情。××的未来属于你们，希望你们在××发展的新时期，勇敢地担负起历史赋予的重任，珍惜大好年华，矢志奋斗，锐意进取，在全面建设优势特色和强大实力的新××的征程中，谱写更加壮丽的青春之歌！

最后，再次祝全厂的青年节日愉快、工作顺利、事业有成！

范例三

［致辞背景］ 纪念五四运动活动

［致辞人］ 校团委领导

各位领导，青年朋友们：

在这春意盎然、万象更新的美好时节，我们在这里共同纪念一个伟大的日子——五四青年节。在此，我谨代表团委向全校的广大团员青年致以节日的祝贺！向节日期间仍然奋战在教育第一线的团员青年表示诚挚的问候！向多年来一贯关心、支持、指导共青团工作的团市委领导、局各级党政工领导致以崇高的敬意！

翻开历史的画卷，××年前爆发的五四爱国运动，唤醒了沉睡的中华民族，拉开了中国新民主主义革命的序幕，树立起一座记载中国历史进步的丰碑。××年来，“爱国、进步、民主、科学”的五四精神激励着一代又一代爱国青年开拓进取、顽强拼搏，在国家建设、改革的舞台上为祖国和人民积极贡献力量。

抚今追昔，我们心潮澎湃；放眼未来，我们豪情满怀。青年必当朝气蓬勃、自强不息、勤勉奋发、锐意进取，始终站在时代发展的前列，按照“××”战略的宏伟蓝图，致力于改革和发展之中，为社会发展和文明建设努力做出贡献。

让我们继续发扬先辈们报效祖国的光荣传统，牢记重大使命，心系伟大祖国，高举邓小平理论，自觉践行“三个代表”重要思想，将个人的前途与国家的未来、国家的发展紧密联系在一起，为各项事业的跨越式发展贡献自己的力量！

让我们继续弘扬先辈们追求真理的可贵精神，解放思想，实事求是，刻苦学习，勤于思考，善于总结，超越自我，推进市政建设的再上新台阶！

让我们继续学习先辈们深入实践的优秀品质，明确责任，立足岗位，努力提高自身素质，最大限度地发挥聪明才智，为市政美好的未来贡献青春和智慧！

青年朋友们，让我们在校党委的正确领导下，在团市委的指导、帮助下，按照校党委扩大会议提出的奋斗目标，团结拼搏，开拓进取，以争先抢前的勇气和真抓实干的勤奋，为美好的未来而努力奋斗吧！

◎妙句赏析

青年节贺辞妙语

★做“四有”新人，苦学只嫌时日短；成千秋伟业，成才全靠志气长。这是一个特别的日子，多少人从这里走向了成功。它也属于你，属于一个积极上进的你。

★青春啊，永远是美好的，可是真正的青春，只属于这些永远力争上游的人，永远忘我劳动的人，永远谦虚的人！

★洒汗水，让理想开花结果；献青春，为祖国耀新增辉。

★我们青年一代要有蓬勃的朝气，要有为理想奋斗的信念。快振作起来吧，一起欢庆这属于我们的日子！

★曾经，你只是躲在温室中慢慢成长的花朵。而现在，你已是一只能够搏击风浪的海燕。在这个充满朝气的日子里，对你大吼一声：青年节快乐！

★坚贞立志，永葆精神；奋勇当先，不负青春。

青春名言佳句

★生活赋予我们一种巨大的和无限高贵的礼品，这就是青春：充满着力量，充满着期待、志愿，充满求知和斗争的志向，充满着希望、信心的青春。

——［苏联］奥斯特洛夫斯基

★勇敢产生在斗争中，勇气是在每天对困难的顽强抵抗中养成的，我们的青年箴言就是勇敢、顽强、就是排除一切障碍。

——［苏联］奥斯特洛夫斯基

★青春在人的一生中只有一次，而青春时期比任何时期都最强盛美好。因此，千万不要使自己的精神僵化，而要把青春保持永远。

——［俄］别林斯基

★身体静卧着，可热血在沸腾，生命是一个中间不停顿的进程，起来吧，年轻人！一旦旅途到了尽头，你定会有时间睡个足够。

——［英］豪斯曼

★人生最大的感叹：年轻的激情是从未实现；年老的追忆是从没发生。勇气是青年人漂亮的装饰。假若人生下来就是中年，然后再渐渐年轻起来，那样，他就会珍惜一切时光，决不会在无谓的事情上消耗自己。风华正茂夜晚给老年人带来平静，给青年人带来希望。

——［爱］萧伯纳

★今天所做之事，勿候明天；自己所做之事，勿候他人。要做一番伟大的事业，总得在青年时代开始。

——［德］歌德

★青年是多么美丽！发光发热，充满了彩色与梦幻！青春是书的第一章，是永无终结的故事。

——［美］朗费罗

★青年之文明，奋斗之文明也，与境遇奋斗，与时代奋斗，与经验奋斗。故青年者，人生之王，人生之春，人生之华也。

——李大钊

★青年之字典，无“困难”之字，青年之口头，无“障碍”之语；惟知跃进，惟知雄飞，惟知其本身自由之精神，奇僻之思想，锐敏之直觉，活泼之生命，以创造环境，征服历史。

——李大钊

★青春如初春，如朝日，如百卉之萌动，如利刃之新发于硎，人生最宝贵之时期也。青年之于社会，犹新鲜活泼细胞之在身。

——陈独秀

★世界是你们的，也是我们的，但是归根结底是你们的。你们青年人朝气蓬勃，正在兴旺时期，好像早晨八九点钟的太阳。希望寄托在你们身上。

——毛泽东

★人世间，比青春再可贵的东西实在没有，然而青春也最容易消逝。最可贵的东西却不甚为人们所爱惜，最易消逝的东西却在促使它的消逝。谁能保持永远的青春，便是伟大的人。

——郭沫若

护士节

◎护士节纵览

每年的5月12日是全世界护士们的共同节日——国际护士节。这一节日的设立，是为了纪念近代护理职业的创始人——英国护士弗洛伦斯·南丁格尔。国际护士节的基本宗旨是倡导、继承和弘扬南丁格尔不畏艰险、甘于奉献、救死扶伤、勇于献身的人道主义精神。

弗洛伦斯·南丁格尔（1820年5月12日至1910年8月13日）生于意大利佛罗伦萨一个富裕家庭，年少时不顾家人反对，毅然选择了医护工作。1854~1856年，英法联军与沙俄发生战争。南丁格尔带领38名护士奔赴前线，参与护理工作。因当时军中的医疗管理混乱不堪，护理质量极端低下，伤病员死亡率竟高达42%。南丁格尔为改善救护质量，潜心改造病室的卫生条件，并加强护理、增加营养。仅半年之后，伤病员死亡率就下降到2.2%。这一事迹传遍全欧，当时的战地士兵亲切地称她为“提灯女神”。战争结束后，南丁格尔继续在护理事业上奋斗。1860年6月24日，她在英国伦敦创办了世界上第一所正规护士学校，并亲自编写护士工作著作。1910年8月13日，南丁格尔在睡梦中逝世。

鉴于南丁格尔对世界护理工作和护士教育发展的巨大贡献，国际护士理事会于1912年将她的生日5月12日定为国际护士节，以激励广大护士继承和发扬护理事业的光荣传统，用“爱心、耐心、细心、责任心”对待病人，做好护理工作。在护士节大力宣传护理工作，鼓励护士们学习救死扶伤的人道主义精神，已经成为世界各国护理界的一件盛事。许多医院在5月12日国际护士节这一天，都要举行不同形式的庆祝活动，内容包括励志教育、给新护士授帽、表彰先进、进行文娱演出等。

护士节贺辞的目的是激发护士的职业责任心和自豪感，让她们更好去进行护理工作、发展护理事业。贺辞的内容一般多为对南丁格尔事迹的缅怀、对护士工作的总结和思考，体现了独特的纪念意义和现实意义。在贺辞中要适时宣扬优秀护士不畏艰险、甘于奉献、救死扶伤、勇于献身的人道主义精神。贺辞的最后要提出希望，以激发护士们的工作热情。

◎经典致辞

范例一

[致辞背景] 护士节来临之际

[致辞人] 医院院长

全体医护同志们：

大家好！五月是一个美丽的季节，鲜花竞相绽放，将××（地）汇成花的海洋。在这美好的时刻，我们又迎来了全世界护士的共同节日——国际护士节。在此，我代表医院党政领导班子和全体职工向工作在临床一线的护理工作者们送上节日的问候和衷心的祝福，并道上一声：你们辛苦了！

护士职业与人类的生命健康紧密相连。生命在这里升华，康复在这里实现，痛苦在这里被驱逐，死神因你们的努力望而却步。护理是一项充满阳光和爱的事业，是一项促进社会和谐、推动人类进步的事业。

我们都知道，护士节是为了纪念近代护理学创始人南丁格尔，激励广大护士继承和发扬“不畏艰险、甘于奉献、救死扶伤、勇于献身”的人道主义精神而设立的国际性节日。多年以来，我院护理人员始终坚持以南丁格尔为榜样，秉承全心全意为人民服务的宗旨，在平凡的工作岗位上用爱心与责任串起了一条美丽的生命线。你们用真诚的爱心、娴熟的技术、忠诚的服务、辛勤的双手和天使般的微笑赢得了人们的尊重和爱戴，为促进卫生事业发展做出了重要贡献。特别是在“非典”、抗击冰雪灾害、抗震救灾等危险的考验中，我院护士以忠于职守、勇于奉献、不怕牺牲、勇往直前、忘我工作的精神，谱写了一曲又一曲动人的时代颂歌。

全体护士同志们，五月的鲜花正在为你们绽放，五月的乐章已经为你们奏响。从宣读护士誓言那一刻起，南丁格尔的“生命之灯”就为护士开辟了充满希望的“天使之路”。希望我院全体护理人员继续学习南丁格尔的高尚品质，满怀爱心、奉献真心，认真关爱每位病人，为维护人类的生命健康贡献力量。希望你们在南丁格尔精神鼓舞下，点亮心中的“生命之灯”，照亮患者的健康之路，让生命之树长青，让爱心之花常开！

祝愿每一位“白衣天使”节日快乐、健康、平安，永葆青春，幸福美满！

范例二

［**致辞背景**］　庆祝护士节暨优秀护士表彰大会

［**致辞人**］　医院院长

广大医护同志们：

你们好！

值此国际护士节来临之际，我代表医院各级领导，向辛勤工作在护理工作前线的全院××名护士致以节日的问候和崇高的敬意！

××年前，国际护士理事会把人类近代护理事业的创始人南丁格尔女士的生日定为国际护士节。从那时起，我们的医生有了理解自己、支持自己的得力助手，我们的患者有了更多对生命的期待和感激。"白衣天使"挥动着翅膀，用自己行动诠释着生命的真谛！

南丁格尔工作在战争前线，当时的士兵们亲切地称她为"提灯女神"。每当黑夜来临，她总是提着油灯去查看伤员们的情况。每当这时，伤员们都情不自禁地去亲吻她映在墙上的影子。这种深厚的感情是怎么得来的？那是南丁格尔用自己的博爱换取到的。她对所有的伤员及患者一视同仁，倾注着充满人性关怀的爱心、耐心、细心和责任心；她"燃烧自己，照亮别人"的人道精神，一直激励着后来者。我们纪念南丁格尔，学习南丁格尔，要像她那样高高地擎起纯洁的心灵之灯，驱除伤病与痛楚，展示生命的美好。

让人欣慰的是，近年来，我院的医护水平获得了社会的普遍认可，医护人员的专业技能和职业道德赢得了患者和上级领导的肯定和赞誉。特别是"××××"和"××××"活动开展以后，广大护士中兴起了交流业务、探讨护理科学的热潮。今天我们要进行表彰的××名优秀护士，就是他们中的佼佼者，她们代表了全院护士的精神风貌，她们是全体护士，也是全院的光荣和骄傲。

我们缅怀南丁格尔，庆祝护士节，为的就是进一步增强使命感和责任心。希望我院的全体护士共同努力，发扬南丁格尔的精神，以科学的精神不断地充实自我，创造更加辉煌的业绩！

最后，祝全体护士节日快乐！

范例三

［**致辞背景**］　护士节庆祝活动

［**致辞人**］　护士代表

尊敬的各位领导，亲爱的姐妹们：

五月的鲜花格外娇艳，五月的阳光格外明媚。在这美丽的季节里，我们迎来了又一个国际护士节。借此机会，我谨代表全院的护士姐妹们向关心和支持我们的院领导表示诚挚的感谢！同时向默默工作在护理岗位上的姐妹们致以最诚挚的节日祝福！

人类的爱心与生俱来，经过孩童时代的培养、生活的磨砺和积累、工作和职业的熏陶之后，会变得异常闪耀。护士工作是爱心的摇篮，是爱心的源泉。我们都知道，南丁格尔从小就十分有爱心，一有小动物受伤了，她就会细心地给它们清洗包扎。做一名好护士，是她从小就确立下的唯一夙愿。在1854~1856年的克里米亚战争期间，她带领多名护士亲赴前线。在那里，她通过对护理工作的改革，在半年时间内，将伤病员的死亡率从42%以上降到了2.2%。她成为当时英国的一位传奇式的女英雄。

今天，我们纪念南丁格尔，就是要像她那样，对生命怀有一颗慈祥仁爱的心，向患者呈献我们真挚的爱心。我院的“××××”活动开展以来，我们的笑容换来了患者的笑容，我们的话语激起了患者的心声，这是一种真情的互动，是科学护理的显著成果。“今天您的气色很好啊！”“明天您一定会迈出第三步、第四步！”我们的这些话语不仅仅是一种精神的鼓励，也是医治心灵的良药，因为我们是用心说出来的，患者能够感觉到，我们自己也能感觉到。患者明显地加快康复速度，是对我们最大的鼓励，就是给我们的最大的感情动力。

护士姐妹们！今天，我们纪念南丁格尔，明天，我们会更高地擎起南丁格尔的精神之火炬！让我们全院护士姐妹携起手来，脚踏南丁格尔的足迹，一如既往在平凡的护理岗位上谱写出不平凡的天使之歌！用我们的爱心为患者撑起一片希望的蓝天！

再次祝愿所有护士姐妹们节日快乐！

◎妙句赏析

★实践着救死扶伤的箴言，实践着南丁格尔的诺言，实践着可爱可亲的执著，实践着战胜病魔的信念。在护士节这天，为你献上我的祝言，祝你幸福康健！

★白衣天使，今天是你们的节日。你们用对生命的爱，实践着南丁格尔的诺言；你们用温柔的话语，激励人们战胜病魔的信心。匆匆的脚步，伴随你忙碌的身影；甜甜的微笑，袒露你火热的心肠。

★白衣炫五月，天使佑中华！

★最平凡而又最伟大，最普通而又最特别，最可怕而又最可爱，最弱小而又最坚强，最美丽而又最可爱……这就是你，亲爱的护士，节日快乐！

★微笑是你的名片，周到是你的诺言；分明素装丽人，俨然白衣天仙。当代的南丁格尔们：护士节到了，祝你们节日快乐！

★飘逸白衣是你舞动的翅膀，总伴着祥云飞翔。天使，你给人们勇气和希望，带着人们一起飞往梦想的天堂。护士节，祝你：天天快乐健康，永远漂亮美丽！

★你用爱心的翅膀，呵护着脆弱的生命；你用耐心和细心，体现着崇高的责任；你用你的笑脸，演绎着人间真情。护士节来临，祝你：节日快乐、心想事成！

★一身身洁白无瑕，一声声关爱问候，身心疲惫已非常，微笑服务总尽责。今天是您的节日，祝普天下的护士，护士节快乐永驻！

★你代表着纯洁，你代表着慈爱，你代表着坚强，你代表着幸福，你代表着安康，你代表着快乐，因为你握着生命。可爱的天使，可爱的护士，节日快乐！

母亲节

◎母亲节纵览

母亲节是母亲们的节日，也是儿女感谢母亲的日子。在多数国家，如中国、美国、加拿大、丹麦、芬兰、澳大利亚等国家中，都以五月的第二个星期日作为母亲节，但也有很多国家的母亲节在其他的日期。

母亲节的由来最早可追溯到古希腊。当时的母亲节是专门为希腊神宙斯的母亲莉雅女神设立的，表达了人们对女神的崇拜。17世纪中期，母亲节流传到英国，英国人把封斋期（封斋期是指复活节前夕之前，星期天除外的40天）的第四个星期天作为母亲节。在这一天里，出门在外的年轻人会回家探视双亲，给他们的母亲带上一些小礼物，并向母亲致礼表示敬意。

在美国，最早关于母亲节的记载出现在1872年。当时，有一名叫茱丽雅的人提出设立母亲节，并带领人们举行母亲节集会。1907 年，在美国费城，一个叫安娜的人倡议设立全国性的母亲节，并以她母亲的忌日（即五月的第二个星期天）作为母亲节，最终成功获得支持。在 1911 年时，美国的几乎所有州都开始庆祝母亲节。1914 年，美国总统威尔逊发表官方声明，确定每年五月的第二个星期天为母亲节。从此，母亲节成为一个正式的全国性节日。每逢母亲节，美国全国都要举行各种庆祝活动。孩子们会送给母亲特别的母亲节贺卡，或是鲜花和糖果，来表达他们对母亲的爱和感激。

母亲节在中国港澳台地区流行之后，其影响渐渐延伸到中国内地。大约在 20 世纪 80 年代，内地的民众也广泛接受了母亲节。当时，在南方的一些城市也开始举办母亲节的庆祝活动。名贵的珠宝、象征母爱的康乃馨、特制的爱心甜点、精致的手工贺卡等，曾一度成为人们向母亲敬献爱意的特别礼物。随着时代的发展，母亲节这一节日在中国各地日益推广开来。如今，敬重母亲、弘扬母爱的母亲节，在中国已经成为公众必过的节日。国人也终于可以在这一天，大大方方地对母亲表达深厚感情了。母亲节贺辞的要求与父亲节贺辞相同，注重对母亲的理解和感恩。

◎经典致辞

范例一

［致辞背景］ 母亲节之际多个家庭举行的宴会

［致辞人］ 酒店主持

各位来宾、各位朋友，尊敬的各位母亲们：

春云霭瑞，恭贺慈母。今天是五月的第二个星期天，是做子女的每个人心目中的神圣节日——母亲节！在此，我首先向在座的各位母亲致以美好的祝福，祝您节日愉快、健康长寿！

世界上永不褪色的是母亲的关怀，无穷无尽的是母亲的慈爱，无与伦比的是母爱的力量，时时刻刻在心中流淌的是母亲的期待。母亲为酝酿全家的幸福日夜操劳，她的无私的爱铸就了我们博大的胸怀，凝聚成我们的勤奋、毅力和意志！无论我们走到天涯海角，母亲那关注的目光总让我们感到爱的情怀。我们万分感激各位母亲对子女的无限挚爱！

母亲是我们在人生路途上永远读不完的书，激励我们不断地追求远大的理想；母亲是一首慈爱的歌，鼓舞我们永远奋发向上；母亲是一把光辉的火炬，照耀着我们克服困难，斗志昂扬。

让我们用心灵捧起鲜花，祝福母亲永远美丽；让我们用美酒邀请岁月，祝母亲永远年轻；让我们用不辜负母亲殷切希望的努力，向母亲表达最深沉的感激；让我们用最好的祝愿，祝福母亲幸福安康！

请大家共同举杯，祝愿所有的母亲节日愉快，健康长寿！干杯！

范例二

[致辞背景] 省妇联纪念母亲节系列活动

[致辞人] 妇联主席

各位母亲、各位朋友：

今天是母亲节，省妇联在这里举行纪念活动。在此，我谨代表省妇联向各位母亲致以节日问候，并向前来参加我们纪念活动的各位朋友们表示热烈的欢迎和衷心的感谢！

现代母亲节起源于美国，1914 年由美国国会通过议案，将每年 5 月的第二个星期天作为法定的母亲节，并流传到各地，目的在于让人们铭记母亲的恩情。××××年起，省妇联开始了组织母亲节纪念活动，至今已××年了。

每个人都是沐浴着母亲的恩情长大的。母亲们十月怀胎，经历生产的剧痛，又把我们从呱呱坠地的婴儿抚育成人，其中经历的辛酸苦辣实在难以尽诉。古人说“寸草春晖”，母亲确实是最值得我们感谢和尊重的。不仅如此，对于社会来说，母亲担负着人类再生产的重任，而且用最博大无私的情怀哺育一代代人成长，使人类生生不息，不断发展壮大。从这个角度说，母亲也是最值得社会尊重的。

母亲应得到更多的关爱，尤其是她们的生存条件和健康。特困单亲母亲是一个最需要关爱的群体之一。据我省各级妇联调查统计，在全省 22 万多户单亲母亲家庭中，有 5 万多户生活窘迫。在这些家庭中，子女入学、看病就医等都面临很大的困难。为此，省妇联积极采取措施，为一批特困母亲家庭解了燃眉之急，同时也弘扬了扶贫帮困、助人为乐的良好道德风尚，为有能力乐意助人的人构筑了奉献爱心的平台，在社会上产生了积极的影响。

省妇联希望，今天前来参加座谈会的母亲以及全省单亲特困母亲要自强不息，把全省人民对你们的关爱化作战胜困难的动力，勇敢地挑起家庭和工作两副重担，在各级政府、各级妇联和全社会的关怀帮助下，早日实现脱贫奔小康。同时也希望媒体全力支持这项活动，跟踪报道援助工作中的典型事例，营造全社会关爱母亲、奉献爱心的氛围。

我们再次感谢××有限公司、××期刊集团、省人民医院对援助单亲特困母亲工作的大力支持。希望社会给母亲更多的关爱，也希望母亲们多加珍重，注意休息，加强锻炼，用强健的体魄去创造更加美好的未来！

祝母亲们节日愉快，万事如意！

范例三

［致辞背景］ 母亲节来临之际

［致辞人］ 儿女

亲爱的妈妈：

今天是您的节日，在这里向您道声：节日快乐！

有一个人，你无论走到哪里都舍不得放下对你的牵挂，她愿意把自己一生无私的奉献给你；有一种爱，让你肆意的索取和享用，却不要你任何的回报。这个人叫“母亲”，这种爱叫“母爱”。

古希腊诗人但丁曾说：“世界上有一种很美丽的声音，那便是母亲的呼唤。”那是“爱的呼唤”，是那样的和蔼可亲；那是“慈母的召唤”，使人不至迷失方向。没有无私的母爱的帮助，我们的心灵将是一片荒漠。是母亲用无私的爱，把我们从襁褓中含辛茹苦地拉扯大，多少的辛酸，多少的苦楚，只有母亲知道；是母亲用无私的关怀，抚养我们一天天幸福地长大。我们的幸福见证了母亲无私的牺牲，我们的成长见证了母亲青春的流逝。

为儿女成长的付出，您从不计较；为儿女生命的祈祷，您从未停滞。女人固然脆弱的，但母爱却是坚强的。它是世间最伟大的力量，接纳孩子的过错，忍受教养中的操劳，满足孩子的需求，领会孩子的心声，抚平孩子的创伤。所以人的嘴唇所能发出来的最甜美的字眼，就是——母亲，最美好的呼唤，就是——妈妈。

妈妈，真诚地对您说声：谢谢您！您辛苦了！

◎妙句赏析

★母爱是世上无与伦比的伟大力量。这种爱凝聚成了我的勤奋、毅力和意志，永远闪耀在我青春的光芒之中。

★妈妈，您多像一只辛勤的蜜蜂，为酿造我们全家的幸福而不辞日夜操劳。我们深知，只有努力才不辜负您的期望，才是对您节日最好的祝福。

★世界上只有一种最美丽的声音，那便是母亲的呼唤。

★永不褪色的，是您默默的关怀；无穷无尽的，是您深深的慈爱。亲爱的妈妈请接受女儿深深的祝福：节日愉快，健康长寿！

★妈妈，我曾是您身边一只备受关怀的小鸟，今天我为您衔来了一束芬芳的鲜花，那里面盛满了最深沉的感激和最美好的祝愿。

★永远牵动我灵魂的，永远激励我前进的，是您真挚而无私的爱。母亲，您高尚的美德，我将永远铭记在心。节日快乐！

★一遍遍，我在心里邀请，邀请鲜花来，祝母亲永远美丽；邀请岁月来，祝母亲永远年轻！

★母亲，您用甘甜的乳汁哺育了我健康的体魄，您用深沉的母爱铸就了我博爱的灵魂，您慈祥的目光永远指引我不懈地追求生活的理想。

★母亲的慈爱，犹如一个巨大的港湾。在遭受风浪袭击的时候，我总能依偎在您的怀中得到安慰。我要说声谢谢，并为您深深祝福！

★母亲的厚爱，流淌在我生命中的每时每分。无论我走到哪里，都不能忘记这不求回报而又无以为报的养育之恩。

★有一个人，你无论走到那里都舍不得放下对你的牵挂，她愿意把自己一生无私的奉献给你；有一种爱，让你肆意地索取和享用，却不要你任何回报。这个人叫“母亲”，这种爱叫“母爱”。

★母亲，是一本书，使我懂得许多知识；母亲，是一首歌，激励我永远向前；母亲，是一把火炬，为我照亮前进之路；母亲，是一根蜡烛，为了我，宁愿牺牲自己。我只有深深的感激和祝福母亲。

★在炎热的夏天，她给你送来一阵凉风；在寒冷的冬天，她给你带来一股暖流；在失败的时候，她伴你一起在黑暗中迎接黎明的曙光。她，就是我们伟大的每亲！

儿童节

◎儿童节纵览

儿童是国家之未来，是民族之希望。为儿童创造良好的生活和学习环境，让他们健康、快乐地成长，一直以来都是世界各国纷纷努力的目标。

六一国际儿童节就是专门为儿童们设立的节日。这一国际性节日的设立，是为了保障世界各国儿童的生存权、保健权和受教育权，改善儿童的生活，反对虐杀儿童和毒害儿童。

国际儿童节的设立与第二次世界大战期间的一次著名的屠杀有关。1942 年 6 月，德国法西斯在捷克利迪策村展开屠杀，将全村 16 岁以上的男性公民和婴儿全部杀死，并将全村妇女和 90 名儿童押往集中营。战争结束后，由于生活的困苦，很多儿童处境艰难，有的得病死去，有的被迫当童工，受尽折磨。为了纪念利迪策村和全世界在战争中死难的儿童，在 1949 年 11 月，国际民主妇女联合会决定将利迪策村遭屠杀时的 6 月的第一天定为国际儿童节。此后，世界上很多国家，特别是社会主义国家，每年的儿童节都会举行公众性的庆祝活动。事实上，当时在欧美一些国家的儿童节并不为 6 月 1 日，致使很多人误认为只有社会主义国家才把 6 月 1 日定为儿童节。

在新中国成立以前，中国民间有约定俗成的儿童节——4 月 4 日。新中国成立后，中央人民政府政务院于 1949 年 12 月 23 日规定，将中国的儿童节与国际儿童节统一起来。从此，每逢六一，学校会组织相关的集体活动，庆祝这一属于儿童们的节日。民间也有很多庆祝的方式，如送玩具礼物给小朋友，或陪小朋友出外游玩等。

儿童节贺辞相对于其他节日的贺辞，具有突出的特点：内容浅显易懂。这是因为儿童的认知水平尚低，有很多的东西还不能理解和接受，所以致辞时要尽量用儿童化的语言来表述。

另外，儿童节贺辞要避免篇幅太长和枯燥无味的说教，应该运用启发诱导的方式和生动有趣的语言来进行，同时还要及时通过儿童们的表情来判断其是否理解或是否引起他们的兴趣，以便做出解释和调整。

◎经典致辞

范例一

［致辞背景］ 六一儿童节联欢会

［致辞人］ 学校领导

尊敬的老师们、亲爱的同学们：

大家好！

首先，我代表学校祝全体同学节日快乐！可以看出，同学们今天非常高兴，脸颊在红领巾的映衬下显得更红润了，眼角、嘴边都挂上了灿烂的笑容。因为今天我们要用动听的歌声唱出幸福和愉悦，用悠扬的琴声奏出纯真和朝气，用优美的舞姿舞出理想和追求，用质朴的语言道出勤奋和进取。对于六年级的同学们来说，今天的心情更不一般，因为今天是他们小学生涯中的最后一个儿童节，怎么能不兴奋呢！

今天，每位老师的脸上也挂满笑意，因为他们看到同学们如初升的太阳焕发着生命活力，似新生的树苗在茁壮成长。课堂上，你们乐于思考，敢于提问，充分展示了才智和个性；操场上，你们步伐矫健，英姿飒爽，乐于互助，尽情展示了风采和实力。在校园的各种活动中，你们勤于动手用脑，不断获得令人欣喜的发现，做出使人叹服的作品。耕耘就有收获，一项项荣誉接踵而来。同学们，让我们为自己的成绩和为学校增添的光彩热烈鼓掌。

同学们，未来是美好的，但美好的未来总与克服困难相伴，与奋力进取相依。我深信，我们××（校）的每一位同学都会用自己的努力开创美好的未来！

最后，衷心祝愿同学们节日快乐，也祝愿老师们童心永驻！

范例二

[致辞背景]　庆祝六一儿童节活动

[致辞人]　校长

各位教师、同学们：

大家好！

今天，我们怀着喜悦的心情迎来了一年一度的六一国际儿童节。今天，我作为名誉校长，与小朋友们一起共度这欢乐的节日。在此，我向全体小朋友、少先队员们致以节日的祝贺！并向辛勤耕耘在我们身边的园丁们表示崇高的敬意！

少先队员、小朋友们，我们所处的时代充满了希望和挑战。你们是很幸运的一代，也是肩负重任的一代。古人言，“千里之行，始于足下”。少年时代是美好人生的开端，它孕育着远大的理想，萌生着高尚的情操，奠基着人生的辉煌。我真诚地希望小朋友们珍惜美好的生活，不辜负父母的厚爱，树立远大理想，养成优良品德，培养过硬本领，保持健康身心，在学校做一名好学生，在家里做一个好孩子，在社会上做文明的小公民，从小事做起，从现在做起，用你们的行动来证明这个时代因你们而绚丽！

少年有志，国家有望，少年强则国家强。希望你们早日成才，为国家也为自己做出一番事业！谢谢大家！

范例三

［致辞背景］ 六一儿童节庆祝大会

［致辞人］ 教师代表

各位领导、各位来宾，少年朋友们：

大家好！

在六一儿童节到来之际，我代表××（校）的全体教师，向天真可爱的同学们致以节日的祝贺和美好的祝愿！向在座的各位领导、各位来宾表示欢迎！向同学们致以节日的问候！

同学们，你们是春天的小树，正在茁壮成长；你们是美丽的花朵，正在竞相开放；你们都有一颗善良的心，爱世界之所爱；你们天真活泼，世界因你们而更加绚丽多彩。看到你们在林荫小路上漫步，在明亮的教室里学习，在学习的成绩上进步，我就会感到无比的幸福。

你们是幸运的，赶上了这个好时代。在接受良好教育的时候，你们也应深深地感恩母校给予你们的一切。今年是母校的××年华诞，×年来，我们××（校）在校领导的正确领导下，在我们师生的共同努力下，在社会各界的关心和支持下，校风校貌发生了十分大的变化，我们已成全县名校和××（地）教育的窗口。为此，你们作为××（校）的学生应感到骄傲与自豪。

同学们，我们已经拥有，我们还要创造。你们一定要珍爱这美好的时光，牢记自己的职责，为××（校）的明天，为祖国的未来谱写更新、更美的篇章。

最后，再一次祝愿同学们节日快乐，祝我们××（校）的明天更加灿烂辉煌！

范例四

［致辞背景］ 庆祝六一儿童节活动

［致辞人］ 少先队代表

尊敬的老师，亲爱的少先队员们：你们好！

碧草青青的六月，我们在温馨中沉醉；生机蓬勃的六月，我们在幸福中成长。快乐六一迈着轻盈的脚步，迎着亿万儿童的期盼翩然而至。在这里，我代表全体少先队员向关心和帮助我们成长的各位老师表示真诚的感谢和崇高的敬意！

节日的校园，花更红、草更绿、人更美。此时此刻，我心中突然有了

万千感慨，成长的岁月中那些鲜活的记忆涌上我的心头！无数次，我们感受着春风化雨的关怀；无数回，我们接受着无微不至的照顾。

老师，难以忘记您在课堂上那细致而生动的讲解，严厉而动情的教育；难以忘记您深夜灯下批改作业的影子；难以忘记您拖着生病的身体给我们上课的情景……当我们取得了成绩，您总是告诉我们不要骄傲，继续努力，去取得更好的成绩；当我们犯了错误，您总是悉心教育我们知错就改。此时此刻，就让我代表学校全体少先队员，感谢您对我们的教育。在这个我们最快乐的日子，向您真诚地道一声：您辛苦了！

我们深知，用语言很难表达我们对您的感激，只有用自己的行动去表达。请相信，我们一定不辜负您的期望，勤奋学习，以优异的成绩、高尚的品德来报答您，让您辛苦播下的种子在我们的身上生根发芽，开花结果！

同学们，就让我们一起努力学习吧！让我们在知识的海洋里踏浪而歌，奋勇前进，撑起勤奋之舟，托起明天的太阳。为少先队的未来而努力！为中华之崛起而读书！让明天为我们骄傲！让祖国为我们自豪！

◎妙句赏析

儿童节贺辞妙语

★花蕾是你的年华，包在丛丛的绿叶之间；春天是你的节日，歌声装满了你的书卷；繁华是你的等待，五彩斑斓的梦想随你实现。六一儿童节，愿快乐为你呈现！

★你是一棵开心树，常逗爷爷奶奶开心；你是一朵美丽的花朵，让爸爸妈妈感到自豪；今天轮到属于你的日子了，宝贝，祝你六一儿童节快乐！

★一朵朵绽放的鲜花，那是妈妈的眼睛。在妈妈的眼睛里，你永远是妈妈的小宝贝儿、小天使！妈妈永远爱你！儿童节快乐！

★祖国的花朵，父母的星星，爷爷奶奶的心肝，外公外婆的宝贝，今天一定是你最幸福的日子。宝贝，儿童节快乐！

★心愿是风，快乐是帆，祝福是船。心愿的风，吹着快乐的帆，载着对小朋友祝福的船，漂向快乐的你，轻轻地问候：六一节快乐！

★童年是春天的画，鲜花是天真的笑脸，岁月是善变的容颜。作业本里，是老师的教诲；行囊满满，是妈妈的唠叨；快乐人生，是生活的答卷。祝儿童节快乐！

★春天的小屋里，装着暖暖的阳光；春天的小屋里，装着缤纷的花朵；春天的小屋里，装着绿色的希望；春天的小屋里，装着童年的欢乐，共同祝愿：儿童节快乐！

★六一的阳光灿烂辉煌，六一的鲜花扑鼻芬芳，六一的清风温馨和畅，六一的祝福充满遐想。回首童年时光，感慨万千，再把祝福送上，童心永驻心房！

父亲节

◎父亲节纵览

父亲的爱是深沉的，在我们一天天的成长中一点一滴在渗透；父亲的爱是浩瀚的，给予我们无微不至的关怀、至真至纯的欢乐和无穷无尽的教诲；父亲的爱是明亮的，一直在默默地为我们的人生引路。为了表示对父亲们的敬意，人们设立了父亲节。

最早的父亲节诞生于1910年的美国。住在美国华盛顿州斯波坎市的布鲁斯·多德夫人幼年丧母，当时家中六个孩子都要靠父亲威廉·斯马特照料。他白天辛苦劳作，晚上回家还要料理家务，照料每个孩子的生活，几十年如一日。终于，儿女们都长大成人了，但斯马特却因多年的过度劳累于1909年辞世。

多德夫人作为家里唯一的女孩，因其细心的特质，能深刻明白父亲所付出的爱和艰辛。于是，多德夫人写信向市长与州政府倡议设立父亲节。州政府采纳这一建议的同时，把节日放在六月的第三个星期日。1910年6月19日，多德夫人所在的华盛顿州斯波坎市，举行了全世界的第一次父亲节庆祝活动。美国各地其他城镇的人们相继效仿，也开始庆祝父亲节。1972年，在各方的强烈呼吁下，美国总统尼克松签署了建立父亲节的议会决议，父亲节随即成为全国性的节日。

在父亲节当天，人们往往选择特定的鲜花表达对父亲的敬意。例如，佩戴红玫瑰是向健在的父亲表示爱戴，佩戴白玫瑰则表达对亡父的悼念。这种习俗一直流传至今。子女们也会用其他的行动表达对父亲的敬意，如

亲自动手为父亲做早餐、送给父亲一些精美的小礼物等。

给父亲们的最好贺辞，绝不仅仅是恭贺，更重要的是理解和感恩。父亲节真正的含义，就是去关爱父亲，用感恩的心、温暖的爱回应父亲。同样，父亲节的贺辞也应该用心和爱去灌注。充满深情的贺辞，才能使父亲们感到欣慰，才能真正让父亲们感到快乐和陶醉。另外，贺辞中可适当运用比喻、象征等修辞，增加贺辞的文采。

◎经典致辞

范例一

[致辞背景] 父亲节家庭聚会

[致辞人] 子女代表

尊敬的父亲母亲、各位兄弟姐妹：

今天是父亲节，这是一个非常值得纪念的日子。我们一家人相聚到一起，共同为我们的父亲祝福，祝福父亲：节日快乐，幸福安康，福寿无疆！

据说，之所以选定6月过父亲节，是因为6月的阳光是一年之中最炽热的，象征了父亲给予子女的那火热的爱。父爱如山，高大而巍峨；父爱如天，粗犷而深远；父爱是深邃的、伟大的、纯洁而不求回报的。父亲像是一棵树，总是不言不语，却让他枝叶繁茂的坚实臂膀为树下的我们遮风挡雨、遮一片阴凉。不知不觉间，我们都长大了，而大树却渐渐老去，甚至新发的树叶也不再充满生机。今天借助这个节日，让我们由衷地说一声：父亲，我们爱你！

现在，让我们共同举杯，为父亲健康长寿，干杯！

范例二

[致辞背景] 父亲节主题班会

[致辞人] 学生

各位同学，眼看六月的第三个星期天就要到了，你们知道那是什么日子吗？对，那一天就是父亲节。

当我们呱呱坠地时，有一个人用双手捧起了我们，从此再也不曾放下。他甘心为我们擎起手臂，撑起一片美丽的天空；他甘心为我们弯下脊背，任我们在上面嬉戏玩耍；他甘心变成一把伞，为我们遮风避雨；他甘心成为一艘船，带我们乘风破浪。人们都说母爱深似海，父爱大如山，然而我更觉得这浓浓的父爱深沉如酒，初尝辛辣口苦，可是历久弥香，难以忘怀。

父亲是威严的，看起来好像是凶巴巴的、不苟言笑的，但不可否认，父亲是爱我们的。想起父亲不留余地的斥责时，别忘了他午夜为你盖被时的温馨；想起父亲扬起巴掌的凶相时，别忘了他抱你飞翔时的甜蜜；想起父亲冷峻深邃的目光时，别忘了他日渐苍老的背影……

在父亲呵护下的我们已经逐渐长大。请在他们的节日，真心地说上一句：爸爸节日快乐！爸爸，我爱你！

范例三

［致辞背景］ 父亲节前升国旗仪式

［致辞人］ 学生

尊敬的各位老师，亲爱的同学们：

大家早上好！

送走了繁花缤纷的五月，迎来了绿树成荫的六月。六月里有一个特殊的日子——父亲节。借此机会，我代表所有学生对父亲们说一声：父亲节快乐！

说到父亲节，我们都知道它的来历。这个节日虽然是由外国人首先设立的，但它表达了全世界人民对父亲的尊敬和对长辈的爱戴，因此，我们也应当记住这个节日重视这个节日。

同学们，父母给了我们生命，又用他们双手抚养我们长大。父亲从我们蹒跚学步咿呀学语到握笔写字，都在身边引导我们。当在学习中碰到困难时，他会鼓励我们给我们力量和信心，帮助我们战胜困难。在生活中，父亲会教导我怎样做人，母亲可能会因为宠爱我们而舍不得让我们做家务，但父亲却对我们说："你是家里的一员，家务活不能只靠父母去做，从小开始锻炼，长大了才能成为独立的人。"从那一刻，我们似乎懂得了很多的事。

父亲爱我们，我们就应该用爱回报他们。希望我们能够在以后的学习、生活中常记父母的养育之恩，并用一种感激的心态对待父母为我们所做的一切。还有，就是用我们热爱生活、热爱学习的精神面貌化解他们心中的烦恼，给他们带来快乐和欣慰！

如果说母爱是潺潺的小河，那父爱就是默默的大山。在父亲节到来之际，让我们怀着一颗感恩的心，祝辛劳的父亲们：节日快乐！

◎妙句赏析

父亲节贺辞妙语

★父爱是大海，宽广得能容纳一切艰辛磨难，深厚得足以将甘露让我一世吸饮；汹涌时会荡涤我胸中重重阴影郁闷，静谧时如枕手臂令我摒弃所有忧虑……爸爸，我愿永远做您心海中的小船！

★您用额上的皱纹告诉我世事的坎坷，您用鬓间的银丝提醒我生活的艰辛，您还用鼓励和期待的目光，赐予我无比深沉的父爱！

★您的智慧和成功，如汪洋中的彼岸令我向往，又如绚烂缤纷的彩虹，辉映我的理想。爸爸，您令我爱戴，更令我敬仰！

★爸爸的教诲像一盏灯，为我照明前路；爸爸的关怀像一把伞，为我遮蔽风雨。在父亲节前夕，我要献上最真诚的祝福，愿我的祝福像一首诗、一支歌，给爸爸一份安慰、一份喜悦。

★父亲，我真想与您一起到茫茫沙漠或者莽莽丛林中去做一次神奇的历险，从而学得你坚韧与豪迈的气概。

★父亲，您的两鬓过早地染上霜花；母亲，您的双眸流露出太多的牵挂。放心吧，孩儿已经长大，自会愉快地走过每一个春秋冬夏。

★您是一座深邃的火山，我是一条从中流出的小溪。在我不停地奔向大海的行程中，无处不带有您的身影，无时不回响着您的鼓励——那就是深深的父爱，在我一生中所溅起的阵阵浪花。

★您是一棵大树，春天倚着您幻想，夏天倚着你繁茂，秋天倚着您成熟，冬天倚着您沉思。您那高大宽广的树冠，使我们的四季永不荒凉。

★是您抚育了我，给了我坚韧的筋骨，强健的体魄；是您培育了我，给了我纯净的心灵，美好的理想……我由衷地感谢你——父亲！

★岁月只能侵蚀您刚毅的脸，却不能侵蚀您火热的心。亲爱的父亲，节日快乐！

★我心目中有一座山，它深沉、浑厚、坚实。山的性格鼓舞着我，山的呼唤激励着我。这座又高又深的山，就是我父亲。谢谢您，亲爱的爸爸！

★您的眼光中虽然有严厉，但更多的是温暖，是爱护。谢谢您，爸爸！

教师节

◎教师节纵览

教师节是教师们特有的节日。1985 年 1 月 21 日，第六届全国人大常委会第九次会议做出决议，将每年的 9 月 10 日定为我国的教师节。此后，每到这天，全国各地的教师都会以不同方式庆祝这个特殊的节日。

事实上，教师节古已有之。孔子所在的春秋时代，作为老师门下的弟子，会在老师生日那天举行简朴而庄重的仪式，给老师送去祝福。这恐怕就是最早的教师节了。当然，正式确定的教师节，是在 1932 年出现的——国民政府曾规定 6 月 6 日为教师节。新中国成立之后，教师节曾与国际劳动节共用一天，这时的教师节被劳动节的光辉掩埋，没有单独的庆祝活动，没有自己的特色。直到 1985 年，人们考虑到在全国大、中、小学新生一入学就倡导尊师重教，可以给教育事业创造良好的氛围，于是将教师节移到新生入学时间前后——9 月 10 日。1985 年的 9 月 10 日是我国恢复教师节的第一个教师节，从此，老师便有了属于自己的节日。

教师节的建立有重要意义，它标志着教师从此在我国受到全社会的尊敬。教师是一种特殊而重要的职业，他们是铸造人类文明的工程师，也是传播文明的主力军。甚至可以说，一部文明史，就是一部教授史。教师工作在人类社会发展和进步中起着巨大的作用，而且在很大程度上决定着国家未来的命运。一个社会、国家或民族，如果缺少了教师的辛勤、有效的劳动，那这个社会、国家或民族的文明就会遭受重大损失。

教师节贺辞的主旨重在赞颂教师的敬业和奉献精神，其主体内容往往深刻阐述教师们的工作职责和社会作用，并辅之以深刻的事理阐述和情感的表达，使贺辞的内容更充实、更丰富，这有利于启迪听众的思想、感染听众的心灵。此外，为了渲染气氛或交流情感，贺辞的开头部分可以适当介绍节日的有关情况，并向听众表达谢意和敬意。贺辞常以提出希望和祝愿结尾，而且要求饱含感情，以便引起情感共鸣。

◎经典致辞

范例一

[致辞背景] 教师节来临之际

[致辞人] 校长

尊敬的老师、同志们：

硕果飘香，秋风送爽。值此教师节来临之际，我谨代表学校领导班子向全体教师致以节日的祝贺！向为学校发展和教育事业建设辛勤耕耘、无私贡献的教育工作者们表示衷心的感谢和诚挚的问候！在此，我真诚地道一声：你们辛苦了！

××××年以来，在校党委的正确领导下，全校教职工紧密围绕“××××”的目标，深入学习实践科学发展观，认真开展“解放思想，加快发展”大讨论，全力加强系统建设，稳步扩大办学规模，努力践行“××××、××××”的办学要求和“×××、×××”的理念，积极进行人才培养模式改革，认真开展迎接××评估工作，沉着应对××××等突发性事件，成功地举办了一系列××活动。

与此同时，我校招生、教学、管理等各方面工作也都取得了突破性进展。这些骄人的成绩，无一不凝聚着各位老师的心血，无一不蕴含着各位园丁的汗水。正是你们这种“蜡炬成灰泪始干”的奉献精神，让全社会更加深刻地理解了教师这个神圣与崇高的职业。

老师们，学校的发展以教师为本，你们是学校发展的强大动力。衷心希望全体教师再接再厉，继续落实“爱岗敬业、爱校如家、爱生如子”要求，学为人师，行为世范，志存高远，勤勉笃学，为实现我校的跨越式发展不懈奋斗！

最后，祝愿各位教师节日愉快、身体健康、万事如意、阖家幸福！

范例二

[致辞背景] 教师节庆祝大会

[致辞人] 县领导

尊敬的各位教师、广大教育工作者、同志们：

大家好！

在这硕果飘香的金秋时节，我们怀着喜悦的心情在这里隆重庆祝第××个教师节。在此，我谨代表中共××县委、县人大、县政府、县政协向在教育战线上辛勤工作的广大教师和所有教育工作者，以及全体离退休教师致以节日的祝贺！向所有关心、支持我县教育事业的各界人士表示衷心的感谢和崇高的敬意！

教育不仅担负着提高国民素质、实现中华民族伟大复兴的独特历史使命，同时也承载着千百万家庭对幸福生活的热切期盼。正因为教育承担的希望与责任如此凝重，所以县委、县政府在工作中，始终把它放在优先发展的位置，极力推进“科教兴县”战略和“学有优教”工程，竭力打造教育品牌。让人欣慰的是，经过全县教育工作者以及各界人士坚持不懈的努力，我县的教育事业取得了喜人的成绩。

我县被省政府评为教育工作先进县，并且连续××年被市政府评为教育发展先进县。为了创造良好的教育环境，我县几年来新建和改扩建学校××所，共争取上级无偿资金××亿元，这在全市是首屈一指的。与此同时，各级各类学校的文化建设和管理水平也得到了全面提升。我县中高考成绩始终位居全市前列，××××年更是实现了历史性突破，共有×名学生考入重点高校，而且各项指标均领先于全市各级各类中学。这辉煌的成绩，凝聚的是全县广大教育工作者数年的心血，也得益于县委县政府的正确领导与各界人士对教育工作的关心和支持。

教育是国家发展的重要基石，教师就是当之无愧的奠基人。教育的发展，需要一支高素质的教师队伍，我县的广大教育工作者正是这样一支队伍。长期以来，他们兢兢业业，默默耕耘，甘为人梯，不计名利，为我县教育事业发展做出了巨大的贡献。目前，我县正处于跨越发展的关键时期，教育作为基础性和先导性事业，也面临着新的挑战，我们要确定更高目标，为构建和谐××奠定坚实的智力基础。因此，培养和造就一支师德高尚、业务精湛、结构合理、充满活力的高素质教师队伍，成为当前全县工作的一项紧迫而重要的任务。

全体教育工作者要肩负“传承文明与梦想，寄托责任与希望”的双重使命，履行自己的神圣职责，勤于探索，敢于创新，不断提高教书育人本领；以崇高的信念鼓舞学生，以高尚的人格感染学生，以丰富的学识培养学生，真正成为学生的良师益友，努力做一名合格的、人民满意的教师。全县广大教育工作者要准确把握形势，努力实现“办人民满意教育”目标；希望社会各界继续关心、支持我县的教育事业，营造更加浓厚的“尊师重教，兴学育人”的氛围，共同谱写我县教育发展的新篇章。

最后，祝全县广大教师和教育工作者节日快乐、身体健康、阖家幸福、万事如意！

范例三

[致辞背景] 庆祝教师节暨表彰大会

[致辞人] 教育局领导

尊敬的各位领导、各位老师，同志们：

今天，我们在这里举行隆重集会，共同庆祝第××个教师节，并表彰那些对全区教育事业有突出贡献的先进个人。首先，我代表区教育局向辛勤耕耘在教育一线的广大教育工作者致以节日的祝贺和崇高的致意！向长期以来关心、支持我区教育事业发展的各界人士和广大学生家长表示衷心的感谢！

百年大计，教育为本。近年来，区教育局始终坚持以科学发展观为指导，凭借区委、区政府的正确领导和全区人民的全力支持，解放思想，锐意进取。全区教育环境得到极大的改善，义务教育均衡发展，教育教学改革持续深入，教育质量不断提高，顺利通过验收。今年中考工作中，共计有××名初中毕业生被市重点高中录取，占毕业生总数的×%，成绩稳中有升。

广大教育工作者忠诚党的教育事业，执行党的教育方针，牢记重托，团结奋进，建设了一批办有特色的学校，培养了一批教有特点的名师，为社会输送了一批又一批学有所长的优秀人才。特别是工作在教育教学一线的广大教师，切实履行教书育人的崇高职责，吃苦耐劳，甘于奉献，树立了新时期人民教师的良好形象，受到广大学生的爱戴和全社会的普遍尊重。

实践证明，区委、区政府的正确领导保证了我们始终坚持正确办学方向，社会各界的关心、支持为我们办好人民满意教育奠定了重要基础，坚持弘扬教书育人的无私奉献精神是我们不断推进教育事业的强大动力。在此，我再次向所有关心支持××教育事业发展的各级领导、社会各界人士表示感谢，向所有奋战在教育一线的广大教师郑重地道一声：你们辛苦了！

同志们，新的学期已经到来，新的任务正在等待着我们。新形势下，我们要有新作为，我们要始终坚持以全面实施素质教育为核心，以加快教育创新为主题，以优化教育结构为主线，以推进教育教学改革为动力，进一步实施名校战略，拓展名师工程，力争用××年的时间再建一批名校、培养一批名师，在全市乃至全省教育行列串继续前进。为此，我提出三点希望和要求，与大家共勉：

一要充满爱心，忠诚事业。

二要努力钻研，学为人师。

三要以身作则，行为世范。

各位老师、同志们，教育是崇高而神圣的事业。我们不能改变历史，但我们却能开创未来！让我们继续在区委、区政府的正确领导下，以高度的社会责任感和使命感，以昂扬向上的精神状态，团结一致，不懈奋斗，共同打造××教育事业的美好明天！

最后，衷心祝愿全区教师节日愉快、工作顺利、身体健康、阖家幸福！

谢谢大家！

范例四

[致辞背景] 教师节庆祝大会

[致辞人] 教师代表

尊敬的各位领导，亲爱的各位老师：

大家好！

首先，请允许我向在座各位教育界的同仁们致以节日的问候！向对我们××学校以及我个人给予亲切关怀、无私帮助的领导和老师们，表达最诚挚的感激和最衷心的祝福！

今天，能同各位教育界的同仁们在一起，共同庆祝第××个教师节，我感到十分荣幸。××年前的今天，我们大多还是以学生的身份，和老师们一起庆祝教师节，那时候空气中弥漫的感恩气息和老师们脸上幸福笑容至今还映在脑海里；××年后的今天，我们已经作为一名光荣的人民教师，站在这里庆祝自己的节日，此时才体会到当年老师们的那种幸福！

作为教师，在教坛上一路走来，我们经历了年轻气盛的躁动、浅尝甘霖的欣喜、屡遭挫折的痛楚，还有不眠不休的焦虑。从把教师当做一种职业，到把教师当做一种理想与事业，一种挑战自我、完善自我的方式，其间的过程苦乐两味。在所有的经历中，同学们清纯的眼眸给了我们动力，领导的关切、帮助和家长的信任给了我们信心，同事们的相互支持给了我们鼓励，才让我们勇敢地去克服一切困难，去体验教育的真谛。

教育作为一种职业，最能够吸引我们的莫过于在我们伴随学生们共同经历的从幼稚到逐渐成熟的生命历程中，我们同样也体验着成长的艰辛与欢乐；我们能真正体会到教师是光荣的，教书是严肃的，讲台是神圣的。

教育情感的投入、教育观念的转型、教学方式的变革、教学艺术的创新……不断迸发的创新火花，不断涌现的改革激情，在教育教学的领域，我们捕捉到新的时尚与流行。在人生价值的坐标系上，我们不再是一个个漂移不动的虚点；神圣的工作履历表上，有我们崇高的誓言！我们将继续为打造“高素质、有特色”的教育模式而奉献自己的力量，为早日把××建成文化教育强县而挥洒无悔的激情！

耿耿园丁意，拳拳育人心。无论是过去、现在，还是将来，所有的教师都应该享受祝福与崇敬。今天是属于我们的节日，让我们尽情欢乐，然后鼓足斗志，再度出发！

谢谢大家！

范例五

[致辞背景] 教师节升旗仪式

[致辞人] 学生代表

尊敬的老师们、亲爱的同学们：

今天是9月10日，是我国第××个教师节。在这幸福、温馨而又激动的时刻，我迎着鲜艳的红旗，代表全校学子用我们最纯真、最真挚、最热烈的心，祝关心、爱护我们成长的全体老师：节日快乐、幸福安康！

敬爱的老师们，你们就像蜡烛一样，燃烧自己照亮我们。在人生的旅途上，是老师为我们点燃希望的光芒，插上理想的翅膀，让我们能够翱翔在知识的海洋上。一支粉笔点拨知识王国的迷津；三尺教鞭指点通向理想的道路；一块黑板记下你们的无限深情；一个讲台辉映着你们的工作艰辛。当然，你们之所以伟大，不仅仅在于传授我们知识，更在于为我们树立了做人的典范。

感谢您，老师！您让我们变得自信，成为能超越自己的人。您用事实向我们证明：学习不是一种痛苦和负担，而是一种快乐和责任。您教我们用头脑和双手去探索、寻找和发现，让我们的生活充满惊喜！

感谢您，老师！您是我们永远信赖、遇到麻烦便会去求救的人。您常说自己也曾是个孩子，能够理解我们这个年纪的喜怒哀乐，让我们知道：只要我们愿意，能把一切对您倾诉。

感谢您，老师！您告诉我们要在失败中汲取教训，在困难中积聚力量，在黑暗中寻找光明，只要有勇气去开动脑筋，就能克服一切困难。我们要建造什么，您总是先帮我们垒好基础。您为我们的成长做到了最好！

师魂如青松翠柏，经霜愈茂；又如方竹，气节傲然，寒中飘香。它的生命如巍巍高山，滚滚江水一样持久，深广而无坚不摧，在蓝天旭日的沐浴下，永葆活力。或许您讲课的每个细节会随着时间的流逝会被我们淡忘，但您的热情、勇气和慈爱会永远保留在我们心中。

我们不是诗人，无法用诗的语言描绘您；我们也不是画家，不能泼墨丹青勾勒您；我们更不是作家，不能用华丽的辞藻形容您。或许我们只有尊敬您，认真学习，在将来的某一天在事业上取得成就，才是我们献给您最好的礼物。

老师们，您的胸怀像天空一样高远，您的恩情像大山一样深重！请接受学子们诚挚的祝福吧，教师节快乐！

◎妙句赏析

教师节贺辞妙语

通用祝福语

★您像点燃的烛，默默地发出智慧的光，照亮了别人，燃烧了自己。老师，我们永远感激您！祝您快乐、幸福！

★我不是您最出色的学生，而您却是我最崇敬的老师。在您的节日，您的学生愿您永远年轻！教师节快乐！

★像天空一样高远的是您的胸怀，像大海一样深重的是您的恩情。老师！请接受我诚挚的祝福：节日愉快、幸福安康！

★在笔和纸的摩擦间，你度过了你神圣地一生。祝福你，老师！再也听不到你的教诲，对我来说，真是遗憾。对于你为我付出的辛劳，我无以为报，只真诚地说一声“老师，您辛苦了！”

★当我们采摘丰收果实的时候，您留给自己的却是被粉笔灰染白的两鬓白发。向您致敬，敬爱的老师！教师节快乐！

★如果我是一叶小舟，那么就是您为它升起了风帆，激励它远航大海。今天是教师节，我让它满载感谢与祝福，驶回您的身边！

★我是一棵绿树，沐浴着您智慧的阳光，在您知识的土壤里茁壮成才。天的深情，地的厚爱，铭刻在我的年轮里，生生世世，永不忘怀。恭祝老师节日愉快！

★刻在木板上的名字未必不朽，刻在石头上的名字亦未必永垂千古，

而刻在我们心灵深处的您的名字，将真正永存！教师节快乐！

★漫漫岁月中，您的声音，总在我耳畔响起；您的身影，常在我脑中浮现；您的教诲，常驻在我心田……在今天这属于您的日子里，恭祝您平安如愿！

★有了您，花园才这般艳丽，大地才充满春意！老师，快推开窗子看吧！这满园春色，这满园桃李，都在向您敬礼！

★您是一株挺拔长青的树，根扎在明亮的课堂里，花开在我们的心坎上，果结在浩瀚的生活中。谢谢您，无私奉献的好老师！

致语文老师

★因为您一片爱心的灌浇，一番耕耘的辛劳，才会有桃李的绚丽、稻麦的金黄。愿我的谢意化成一束永不凋零的鲜花，为您的生活带来芬芳！

★“春蚕到死丝方尽，蜡炬成灰泪始干”。您的谆谆教导、无私奉献必将成为我们不竭的学习动力！送上最诚挚的祝福：教师节快乐！

★您用心中全部的爱，染成了我青春的色彩；您用执著的信念，铸成了我性格的不屈……老师，我生命的火花里闪耀着一个您！

★辛勤的汗水是您无私的奉献，桃李满天下是您最高的荣誉。祝您：节日快乐！幸福永远！

致数学老师

★愿你一年 365 天天天开心，8 760 小时时时快乐，5 256 000 分分分精彩，31 536 000 秒秒秒幸福。

★愿你烦恼高阶无穷小，好运连续且可导，理想一定洛必达，每天都有拉格郎日，生活不单调，道路不凹凸，金钱导函数大于零，快乐极限无穷大。

★“成功 = 您的教导 + 我们的努力”。您把公式填了一半给了我们，我们也会出色地完成另一半送给您，相信我们！送上最诚挚的祝福：教师节快乐！

致英语老师

★The best way to learn is to learn from the best. Thanks for your wonderful lessons. Happy Teacher's Day. 名师出高徒。谢谢你的精彩的课，教师节快乐！

★Our beloved teacher, you are the spring shower that moistens our hearts. The love and care you have given us will encourage us to go through a long and arduous journey! 亲爱的老师，您就像那春天的细雨，滋润着我们的心田。您给予我们的爱和关怀将鼓舞着我们走过艰难困苦!

★You are not only a good teacher but our close friend. Thank you for heping us make something of our lives! 您不仅是一位好老师，也是我们亲密的朋友，谢谢您帮助我们奋发有为!

致物理老师

★从力的角度分析，您是我们的原动力。我们会用更快更强的加速度，冲击知识的高峰。送上最诚挚的祝福：教师节快乐!

★有质量的定义是因为您，您那无私的爱的质量却无法计算；有密度的定义是因为您，您那焕彩的笑的密度却不可比拟；有热值的定义是因为您，您那炽热的心的热值却没有边际；有比热的定义更是因为您，因为您的热情如此烂漫，放出的爱如此清晰。

★您像原子核，是我们的核心，我们都是核外电子。电子都围绕着原子核转，我们的目光也总是跟着您转。您滔滔不绝、妙语连珠的口才和充满智慧风趣的语言、平易近人的形象都在深深地吸引着我们。

致化学老师

★我们的学习是化合反应，汲取知识加上努力化合成成功，而老师您的教导却是分解反应，分解了您的知识，一丝不剩。我们感谢您的分解，也会好好利用您的分解而去化合更大的成功！送上最诚挚的祝福：教师节快乐!

★您是碱，我们是无色的酚酞；只有碰到你，我们的生命才会有颜色。送上最诚挚的祝福：教师节快乐!

致政治老师

★您“俯仰刹那，巧点政治舞台，风云变幻，万事莫测；谈吐瞬间，乐道经济领域，盛衰更替，百章可循”，我们佩服之至！祝：教师节愉快!

★您把哲学教给了我们，我们的思考加了力度；您把做人道理教给了我们，我们的人生加了色彩！送上最诚挚的祝福：教师节快乐!

致历史老师

★历史的天空下，会记录着您的殷切希望和精心栽培。在那桃李盛开之时，愿老师您与我们一同分享您的辛勤汗水下所校注的丹青史册。祝您在教师节来临之际，快乐、高兴！我们时刻铭记着与您在一起的点点滴滴，今后我们也会更加努力、刻苦，奋发向上！我们史册上永远写着我们共同的名字！

★迈向成功的道路呈螺旋式的历史发展走势，因而倘若没了您的指引，螺旋的圈数不会如此之少，也不会如此之顺。送上最诚挚的祝福：教师节快乐！

教师节妙联佳句

碧血催桃李；丹心树栋梁　　催笋成竹；润花著果

愿作园丁勤浇灌；甘为烛炬尽燃烧

人梯巧搭登攀路；心血勤浇栋梁材

毕生心血哺新秀；一代桃李谱华章

千篇新诗园丁赞；万首衷曲育人歌

愿作人梯育新秀；甘为孺子当黄牛

且喜满园桃李艳；莫悲两鬓霜雪寒

国家辛勤一堂秀；桃李成荫四海春

春蚕巧织满园锦绣；红烛点燃一代心灵

国庆节

◎国庆节纵览

每年公历的10月1日是中国的国庆节，这是中国人共同的纪念日，纪念着人民民主革命的伟大胜利和新中国的诞生。

“国庆”原指国家喜庆之事，早在西晋时就有“国庆独飨其利，主忧莫与其害，的记载。古代的国家喜庆之事莫过于帝王们的登基和诞辰，它们就被称为当时的“国庆”。今天的国庆节是国家建立的纪念日。我国的国庆节为每年的10月1日，这是在1949年9月的新中国第一届政治协商会议第一次会议上确定的。

每个国家都有自己的国庆节，只是叫法有差异。有的国家称之为“国庆日”，还有一些国家称之为“独立节”或“独立日”。例如，美国就称国庆节为“独立日”。某些国家的国庆节的叫法使用国名，如“澳大利亚日”。其他的叫法还有“共和日”“共和国日”“革命日”“解放日”“国家复兴节”“宪法日”等。

世界各国的国庆节不仅叫法各异，各自确定的依据也不尽相同。其中，最普遍的确定依据是国家成立的时间。有30多个国家以此为依据确定国庆节。其他各国都有自己的确定依据，如古巴、柬埔寨等国以占领首都当天为国庆节；海地、墨西哥、加纳等国以歼灭敌军、宣布独立的当天为国庆节；法国以武装起义纪念日为国庆节；美国以大陆会议通过《独立宣言》的日子为国庆节等。此外，还有很多国家以国家元首的生日为国庆节，如尼泊尔、泰国、荷兰、比利时等。

国庆节对每个国家来说都是十分重要的节日，届时都要举行各种形式的庆祝活动，其目的是增强本国人民的爱国热情，加强整个国家的凝聚力。此外，如果遇到国庆周年，庆祝的规模会更加庞大。

国庆节贺辞通常在一些庆祝会上使用。人们借此争相畅谈自己的感想，抒发对祖国的热爱之情。当然，国庆节贺辞的内容也可因场合不同而具体确定，且为了增强国庆节贺辞自身的吸引力和感染力，致辞者还可根据具体的情景确定不同的基调。或诙谐，或庄重，或热烈。贺辞结尾时的鼓励和希望一定要具有强烈的感召力。

◎经典致辞

范例一

［致辞背景］ 国庆文艺会演

［致辞人］ 区领导

同志们、朋友们：

今天，我们满怀喜悦之情，在此欢聚一堂，共同庆祝伟大祖国成立××周年。首先，我代表××市××区党工委、管委会向××区全体建设者和驻区部队、武警官兵、公安干警以及各条战线的同志、社会各界人士以及所有关心支持××区发展的海内外友人，致以诚挚的问候和节日的祝贺！

新中国成立××年来，在中国共产党的领导下，我国发生了翻天覆地的变化。特别是改革开放以来，国民经济持续、快速、稳定发展，综合国力不断增强，国际地位空前提高；人民生活也得到不断改善，文化生活日益丰富，民主法治深入人心，城乡面貌发生了巨大的变化。如今的中国，可以说是到处生机勃勃，各项事业蒸蒸日上。

今年，是全国人民政治生活中具有重要意义的一年。新中国成立××周年，红军长征××周年，邓小平同志诞辰××周年。今年，也是××区进行“××”的重要一年。在省委、省政府和市委、市政府的领导下，××区党工委、管委会带领全体干部职工，认真践行“三个代表”重要思想，贯彻落实党的××大精神和××届×中全会精神，切实提高党的执政能力，努力把××区建设成为“三个文明的示范区”。特别是今年以来，我们在××、××等方面取得了显著的成绩。××、××等项目相继签约××区。××区的经济发展、园区建设和各项社会事业呈现一派喜人势头。

未来几年，是××区经济建设的关键时期。市委、市政府对××区的发展寄予了厚望。为了确保“××”发展目标的实现，我们将团结一致，开拓进取，加快实施“××”发展战略，继续加大招商引资力度，加速产业聚集，培育壮大区内企业。做优做美××区形象，实现“××××、×××”的奋斗目标，将××区建设成为地方经济发展新的增长点和中国重要的××技术产业化基地，成为中国西部投资环境最好、经济发展最快的区域。

回顾过去，我们豪情满怀，充满自豪；展望未来，我们踌躇满志，信心百倍。

同志们，朋友们！

在举国欢庆中华人民共和国成立××周年的热烈气氛中，让我们牢记光荣历史，发扬优良传统，背负责任使命，紧密团结在以胡锦涛同志为总书记的党中央周围，高举邓小平理论和“三个代表”重要思想伟大旗帜，开拓进取，求真务实，为全面建设小康社会，加快实现××区“××”目标而努力奋斗，携手共创人民的幸福生活和美好未来。

最后，让我们衷心祝愿我们伟大的祖国更加富强繁荣！祝愿××区的事业更加辉煌灿烂！祝愿各位来宾、各位朋友、各位同志事业发达、身体健康！

谢谢大家！

范例二

[致辞背景] 国庆节来临之际

[致辞人] 公司总裁

神州大地繁花似锦，祖国长空乐曲如潮。今天，我们怀着兴奋和喜悦的心情，迎接伟大的祖国母亲××岁生日的到来，在这举国欢庆的日子里，我代表公司各级领导，向工作在总部和各个项目的××公司员工，致以节日的问候和诚挚的祝福！

××公司今年开展了一系列的变革，而且都在大家的支持和努力下顺利完成。但是，我们也必须清醒地认识到，我们的专业素质和技能与专家的要求还相距甚远，我们的敬业精神和敬业态度还需继续发扬。公司在节后将深入整顿工作作风，以提高工作质量和效率，并决定提拔和任命一批年轻有为的管理干部，使之发挥中流砥柱的作用。

公司是每个××人倾注感情和心血的家，希望有更多的家人为它的发展献言献策、贡献力量！公司有着辉煌的昨天，它的明天也一定会充满生机和希望！面临新形势、新任务，我们要大胆改革，勇于开拓和创新。我们有理由相信，××公司有了大家的共同努力，一定能够克服各种困难，揭开新的发展篇章，实现新的历史跨越，与时俱进，再创辉煌！

窗外秋风送爽，情浓意惬，我的心情与大家一样激动和快乐。愿你们国庆假日期间放松身心，并向你们的家人带去我最美好的祝愿！还要向节日期间坚守在工作岗位上的同事们，表示诚挚的谢意！

谢谢大家！

范例三

[致辞背景] 国庆节联欢晚会

[致辞人] 企业领导

各位领导、各位来宾，同志们：

值此伟大祖国第××个生日到来之际，我谨代表公司党委、公司行政部门向各位来宾、全体演员、全公司和××公司的全体员工及家属表示节日的祝贺和诚挚的问候！

回首今年，在我公司走过的××个月中，全公司上下一心、卓有成效地工作，取得了突出的成绩。不仅实现了××稳产和××的持续增长，而且全面提升了企业的综合管理水平和地位。在上半年的业绩考核中，我公司指标名列××公司第三名，员工收入也有了大幅度的提高。

这些成绩是来之不易的，它们归根结底是我们目标明确、思路清晰、

措施得力有效、狠抓落实的结果；是各级管理干部和广大员工顽强拼搏、锐意创新、开拓进取的结果；是我们与××公司双方携手共进、互惠互利、共同发展的结果；同时也是地方政府、兄弟单位鼎力支持、大力协助的结果。在此，我再次代表公司行政部门、公司党委向地方政府、兄弟单位、全公司和××公司的全体员工，还有一直以来默默支持我们工作的家属们表示最衷心的感谢！

展望今后的工作，我们将以创新为动力，以稳定为前提，以减少亏损、改善员工生产生活条件、提高员工收入为目标，同××公司继续携手共进，再谱××公司的历史新篇章，为党的××大胜利召开献上一份厚礼。同时，也真心祝愿我们所处的地方经济更加繁荣，人们生活更加富裕。

最后，预祝今天的晚会取得圆满成功！祝大家度过一个轻松、愉快、和谐的国庆节！

范例四

［致辞背景］ 国庆节来临之际

［致辞人］ 职业学校领导

全校的教职员工和广大学员们：

秋风送爽，丹桂飘香，在这美好季节里，我们高兴地迎来伟大祖国××周岁的生日！在此，我代表××学校党、政领导、学校工会向你们致以节日的祝贺和亲切的慰问！衷心感谢大家一年来的辛勤工作和作出的贡献，也要特别感谢家属同志们给予各位教职员工的鼎力支持。

发展职业技能事业，实施科教兴国战略，是我国实现现代化，实现中华民族文明的伟大复兴的必然要求。教育的主要承担者是教师。国运兴衰，系于教育；教育成败，系于教师。作为职业技能教育的工作者、社会精神文明的传播者，我们的职责是光荣而神圣的。

过去的一年，我们的教职工发扬了艰苦创业、无私奉献的精神，加快了学校的建设和发展步伐。我们坚持教育教学改革，不断完善办学条件、优化育人环境、扩大办学规模，用我们的智慧、心血和辛勤的工作，换来了教育质量和办学效益的显著提高的丰硕成果，取得了良好的经济效益和社会效益。

秋天是收获的季节，也是新一轮耕耘的开始。让我们牢记学校的办学理念，努力做到让学生“进得来、学得会、出得去、用得上”。相信我们辛劳的汗水，将换来新的丰收。让我们齐心协力，奋发图强，为××学校的建设与发展作出更多的贡献！

最后，让我们共同祝愿我们伟大祖国永远繁荣昌盛！祝全校的教职员工和广大学员们节日快乐、阖家幸福！

◎妙句赏析

国庆节贺辞妙语

★神州奋起，国家繁荣；山河壮丽，岁月峥嵘；江山不老，祖国常春！值此国庆佳节，祝愿我们伟大的祖国永远繁荣昌盛，也愿好运、健康伴你一生！

★万紫千红迎国庆，片片红叶舞秋风；举国上下齐欢畅，家和国盛万事兴！愿这盛大的节日带给你永远的幸运！

★举国欢庆齐欢畅，快乐祝愿共分享！在这个特别、美好、难忘的日子里，让我们所有的华夏子孙共祝愿祖国繁荣昌盛！家团圆！人幸福！国庆祝福伴你左右！

★国庆长假像一首经典的歌，能舒缓我们的情绪，放松心情，休闲情趣，那么就让我们合着快乐的节拍，跟着美好的旋律，欢笑着唱起幸福之歌吧！预祝节日快乐！

★国庆节之际，不想给你太多，只给你五千万：千万要快乐，千万要健康，千万要平安，千万要知足，千万莫忘记我！

★天蓝草绿水长流，同贺国庆度中秋；祖国华诞××年，喜庆吉祥满神州；风轻云淡忘忧愁，和谐美满乐悠悠；我把祝福放心头，祝你国庆安康相随，幸福驻守！

★云是绚丽的，雨是透明的，风是执著的，月是深情的，思是缠绵的，爱是永恒的，星是灿烂的，您是难忘的。衷心地祝福您——国庆快乐！

★祝您：国庆、家庆、普天同庆，官源、财源、左右逢源，人缘、福缘、缘缘不断，情愿、心愿、愿愿随心！

★国庆，庆的是祖国××周年华诞，庆的是难得的放松休闲长假，庆的是亲朋好友相聚一起，庆的是家人爱人和谐美满，庆的是声声祝福：预祝国庆快乐！

★欣望江山千里秀，欢颂祖国万年春。祝福你，国庆节快乐！

★国庆到，假期到，闹朋友，闹旅游，你总得让我知道。国庆到，人人笑，陪家人，打麻将，你还得让我知道。国庆到，好事闹，到底干啥，你还是先让我知道。

★一穷二白忙建设，二弹一星树国威。三中全会明方向，四妖除尽散阴霾。五环喜迎八方客，六号神舟创辉煌。七海同胞心相连，八仙过海显神威。九州同贺庆华诞，十一国庆放长假。

★没有国，哪有家；没有家，就没有你和我。国庆来临之际，让我们共祝愿国圆家圆，家和万事兴！

★真挚的友情如同美酒，浓浓如醇、芳香四溢；秋色的美景带来美的享受，令人流连忘返。朋友，在这幸福的时光里，让快乐和美好永远陪伴着你！国庆快乐！

国庆节妙联佳句

山欢水笑；物阜民康　　国光勃发；民气旺苏

普天同庆；日月增辉　　江山永固；日月长恒

山河千古秀；平野万象新　　前程千帆竞发；盛世万象更新

国趋昌盛人趋富；花爱阳春果爱秋

举国英豪开新局；中天丽日庆长春

人逢国庆精神爽；月到中秋分外明

鹰疾如箭凌云志；花红似火报国心

中秋节

◎中秋纵览

中秋节在我国是仅次于春节的第二大传统节日，它与春节、清明节、端午节并称为中国汉族的四大传统节日。

根据我国古代的历法，农历八月十五日正是秋天的正中，所以称这天为中秋或仲秋。另外，因为八月十五的月亮比其他月份的满月要圆润、明亮，所以中秋又称做“月夕”或“八月节”。人们将月圆看做是团圆的象征，而中秋之夜正是圆月当空，于是八月十五也逐渐被人们看作亲人团聚的日子，于是便有了“团圆节”之说。

中秋节最早可能源于远古“秋暮夕月”（夕月，即祭拜月神）的习俗。周代时，人们每逢中秋夜都要举行迎寒和祭月活动。汉代时，八月十五这天就已经成为许多文人墨客吟咏月亮及月中之事、抒发感情的极佳时刻。在唐代，中秋赏月、玩月十分盛行，此时的中秋节已经成为特定的节日。中秋节在宋代继续盛行，特别是在北宋太宗年间，官方正式批准八月十五为中秋节，并准予在这天“万民同庆”。南宋中秋期间，百姓间以月饼相赠，取团圆之意；在晚上，还有赏月、游湖等活动。明清后，中秋节的风俗更加盛行，已经与当时的“元旦”地位相当。

有意思的是，中秋节竟然与古代的科举考试有着微妙的联系。开科取士是古代统治者非常重视一件大事，而三年一次的秋闱大比又恰好安排在八月里。普天同庆的胜景与应考的激情交融，于是人们将高中者誉为“月中折桂之人”。

中秋节是重要的节日，各个朝代盛行不衰。人们每遇中秋必然进行隆重庆贺。中秋节的习俗很多，其中设宴赏月最为盛行。人们把酒问月，庆贺美好的生活或祝愿远方的亲人快乐安康，和家人“千里共婵娟”。许多地方有自已独特的中秋习俗，如香港的舞火龙、广州的树中秋、晋江的烧塔仔、苏州石湖看串月，傣族的拜月、苗族的跳月、侗族的偷月亮菜等，但无论何种形式的习俗，都寄托着人们对生活无限的热爱和对美好生活的向往。

中秋节贺辞一般都以“团圆”为主题，但也要结合具体场合或情景灵活变换贺辞内容。例如，如果是对企业员工致辞，要恭祝他们阖家欢乐；对于那些远离家乡的职工要致以慰问和关怀，让他们在这个特殊的日子感觉到如家一般的温暖。另外，中秋节贺辞还要注意增强与致辞对象的互动，可以采用设问等方式增强现场的活跃气氛。

◎经典致辞

范例一

［致辞背景］ 公司中秋节酒会

［致辞人］ 公司经理

各位领导、各位同事，女士们、先生们：

金风送爽，硕果飘香，又到中秋月圆时。这是一个人人企盼团圆、庆祝团圆的温馨佳节。为此，公司各级领导、××工会在这里共同举办“×

×”中秋酒会，邀请大家共叙友情，共庆佳节。值此佳节之际，请允许我代表公司各级领导向大家致以崇高的敬意和节日的问候！

月是故乡圆，人是故乡亲。虽然我们来自五湖四海，但我们为了一个共同的目标和理想，聚集在××公司的旗帜下，团聚在××江畔，与公司同成长、共发展。在这个让人滋生思乡之情的夜晚，大家会有许多身处异乡、远离亲人的思念，但请不要忘记我们的公司是一个团结、温暖、和谐的大家庭，你们将在这里获得家一般的温暖！今天，让我们举杯邀月，把酒同欢，向远方的亲人传达我们的思念，并通过你们向支持和关心公司事业的你们的亲人们表示衷心的感谢！

回首往日，大家都曾为××公司的发展付出了辛勤的汗水和心血。公司领导身体力行、以身作则，为公司事业的发展指引着正确的方向；公司业务部门兢兢业业、一丝不苟，将烦琐事务梳理得有条不紊，为公司的建设和发展提供了有力的保障；全体员工团结一心，肝胆相照，形成了一支团结进取、实干高效的队伍，为公司的建设与发展贡献着青春和热血。

皓月当空洒银泄玉，中秋正至喜事悦人。昨天的成绩造就今天的辉煌，今天的辉煌又是明天起点。当前，××公司正处在发展的关键时期，××、××等项目的快速推进，为公司带来了千载难逢的机遇。形势逼人，时不我待。让我们齐心协力，同舟共济，以更加勤恳敬业的态度、严谨扎实的作风和热情充沛的精神状态，推进公司各项工作再上新台阶，再创新佳绩！

最后，再次向大家致以最美好的节日祝愿，并通过你们，向你们的家人致以亲切的问候和祝福！我提议：为了公司全体员工的幸福生活和日渐深厚的情谊，也为了公司辉煌灿烂的明天，干杯！

范例二

[致辞背景] 中秋联谊晚会

[致辞人] 政协领导

尊敬的×××主席、各位副主席，

各位委员、各位来宾：

大家晚上好！

今晚秋高气爽、清风拂面、皓月当空，我们在××礼堂欢聚，举行中秋联谊晚会，共迎中华民族的传统节日——中秋佳节。出席今天晚会的有×××、×××，有历届政协副主席。我们还邀请了各民主党派××工商联的领导同志，部分政协常委、委员和各族各界的代表人士，以及在政协工作过的部分老同志。趁此良辰美景，我谨代表××，向在座的各位领导、各位委员和各位来宾表示热烈的欢迎！

中秋节，寄托着中华民族世世代代热爱和平、祈盼和顺、崇尚和美、追求和谐的理想和愿望，蕴含着华夏儿女千百年来爱国、爱乡、爱家、爱人的心志和情怀，传承着源远流长的中华“和文化”的魅力和精髓。人民政协作为我国最广泛的爱国统一战线组织，是各党派、各团体、各族各界人士大团结、大联合的象征，是一个和谐融洽的大家庭。今晚，我们相聚在这里，联谊、品茗、叙情、交友。清风伴朗月，花好衬月圆。此时此刻，我们谨向一年来共同致力于人民政协事业的政协各参加单位、各级地方政协和广大政协委员，致以节日的问候和美好的祝愿！

五年来，在以胡锦涛同志为总书记的中共中央的领导下，全国政协坚持以邓小平理论和“三个代表”重要思想为指导，深入贯彻落实科学发展观，高举爱国主义、社会主义旗帜，坚持团结和民主两大主题，动员和组织参加政协的各党派团体和各族各界人士，围绕中心，服务大局，求真务实，开拓创新。稳步推进政治协商、民主监督、参政议政三项职能的制度化、规范化、程序化建设。协商国是形式多样，咨政建言成效显著，人民政协理论建设取得重要进展，自身建设得到进一步加强，为全面建设小康社会，开创中国特色社会主义事业新局面作出了重要贡献。借此机会，我受×××主席委托，谨代表××，向五年来所有关心和支持人民政协事业并为这个事业作出贡献的同志们和朋友们，表示衷心的感谢！

各位委员、各位来宾、各位朋友：中秋赏月，不同的年代、不同的人群，有不同的赏法。明代诗人袁宏道有这样的诗句，我做了一些修改：百年看月几回盈。哪得中秋度度明，纵使清光常满满，若无盛世也平平。盛世赏月，当别有一番韵味。再过××天，中国共产党第××次全国代表大会就要隆重召开。我们一定要以饱满的政治热情、昂扬的精神风貌、出色的工作业绩，迎接中共××大的胜利召开，并为实现××大提出的各项任务作出积极的贡献！

范例三

［致辞背景］ 中秋节来临之际致客户

［致辞人］ 公司代表

亲爱的客户朋友们：

金秋八月，硕果累累。又是一年一度的中秋佳节，又是一年一度的月圆时分。借此良机，××公司向关心和支持公司发展的广大客户朋友们表示最衷心的感谢和诚挚的敬意！并通过你们带去××公司对您家人的祝福和深深的敬意！愿您生意兴旺发达，生活幸福美满！

忆往昔峥嵘岁月稠。在风雨岁月的追求探索中，××公司高举“××××”的企业使命，坚持“××××”的核心价值，立志为广大客户提供最便宜、最快、最优质的服务。正是凭借大家对××公司产品及服务的由衷信赖，这一年来，××公司取得了一个又一个可喜的成绩。能有这样一大批热心客户，是我们最引以为自豪、最有价值的收获。

每逢佳节倍思亲。××公司始终把各位客户朋友看成是××公司家庭的一员。我们情同手足，共谋发展。在长期的通力合作中我们结下了深厚的友谊，取得了丰硕的成果。可以说，我们是友谊和事业双丰收的持久战略合作伙伴关系。回首往事，我们心情澎湃；面向未来，我们更加豪情满怀。

昨天所有的荣誉，已变成回忆。在荣誉和成绩面前，××公司从来都是安静低调的。因为我们知道，荣誉是属于过去的。在当下强烈的市场竞争下，我们只有更用心、更努力、更完美，才能赢得更多的市场占有率。无论多艰难，广大客户满意的微笑始终是我们努力的方向。我们坚信，只要有广大客户朋友们的支持和关注，××公司一定能够再创成功未来！

看今朝任重而道远。饮水思源，××公司深知，我们所取得的每一点进步与成功，都离不开各位客户朋友的关注、信任与支持。您的信任和支持是我们进步的强大动力，您的关心和帮助是我们成长的不竭源泉。有了您，我们在前进的征途才有源源不绝的信心和力量；有了您，我们的事业才能长盛不衰地兴旺和发展。

阖家欢聚庆团圆，正是人间好佳节。中秋节既是团圆的节日，也是收获的季节。我们不仅收获成功，我们还要收获希望。愿我们继续携手并进，密切合作，为实现我们共同的理想和目标而努力奋斗！

最后，值此中秋佳节来临之际，××公司再次对广大客户朋友表示诚挚的感谢，并向你们送去中秋最美好的祝福！祝各位朋友合家欢乐、万事如意！

范例四

[致辞背景] 退休老同志联欢活动

[致辞人] 县卫生局领导

女士们，先生们，朋友们：

今夜是万家团聚的中秋之夜！

月到中秋分外明。伴着徐徐清风、溶溶月色，今夜，我县××直属单位的离退休老同志们欢聚一堂，联欢赏月，畅叙亲情、友情，共庆中秋佳节。值此良辰美景，我谨代表县××局党委，向亲临现场指导的各位领导表示热烈的欢迎，向全体离退休老同志们致以节日的问候和良好的祝愿！

月光皎洁人团圆，这是中秋之盛景；歌声优雅舞轻盈，这是今夜之联欢。

中秋赏月可谓由来已久。据载，民间中秋赏月活动大约始于魏晋时期，盛于唐宋。"月似圆盘色渐凝，玉盆盛水欲侵棱。夜深尽放家人睡，直到天明不炷灯。"这首唐诗展示了中秋赏月的普遍与乐趣。《东京梦华录》中的"中秋夕，贵家结饰台榭，民家争占酒楼，玩月笙歌，远闻千里，嬉我连坐至晓"也显示了宋代民间中秋赏月的盛况。

古人不见今时月，今月曾经照古人。在这个万家欢聚的时刻，我们不能忘记离退休老同志昔日的劳苦功高。今夜的中秋联欢，既是一次传统赏月活动，又是一场庆祝老年朋友节日的盛会。回首人生，老年人是一部历史；把握今朝，老年人是一面旗帜；憧憬未来，老年人是一道风景。多少年来，各位离退休老同志们为了千万家庭的幸福、美满，奉献了自己的青春热血，促成无数个家庭的美好团圆。我相信，对众多的家庭来说，他们现在沐浴的不仅仅是明月的清辉，更是人间至纯至真的爱心！

楼高但任云飞过，池小能将月送来。今夜联欢的场地虽然比较简单，但我相信，大家的热情和活力一定能感染天上的明月，让它更皎洁的光辉，给此次联欢增添无穷乐趣，给大家带来美好的祝福！

最后，祝愿各位离退休老同志年年有今日，岁岁有今朝！

范例五

［致辞背景］ 中秋来临之际致顾客

［致辞人］ 员工代表

尊敬的顾客朋友：

您好！

举杯邀明月，共谱团圆曲。金秋八月，硕果累累，又是年年欢庆的月圆时分，又是一年一度的中秋佳节。作为我国重要的传统节日之一，它是我们企盼团圆、庆祝团圆的日子。此刻，我们的心情也变得无比激动和快乐。

窗外秋风送爽，情浓意惬。在这个美好的日子里，××商厦全体员工向您致以节日的祝愿和最诚挚的问候！感谢您对××商厦的关注与支持，我们将怀着感恩的心竭诚为您服务，努力营造优雅的购物环境，用最优质的服务、称心的商品回报您的厚爱。

最后，××商厦全体员工祝顾客朋友们中秋快乐、阖家幸福、万事如意！

◎妙句赏析

中秋节贺辞妙语

★明月送清辉，佳节思亲人；共赏一轮月，喜迎中秋节。祝你中秋人月两团圆，愿你事事全圆满！

★春江潮水连海平，海上明月共潮生，花好月圆人团聚，祝福声声伴你行。朋友：中秋快乐！

★清风送去了我的祝福，明月带来了我的问候，流星记载了往日的故事，玉兔留下了永恒的吉祥。祝你中秋佳节快乐，月圆人圆事事圆满！

★又是一年月圆夜，月下为你许三愿：一愿美梦好似月儿圆，二愿日子更比月饼甜，三愿美貌犹如月中仙。

★月到双节分外明，节日喜气伴你行。人逢喜事精神爽，人团家圆事业成。节日愉快身体硬，心想事成您准赢。

★以真诚为半径，用尊重为圆心，送您一个中秋圆圆的祝福！祝愿：爱您的人更爱您，您爱的人更懂您！好事圆圆！好梦连连！祝中秋快乐，月圆人更圆！

★秋已至，天气凉，鸿雁正南翔；红花谢，寒气涨，冷时添件厚衣裳；有惆怅，看菊黄，霜重色浓更清香；送如意，送吉祥，天道酬勤祝安康！中秋节好！

★中秋夜，我在月宫宴请客，为大家准备了：清蒸浪漫，红烧祝福，水煮团圆，油炸快乐糕，真诚温馨汤，十分开心果，温暖幸福酒。敬请光临！

★祝福中秋佳节快乐，月圆人圆事事团圆，人顺心顺事事都顺。祝全家幸福、和气满堂、阖家欢乐！

★中秋月圆圆，月饼甜又甜。平安的馅，幸福的皮，人民币的盒子，铂金的绳。交给祝福当快递，附个名片是团圆。

★中秋将至，送上一个月饼，配料：五克快乐枣，一把关心米，三钱友情水，用幽默扎捆，用手机传达；保质期：农历八月十五前；保存方法：请按保存键。

中秋诗词佳句

★海上生明月，天涯共此时。情人怨遥夜，竟夕起相思！

——［唐］张九龄《望月怀远》

★花间一壶酒，独酌无相亲。举杯邀明月，对影成三人。月既不解饮，影徒随我身。暂伴月将影，行乐须及春。我歌月徘徊，我舞影零乱。

——［唐］李白《月下独酌》

★明月出天山，苍茫云海间。长风几万里，吹度玉门关。

——［唐］李白《关山月》

★床前明月光，疑是地上霜。举头望明月，低头思故乡。

——［唐］李白《静夜思》

★皓魄当空宝镜升，云间仙籁寂无声；平分秋色一轮满，长伴云衢千里明；狡兔空从弦外落，妖蟆休向眼前生；灵槎拟约同携手，更待银河彻底清。

——［唐］李朴《中秋》

★露从今夜白，月是故乡明。

——［唐］杜甫《月夜忆舍弟》

★秋空明月悬，光彩露沾湿。惊鹊栖未定，飞萤卷帘入。

——［唐］孟浩然《秋宵月下有怀》

★昔年八月十五夜，曲江池畔杏园边。今年八月十五夜，湓浦沙头水馆前。西北望乡何处是，东南见月几回圆。昨风一吹无人会，今夜清光似往年。

——［唐］白居易《八月十五日夜湓亭望月》

★中庭地白树栖鸦，冷露无声湿桂花。今夜月明人尽望，不知秋思落谁家？

——［唐］王建《十五夜望月》

★天将今夜月，一遍洗寰瀛。暑退九霄净，秋澄万景清。星辰让光彩，风露发晶英。能变人间世，悠然是玉京。

——［唐］刘禹锡《八月十五夜玩月》

★十轮霜影转庭梧，此夕羁人独向隅。未必素娥无怅恨，玉蟾清冷桂花孤。

——［宋］晏殊《中秋月》

★明月几时有？把酒问青天。不知天上宫阙，今夕是何年？我欲乘风

归去，又恐琼楼玉宇，高处不胜寒！起舞弄清影，何似在人间？转朱阁，低绮户，照无眠。不应有恨，何事长向别时圆？人有悲欢离合，月有阴晴圆缺，此事古难全。但愿人长久，千里共婵娟。

——［宋］苏东坡《水调歌头》

★暮云收尽溢清寒，银汉无声转玉盘。此生此夜不长好，明月明年何处看。

——［宋］苏轼《中秋月》

★目穷淮海满如银，万道虹光育蚌珍。天上若无修月户，桂枝撑损向西轮。

——［宋］米芾《中秋登楼望月》

★快上西楼，怕天放、浮云遮月。但唤取、玉纤横笛，一声吹裂……若得长圆如此夜，人情未必看承别。

——［宋］辛弃疾《满江红》

★一轮秋影转金波，飞镜又重磨。把酒问姮娥：被白发欺人奈何！乘风好去，长空万里，直下看山河。斫去桂婆娑。人道是清光更多。

——［宋］辛弃疾《太常引》

★待月举杯，呼芳樽于绿净。拜华星之坠几，约明月之浮槎。

——［宋］文天祥《回董提举中秋请宴启》

★城西日暮泊行船，起向长桥见月圆。渐上远烟浮草际，忽依高阁堕檐前。

——［明］徐渭《十五夜抵建宁》

★淡荡秋光客路长。兰桡桂棹泛天香。月明圆峤人千里，风急轻帆燕一行。

——［南明］张煌言《舟次中秋》

中秋妙联佳句

春秋多佳日；山水有清香　　天上一轮满；人间万里明

露从今夜白；月是故乡明　　一天秋似水；满地月如霜

中天一轮满；秋野万里香　　皓月无幽意；清风有激情

人逢喜事精神爽；月到中秋光辉增

笙歌曲中千家月；红藕香里万颗珠

日射晚霞金世界；月临天宇玉乾坤

轮影渐移花树下；镜光如挂玉楼头

三五良宵开玉宇；大千世界涌冰轮

鱼戏平湖穿远岫；雁鸣秋月写长天

重阳节

◎重阳纵览

每年的农历九月九日，是中华民族的传统节日——重阳节。“九”在《易经》中被定为阳数，而九月九日这天正是日月并阳，所以称为重阳，也叫重九。

关于重阳有这样一个古老的传说：相传东汉时期，汝河出了个瘟魔，为祸人间。当时有个年轻人叫恒景，他的父母因患瘟疫而死，就连他自己也差点因病丧命。恒景病愈后，决心寻仙学艺，铲除瘟魔。他历经千难万险，终于找到了仙人，习得了武艺，还得到了一把降妖宝剑。恒景学艺归乡，恰逢九月初九，瘟魔出来作恶。恒景按仙人的叮嘱将乡亲们领到山上，发给每人一片茱萸叶，一盅菊花酒，做好了降魔的准备。瘟魔冲出汝河，扑到山下，突然闻到茱萸奇香和菊花酒气，便脸色突变，戛然止步。恒景挥舞降妖宝剑刺死瘟魔。从此九月初九登高避疫的风俗年复一年地流传下来。

其实，关于重阳的记载，早在春秋战国时期的《楚辞》中就已出现，但那时的重阳还不算是节日。大约到了三国时期，人们觉得日月并阳的日子是值得庆祝的，于是就在这天筹备宴会，进行庆祝。魏晋时期的重阳这天，除了饮酒庆祝之外，还出现了赏菊的习俗。重阳被正式定为民间的节日是在唐代。明代时，皇宫中吃花糕来庆贺九月重阳，皇帝还亲自到万岁山登高，以畅秋志，也就是从这个时候登高习俗一直延续下来。

重阳佳节的活动十分丰富，有登高、赏菊、喝菊花酒、吃重阳糕、插茱萸等。随着重阳节庆祝活动的开展，这个节日的内涵也发生了一些变化。例如，因为“九九”与“久久”同音，而且九又算是最大的数字，所以人们赋予这个节日长寿的意义。我国在1989年将每年的农历九月九日定为老人节。另外，秋季是收获的黄金季节，而重阳佳节正处于这个季节，因此人们对此节历来有着特殊的感情。

重阳节贺辞通常面对的是老年人，基本都是祝福健康、幸福、长寿的言辞。这种贺辞要注意使用尊敬的语气，来表达真诚的祝愿。贺辞的内容主要是赞颂老人们的过去的功绩，并对此表示感谢，也可以根据重阳节的习俗，如登高、赏菊、饮酒等加以发挥，为贺辞增加活力，为现场制造良好气氛。当然，有的贺辞中还会加入对敬老美德的评述。

◎经典致辞

范例一

[致辞背景] 重阳节来临之际致老领导、老教师

[致辞人] 教职工代表

尊敬的离退休老领导、老教师：

您好！

岁岁重阳，今又重阳。适逢这秋高气爽、丹桂飘香的金秋季节，又迎来了九九重阳节。值此之际，我们全校教职工向您——曾为学校发展和壮大呕心沥血、默默奉献的前辈们，致以亲切的慰问和节日的祝贺！

人们都说童年只是一幅画，少年只是一个梦，青年只是一首诗，中年只是一篇散文，而老年却是一部深奥的哲学。由此，我们衷心地祝贺您进入了哲学家的行列，并表示我们最真诚的敬意！岁月如歌，时光荏苒。在祖国的教育事业中，您曾经兢兢业业，勤勤恳恳，贡献了自己的全部青春和热血。您的脸上勾刻出岁月的年轮，您的双鬓已被三寸粉笔染白。是啊，没有您往日的辛勤汗水，就没有今日百花园的满园芬芳；没有您曾经的无私奉献，也就没有学校今天的灿烂辉煌！

如今，我们学校的事业正兴，前景广阔。我们努力提高教育教学质量，得到了人民的满意认可。“做强、做大、做好”是我们这一代的奋斗目标。特别是近几年，我们学校招生规模连续扩大，办学条件不断改善，教学质量稳步攀升。我们学校实现了历史性的突破，它的辉煌已展示在世人面前。

诚然，学校的发展壮大，也离不开前辈的鼎力支持。我们的工作，更需要您的悉心指导，言传身教。从您的身上，我们能够学到“不要自夸颜色好，只留清气满乾坤”的高尚品格；学到“衣带渐宽终不悔，为伊消得人憔悴”的敬业精神；学到“精诚所至，金石为开”的待人哲学；学到“契机而运，拙法成巧”的处世艺术。我们为有您这样的老同志而感到骄

傲和自豪！“莫道桑榆晚，为霞尚满天。”请相信，您的火热青春将在新一代教师身上得到延续，而您的敬业精神也将鼓励我们克服重重困难，勇往直前！

谁道人生再无少，夕阳正红无限好。在这菊艳秋叶黄、佳节又重阳的喜庆日子，请接受全体教职工对前辈们的衷心祝福：

祝您，福如东海长流水，长流不断！

祝您，寿比南山不老松，青松不老！

范例二

[致辞背景] 重阳节来临之际致退休老干部

[致辞人] 市工商局领导

尊敬的离退休老干部同志们：

您好！

秋风送爽。在新世纪我们又迎来了一个传统敬老节日——重阳节。值此佳节来临之际，我谨代表市局党组和全体干部职工向您致以节日的祝贺和亲切的问候！

金秋十月精神爽，丹桂飘香人寿增。您的经验和智慧是党和国家的珍贵财富，也是我局的珍贵财富；有了您的劳动和创造，才有了今天财富的积累；有了您的理解和支持，才有了工商事业的长足进步和持续发展。在工商这块沃土上，您辛勤耕耘、默默奉献，作出了巨大的贡献。今天，虽然您离开了岗位，但依然关注着工商事业的发展。有的老干部主动为我市经济建设和社会发展献言献策，有的老干部为社会公益事业献出爱心，有的老干部全力支持在职干部职工工作等。您高尚的品德和崇高的精神，是值得所有在职干部职工去学习的，它激励着我们更加努力地工作。

尊老敬老是中华民族的传统美德。党和政府也始终高度重视老龄工作，如1996年，颁布了我国第一部《中华人民共和国老年权益保障法》；1999年，党中央、国务院成立了全国老龄工作委员会；2000年，中共中央、国务院下发了《关于加强老龄工作的决定》等。这一系列历史决策，为我国老龄事业构筑起广阔的平台。我们将响应党和国家的号召，加大对老龄事业的投入，积极推动各项有关老年人的法规、政策和优待规定的落实，大力弘扬尊老敬老的传统美德，努力营造敬老、养老、助老的社会氛围，不断丰富老年人的精神文化生活，为老年人安度晚年创造出良好的环境。

“最美不过夕阳红，温馨又从容。夕阳是晚开的花，夕阳是陈年的

酒。”这是动人的歌，也是美的展示与辉煌的见证。最后，祝全体离退休老干部节日快乐、身体健康、全家幸福、万事如意！

范例三

［致辞背景］ 重阳节来临之际致离退休老同志

［致辞人］ 公司总经理

尊敬的各位离退休老同志们：

您好！

金秋九月，刚刚作别温馨的“国际老年节”，又将迎来中国的传统敬老节日——“九九”重阳节。在此，向在××公司工作几十年、奋斗几十年的您致以节日的祝贺和亲切的问候！祝您身体健康、生活幸福、阖家欢乐、万事如意！

离退休老同志是××公司这个大家庭中的重要成员。您的精神、智慧和经验是公司拥有的宝贵财富，值得我们每个人去学习和传承。回顾历史，公司的一砖一瓦都铭刻着您灿烂辉煌的功绩，一草一木都浸润着您孜孜求索的深情，您是××公司改革发展的创业者和开拓者！如今，您虽然离开了工作岗位，但仍然“老骥伏枥，志在千里”，关心、支持、帮助着公司的发展，可谓是“有一分热，发一分光”。公司会永远铭记您的光辉业绩，同时也向您表示衷心的感谢和崇高的敬意！

××××年是××公司发展史上承前启后、继往开来的一年，也是负重前行、充满艰辛的一年。面对前所未有的困难，公司新领导班子将带领全体职工坚定信心、振奋精神，采取有效措施积极克服各种困难，争取持续推动公司的发展。令人欣慰的是，现在公司领导班子团结，上下同心、士气高涨。公司的经营指标不断攀升，一切都在向着好的方向发展。

莫道桑榆晚，为霞尚满天！祝愿每位老同志都能享受“夕阳无限好”的多彩人生，同时也希望老同志们发扬自强、自律、自立的优良传统，积极关心和支持公司的改革和发展，实现“老有所学、老有所为、老有所乐”，为公司的发展再做新贡献！

再次祝愿各位前辈青松不老、晚菊傲霜，在欢乐、和谐、温馨的盛世年代中安度幸福晚年！

范例四

［致辞背景］ 敬老节联欢晚会

［致辞人］ 市委领导

尊敬的各位老领导、老前辈：

大家好！

秋风送爽，丹桂飘香。在我市第××个敬老节到来之际，我谨代表中共市委、市人大、市政府、市政协和全市××万人民向你们并通过你们向全市广大老同志致以节日的问候和衷心的祝福！祝你们和全市老年人节日愉快、身体健康！

尊老敬老是中华民族的传统美德。“九九”重阳蕴涵着中华民族上千年“老吾老”的浓浓深情和生生不息的民族风范。如今，在这个国泰民安、欣欣向荣的大好时代，敬老、尊老已经蔚然成风。国家将重阳节这天定为“敬老日”、“敬老节”，积极倡导尊老敬老活动。无论是道上一声祝福，还是送上一份安康，都是为了让老年人感到温馨、幸福。

关爱老年人是构建和谐社会的需要。党的十六届四中全会把构建社会主义和谐社会作为加强党的执政能力建设的一个重要方面，并提上了全党的议事日程。目前，我国60岁以上老年人口已占全国人口的10%以上，这说明我国已逐步进入老龄化社会。老年人是一个特殊群体。关心老年人、切实维护好老年人的权益，是各级党委、政府，也是和谐社会的重要内容。

老干部是党和国家的一笔宝贵财富。长期以来，你们将毕生心血和精力都花在了党和人民的事业上。在革命战争年代，你们前赴后继、出生入死，立下了不可磨灭的功绩；在社会主义建设中，你们辛勤工作、艰苦创业，为祖国繁盛做出了巨大贡献。如今，你们虽然离开了工作岗位，但广大老领导、老前辈壮心不已，仍然关心着党和国家大事，关心着年青一代的健康成长，奉献着自己的余热。可以说，没有广大老干部的长期奋斗，就没有今天各项事业蓬勃发展的大好局面。你们的功绩，党不会忘记，历史不会忘记，人民更不会忘记！

百行孝为先。让老同志们过得更好、更幸福，是我们的向往和追求。今后，我们将进一步认真贯彻落实中央关于老干部工作的一系列方针政策，结合保持共产党员先进性要求，做好老干部工作，切实做到政治上关心老同志，生活上照顾老同志，工作上虚心听取老同志的宝贵意见，充分发挥老同志的作用；认真研究解决老同志遇到的新情况、新问题，努力创造条件、积极主动地开展各项活动，以解决老同志的各种困难。

莫道桑榆晚，为霞尚满天。在此，我们也恳望各位老领导、老前辈一如既往地关心和支持我市的改革开放和建设事业，在和谐社会建设中积极发挥作用，为我市做出新的、更大的贡献！

最后，衷心祝愿各位老领导、老前辈节日快乐、健康长寿！

谢谢大家！

◎妙句赏析

重阳节贺辞妙语

★您生命的秋天，是枫叶一般的色彩，不是春光胜似春光，时值霜天季节，却格外显得神采奕奕。祝您老重阳节快乐、健康长寿！

★人的一生，最值得赞美的时代，便是老年时代。孔子说他自已年至七十才能“从心所欲，不逾矩”。

★老年时最大的安慰莫过于意识到，已把全部青春的力量献给了永不衰老的事业。祝重阳节快乐！

★三三令节春时松更高，九九芳辰重阳鹤添寿。愿秋风带去我的思念和祝福，祝您越活越精神，越活越年轻！

★夕阳无限好，何须惆怅近黄昏！苍龙日暮还行雨，老树春深更著花！

★一九二九，畅饮如意酒；三九四九，好运跟你走；五九六九，成功相守；七九八九，快乐开笑口；九九重阳，健康拥有，幸福平安到白头。重阳快乐！

★重阳是中国文化中最吉祥的日子，在这金风送爽、桂花飘香、秋菊争艳的日子里，我祝各位幸福久久、健康久久，更祝长辈们多福多寿！

★九月九日望遥空，秋水秋天生夕风。寒雁一向南飞远，游人几度菊花丛。现在正是菊花争艳的季节，愿您的心情也和菊花那样清爽、淡雅！重阳快乐！

★六十年内不分离，七老八十手牵手，共度八千里路云和月，九月九日重阳日，十指紧扣笑会首！

★不管三七二十一，还是九九八十一，平安才是唯一。年龄存进银行，健康就是利息；重阳当成六一，七十也变十七。祝您心情永远美丽，重阳快乐！

★空气中弥漫着欢乐，树梢上飘落着祝福；重阳的温馨在招手，节日的激情在喷薄。我愿化作清风、阳光、白云，给您载去如意、健康、财富。重阳节快乐！

重阳诗词佳句

★独在异乡为异客，每逢佳节倍思亲。遥知兄弟登高处，遍插茱萸少一人。

——［唐］王维《九月九日忆山东兄弟》

★江涵秋影雁初飞，与客携壶上翠微。尘世难逢开口笑，菊花须插满头归。但将酩酊酬佳节，不作登临恨落晖。古往今来只如此，牛山何必独沾衣。

——［唐］杜牧《九日齐山登高》

★昨日登高罢，今朝再举觞。菊花何太苦，遭此两重阳。

——［唐］李白《九月十日即事》

★九月九日眺山川，归心望积风烟。他乡共酌金花酒，万里同悲鸿雁天。

——［唐］卢照邻《九月九日玄武山旅眺》

★九月九日望乡台，他席他乡送客杯。人情已厌南中苦，鸿雁那从北地来。

——［唐］王勃《蜀中九日》

★莫将边地比京都，八月严霜草已枯。今日登高樽酒里，不知能有菊花无。

——［唐］王缙《九日作》

★黄花紫菊傍篱落，摘菊泛酒爱芳新。不堪今日望乡意，强插茱萸随众人。

——［唐］杨衡《九日》

★重九开秋节，得一动宸仪。金风飘菊蕊，玉露泣萸枝。睿览八纮外，天文七曜披。临深应在即，居高岂忘危。

——［唐］韦安石《奉和九日幸临渭亭登高得枝字》

★薄雾浓云愁永昼，瑞脑销金兽。佳节又重阳，玉枕纱橱，半夜凉初透。东篱把酒黄昏后，有暗香盈袖。莫道不销魂，帘卷西风，人比黄花瘦！

——［宋］李清照《醉花荫》

★题红叶清流御沟，赏黄花人醉歌楼。天长雁影稀，月落山容瘦。冷清清暮秋时候，衰柳寒蝉一片愁，谁肯教白衣送酒。

——［元］关汉卿《沉醉东风·重九》

★三载重阳菊，开时不在家。何期今日酒，忽对故园花。野旷云连树，天寒雁聚沙。登临无限意，何处望京华。

——［明］文森《九日》

★人生易老天难老，岁岁重阳，今又重阳，战地黄花分外香。一年一度秋风劲，不似春光，胜似春光，寥廓江天万里霜。

——毛泽东《采桑子·重阳》

重阳妙联佳句

步步登高开视野；年年重九胜春光　何处题糕酬锦句；有人送酒对黄花　菊花早放铺金蕊；桑叶新开泻玉缸　黄菊绮风村酒熟；紫门临水稻花香　夏至本逢三伏热；重阳戊遇一冬晴　东篱开寿菊；南陌献嘉禾

圣诞节

◎圣诞节纵览

圣诞节是欧美许多国家人民非常重视的节日，堪比中国的春节，是一个全民性的节日。人们将它与新年连在一起，但它的庆祝活动的热闹程度和隆重程度，都远远超过了新年。

事实上，圣诞节是一个宗教节日。从字面上来看，“圣诞节”是“基督弥撒”的缩写，而“弥撒”是教会的一种礼拜仪式。公元354年，罗马天主教会规定每年12月25日为圣诞节。从此，各国基督教徒和天主教徒就把这天作为盛大的节日来庆祝。另外，圣诞节还被称为耶稣圣诞节，是基督教徒纪念传说中的耶稣基督诞生的日子。在这天，所有的基督教徒都会举行特别的礼拜仪式。因基督教的影响巨大，圣诞节便传遍世界各地。到19世纪时，随着圣诞卡、圣诞老人的出现，圣诞节普遍流行起来。

今天，人们庆祝圣诞节的活动多数已经与宗教没有太大关联，而纯粹是一种庆祝节日的娱乐活动了。人们从圣诞节前一个月就要互赠圣诞卡片，购买礼物，装饰圣诞树，准备圣餐。街上的各种店铺用红、绿、白三种圣诞色装饰出各种雪人、牧羊人、小天使、圣诞老人等。圣诞前夜，各派教堂举行特殊的宗教仪式，唱颂歌，互祝节日快乐。总之，圣诞节成为了西方世界一个普天同庆的日子。

近些年，我国各地也兴起了圣诞节庆祝活动，但各地的节日气氛并不一样，一些沿海地区的节日气氛较为强烈。在我国，圣诞节已经成为一个欢乐的日子。

圣诞节贺辞在我国并不常见，其内容与新年贺辞基本相同，唯一的区别：一个是新年，一个是圣诞。人们往往在这个欢乐的日子，表达快乐的心情，回顾成绩、展望未来，表达美好的祝愿。

◎经典致辞

范例一

［致辞背景］ 圣诞歌舞晚会

［致辞人］ 企业领导

朋友们：

晚上好！

欢迎各位参加今晚的圣诞歌舞晚会。首先，我代表企业向各位支持××企业事业发展的客户、嘉宾表示热烈的欢迎！

青年人在我企业员工中占绝大多数，你们就是今晚活动的主角。各位朝气蓬勃、热情奔放、充满活力，就像早晨八九点钟的太阳。××企业还年轻，但在十多年的发展中也取得了不小的成就，各项业务快速、持续、健康地发展，这与各位的贡献是分不开的。在此，我谨代表企业向各位青年表示衷心地感谢！

随着新世纪的到来，金融业也将跨入激烈竞争的新时代。要想在竞争中保持实力，稳健发展，就要具备强烈的市场竞争意识、良好的服务意识和先进的创新意识，这些都需要各位青年发挥丰富的想象力和创造力。你们代表着企业未来，希望你们珍惜现在，展望未来，在新世纪取得更大的成绩！

今天的圣诞晚会，内容丰富多彩。希望大家在这个小舞台上施展才华，尽情歌舞，尽情欢笑。在将来，我企业的改革和发展的重任会越来越多地落到你们身上，将会有更大的舞台提供给你们施展才华和能力！

值此圣诞已至、新年将至之际，我预祝大家圣诞快乐，新年快乐！

范例二

［致辞背景］ 平安夜狂欢晚会

［致辞人］　公司经理

尊敬的各位嘉宾，亲爱的各位同事：

晚上好！

今天，我们欢聚在这里，伴着圣诞的钟声，共同享受一个祥和的平安夜。在这个平安、祥和、激情的夜晚，首先，我代表公司向同事们、朋友们表示节日的问候和热烈的欢迎！

今晚，我们一起狂欢，庆祝这个西方的节日，是因为它包含一种中华的福文化，那就是平安。平安是福！平安融会了中西方人共有情感与祝福。在此，我也用“平安”这两个字祝福大家，祝每一个××公司的员工平平安安，祝福此时此刻仍然坚守在工地，守护着工程的保安人员平平安安，祝福为××项目建设做出卓著贡献的建设者们平平安安！

大家都来自五湖四海、大江南北，怀揣最真的情，向往最美的事业，因为××公司，走到了一起。这是缘，这更是福。董事长跟大家一样十分珍惜这份福缘。为了让大家在××公司生活得开心，生活得有激情，董事长特地为我们准备了今晚的狂欢活动。今天是我们第一次组织这么大型的员工晚会，今后像这样的企业文化活动还会继续举行，而且会越办越多，越办越好。

圣诞是一个感恩的日子。让我们大家怀抱一颗感恩的心，感谢我们身边的每一个人，用我们的真情、智慧和汗水，携手合作，共同打造出一个平安的万福，打造和谐的万福，打造财富的万福！让××公司走向辉煌，这将是我们共同的圣诞大礼，共同的人生收获，共同的事业与追求！

最后，祝愿到场的所有人平安夜平安，圣诞节快乐！

范例三

［致辞背景］　圣诞前平安夜晚宴

［致辞人］　公司总经理

尊敬的各位领导、各位来宾，女士们、先生们：

晚上好！

在这欢乐的平安之夜，××公司在这里隆重举办“××××”圣诞晚宴！在此，我代表××公司向关心和支持公司发展的各市领导的光临表示最热烈的欢迎！向与公司风雨相伴的各兄弟友好单位来宾的光临表示最衷心的感谢！

近年来，××公司历经了一系列的重大变革。通过这一系列的改革，公司管理变得更科学，服务变得更完美，网络变得更优化，发展变得更超前。公司始终以“××××，××××”为宗旨，努力把自己建设成为国家一流的通信企业；始终坚持“××××，××××”的服务理念，强化营销渠道建设，把服务向标准化、专业化、个性化延伸；始终把用户的需要和满意度.作为我们的神圣职责和不懈追求。经过××公司全体成员的共同努力，目前，我公司已拥有用户××多万。同时，我公司还承担着党政通信、应急通信等重要任务，一直保持了××市通信行业的主导运营企业地位。当然，骄人的成绩还得益于各级领导的支持和各兄弟单位的信赖和关爱。为此，××公司将一如既往地为当地国民经济的发展和人民生活质量的提高做出应有的贡献。

成绩只属于过去，发展才是我们的未来，服务是我们永恒的主题，用户是我们真正的“上帝”。我们因上帝得以生存，因“上帝”得以发展，因“上帝”得以壮大。因此，今晚我们真诚的与“上帝”相约，共度这美好良宵，共享这豪华盛宴。

亲爱的朋友们，让我们尽情享受这平安之夜的温馨和欢乐，让我们尽情抒发心中的情感和对生活的热爱！让我们共同举杯祝愿：预祝明天更美好、更辉煌！

◎妙句赏析

★洁白的雪花，把天空舞成美丽的图画；苍翠的圣诞树，挂满了情意浓浓的悄悄话；圣诞的钟声，一遍遍把祝福带给万户千家。

★洁白的雪花代表我们友谊的纯度，火热的壁炉代表我们友谊的温度，响亮的钟声代表我们友谊的深度！朋友，圣诞快乐。

★日光从指间流走，雪花随铃声飘落。祝福的心如跳动的烛光，融化每点落在你身上的雪。圣诞节只想轻声问一句：你还好吗？

★永远不老的圣诞老人，总是踏着岁月的脚步，给我们送来永远快乐的祝福。

★佳节氛围里，总蕴藉着缤纷的期许、祝福与默祷。自心中响起一首悠远的歌，祈愿你圣诞快乐！

★我愿化作圣诞树上轻轻飘落的雪花，为你送上温情祝福；我愿化作平安夜里悠扬回荡的钟声，给你带去平安问候！

★愿欢乐的歌声，时刻围绕着你，使你的人生充满幸福与喜悦，让你永浴于无止无尽的欢乐年月。祝你圣诞快乐！

★愿所有的期许及祝福涌向你，让你的佳节洋溢着平安与喜悦，更祈望你一年比一年璀璨美好。圣诞快乐！

★白色的雪，绿色的树，穿着红衫的皓须慈爱老人，驾着辘辘大车报送平安，带给所有的人！

元　旦

◎ 元旦纵览

元旦专用于新年，它是指公元纪年的第一天，也就是每年的1月1号，而不同于农历的春节。“元”是“初”“始”的意思；“旦”，象征太阳从地平线升起，是一日的开始。“元旦”自然就是一年的第一天。

1949年9月27日，中国人民政治协商会议第一届全体会议决议：中华人民共和国纪年采用公元纪年法。为了区分两个新年，又鉴于“立春”（节气）处于农历新年前后，因此便将农历的新年改称为“春节”，而将公历的1月1号定为“元旦”。

事实上，在中国古代的各个朝代也有关于元旦的记载，但说法各不相同，一直到1911年，中国的元旦与西方的元旦在时间上才统一起来。与西方相比。中国人对元旦不是十分重视，而仍以春节作为第一大节。

元旦也是一个辞旧迎新的日子。在这个节日里，中国之外的很多国家的人们会以各种别出心裁、独具特色的活动来迎接新一年的到来。

在英国，元旦的前一天，家家户户都必须做到瓶中有酒，橱中有肉。英国人认为，如果没有余下的酒肉，来年便会贫穷。在法国，人们以酒来庆祝新年，从前夜起开始狂欢痛饮，直到1月3日才终止。在意大利，元旦前夜是一个狂欢之夜，当夜幕开始降临，成千上万的人们拥向街头，点燃爆竹和焰火，甚至鸣放真枪实弹。男男女女翩翩起舞，直至午夜。家家户户收拾旧物，将屋子里一些可打碎的东西，摔个粉碎，旧盆子、瓶瓶罐罐统统扔到门外，表示去掉厄运和烦恼，这是他们辞旧岁迎新年的传统方式。在德国，元旦期间，家家户户都要摆上枞树和横树，在树叶间系满绢花，寓意繁花似锦、春满人间。丹麦人则在元旦前夜将平时打碎的杯盘碎片收集起来，待夜深人静时偷偷地送至朋友家的门前。元旦的早晨，谁家门前堆放的碎片越多，则说明他家的朋友越多，新年越幸运。在南美的阿根廷，每年元旦，各家老少成群结队到江河中洗“新年浴”，以洗去身上的一切污秽。

元旦贺辞就是新年贺辞，是在迎新年聚会场合或通过媒体，向听众表达新年美好祝福的致辞。贺辞的内容一方面展示过去的骄人成绩，一方面憧憬美好未来，多含有感谢、慰问、祝福、激励性的内容。新年贺辞常常以郑重的形式对受众寄予美好而诚挚的祝福，凸显致辞者的希望和理想。

◎经典致辞

范例一

[致辞背景] “庆元旦、贺新年”主题联欢晚会

[致辞人] 校长

各位老师、同学们：

大家晚上好！

几个小时之后，新年的希望之钟即将敲响！此刻，我的心情和大家一样兴奋激动！在这样一个美好的夜晚，我们欢聚一堂，举办“庆元旦、贺新年”主题联欢晚会，来庆祝××××年的到来。整个校园处处都洋溢着一派热烈的节日气氛！首先，我谨代表学校以真诚的心、浓厚的情，向辛勤工作在教学战线上的老师和在管理服务岗位上勤勉工作的干部职工致以崇高的敬意！向全校学生表示节日的问候和美好的祝愿！向曾经支持和帮助我校发展的社会各界友人表示衷心的感谢！

回顾既往，令人欢欣鼓舞。在即将过去的××××年里，我们学校本着“求内涵、重管理、树品牌”的思想，在省、市劳动部门的关心指导下，在社会各界对学校的高度关心和支持下，在学校领导班子带领和全体教职员工共同努力下，我校的教育教学质量大大提高，办学规模逐年扩大，实习设备得到较大的改善，办学实力明显增强，办学综合效益显著提高。

各位老师、同学们，回眸岁月履痕，让人万千感慨；瞻望锦绣前程，唤起百倍信心。作为校长，我愿与大家一道，扬起创新的风帆，荡起智慧的双桨，迎着教育的春风与朝阳，起航破浪！希望我们全体教职工，能够团结一心，众志成城，不负社会的重托和家长们的期望。我坚信，××校的明天充满希望，××校的未来会更加美好！

各位老师、同学们，让我们在这个舞台上，唱起来、跳起来吧！让我

们在载歌载舞中送走过去的一年，共同期待××校美好的明天。

谢谢大家！

范例二

［致辞背景］ 医院新年酒会

［致辞人］ 医院领导

同志们：

值此××××年元旦来临之际，我谨代表××医院各级领导，向一年来辛勤工作的全体员工致以新年的问候和衷心的感谢！

××××年，是丰收的一年！在××卫生局的正确领导下，全院干部员工紧紧围绕中心工作，坚持科学发展观，坚持以病人为中心，团结奋斗，克服困难，扎实工作，顺利开展了“××××”“××××”规范化服务和“××××”等活动，以活动促管理，以活动促发展，全院党风廉政和行风建设成果得到巩固，人才队伍结构不断改善，重点学科建设取得基础性成果，新医院建设进入最后阶段，医改工作稳步推进，医疗技术水平和服务水平稳步提升。回顾过去的一年，我们再次用实际行动和岗位奉献忠实履行了卫生服务行业“救死扶伤”的崇高使命。

××××年，是××成立三十周年。过去的三十年，是××不断发展进步的三十年，也是我们这所医院改革最多、发展最快的三十年。但是，辉煌和成就永远属于过去，站在新的历史起点，我们展望未来，既有医院又好又快发展的无限机遇，也有学科建设、人才队伍发展、公立医院改革等进程中需要面对更大挑战。

悬壶济世的信念，始终是推动我们前进的强大精神动力。只要我们继续坚持这样一种信念，坚持科学发展观，传承医者仁心的职业情怀，发扬团结奋斗的集体精神，就能够度过一个个寒冬，迎来一个个风和日丽的春天！

今晚，我们大家共聚一堂，用歌声和美酒欢送即将过去的一年，用信心和勇气迎接××××年。在此，我提议：请大家高举酒杯，共同祝愿卫生事业蒸蒸日上！祝愿××繁荣和谐！祝愿大家身体健康、新年快乐、家庭幸福！干杯！

范例三

［致辞背景］ 元旦来临之际

［致辞人］ 公司董事长

职工、家属同志们：

一元复始，万象更新。分享着胜利的喜悦，满怀着对明天的憧憬，我们告别了不平凡的××××年，迎来了充满希望的××××年。值此新年来临之际，我代表××集团有限责任公司向辛勤工作在公司各条战线的广大职工，向全体职工家属、离退休老同志，向所有关心、支持公司发展的社会各界人士致以节日的问候和美好的祝福！祝愿大家在新的一年里工作顺利、万事如意！

回眸××××年，大事多，好事多，喜事多。(略)

××××年成绩的取得是全体职工奋力拼搏的结果。在此，我代表××集团公司向全体职工、家属表示衷心的感谢和崇高的敬意！

去岁曾穷千里目，今年更需上层楼。展望××××年，××集团站在了全新的历史起点，进入了大发展、大跨越的新时期。(略)

企业发展依靠职工，企业发展为了职工。没有职工群众的支持，什么也干不成。胡锦涛总书记一再强调，要“坚持发展为了人民、发展依靠人民、发展成果由人民共享，切实解决人民群众最关心、最直接、最现实的利益问题，千方百计为困难群众多办好事实事”。作为企业，我们也必须按照这一要求，心里始终想着职工，装着职工，把职工冷暖挂在心上，关心职工生活，打造民心工程，真正把关心职工生活的各项政策和措施落到实处，不断提高职工收入和待遇，解决职工住房困难，解决职工子女就业问题。

困难职工是企业的弱势群体，我们要给予更多的关心、爱护。各级党组织要把解决困难职工的实际问题作为先进性教育活动扩大成果的重点工作来抓。各级工会组织要广泛开展扶贫济困、送温暖活动，让所有职工都能感受到××集团大家庭的温暖充分调动职工群众的积极性、主动性、创造性。

风正劲，帆已满。让我们高举“做大做强”、“跨越发展”的旗帜，全面推进小康和谐××建设，雷厉风行，励精图治，真抓实干，攻坚克难，全力推进××集团的快速发展，奋力夺取××××年各项工作的全面胜利，共创我们共同的幸福生活和美好未来！

范例三

[致辞背景] 元旦来临之际

[致辞人] 市领导

市民们、同志们、朋友们：

在××××年元旦来临之际，我谨代表××市人民政府，向全市人民致以新年的祝福！向所有关心、帮助和支持××市发展的同志和友人，致以衷心的感谢和诚挚的问候！

××××年是具有重要意义的一年，我们在中共××市委的领导下，以科学发展观为统领，保增长、调结构、抓创新、惠民生，经济社会继续保持了又好又快发展的势头，全市总体上建成全面小康社会。几年来，××市综合实力不断增强，产业结构更加优化，城市品质显著提升，人民生活日益改善，社会发展更加协调，城市的知名度、美誉度进一步提高……××市民普遍为在这座城市工作、学习、生活而感到幸福和自豪。

××××年是“十二五”开局之年，也是深入推进“创新××、精致××、幸福××”建设至关重要的一年。我们将和全体市民一起，以推动科学发展、建设“××××”为主题，以加快转变经济发展方式，大力发展创新型经济、建设创新型城市为主线，以民生幸福为根本目标，更加注重创新发展，加快培育战略性新兴产业，加快提升先进制造业，大力发展现代服务业和现代高效农业；更加注重绩效建设，围绕迎接××建城××周年，全力推进城市重大基础设施、重点环境整治、重要标志性工程建设以及古城保护，努力把“××建设成为古代文化与现代文明交相辉映的名城”；更加注重民生幸福，优先促进充分就业，千方百计确保农产品供给，切实改善低收入群体居住条件，更大力度提高社会保障水平，集中力量解决百姓最关切的现实问题，让改革发展成果最大限度惠及于民。

新年新希望，新春新气象！让我们共同携手，满怀豪情，以铿锵的脚步踏上新的征程！

最后，衷心祝愿大家在新的一年身体健康、工作顺利、阖家幸福、万事如意！

范例四

[致辞背景] 新年来临之际

[致辞人] 公司经理

各级领导、各界朋友、各合作伙伴、广大用户们：

新年好！

新年新气象，万象始更新。衷心地感谢大家对××公司一如既往地关心和支持。值此新年来临之际，我谨代表公司及全体员工向大家表示最诚挚的祝福！

大浪淘沙，激流勇进。在市场经济的浪潮中，××（公司）人始终勇立潮头，劈波斩浪，扬帆远航。经过二十年的奋斗，××公司由从小到大，由强求优，发展到至今，已经成为知名的现代企业集团。这固然离不开各级领导的帮助和全体员工奋发努力，但也是各合作伙伴及广大客户关心与支持的结果。我们不会忘记你们，我们衷心感谢你们！

××××年对××公司的发展至关重要。公司经国家工商行政管理总局批准，成立了××控股集团股份有限公司，进入了新的发展时期，这标志着××公司建立了新的里程碑。近年来，公司完成股份制改造并进入企业上市辅导期，××（公司）的事业将蒸蒸日上。

激情和汗水已成就了过去，理性与坚强将铸就未来。××××年××公司将稳定低端市场，推进中档市场，瞄准高端市场，充分掌握核心技术，大力提升核心竞争力，走“品种扩大、品种组合”之路，促进向高端市场转变，继续实施××计划，理顺集团与子公司的关系，实现各利润中心的战略目标。

××（公司）人坚持把工作当成事业，把事业融入生命。坚决办有责任心的企业，坚持“品质就是永恒”的主题，坚持与经销商和用户同步发展，坚持经济效益和社会效益相结合，而且“亲和、亲近、亲情”的文化理念将时刻伴随着企业的发展。

一个企业的发展壮大离不开社会各界，特别是合作伙伴的支持，我们将加强和广大经销商和用户的联络，增进友谊，共同发展。我相信，有了各级领导、社会各界的关心和支持，带着各合作伙伴、广大用户的厚爱，××公司必将有一个更加辉煌和美好明天！

最后，祝愿大家在新的一年里身体健康、阖家幸福、万事如意！

◎妙句赏析

★朝阳释放的第一缕阳光是我对你深深的祝福，夕阳收起的最后一抹嫣红是我对你衷心的问候。在新年来临之际，送上我真挚的祝福：元旦快乐！

★元月元日元旦至，圆梦圆心圆万事，欢快轻快更畅快，喜乐娱乐天伦乐。元旦到了，真诚祝您幸福万年长，快乐永无疆，好运更健康！

★地球是圆的，我的祝福也是圆的。我把原原本本的心愿，变成原汁原味的新年祝福！祝你：爱圆情圆，花好月圆；人缘财源，源源不断！元旦快乐！

★聚喜马拉雅之阳光，拢天涯海角之清风，撷冈底斯山之祝福，吸比尔盖茨之财气，作为礼物送给你，祝你元旦快乐！

★元旦来到，我要把祝福“元元”本本地送到你身旁，“元”你的烦恼在新年中“元”走高飞，愿你的财运“元元”不断，幸福“元”远流长！

★去年今日此门中，人面焰火相映红；焰火今日又升起，人面依旧笑春风。元旦一切红红红，元旦气氛融融融，元旦祝福快快快，元旦幸福同同同！

★一月一日元旦，一个月亮，一个太阳，组成了新年。祝福你，新的一年，每天都有月光一样美丽的机遇；祝福你，新的一年，每天都有阳光一样灿烂的好心情！

★新的一年开启新的希望，新的空白承载新的梦想。拂去岁月之尘，让欢笑和泪水，爱与哀愁在心中凝成一颗厚重的晶莹的琥珀。祝元旦快乐！

★新年到，鸿运照，烦恼的事儿往边靠。祝君出门遇贵人，在家听喜报！年年有此时，岁岁有今朝！元旦快乐！

第二章
庆周年致辞

庆典之礼

周年庆上的贺辞，可以表现出一个人的品位，因此所有的致辞人无论从语言还是情感上都要慎重！如何说好贺辞，要注意以下几点：

第一，不同的场合，侧重点不同。不同的人在不同的场合，语气、内容是不同的，分清场合说话，会显得祝贺人比较会办事。

第二，抓住重点，语言要简洁。试想一个人站在台上讲了十几分钟后，还在高谈阔论，再有耐心的听者也会按捺不住的。因此，为了贺辞能抓住观众的心，贺辞的语言最好简洁。同时，在语言中穿插名言、对联之类的，会起到锦上添花的效果。

第三，注重说话的礼仪。说话时，各方面的礼仪做到位，会给听者留下很好的印象，也会显得自己比较有礼貌。因此，演讲前，先问好是必须的，说话途中，也不要忘了使用诸如“您”“尊敬”“各位”等敬语。最后结束时，不要忘了“谢谢大家”，这不仅告诉大家你的演讲结束，更重要的是感谢观众对你的尊重。

◎结婚周年庆典重“真情”和“感恩”

两个人能够相伴便是无尽的缘分。茫茫人海中，两个素不相识的人从相遇，到相识，再到相知，最后能走进婚姻的殿堂，这是很大的缘分。佛说：“前世的500次回眸，才换来今生的擦肩而过”，那么两个人前世肯定

付出了很多努力，才能走到一起，所以要珍惜对方，“百年修得同船渡，千年修得共枕眠”就是这个道理。

对于两个人来说，结婚是两个人终于结束了爱情长跑，在亲朋好友的祝福和见证下，从此开始了相伴一生的生活。但是，每个结婚纪念日也是很有意义的。婚前的爱情是处于不食人间烟火，一心只谈爱情的童话世界里。而婚后，两个人的爱情要经受柴米油盐的考验，一下子就从梦幻回到了现实里，现实的残酷有可能摧毁曾经编织的美好梦想，认识到曾经对未来生活的美好憧憬是多么的遥不可及。所以，能一起过每个结婚纪念日是幸运的，说明彼此能够经受住平淡生活考验，这样的感情才是最真的。同时，庆祝结婚周年还可以升华夫妻之间的感情。

综上所述，在发表结婚周年贺辞的时候，要重视“真情”和“感恩”这两个因素。“真情”和“感恩”不仅仅是夫妻之间可以共诉的情感，他人也同样可以在结婚周年上表达。

夫妻之间的“真情”是爱情和亲情，而“感恩”则是感激多年来对方对自己的关怀、理解和彼此之间的相濡以沫。例如结婚纪念日这一天，妻子可以对丈夫说：“从我们携手走上红毯的那一刻，我就认定今生把自己交给你，是多么的明智！从此有你为我遮风挡雨，我将幸福无比！感谢老公赋予我的一切，我会珍惜我们今后相伴的时光！”老公也可以对妻子说：“‘执子之手，与子偕老’，这是我今生不变的追求。从你答应做我老婆的那一刻起，我就告诫自己：今后一定要让你幸福！感谢老婆为这个家里所做的伟大牺牲！”这样的话，一般来讲，年轻人讲得比较多，在结婚一周年、三周年等可以使用。但是如果到了金婚或是钻石婚的时候，夫妻之间的亲情一般就胜于爱情，没有那番轰轰烈烈的告白，只有平平淡淡的感激，感谢彼此陪伴走过的几十年风风雨雨，感谢几十年来的相濡以沫。如丈夫可以对妻子说：“我们现在已是两鬓斑白之人，多亏彼此的扶持才能到今天，你是我此生最亲的人，希望我们能一直这样走下去！”

他人在夫妻结婚周年庆典上发表贺辞时，“真情”和“感恩”同样不能缺少，这个时候的致辞多半是祝愿之类的，也有以他们为榜样的意思。例如子女对父母的金婚之禧会说：“50年的风风雨雨、50年的柴米油盐、50年的酸甜苦辣、50年的相濡以沫。感谢爸爸妈妈为我们在婚姻爱情方面树立了好榜样，我们会以你们为参照，来经营好自己的婚姻。”

每一次的结婚周年纪念庆典，就如同夫妻二人又结了次婚，为激情已过、回归平淡婚姻生活的爱情加点“蜜”。每年的结婚庆典实际上起到了升华夫妻感情的作用，而庆典中，贺辞则成了人们表达感情的最好方式。

◎公司周年重“感激”和“祝愿”

实际上，每次的公司周年庆典都可以作为一场感恩会。因为一个公司从小做到大，需要各方面的配合与努力：政策的支持、领导层的英明决策和员工的同舟共济、爱岗敬业。因此，在公司周年庆典上发表贺辞时，要着重于“感激”。例如公司的董事长在发表贺辞时，可以这样说：“百花争艳，鞭炮齐鸣。今天我们迎来了我们××公司的5周岁生日。首先，让我们以热烈的掌声，欢迎各位领导和嘉宾朋友的到来，感谢他们长期以来对我们公司的关心、帮助与支持！其次，让我们把热烈的掌声送给我们辛勤的员工，正是由于他们的无私奉献、兢兢业业，才有我们公司的今天。再次，我们把掌声送给公司的领导层，因为他们的决策英明，才指引着公司走向明天。最后，让我们把掌声送给这个美好的时代，好时代造就了我们公司发展的好机会、好前景。”

我们知道公司都是希望能够发展壮大，创造更大的效益，因此在表达“感激”之余，贺辞的结尾一定要带上祝福语，表达对公司美好明天的期盼。如“我坚信：在大家的共同努力下，我们的公司会越来越好，让我们携手，面向未来，争取更大的发展”。

◎学校周年重“历史”和“展望”

悠久的历史造就了学校非凡的成就，这是一所学校的资本。所以校庆伊始，回顾学校的历史是在所难免的，因为这样会增加学校的荣誉感和历史厚重感。同时，每个学校都希望继续走下去，取得更大的发展，因此在结束语时，不管谁发言，都会说一通对学校美好前景的祝愿，表达自己对学校情感的寄托。

例如校友在发表贺辞时，可以这样说：“今天是母校的100周岁华诞，我代表全体校友对学校表示祝贺。100年来，母校在一天天壮大成长：从中专、大专，一直升到本科，教学楼从土房子到瓦房，再到今天的现代化的高楼，学校从建校初的100多人到现在的几万人，教师从一般的老师到现在的博士，名望从当初的不为人所知到现在的名声显赫。并且从这里走出来的学生多已获得很大的成就，这都是母校赋予我们的。”“希望社会各界进一步重视教育，希望有能力的校友们尽大家最大的努力，继续关心和支持我们的母校、关心母校、捐助母校，为母校的发展创造更好的发展环境。最后，祝愿母校的明天更加辉煌，为我们的90年、100年校庆时的再聚首表示期待，期待看到更加灿烂的××！”

◎诞辰周年重“歌颂”和“怀念”

诞辰，多数用于受人尊敬的、已故之人，或伟大的组织团体。因此，在纪念×××诞辰多少周年之时，重点在于歌颂其丰功伟绩，怀念其走过的峥嵘岁月。

在说到已故的伟人出生多少年时，我们都是用诞辰来表达。例如，到2013年正好是毛泽东同志的120岁生日，我们就可以以毛泽东同志“诞辰120周年”作为主题来组织一个庆典。在毛泽东同志诞辰120周年的贺辞上，可以这样写道：“在以毛泽东同志为中心的第一代中央领导集体的带领下，我们相继完成了新民主主义革命和社会主义革命；进行了三大改造，建立了社会主义制度，使中国社会发生了深刻的变革；建立社会主义，中国人民真正当家做主，中国真正地站了起来。很难想象，假如没有毛泽东同志等老一辈无产阶级革命家，我们还要在黑暗的社会中摸索多久。”

我们伟大的中国共产党90岁华诞，那么在中国共产党诞辰90周年的贺辞中，可以写道：“‘没有共产党就没有新中国，有了共产党，中国的面貌才会焕然一新’。在党的带领下，我们推翻三座大山，建立新中国；在党的带领下，我们建立社会主义制度，中国的面貌焕然一新；在党的带领下，我们进入改革开放的新时期，进入小康社会。目前，我们正朝着更高层次、和谐的社会迈进。感谢中国共产党，她是无愧于先进的、科学的政党！”

◎节日周年重“意义”

节日如长河中的朵朵浪花，让平淡的生活时而充满激情；如整片绿叶中的朵朵鲜花，起到了点缀千篇一律的生活的作用。中国人民喜欢过节，有句话说中国的节日是“大节三六九，小节天天有”。但是得到人们重视的节日也只是具有特殊意义的节日，比如说辞旧迎新的春节、拜祖寻根的清明节、纪念爱国诗人屈原的端午节、六一儿童节、建党节、“每逢佳节倍思亲”的中秋节、重阳节、国庆节等。

人们在庆祝节日周年时，重视的是节日本身所蕴含的特殊意义。比如说今年恰好是建党90周年，伟大的中国共产党走过了近一个世纪的风风雨雨。我们在庆祝的同时，还要表达出缅怀先烈，学习党的优良传统，坚定信心跟党走的思想。因此在发表贺辞时，我们可以阐述一下党的历程，罗列一下在党的带领下我们所取得的成就，最后表达自己坚持党的领导的信念。例如学生代表在发表贺辞时可以这样说：“中国共产党领导我们相继完成了新民主主义革命任务、实现了民族独立和人民解放、建立了中华人民共和国，中国人民从此站了起来。回顾党发展的90年历程，我更加深深地体会到中国共产党不愧为领导中国人民不断开创社会主义事业的核心力量，我们要坚定信心跟党走！”

香港和澳门的回归在中国实现民族统一大业上具有重要的意义，每逢回归周年庆的时候都很重视，尤其是逢五、逢十的周年，场面很是隆重。因此，在发表周年贺辞时，要突出以下三点：一是香港、澳门自古以来就是中国神圣不可分割的领土；二是香港和澳门回归后，各个方面所取得的成就；三是台湾回归是大势所趋。例如××香港市民在香港回归周年庆上，可以这样说：“香港是中国的领土，为了完成祖国统一的大业，中国人民收回香港的主权是不可非议的。”“回归后的香港，在‘一国两制’政策的实施下，焕发生机，社会各个方面取得了飞速发展，面貌焕然一新。我们已为台湾回归做了良好的示范，希望国家早日完成统一大业！”

◎周年庆典礼仪

周年庆典是指企事业单位、社团在发展过程中进行的包含各种内容的周年纪念性活动，如公司的周年庆、商店的店庆、学校的校庆以及大众媒体的刊庆、台庆等，还包括组织间友好关系周年纪念、某项技术发明或某种产品和问世的周年纪念及其他内容的周年纪念活动。另外，一些结婚纪念日也常常举办结婚周年庆典，但它在形式上和内容上与一般的周年庆典多有不同。

作为庆典活动，周年庆典中的庆典仪式或者纪念活动通常需各种方式渲染节日喜庆气氛。作为一个组织发展过程中的里程碑，周年庆典一般都要回顾总结过去，展望未来。很多单位会借助周年庆典振奋员工精神，扩大宣传效应，协调公众关系和塑造组织形象。为配合周年庆典纪念活动，也可组织类似学校的校园文化节或者其他主题活动，起到欢庆和教育的双重作用。

组织与参加周年庆典时往往需要满足各方面的要求，这就要求人们对周年庆典礼仪有所了解和掌握。一般来讲，周年庆典礼仪包括组织庆典的礼仪和参加庆典的礼仪两个方面。其中组织庆典的礼仪主要分为庆典前的准备和庆典现场的布置等。

庆典前的准备，一是要确定出席庆典的人员，二是要做好接待准备。在确定庆典出席人员的名单时，应以庆典的宗旨为指导。一般来讲，这些人员包括上级领导、大众传媒、合作伙伴、社区关系、单位员工等。庆典接待礼仪也是庆典准备工作中一项重要的内容。对出席庆典仪式的来宾的接待，更突出礼仪性的特点。主办方要尽最大努力使每一位来宾都能心情舒畅，使他们感受到主人真挚的尊重与敬意。

庆典现场的布置往往关系到该庆典留给全体出席者的印象，所以要精心策划。一般要应注意四个方面：一是地点应根据庆典规模、影响力以及本单位实际情况确定。本单位礼堂、会议厅或门前的广场等均可。如选择室外，要避免制造噪声、妨碍交通和影响居民的生活。二是环境的安排要能够烘托出热烈、隆重而又喜庆的气氛，可在现场张灯结彩，悬挂彩灯、彩带，张贴一些宣传标语，并张挂标明庆典具体内容的大型横幅。三是音响设备一定要调试好，避免来宾们讲话时临阵“罢工”，以致大出洋相。四是合理拟定庆典的程序。通常要注意：第一，时间宜短不宜长，一般以一个小时为其极限；第二，程序宜少不宜多，程序过多，不仅会延长时间，而且还会分散出席者的注意力，给与会者以庆典内容过于冗长凌乱之感。

庆典的参加者也要注意一定的礼仪。一般情况下，参加者应保持衣着整洁，仪表大方；要准时入场，进出有序，依庆典安排落座。庆典开始时，参加者应认真听讲，不要私下小声说话或交头接耳；发言人发言结束时，应鼓掌致意；中途退场应做到轻手轻脚，不影响他人。主持人除了要达到上述要求以外，还要根据庆典具体情况调节庆典气氛，或庄重，或幽默，或沉稳，或活泼。

校 庆

◎校庆概述

校庆是学校成立日的纪念庆典，也可以说是学校的一个承前启后、继往开来的里程碑式的纪念庆典。在很多人眼中，校庆是一个特定的节日。在这个特定的节日里，人们一边追忆着已往的美好时光，一边谈论着未来的期盼和追求。一般情况下，学校每逢五年、十年会举办大型庆典活动。

在校庆期间，学校一般会组织内容丰富的活动，如筹办各类校庆展览，举办学术研讨会，编写校史或校友名册，出校庆专刊，印制校庆纪念品，组织校庆文艺晚会，请领导人和著名校友题词，等等。一些建校几十年甚至上百年的学校历史影响巨大，桃李丰硕，一代代的园丁更是声名远播。这些学校的校庆规模更加宏大，内容更加丰富，气氛更加热烈。

校庆通常会广泛邀请该学校历届毕业生返校参加。此时的在校学生在校庆中则要担任“服务员”。全体“服务员”一般都统一着装，展示良好的精神面貌，对所有来宾笑脸相迎、热情有礼。那些负责迎宾任务的同学要身披迎宾绶带，面带微笑，恭迎来宾；负责引导的同学要谦恭有礼，热情周到；负责接待的同学应有礼貌地对来宾进行登记，对老校友，应帮他们在事先准备好的胸牌上面写上他们在校时的基本信息，以免久别重逢的校友因叫不出对方姓名而尴尬；对其他来宾，应备好笔墨，并招呼他们在纪念册上签到或题词。

举办校庆典礼，一方面有助于增强师生的凝聚力，另一方面也有利于扩大学校的影响力。因此，做好校庆典礼的各项工作是十分必要的，如提前发校庆消息或广告，事先邀请有关领导和兄弟院校代表参加。校庆典礼的会场布置与活动，一般可参照开学典礼的做法，但在校庆发言人名单中应有兄弟院校代表和校友代表。校庆典礼的气氛一般都比较隆重、热烈。

校庆贺辞的内容一般为回顾学校的历史，展望学校的未来。贺辞应体现出致辞人对学校的感情，并以情感人，调动听众的情绪和调节现场的气氛。另外，校庆贺辞还要注意根据致辞者的身份确定主题和内容，避免千篇一律。

◎经典致辞

范例一

[致辞背景] 建校××周年庆祝大会

[致辞人] 校友代表

尊敬的各位领导、各位来宾、各位老师，亲爱的各位校友，同学们：

忆往昔，桃李不言，自有风雨话沧桑；

看今朝，厚德载物，更续辉煌誉五洲。

今天，历代校友集聚，四海宾朋云集。大家欢聚一堂，笑看母校新颜，共唱一首赞歌，祝贺母校××周年华诞。在此，我非常荣幸地代表国内外新老校友，向母校××周年校庆献上最诚挚的生日祝福，向曾经辛勤教导、悉心教育过我们的全体教职员工及离退休的老领导、老教师致以崇高的敬意和衷心的感谢！

××载，桃李芳菲。××年以来，母校一代一代的师长用不屈的信念和永远不灭的理想写下了辉煌的育人篇章，一代又一代的××儿女在这里写下了人生最绚烂的华彩乐章。“饮其流者怀其源，学其成时念吾师”。此刻，我同所有校友、同学一样，心怀感恩之情，感激培育我们的老师，感激培养我们的学校。在心里面掌一盏明灯，透阅××年帙史，我们依然能清晰地看到昔日老师、校友们一步一步的人生脚步。

××载，风雨兼程。迈进新世纪，就位新起点，完成新跨越。重归母校，我们大家都亲眼看到了她的巨大变化，校园变得更加美丽，教学设施日新月异，师资力量逐年雄厚；在新时期的知识经济大潮中，我们的母校作为中流砥柱，服务一方，她焕发着蓬勃的生机，更拥有无限的魅力。我们××万的学子、××万的兄弟姐妹无论走到世界的哪一个角落，都会永远为我们母校——××大学感到骄傲和自豪！

昨日灿烂永驻，今朝再续辉煌。在母校××年华诞的美好时刻，请允许我代表全体校友表达我们共同的心声：在母校发展过程中，不管遇到任何困难，无论遭遇任何挑战，我们都将一如既往、义无反顾地支持母校，并会用我们的实际行动竭力为母校的发展作出贡献！

最后，衷心祝愿母校蒸蒸日上、永远昌盛！衷心祝愿全校老师身体健康，万事如意！衷心祝愿在校学子在母校的怀抱里健康成长！

谢谢大家！

范例二

［致辞背景］ 母校××周年校庆之际致贺信

［致辞人］ 校友

尊敬的各位领导、各位来宾、各位校友、各位老师，朋友们：

金秋时节，丹桂飘香。欣闻母校××周年校庆，我身在××，怀着赤子之情，遥望母校，感慨万分，写这封信以表达我对母校的由衷祝贺！首先，向母校的领导和师长致以崇高的敬礼，向参加校庆的各位领导和校友致以诚挚的问候！

岁月流逝，抚今追昔。母校伴随新中国的步伐，走过了××年风雨历程。改革开放以来，我们欣喜地看到母校的飞速发展。母校秉承“自强不息，求实创新”的信念，经过半个多世纪的发展和建设，尤其是近几年的发展，在取得了一系列重要成就之后，母校已成为以××学、××学为重要特色和突出优势的现代化综合性大学，成为××市和全国培养经世济民之才，造就国家社会栋梁的重要摇篮。种种成就标志着母校又进入了一个新的发展时期。母校的辉煌成就，是学生们的无上光荣。作为母校的学子，我们无不为之欢欣鼓舞。在此，我们由衷地祝贺母校在改革和发展中取得的巨大成就。

母校永远是我们学子的精神动力和心灵依托。××年来，一代又一代学子从母校走出来，或经历了这样那样的成长历程，或许取得过这样那样的成绩，然而，我们始终没有忘记母校师长的辛勤培育，没有忘记母校的精神传统，没有忘记作为母校的学生所肩负的社会使命。多年来，我们谨遵师诲和校训，以服务于国家、社会和人民为己任。

母校为国家和民族育人才，我们则要为母校添光彩。我自从××年毕业离开母校，就积极报名到边疆工作，最终来到祖国××地区工作。十几年好像弹指一挥间。在这十几年里，我先后荣获国家、省及地区以上奖励××项，如连续×次荣获××地委、行署“记三等功”奖励，一次“记二等功”奖励，荣获人事部授予的“记一等功”奖励，××省人民政府授予的“全省人民满意的公务员”光荣称号，中共××省委先后两次授予“全省党风廉政建设先进个人”，并在××××年获得全省首届“廉洁从政十大标兵”光荣称号，××××年荣获国务院授予的“全国先进工作者”光荣称号。

落实思想，饮水思源。我所取得的点滴成绩和每次进步都是母校——××大学关心、培养、教育的结果。今后，我将会把母校的期望变成新的动力，让母校的精神生根、开花、结果，再为母校增新光、添新彩。

最后，我再一次祝愿母校蒸蒸日上，兴旺发达！希望母校的学子们携起手来，共同振兴母校，建设母校，让母校早日建成国内一流水平的大学，为祖国建设作出更大贡献！光荣属于母校，未来属于母校！

范例三

[致辞背景] 中学××周年庆典

[致辞人] 市领导

各位领导、各位来宾，老师们、同学们，朋友们：

在这金秋时节，我们欢聚一堂，同祝××中学××周年校庆。首先，我代表中共××市委市政府，并以我个人作为××中学校友的名义，向××中学全体师生员工及海内外校友表示热烈的祝贺！向参加庆典的领导和嘉宾表示诚挚的欢迎！

××中学建校××年来，随着时代的步伐前进，坚持“××××”的办学宗旨，为国家培育和输送了一批又一批人才。××中学的广大师生，爱祖国、爱家乡，为××的经济和社会事业发展作出了重要贡献。××中学广布海内外的全体校友，在各条战线上顽强拼搏，艰苦奋斗，为祖国和人民建功立业，为祖国和家乡赢得了荣誉。他们是××中学的光荣，也是××人民的骄傲。

今天，我们欢聚一堂，畅述友情，共同回忆学生时代的美好时光，倍感亲切。多年来，××中学的校友们为家乡的经济和社会发展出力献策，增光添彩，做出了很大成绩。这一切，家乡的父老乡亲都是不会忘记的。

经济的发展靠科技，科技的进步靠人才，人才的培养靠教育。近年来，××市委、市政府把教育现代化作为经济和社会发展的首要前提，加大了教育改革力度，把提高教育质量作为提高人才素质和竞争力，保持和创造××在国际国内竞争中优势的关键来抓，在巩固普九成果的基础上，去年在全省率先基本普及了学前三年和高中段教育。××被列为全国教育现代化实验区、××市教育工作示范市。教育事业的发展，为全市经济和社会的发展增添了巨大的动力，××已连续四届跻身全国综合实力百强县。

老师们、同学们、校友们，让我们并肩携手，与时俱进，以新的作为、新的风貌，为了××更加美好的明天，为振兴教育、振兴××、振兴中华，作出新的贡献！

祝××中学的未来更加美好！祝××中学的所有校友全家幸福，事业有成！祝××中学全体师生身体健康，学习进步！

谢谢大家！

范例四

[致辞背景] 校××周年庆典

[致辞人] 兄弟院校代表

尊敬的各位领导、各位嘉宾，××学院的各位老师、校友，同学们：

在这欣欣向荣、生机勃发的时节，我们欢聚一堂，隆重庆祝××学院建校××周年。今天，我非常荣幸地受邀到此，出席这场隆重、盛大、热闹的庆典。首先，请允许我代表××大学和其他兄弟高校，向××学院的全体师生及校友们表示真诚的祝贺和美好的祝愿！

××是一片拥有光荣的革命传统、深厚的文化底蕴的土地，在这里我们也能看到现代社会快速发展的繁荣景象。××学院在这块孕育伟大精神、充满勃勃生机的土地上生长发展，深受当地文化传统的滋养，形成了朴实厚重、执著向上的优秀品质。××学院××的历史，是一部改革创新、开拓进取的创业史，更是一部自强不息、艰苦奋斗的发展史。

建校以来，××学院以振兴民族、富强国家为己任，秉承弘扬学术和培育高素质人才的宗旨，不断扩大办学规模，提高教学水平。尤其是近几年，××学院在人事制度变革、教学管理变革、探索多元化办学体制等方面进行了卓有成效的实践；在学科建设、人才培养和师资队伍建设等方面取得了令人满意的成绩。学院的综合实力得到了显著提升，实现了跨越式的发展。更为重要的是，××学院取得的成绩和进行的实践，为我省高等教育事业的发展提供了很多可借鉴的经验，也为区域经济建设和社会发展作出了不可磨灭的贡献。如今，××学院实力雄厚，正在朝着多学科综合型大学方向快速发展。

××大学一直对××这块土地怀有深厚的感情，与××市，特别是与××学院有着长期友好合作的历史。在革命战争年代，××大学与××学院前身——××学院是××省革命根据地的患难与共的“战友学校”。几十年来，双方也都一直保持着良好的合作关系。近年来，××学院快速发展，它开放的办学理念、师生员工的执著精神进一步巩固了双方的合作基础，同时也进一步扩宽了双方的合作领域。今后，我希望两校的合作更加深入，相互促进，共同提高。

朋友们、同志们、同学们，我国高等教育正处在深刻变革的大潮中。知识经济的迅猛发展，社会发展对知识的渴求，使国家和民众对高等教育

寄予厚望，这也表明在我国全面建设小康社会的历史进程中，高等院校是大有可为的。××大学将与××学院在内的省内外高校一起，携手并肩，同舟共济，共同担负起历史赋予的神圣使命，为我国高等教育事业和经济社会发展，为中华民族的伟大复兴作出我们应有的贡献！

最后，我代表所有兄弟院校衷心祝愿××学院的明天更美好、更灿烂！

谢谢！

范例五

[致辞背景] 小学百年校庆

[致辞人] 区领导

尊敬的各位领导、各位来宾，××小学的各位校友、老师，同学们：

在秋高气爽、丹桂飘香的美好时节，我们欢聚在这里，共同庆祝××小学百年华诞。首先，我谨代表中共××区委、区政府向××小学全体师生表示最热烈的祝贺！向光临庆典的各位领导、各位来宾、各位校友表示诚挚的欢迎！向多年来关心支持××小学的社会各界人士表示崇高的敬意和衷心的感谢！

在一百年不平凡的发展历程中，××小学历届师生始终坚持“以人为本，以德为先”，积极发扬自强不息、敢为人先的开拓精神，为国家和地方培养了无数优秀的人才。尤其是改革开放以来，××小学按照“科教兴市”“科教兴区”的战略规划，求真务实，积极进取，使学校基础设施建设日新月异，学校规模不断壮大，教师队伍的素质不断提高，学生能力得到全面发展。××小学曾被评为省级示范小学，并获得了教师基本素质展示全市一等奖等一系列荣誉称号。这些成绩的取得，是××小学广大师生努力奋斗、追求卓越的结果；是各级领导高度重视、关心支持的结果；也是社会各界、各位校友心系教育、无私奉献的结果。这是××小学的骄傲，也是××区的光荣！

近几年来，××区将教育放在“强区富民”的战略位置优先发展，大力推进本区教育事业。区委、区政府在立足区情的基础上，提出了做大做强教育品牌，建设“教育强区”的奋斗目标，按照“××××”的工作思路，全力深化各项改革，大力整合教育资源，全面推进素质教育，使得教育教学质量有了新的提高。“十二五”期间，我们将进一步全面贯彻落实科学发展观，继续实施“科教兴区”战略，一如既往地大力发展基础教育，为地方经济又快又好发展提供有力的人才支持和保障。

希望××小学以百年校庆为契机，紧紧抓住全区经济社会加快发展的大好机遇，百尺竿头，更进一步。希望全区教育工作者以更加积极的态度，勤奋工作，勇于创新，让我们一起努力，为××教育事业作出新的贡献！

最后，衷心祝愿各位领导、各位来宾身体健康，万事如意！

范例六

［致辞背景］ 学校周年庆典

［致辞人］ 学生代表

尊敬的各位领导、各位来宾，亲爱的校友、学长，老师们、同学们：

青山含笑，绿水欢歌，正是阳春时节，到处生机勃勃。也正是在这美好的时节，我们迎来了母校××大学××周年华诞。此时此刻，在母校××岁生日之际，让我们共同举起祝福的酒杯：祝愿你，明天更美好！尊敬的历届校友，在此我谨代表在校的全体同学向出席本次庆典的领导、来宾们表示崇高的敬意！向回母校的各届学长们表示热烈的欢迎和诚挚的祝福！向辛勤培育我们的老师表示衷心的感谢！

作为××大学一名在校学子，我很荣幸能够在××大学这片知识的沃土中成长。在××大学学习、生活的时光中，我们从懵懂少年转变为热血青年，由稚气未脱进化到风华正茂。记得，入学时我们还带着稚气未脱的天真，载着父母殷切的期望，怀着对未来的美好憧憬，如今，我们在××大学优良校风、精辟校训的熏陶下正茁壮成长。我们进入的是一个孕育幸福、享受幸福的地方，这里有锐意进取、开拓创新的领导，有和蔼可亲、谆谆教诲的老师，有朝夕相处、彼此信任的同学……我们愿意在这里留下值得一生回忆的青春年华！

在××大学德育教育的花园里，我们树立了远大志向；在社会实践的广阔舞台上，我们体验着生活的酸甜苦辣；在校园生活的点点滴滴中，我们积淀着自身的人文底蕴。天高才能任鸟飞，海阔方能凭鱼跃！同学们，学校为我们创设了一片广阔天地，在这里可以穿梭在各种实验室，可以在运动场尽情挥洒汗水，可以在各个社团中大显身手……我们正沿着学校“厚基础、宽口径、创业能力强的应用型、复合型人才培养模式全面发展”。

“雄关漫道真如铁，而今迈步从头越”。作为××大学的在校学子，我们将用知识去开创未来，用智慧去实现理想，用双手去描绘新世纪的美好蓝图，用行动去为学校增添荣誉，赢得骄傲！

××载风雨历程，沧桑巨变；××载春华秋实，硕果累累。××载的光辉岁月展示了××教育的辉煌成就，谱写了××文化的光辉篇章！回顾历史，我们心潮澎湃；展望未来，我们激情满怀。我们坚信，母校的明天一定会更美好！

最后，我代表全体同学祝各位领导、各位来宾、各位老师、各位学长工作顺利身体健康！祝母校继往开来，再创辉煌！

谢谢！

范例七

[致辞背景] 建校××周年庆祝大会

[致辞人] 校长

尊敬的各位领导、各位来宾、各位校友、各位老师，朋友们：

今天，各位领导、新老校友和八方宾朋相聚一堂，与我们共同庆祝××学校建校××周年。在此，我代表××学校全体师生向各位领导、各位嘉宾以及远道而来的八方校友表示最热烈的欢迎！欢迎你们在这个金秋璀璨的收获时节，与我们共同分享喜悦，共同见证这激动人心的时刻！你们的光临，不仅为校庆增添了荣光，也是对××师生的极大鼓舞和鞭策。

××年是历史的一瞬，然而对一个学校由诞生到发展，再到成功，却是一个漫长的奋斗过程。××年前，××学校伴随着民族复兴的历史进程应运而生，几代人用忠诚和智慧、勤劳和汗水书写了她不断发展壮大的历史篇章。历任校长在不同的历史阶段，秉承××学校的优良传统，顺应时代发展的潮流，牢牢把握前进的方向，带领××人创出了××学校的名校品牌。可以说，××学校成长的每一步，都留下了他们辉煌的印记。这些印记构成了××厚重的历史，也为今天的发展奠定了无比坚实的基础。

如今，××学校经过全校师生的共同努力，在社会方方面面的关心支持下，在教育教学上取得了丰硕的成果，在社会上赢得了良好的声誉。××学校确立了根据党和国家的教育方针，以科学发展观为指导，全面实施素质教育的学校育人目标，即在学校和教师引导下，学生通过自主、自觉的学习生活和社会实践，成为国家意识、民族情感、政治信念坚定，道德品质优良的新世纪国家建设所需的社会主义一代新人。

风雨兼程××春秋，桃李芬芳几代俊秀。××年来，××学校为社会输送了近××万学子。他们在社会的各个工作岗位上奉献着自己的聪明才智，为社会的发展做着应有的贡献，而且是卓有成效的。××学校校友无时不在为祖国争气，为华夏增辉。借此机会，请允许我向为祖国繁荣昌盛和社会进步辛勤劳作、埋头奉献的××学校校友们致以崇高的敬意！你们是母校的骄傲！

“大鹏一日同风起，扶摇直上九万里”。我们坚信从××学校走出的毕业生在几年、十几年、几十年后，一定会成为德才兼备、勇于创新、具备国际竞争能力的有所作为的人。

当然，我们之所以能不断取得成绩、获得进步，是因为我们始终得到各级领导无微不至的关怀、广大企事业单位和兄弟学校的热忱支持、历届校友的鼎力相助。为此，我谨代表全校师生员工向给予我校关心和支持的各级组织、各位领导和社会各界人士、海内外同仁朋友以及为学校建设和发展呕心沥血、添光增彩的先辈们，离退休教职工，历届校友表示由衷的感谢和节日问候！

最后，再一次衷心地感谢各位领导、各位来宾对××学校的支持和帮助。祝大家工作顺利，万事如意！

◎妙句赏析

★金秋时节，丹桂飘香。欣闻母校××周年校庆，怀着喜悦的心情，对母校表示由衷的祝贺！

★饮水思源。作为××校友，我们深切感谢母校的栽培，也密切关注着母校的建设和发展。在××年华诞之际，预祝校庆活动圆满成功！祝愿母校积历史之厚蕴宏图更展，再谱华章！

★在这特殊的日子里，我向母校致以最诚挚的祝福，愿母校永远年轻，永远充满生机！

★忆往昔，博学石旁，××的一草一木，老师的一颦一笑，仍记忆犹新。在那绿色的校园里，我们手握春光烂漫的年华，编织着人生的七彩之梦。

★××年的风雨兼程，母校几经沧桑，奋发图强，赢得桃李满天下，为祖国培养了数以万计的各类人才。回顾过去，我们无比自豪；展望未来，我们信心满怀。我们相信，母校的××年华诞将成为承前启后、继往开来、开拓创新和再创辉煌的新起点！

★××年，算不上沧桑，却也已经砥砺了漫漫风雨。××年后的今天，您的笑容比烟花和繁星还要璀璨。浓浓学子情，祝愿我的母校与祖国共繁荣，再铸辉煌！

★忆往昔，桃李不言，自有风雨话沧桑；看今朝，厚德载物，更续辉煌誉五洲。

★××载沧桑砥砺，××载春华秋实。

★××年，一首拼搏奋斗的诗篇；××年，一路风雨兼程的跋涉；××年，一段继往开来的历史！

★在这激动人心的时刻，一个辉煌灿烂的日子，校庆××周年——我们母校的生日到来了！这是辛勤耕耘的园丁在这“花园”中的节日，这是在人类灵魂的沙漠上默默奉献的母校的节日，这是所有××学子及园丁们所盼望的日子啊！让我们用我们最真挚、最热诚的情感向我们母校的生日表示祝贺！

★这××年，您风尘仆仆，起伏跌宕；这××年，您酝酿智慧，丰碑不朽！

企业周年

◎企业周年庆典概述

企业周年庆典是指企业在发展过程中进行的包含各种内容的周年纪念性活动，有公司的周年庆、商店的店庆等。

企业周年庆典越来越受到社会的关注，甚至在很多企业中，每年都会举行企业周年庆典。这是因为企业周年庆典活动不仅是一项庆祝活动，而且是企业开展公关活动的良好时机。借助企业周年庆典，适时进行一些独特的庆祝和推广活动，不但可以激发企业员工的自豪感，而且可以顺势将企业文化等无形资产进行有效整合推向社会，使之成为企业经营的有效动力。几乎所有成功的企业都十分重视借周年庆典来扩大企业的影响，即便是已经十分知名的企业，也很少放过这种机会。

企业的周年庆典活动形式多样，一般要根据企业生产经营的特点、企业自身的发展历史、企业文化、企业所能投入的经费来具体确定。但是，无论采用什么样的活动方式，企业庆典活动要想办得成功，都要以激励广大公众的兴趣，特别是激励广大新闻媒介公众的兴趣为出发点作为追求目标。而要想实现这样的目标，就需要企业庆典活动遵循“新”“奇”“特”三个原则，也就是要与众不同。

当然，追求“新”“奇”“特”，并不是越出格越好，特别是不能忽视公众的心理承受能力，避免引起公众的反感，否则很可能会事与愿违、适得其反。

企业周年庆典贺辞的内容一般为回顾企业历史及取得成就，展望企业的未来，并说明企业的发展前景。其目的在于促进企业内部团结，加强企业内部文化建设。传达企业高层战略发展方向。贺辞的重点可放在独特的企业文化上面。致辞者要恰到好处地用炽热鼓动的语言、激昂奔放的情感，感染听众，但不可过度热情、哗众取宠。

◎经典致辞

范例一

［致辞背景］ 贸易公司十周年庆典

［致辞人］ 公司经理

各位领导、各位来宾，同志们：

大家好！

今天，大家怀着无比激动和喜悦的心情欢聚一堂，隆重庆祝××贸易公司成立十周年。在此，我代表××贸易公司对各位领导、各位来宾的光临表示热烈的欢迎和衷心的感谢！

岁月如梭，光阴似箭，十年岁月只在弹指一挥间。十年前，在集团公司的正确领导下，十几名员工告别了舒适的工作环境，怀着一腔热情，带着对梦想的憧憬，一起走上了艰苦的创业路，并最终创办了××贸易公司。在十年中，我们紧抓机遇，敢于拼搏，不断经受来自市场经济大潮的洗礼和考验。让人欣慰的是，在复杂多变的商海中，我们奋发有为，取得了一个个喜人的成绩。目前，我们在××开办了30多家销售网点，拥有总资产××万元，员工××人，生产各类商品××多种，年销售额达××万元。公司常年保持快速发展，已经把良好的品牌形象紧紧扎根在××这块土地上。看到今天的成绩，我们无不感到兴奋和激动，无不为××贸易公司的崛起感到骄傲和自豪！

十年中，有风雨坎坷，有励精图治，有艰苦创业，有硕果辉煌。一切的成绩都浸透着辛勤的汗水，一切的荣誉都是努力的结晶。3 650个日日夜夜里，我们每迈出一步都承担着比别人更大的风险和压力，都付出了比别人更多的艰辛和努力。我们在充满诱惑和陷阱的商海中艰难跋涉，在市

场的风口浪尖上挑战自我。我们先后在××创办了第一家快餐店、第一家现烤现卖面包房、第一家连锁超市……我们只有这样争取主动，赢得先机，才能始终在激烈的竞争中独领风骚，笑傲江湖！

十年创业史，十年辉煌路。当成功的光环笼罩在我们头顶的时候，我们不会忘记在十年中长期关怀和支持我们的各级领导，不能忘记曾经为公司发展作出巨大贡献的新老同志，是你们为公司的今天任劳任怨、埋头苦干，是你们为了公司的发展兢兢业业、无私奉献。在这里，我要衷心地向你们说一声：谢谢！

同志们，艰辛的历史是我们珍贵的财富，光辉的未来是我们追求的宝藏。今后的路还很长，并且充满着无数的困难和挑战，但我们要坚定信心，因为一路走来，我们无坚不摧、无往不胜！让我们振奋精神，与时俱进，努力拼搏，继续谱写我们光辉灿烂的明天！

范例二

[致辞背景] 房产销售公司十周年庆典

[致辞人] 嘉宾

尊敬的各位来宾，女士们、先生们：

大家好！

光阴似箭，日月如梭，十年只在弹指一挥间。十年前的今天，寄托着××先生和××女士梦想的××公司呱呱落地；十年后的今天，寄托着他们新希望的××公司已经威武雄壮，开始腾飞了。与在场的所有来宾一样，作为他们的朋友，作为××公司成功历程的见证人，我此刻感到由衷的高兴。在此，我向××先生、××女士和××公司全体工作人员表示热热烈的祝贺！

过去的这十年，是××公司发展的十年，更是××公司奋斗的十年，它对××公司的所有成员来说，是意义非凡的。与大多数创业者一样，在这十年中，伴随着国家的发展，城市的巨变，××公司成员历经风霜，积极进取，以不畏艰难、顽强拼搏的精神和敏锐的市场洞察力，在市场经济的大潮中奋力前行，凭着自己辛勤的双手和特有的智慧书写了× ×公司自己的奋斗史，创造了× ×公司的辉煌。与此同时，××先生和××女士也从合作伙伴发展成了令世人称羡的伉俪。我们可以说，××公司是××先生和××女士的基业，是他们共同的梦想，也是他们幸福的源泉和爱的结晶。

十年转眼过去，××先生和××女士收获了成功。如今的××公司不再是单一经营的房产销售公司，而是一家拥有相当规模且产业众多的知名企业。我相信。××公司在十年的发展基础上已经有了新的发展蓝图、新的梦想。因此，在祝贺他们十周年取得的成绩的同时，希望看到他们带给我们新的成功、新的惊喜！

最后，衷心祝愿××先生和××女士带领××公司以今天为新起点，继续发扬团结拼搏的精神和脚踏实地的作风，让××公司在更广阔的天地中大展身手，创造更加灿烂的明天！

范例三

[致辞背景] 公司××周年庆祝大会

[致辞人] 公司经理

各位领导、各位来宾，员工同志们：

大家好！

今天，我们欢聚一堂，共同庆祝××热电公司组建成立××周年。在这个××人同喜同庆的特殊日子里，让我们大家共同祝愿××热电公司前程似锦、光明无限！

××热电公司组建成立至今已经走过了整整××年。××年的拼搏创业、××年的风雨兼程。流金的岁月见证了我们××人负重前行、开拓创新的坚实足迹。这××年，我们超常辛苦、超常付出所取得的业绩，大家有目共睹。成绩的取得是我们全体员工团结奋斗的结果。为了公司的发展，我们所有员工不计报酬、不讲条件，默默无闻、兢兢业业地工作在各自的岗位。是我们用勤劳的双手实现了公司成立之初制定的所有目标，是我们经过顽强的拼搏实现了由集中供热转向热电联产一体化运营的历史跨越。在此，我代表公司领导班子，向为公司发展壮大奉献心血和汗水的全体员工表示衷心的感谢和诚挚的问候！

回顾走过的岁月，我们豪情满怀；展望美好的未来，我们激情澎湃。××××年是我们公司发展史上的一个关键时期。随着××和××区供热系统的接入，我们供热面积将达到××万平方米，电热销售收入将突破××亿元。届时，我们的企业规模、企业效益以及员工的收入都将再上一个新台阶。

积极进取、勇攀高峰是我们××人恒久的追求，与时俱进、加快发展是时代赋予我们××人神圣的职责。在新的一年中，我们要继续发扬优良传统，以“服务人民、奉献社会”的宗旨，坚持“以人为本、以德治企、塑造企业文化、弘扬企业精神”的发展理念，加快现代企业制度建设步

伐，提高技术创新能力，提升优质服务水平，进一步增强公司的凝聚力、向心力，迎接机遇，面对挑战。

同志们，只要我们公司全体员工团结一致，艰苦奋斗，我们就一定能圆满地完成公司制定的各项任务。希望全体员工珍惜时代赋予我们的机遇，珍惜我们以前打下的坚实的基础和发展平台，继续和发扬优良传统，开创我们热电公司更加美好的明天！

最后，祝公司全体员工身体健康、全家幸福、万事如意！

范例四

[致辞背景] 公司×周年庆典

[致辞人] 员工代表

尊敬的各位领导、各位来宾，同事们：

大家好！

今天，我很高兴能与大家欢聚一堂，共同庆祝我们××公司×周岁的生日。首先，我谨代表××公司全体员工向参加今天庆典的各位来宾表示热烈的欢迎！同时，作为一名××的员工，我衷心祝愿××生日快乐！

××公司在×年中的发展是大家有目共睹的。虽然公司成立的时间并不长，但公司近几年的发展相当迅速，已经进入了快车道。这与在座的各位领导和全体员工的努力是分不开的。

俗话说，“万事开头难”。××公司的创业之初，设备简陋，员工专业水平较低，工作环境恶劣，生活条件艰苦。在这样的情况下，我们公司的老员工们，发扬艰苦奋斗的精神，积极进取，开拓创新，在短短×年里将公司发展到如此的规模。他们是出类拔萃的，公司的全体员工以他们为骄傲。

不经历风雨，怎能见彩虹。公司在发展过程不是一帆风顺的，经历许多坎坷和挫折。面对困难，大家沉着冷静，认真地分析、解决，从中得出了许多宝贵的经验，并总结出了“开拓创新、锐意进取、团结合作、无私奉献”的企业精神，升华了公司全体领导和员工的精神。在公司上层的正确领导下和员工的坚持努力下，我们从困难中走了过来。这让我们每个人都明白了一个道理：没有过不去的坎，没有困难能阻挡我们。另外，××公司虽然还比较年轻，但它紧跟时代步伐，与时俱进，自××××年初开始引进管理，使得以前许多不合理的地方得到规范，并使企业逐步走向规范化、程序化、整体化。

加入××公司后，我通过自己对××公司的认识与了解，认为××公司就像是一辆汽车。公司上层领导就是这汽车的方向盘，而广大员工则是汽车的发动机，只有方向正确，再加上发动机的动力才能成功抵达目的地。只要二者心往一处想，劲往一处使，定能使公司快速稳定地发展。我们公司就是这样的，所以它才会发展得这么快。

其实，我更觉得××是一个由领导、员工组成的大家庭。作为大家庭的一员，每个人都用心呵护这个家，工作中严格按照公司的各项规章制度来工作，一心一意为公司谋发展；生活中大家亲如兄弟姐妹，互帮互助，让每个人都感受到亲人的温暖、家的温馨。我很荣幸加入这个大家庭，并和大家一起工作。我坚信：××的全体员工是优秀的，××的前途是光明的、无限的！我愿与大家共同为这个家奉献上自己全部的力量与爱心，共同携手为××腾飞撑起一片蓝天！

最后，再次对各位来宾的光临表示感谢！祝愿××公司明天更加灿烂！祝愿各位领导、各位来宾、各位同事身体健康、万事如意！

谢谢大家！

范例五

[致辞背景]　公司十周年庆典

[致辞人]　董事长

各位股东，各位员工：

今天是个特别的日子，是值得全体××人庆贺的日子。十年前，我们白手起家创办了××公司。公司成立十年来，在各位股东的大力支持和全体员工的共同努力下，从小到大，从弱到强，到今天已经成为全市重点龙头企业。这可以说是对全体××人辛勤付出的最好回报！今天，我们在这里欢聚一堂，隆重庆祝××公司成立十周年。在此，我谨代表公司董事会向各位股东和全体员工表示热烈的祝贺和衷心的感谢！

回顾××公司十年的发展历程，我们走过的是一条艰难曲折、充满坎坷的路。几年前，由于种种原因，公司曾处于生死存亡的边缘。在这样的困境下，我们××人依靠顽强的毅力和坚定的信念，脚踏实地，一步一个脚印地走了过来。近几年来，公司迅速发展，我们取得了许多辉煌的成绩。就在去年，公司××月产销量首次突破××吨，在全省同行业中名列前茅，被评为全省十佳企业。公司实力进一步增加，市场竞争能力得到了显著的提高。十年的发展中，是公司起步的十年。有了这十年的基础，公司的生存问题基本解决。接下来，公司将进入一个快速发展的关键时期。我希望在这段时期，公司的各级管理人员和全体员工要不断提高经营管理

水平，保持和发扬××人优秀的工作作风，团结一致，共同努力，把公司的各项工作做得更加出色，把××做大、做强！

在十年的发展中，公司取得的成绩为其持续发展打下了良好的基础，这值得肯定，但我们不能因此就沾沾自喜、骄傲自满。我们还要看到自己的不足之处。例如，在生产上，工人安全意识比较淡薄，导致一些本该避免的事故的发生。我们要苦干、实干，但是坚决反对蛮干。在生产中，时刻应该把安全放在第一位。我们要吸取血的教训，把安全工作做好。

同志们，接下来的十年是公司发展的关键期，既充满了机遇，又面临着挑战。希望我们在面对困难时，迎难而上，齐心协力，开拓进取，使公司的发展迈出更大的步伐！

最后，我再次代表公司董事会向大家表示衷心的感谢！祝大家身体健康、工作顺利、万事如意！

谢谢！

范例六

［致辞背景］ 酒店十周年庆典

［致辞人］ 酒店经理

亲爱的各位同事：

大家好！

时光飞逝，斗转星移。今天，我们迎来了××大酒店开业十周年之喜。此刻，我们被欢乐祥和的空气所包围，我们的激情被“十周年”的热闹气氛所点燃！

忆往昔，在酒店各级领导，特别是董事会的正确带领下，在酒店全体员工的共同努力下，××大酒店硕果累累：在这十年中，我们曾先后被××杂志等有关机构评为全球最佳商务型酒店、××市最佳餐厅、××市最佳早餐场所、亚洲最佳酒店排名第十位、全球最佳酒店排名第五十位等，还被政府各有关部门授予了××市文明单位、员工最满意企业、模范职工之家等诸多殊荣。能取得这一系列的荣誉，最重要的原因是××大酒店有一支优秀的员工队伍。在此，我谨代表酒店向全体员工致以最诚挚的感谢！感谢你们十年来与××大酒店风雨同行，并在各自的岗位上努力工作，默默奉献。

除了获得诸多荣誉之外，我们酒店还多次参与接待了国际国内重大活动和重要会议。特别是在今年夏初，我们酒店成功地参与接待了举世瞩目的××峰会，而且我们的工作还受到××市政府的肯定。这一事件体现了我们酒店的实力，将隆重地被载入××酒店的光辉史册。

现在，××大酒店已经凭借其精美的建筑风格及良好的品牌效应，成为××市一道亮丽的风景线。我们可以自豪地说，××大酒店正以其良好的形象大放异彩！

亲爱的同事们，成绩只属于过去，我们在回顾的同时应展望未来。当前，××市中与××酒店同级的酒店不断涌现，竞争日益激烈。我们不得不承认，××酒店跟一些著名的酒店相比还存在一定的不足，因此我们要继续努力，不断提高服务品质，突出自己的优势和特色，在竞争中去赢得更大的市场！

同志们，让我们以××酒店开业十周年为契机，营造出求真务实、争先创优的工作氛围，振奋精神，勇往直前，共同开创××酒店新的辉煌！

最后，祝愿大家工作顺利、万事如意！

谢谢大家！

◎妙句赏析

★今天是个不平凡的日子。此时此刻，我想所有人的心跳都是一个频率，所有人的胸腔都有一个声音，那就是：××，生日快乐！

★发展涛声催人急，××正是腾飞时。祝愿我公司在中国的××行业迅速发展、竞争日趋激烈的形势下，再创伟业，再铸辉煌！

★风雨历程×载春秋，杏林春暖硕果累累。这×年，是披荆斩棘、奋勇开拓的×年，是自力更生、创新发展的×年，也是值得铭记、硕果累累的×年。

★×易春秋，风华正茂；×载耕耘，硕果累累。值此我公司×周年之际，恭祝××公司早日成为中国第一品牌的公司，并在新的征途中再谱写新章！

★×年，不过是历史长河之一粟；×年，又是一代人的整个青春季。××肩负使命出生，顽强生长，一路豪情，一路壮歌，一路风雨兼程；攀越一个个险峰，趟过一处处激流，蓦然回首，风景独好！

★吮吸着悠久历史的芬芳，化育着时代奋进的精神。祝愿贵公司早日成长成为××行业的一棵参天大树！

社团周年

◎社团周年庆概述

社团就是社会团体，是指以文化、学术或公益为主的非政府组织。社团周年庆典就是这些组织在发展过程中进行的包含各种内容的周年纪念性活动。

社团周年庆典是社团组织向社会公众“亮相”并与社会公众沟通的宝贵时机。社团组织可以利用周年纪念日，尤其是逢五年、十年的纪念日举行庆典活动制作各种纪念册，通过文字、图片、图表等多种形式介绍该社团组织的成就、现状和远景。

社团周年庆典与组织的日常活动相比具有特殊性和隆重性，是一种展示组织形象、提高社会知名度的重要活动。它有助于增进公众对组织的了解，并塑造组织良好形象，对于组织形象的传播具有十分重要的意义。

第一，周年庆典活动，可以为社团组织大造声势，吸引社会各界对社团组织关注，使一个组织的社会影响扩大。第二，通过周年庆典活动，社团组织可在无形中向外界表明了自身的强大实力，使公众产生和增强对组织的信任感，这有助于构建发展组织的宽松环境。第三，周年庆典活动的喜庆氛围能够使社团组织与公众之间直接沟通，方便协调双方的关系，有利于双方感情的交流和沟通。

对于社团组织内部的成员而言，通过开展周年庆典活动，可以展望未来的远景，振奋成员精神，鼓舞士气，培养成员对本组织的认同感、归属感，也有助于增加他们的自豪感，增强组织的凝聚力和向心力，为组织进一步发展奠定了坚实的基础，形成组织发展的强大合力。社团周年庆典贺辞的主要内容为回顾社团组织的历史，展望社团组织的未来。致辞人在致辞时要讲究礼貌，多用一些“大家好”“谢谢”之类的话语，还要注意对致辞时间的把握，一般要在规定时间内结束，因而篇幅可适当短一些。另外，致辞还应饱含热情，调动听众的情绪，让人对本组织产生认同感。

◎经典致辞

范例一

[致辞背景] 市总商会成立三周年庆祝仪式

[致辞人] 民营企业代表

各位来宾，同志们、朋友们：

大家好！

时光飞逝，转眼就是三年。今天，我们相聚在这里，共同庆祝××市总商会成立三周年。此刻，我心情和大家一样，十分高兴。首先，请允许我代表全市民营企业向县总商会及商会全体会员表示最热烈的祝贺！

在三年中，市总商会的凝聚力和向心力不断增强，会员队伍越来越壮大，愈发凸现出强劲的活力和旺盛的生命力。三年以来，总商会充分发挥自己的职能作用，经常开展各种有声有色的活动，并积极沟通和服务于全市民营企业，为促进××市民营经济的健康发展做了大量富有成效的工作，使××市民营经济规模不断扩大、发展水平不断提升。这些成绩的取得，离不开市委、市政府的正确领导，离不开各有关部门的大力支持与配合，更离不开总商会会员们的精心耕耘和不懈努力。

当前，我市经济的发展，特别是民营经济的发展正面临一个前所未有的发展机遇。党的十六大为民营经济发展进一步解决了理论认识问题，扫清了思想障碍；省、市民营经济工作会议的召开，为进一步发展民营企业经济指明了前进方向。在此，我希望市总商会在今后的工作中，一如既往地发挥好服务与沟通职能，把握良好机遇，紧跟发展形势，团结和带领全市的民营企业，不断开拓创新，艰苦创业，并为推动××市民营经济的发展做出新的、更大的贡献！

同志们、朋友们，在今年年初召开的市党代会、市人代会、市政协会议上，市委、市政府明确提出把民营经济列为全市经济发展目标四大突破之一，可见民营经济发展是全市当前和今后一个时期工作的重点。我深信，随着市“三会”精神的贯彻落实，我市民营经济必将会有一个长足的发展，工商联和商会事业也会迎来一个新的发展高潮。让我们在市委、市政府的领导下，团结一致，开拓创新，为××市民营经济的发展和社会全面进步而努力奋斗！

最后，祝总商会各项事业百尺竿头，更进一步！祝各位来宾身体健康、阖家幸福、万事如意！

谢谢大家！

范例二

[致辞背景] 全国工商业联合会成立五十周年庆祝大会

[致辞人] 香港中华总商会会长

各位领导、各位嘉宾：

今天，我怀着万分喜悦的心情，与来自世界各地的朋友以及来自全国各地的企业家一起，共同庆祝全国工商联成立五十周年。让我们以最热烈的掌声祝贺全国工商联会务昌隆，业务蒸蒸日上！

全国工商联成立五十年来，为推动国家经济发展作出了重大的贡献，特别是内地实行改革开放的这么多年来，全国工商联认真履行参政议政的职能，为祖国的改革开放和现代化建设建言献策，同时广泛团结各行各业的商会团体和企业家，队伍不断发展壮大。目前，全国工商联拥有160多万会员，县级以上的组织有3 000多个，成为我国规模最大、最有影响力的民间商会。

近年来，内地在经济发展新浪潮中涌现了无数优秀的民营企业家，为祖国的经济发展注入了新的活力。民营企业的涌现，一方面是我国改革开放政策的成功实践，另一方面也是全国工商联在引导和促进非公有制经济健康发展过程中不懈努力而取得的成果。

多年来，全国工商联积极推动会员企业及港澳台侨工商界人士参与“光彩事业”，已经实施的项目超过7 000个，到位资金300多亿元，为促进我国贫困地区经济发展发挥了重要作用。

全国工商联与港澳台以及世界上超过100个国家和地区的工商社团建立了广泛的联系，通过举办各种论坛、研讨会、信息交流等合作方式，为推动国际和地区的经济、技术和贸易合作作出了显赫的贡献。

特别在南京市极其成功地主办了第六届世界华商大会。会议得到了中央领导的高度重视，其规格之高、规模之大、与会人数之多，为历届华商大会之冠。大会展示了祖国的新风貌和经济实力，使海外华商为祖国的骄人成就感到自豪，同时也加强了在华投资的信心。第六届世界华商大会的盛大场面至今仍然令人记忆犹新、齐声赞赏。

随着中国加入世界贸易组织，以及“内地与香港更紧密经贸关系安排”的签署，内地与香港、澳门以及世界各地的交流合作必将更加频繁、更加广泛、更加深入。我相信，在这个经济新浪潮中，全国工商联将继续发挥民间商会的桥梁作用，加大力度推动香港、澳门、台湾以及海外华商与内地的经贸合作，积极宣传祖国在新经济环境下的最新发展，为更多的海外企业到内地投资，以及协助内地企业走向世界牵线搭桥，为促进祖国经济全面腾飞积极作出贡献。

最后，让我们对全国工商联在历届主席领导下所取得的成就表示衷心的敬意，同时祝愿全国工商联在×××主席及新一届领导的带领下百尺竿头，更进一步！

范例三

［致辞背景］ 老年集邮协会成立五周年之际

［致辞人］ 市委领导

各位来宾、各位老年朋友：

今天是个特别的日子，我们欢聚在这里，共同庆祝××市老年集邮协会成立五周年。首先，我谨代表××市邮政局、集邮协会向市老年集邮协会表示热烈的祝贺！同时也向长期以来支持××市集邮事业的各界人士、集邮爱好者表示衷心的感谢！

时间过得真快，转眼间，老年集邮协会成立五周年了。五年以来，在市委老干部局的领导下，在各位会员的共同努力下，老年集邮协会坚持弘扬先进文化的前进方向，以发展和巩固老年集邮队伍为重点，以开展丰富多彩的集邮活动为主线，为丰富集邮文化，推进老龄事业和集邮事业全面发展做了富有成效的工作。这些工作归纳起来，主要有以下几个方面：一是加强了老年集邮协会组织建设，促使全市各县纷纷成立老年集邮协会；二是发展壮大了老年集邮队伍，在五年中新增会员××人；三是开展了丰富多彩的集邮活动，如组织邮展进军营、进机关、进校园、进社区活动，为广大人民群众宣讲了集邮知识，传播了集邮文化等；四是积极开展集邮学术研究，先后编印出版《××××》和《×××》，为老年集邮人提供了很多展示才华的舞台。

集邮本就是一项十分高雅的文化活动，再加上有这样一群精神矍铄、阅历丰富的老年朋友的参与，我市集邮事业必然能够蒸蒸日上！在此，我希望老年集邮协会继续坚持以人为本，遵循“快乐集邮，健康集邮，重在普及，贵在参与”的原则，继续加快集邮队伍组织建设，积极开展各种有益身心、适合老年人的集邮活动，不断扩大集邮受众面，提升人文精神，推动集邮事业和文化的发展。

最后，衷心祝愿所有的老年朋友能在安宁祥和的生活中沐浴温暖，享

受幸福和欢乐。真诚地希望有更多的老年朋友参与到集邮活动中来，并能在活动中有所为、有所乐，陶冶自己的情操，也为两个文明建设贡献自己的光和热！

范例四

[致辞背景] 市残疾人联合会三十周年之际

[致辞人] 市长

各位来宾，残疾朋友们：

大家好！

在祖国××华诞之际，××市残疾人联合会也迎来了三十岁生日。首先，我谨代表市委、市政府向市残疾人联合会及广大残疾人朋友表示热烈的祝贺和真诚的问候！

三十年来，沐浴着改革开放的春风，伴随着××市振兴的脚步，在市委、市政府的正确领导下，在社会各界的帮助下，××市残疾人事业从无到有，从小到大，从弱到强，取得了迅速发展。尤其是进入新世纪以来，我市残疾人工作始终走在全省前列，残疾人事业纳入我市总体规划，与经济、社会协调发展；贯彻执行《中华人民共和国残疾人保障法》、《××省实施〈中华人民共和国残疾人保障法〉办法》及《××市委市政府关于促进全市残疾人事业发展的实施意见》等相关残疾人工作的法规，依法开展残疾人工作，使残疾人事业在法制化轨道上健康发展。残疾人就业、扶贫、维权、康复、组织建设、宣传文体等多项工作受到省和国家的表彰。三十年来，共使××万人次残疾人得到不同程度的康复服务；××万名残疾人接受不同程度教育；××万名残疾人得到不同技能的培训；××万名残疾人实现就业；收缴残疾人就业保障金××亿元；投入资金××余万元，开展危房改造××户；残疾人文化体育活动逐渐活跃，有××人次在国家和国际比赛中获奖；接待残疾人来访达××万余人次；近××家律师事务所接受各级残联的指定或委托，为残疾人提供“优先、优质、优惠”的法律服务。

全社会扶残助残的社会风气不断浓厚，扶残助残先进集体、先进个人不断涌现，不断汇集和壮大了发展残疾人事业的中坚力量。广大残疾人发扬“自尊、自信、自强、自立”的精神，涌现出一批优秀残疾人典型，在各条战线上为我市建设作出了贡献，创造了业绩。

站在新的起点上，我们的责任重大。伴着构建和谐社会的春风，在我市经济实现总量再翻一番的号角下，我们有信心在市委的领导下，坚持以科学发展为统领，坚持以残疾人的利益为根本出发点，努力构筑残疾人社会保障体系和服务体系，改善残疾人平等参与社会生活的物质条件和社会环境，缩小残疾人状况与社会平均水平的差距，促进××市残疾人事业与全市经济社会同步发展，促进××市更加文明、进步、和谐！

范例五

［致辞背景］ 中国红十字会建会一百周年之际

［致辞人］ 政府领导

值此中国红十字会建会一百周年之际，谨致衷心的祝贺！并向广大红十字工作者、会员及志愿工作者表示亲切的问候和崇高的敬意！

一百年来，中国红十字会弘扬人道、博爱、奉献的红十字精神，无论是战争年代，还是和平时期，都不畏艰险，积极参与人道主义救助工作，经受了战乱、灾害、突发事件的严峻考验，谱写了可歌可泣、感人至深的光辉篇章，对国家、对社会、对人民作出了不可磨灭的贡献。你们出色的工作赢得了社会各界和国际舆论的广泛赞誉。

红十字事业是崇高的事业，是造福民众的事业。中国共产党和中国政府历来高度重视红十字事业，积极扶持和推动红十字运动的发展。在新的历史时期，希望中国红十字会继续发扬光大红十字精神，全面履行《中华人民共和国红十字会法》赋予的职责，为中华民族的伟大复兴和维护世界和平作出更大的贡献。

◎妙句赏析

★让我们一起回顾××文学社艰辛的成长历程，展现文学社十年来的光辉历程，激励××人团结奋斗，共建××文学社的美好未来！

★日月飞梭，光阴如电，不知不觉间又一个和暖飘香的四月悄悄地来到了我们身边。当春雨润绿了万物的时候，对于我们这片在真情浇灌下已枝繁叶茂的××，最值得纪念的时刻也如约而至了。今晚，来自天南海北的新老朋友欢聚一堂，满怀喜悦的心情迎接××的周岁华诞！

★这是一个美好的日子，幸福的日子，激动人心的日子，难忘的日子。×年的艰辛阵痛换来了花朵红硕，×年的昼夜耕耘换来了翠影红霞。让我们共同祝×××周岁生日快乐！

★当一阵微风拂过你的身边，那是我对你的问候，那是我对你的轻语，那是我对你的祝福，那是我对××的思念……让那美妙、动听的歌声满载着友谊之情，盛开着友谊之花，去希冀着秋的硕果与收获。请让我们共同举杯恭贺！祝愿我们的朋友——××周年庆典快乐！

结婚周年

◎结婚纪念日概述

结婚纪念日是夫妻重要的纪念日。每逢结婚纪念日，夫妻往往会互送礼物或出外活动、共进烛光晚餐，来纪念他们这个喜结连理、白头偕老的特殊日子。

在“贺新婚”一章中，我们知道，西方人对于结婚周年纪念日十分重视，为婚后每个周年纪念日都分别取了有趣的名称，其中较为重要的是银婚、金婚和钻石婚。一般在这三个纪念日会进行隆重的结婚周年庆典。在庆典上，老夫妻回顾同舟共济、相濡以沫之年，既可教育晚辈相敬如宾，又可全家共享天伦之乐。

结婚 25 周年为银婚，结婚 50 周年为金婚，结婚 60 周年为钻石婚。几十年的婚姻一定有无数感人的故事；几十年的携手一定有许多美好的回忆；几十年的相爱一定是非常动听的华彩乐章；几十年的风风雨雨喜怒哀乐，一定是家庭进行曲的和谐交响。

父母的银婚、金婚和钻石婚纪念，是值得炫耀和骄傲的家庭荣誉，是家庭生活中的一个期待已久的喜庆时刻。儿女们为父母庆祝银婚、金婚、钻石婚，既是对长辈的一种感激和崇敬，也是家庭凝聚力的一个综合体现，是父慈子孝、其乐融融的一场家庭庆典。当然，这样重要庆典，自然也少不了亲朋好友参加。他们通常会赠送花篮、花束等表示祝贺，并带来最美好的祝福。

结婚周年庆典贺辞的内容一般是回顾夫妻走过的历程，表达对以后日子的祝愿。儿女的贺辞往往还要包括对父母辛勤抚育子女的感谢之情。结婚周年庆典贺辞的语言风格多样，可根据具体场合灵活把握，可风趣幽默，可庄重感人。

◎经典致辞

范例一

[致辞背景] 结婚一周年庆典上

[致辞人] 丈夫

各位来宾，朋友们：

今天，我们欢聚一堂，共同迎来了×××与我结婚的一周年庆典。在这个值得纪念的日子里，我的心情可以用心潮澎湃来形容，十分激动，也无比开心。首先，我代表全家向来参加我们结婚周年庆典的朋友们表示热烈的欢迎和衷心的感谢！向我的另一半表示节日的祝贺！

对我们夫妻来说，过去的一年是不平凡的一年。在这一年中，我们在共同的生活中经历了磨合与适应的过程，逐步建立起自己的小家庭，也共同度过并见证了我们人生中许多美好的时刻。我们俩人在精神上相互支持，家务上相互帮助。特别是几次短暂的分离，让我们体会到长相厮守的幸福；日常生活中的朝朝暮暮，更如一杯清茶，值得我们细细品味。每当想起我们生活中的甜蜜瞬间，我们总是相对莞尔。我们都希望这份感情能长长久久，直至白头！

目前，我们的工作日趋稳定，经济略有增长，感情与日俱增，家庭建设初见成效。虽然“局部战争”时有发生，但基本属于“人民内部矛盾”，且能在“冷战”发生后一小时内达成和解。在绝大多数对外事务中，两人能够统一战线，口径一致，互相支持，取得良好效果。总而言之，过去的一年，是幸福的一年，温馨的一年，卓有成效的一年，值得纪念的一年！

在今后的日子里，我们将继续贯彻相亲相爱、互帮互助的精神，将家庭建设中的三件大事摆在中心位置，狠抓落实。一是努力工作赚钱，确保家庭经济快速稳定地发展；二是在良好的家庭经济基础上搞好希望工程，争取明年要个宝宝；三是对减肥“大业”常抓不懈，争取双方体重稳中有降。我坚信，在我们夫妻双方的共同努力下，一定能让我们的家庭生活红红火火、快快乐乐！

朋友们，回首过去，我们此起彼伏；展望未来，我们浮想联翩！今天纸婚庆典只是一个开始，在未来的生活道路上，我们要携手并肩，和谐生活五十年，待到金婚再庆典！

范例二

[致辞背景] 结婚十五年庆祝宴会

[致辞人] 丈夫

亲爱的朋友们，心爱的妻子：

十五年风风雨雨，十五首爱情颂歌。

今天是××××年×月×日，对于别人来说，这是一个极其平凡的日子，但对于我们夫妻来说，却是一个意义非凡而又值得回忆的日子，它是我们结婚十五周年的纪念日！首先，我怀着激动的心情向我深爱的妻子说声：我爱你！同时对朋友们的到来表示热烈欢迎！

十五周年的婚姻，被称为水晶婚。很多人认为水晶是一种“此物只应天上有，人间难得几回寻”的宝石。它晶莹剔透，象征婚姻是透明的、纯洁的、坚固的、美好的。我和妻子的爱情与婚姻就是这样的。

回想我们从彼此倾慕到共结连理，从新婚燕尔到十五年水晶婚。这一路走来，经历过初入“围城”的适应磨合，分享过喜得爱子的激动兴奋，忍受过分隔两地的刻骨相思……终于，在一切渐入佳境的今天，迎来了我们的水晶婚纪念日。渺渺尘世，茫茫人海，我能与她得以相遇相知，相恋相惜，是今生的缘分、前世的造化。我们牵手走过了十五个春秋，相互帮助、支持、谦让、友善、爱护……十五年的时间让爱情更加甜蜜、更加幸福、美满无比！

结发为夫妻，恩爱两不疑。我们会好好呵护这份千世修来的情缘，待到20年、30年、40年……后的今天，我们再来举杯相庆！

最后，祝愿朋友们都能爱情甜蜜，生活幸福！

范例三

[致辞背景] 社区集体金婚庆典

[致辞人] 社区干部

尊敬的金婚伉俪、各位领导、来宾朋友：

大家好！

今天是我国民间的传统爱情节日——七夕节，我们怀着喜悦的心情在此相聚，共同为社区百对老人举办隆重的金婚庆典。两心相印，五十载鹊桥共度；双手相牵，半世纪风雨同舟！这不仅是金婚老人们的一件大喜事，更是我们社区的一件大喜事。在此，我代表社区服务中心对金婚老人们表示热烈的祝贺！

家庭和谐是社会和谐的基础。一个幸福美满的家庭，是父慈子孝、兄恭弟顺、尊老爱幼等传统价值观传承的纽带，对社会整体的和谐发展具有极其重要的意义。在漫长的50年中，一对夫妻能够做到不离不弃、相濡以沫、互敬互爱，是一个家庭的幸福与骄傲，也是构建和谐社区的典型示范，更是整个社会的最大福祉。50年金婚，既是整个婚姻历程中的里程碑，也是人生又一个新的起点。希望在座的各位金婚夫妇，在今后的岁月里，生活上互敬互爱、相互体贴、相互帮助，同时继续发扬老有所学、老有所为、老有所乐、奉献余热的时代精神，为构建富裕、文明、和谐的××社区贡献力量。在这里，让我们再一次把祝福送给金婚老人们！祝愿你们健康、幸福、平安！

尊老孝亲、敬老爱老是中华民族的传统美德，是维系家庭和睦、社会和谐的重要精神纽带。我们要学习金婚老人们热爱生活、积极向上，风雨同舟、不离不弃，与人为善的高尚情操，传承中华民族“孝敬父母、感恩反哺”的优良美德，通过彰显家庭和睦、社会和谐的良好风尚，唤起人们对家庭责任和美好生活的向往。

希望我们社区的所有家庭以这次金婚庆典为契机，大力开展以德治家、科学建家、文明立家、学习兴家、和谐保家等活动，使我们的家庭更有活力，邻里更加和睦美满，社会更加和谐稳定，让文明、健康、平安、温馨长驻我们的家，让社会这个大家庭更加和谐、美好！

最后，祝在座的金婚夫妇家庭和睦、健康长寿、万事如意！祝社区所有夫妇幸福美满！

范例四

［致辞背景］ 父母亲金婚喜宴

［致辞人］ 儿子

尊敬的各位来宾，各位亲朋好友：

大家中午好！今天是××××年×月×日，是一个值得特别纪念的日子。它是爸爸和妈妈结婚50周年的金婚纪念日。在这个大喜的日子里，首先，我代表全家对来参加我们父母金婚纪念活动的各位来宾表示衷心的感谢！在这欢歌笑语、喜气洋洋的日子里，我们儿子、儿媳，女儿、女婿带着诚挚的祝福与浓浓的感恩之情，向父母大人道一声：祝你们金婚快乐，永远幸福！

时光飞逝，岁月如梭，转眼间父母结婚已整整五十周年。五十年在历史的长河中，可能只是弹指一挥间，可在人的一生中，特别是婚姻生活中却是漫长和值得珍惜的。

父母是我们最敬重和羡慕的一对模范夫妻。对我们来说，那些父母看来风风雨雨的日子都曾经是我们美好、快乐的童年时光。在五十年的岁月中，有太多为我们遮风挡雨的往事，有太多为我们灯下缝补衣服的辛劳，又有太多为我们牵肠挂肚的期盼。爸爸那满头的银发，妈妈那深深的皱纹，是父母对我们那深深爱的记忆！爸爸从风华少年，经过风雨的洗礼，肩负起家庭的重担，成为一个受家人尊敬的贤夫慈父。爸爸，您功比天高！妈妈从一个纯真的少女，经过生活的磨难，抚养了我们子女，保障全家老少的温饱，成为一个受家人爱戴的贤妻良母。妈妈，您恩比海深！我们会用实际行动来报答回馈你们的养育之恩。

当年，爸爸、妈妈结婚时，没有举办豪华的婚礼，也没有海誓山盟、风花雪月。但爸妈坚守着这份婚姻，因为他们把爱刻在心里，用了五十年的时光验证了爱一个人的真正含义，彼此珍爱对方，相互理解，相互宽容。五十年风雨同舟情相依，五十年福慧双修耀德门。爸爸、妈妈，你们是我们学习的楷模。我们祝你们美满的婚姻之船驶向更美好的明天！

铜婚，银婚，难得金婚；夫好，妇好，最佳夫妇。爸妈，祝你们恩恩爱爱到永远！祝你们健康长寿，寿比南山，事事如意，幸福永远！愿天下的父母健康、快乐！愿我们每个人都经营出美满的家庭！

范例五

[致辞背景] 父母亲金婚喜宴

[致辞人] 儿子

亲爱的爸爸、妈妈：

首先，让我代表咱们全家，向爸爸、妈妈祝贺金婚之禧，带头为二老热烈地鼓掌，为二老金子般的爱情热烈地喝彩！

金婚，这是一个多么甜蜜的字眼啊！她承载了父母50年美好婚姻的流金岁月。这份甜蜜，可以是父母同撑一把雨伞的雨中漫步，可以是父母第一次开火做饭，被灶下的湿柴呛出的眼泪，可以是当年和我们这些儿女们的嬉戏，可以是全家人周末的野炊。

金婚，这是一个多么博大的感动啊！她叙述着父母50年忠贞爱情的感人故事。这份感动，可以是父亲的和蔼，可以是母亲的谦让，可以是父母彼此个性的无数次握手言和，可以是父母人生理想的比翼翱翔，可以是成就了父母事业和感情的人格力量。

金婚，这是一个多么辉煌的日子啊！她展示着家庭的和睦，赞美着父母的慈祥；她是家庭的荣誉，是父母给我们做出的榜样。

在这个时刻，我们做儿女的也都在思考，也都在联想：孝敬自己的父母，孝敬爱人的父母，已经成为咱们全家人的共同时尚。“忠诚、信任、友爱、专一”的爱情观，一定会在所有的晚辈们中间，永远地传扬！

最后，全家人再次向二老三鞠躬，祝父母金婚快乐，美好的爱情地久天长！

范例六

[致辞背景] 爷爷（外公）、奶奶（外婆）金婚纪念日

[致辞人] 孙辈代表

太阳般的爷爷（外公），月亮般的奶奶（外婆）：

今天，是属于你们的特殊节日，也是属于全家的大喜日子。在此，我代表家里孙辈的兄弟姐妹祝您二老金婚快乐，生活幸福！

五十年前的今天，正逢天时地利人和。那时的爷爷玉树临风、英俊潇洒，那时的奶奶美丽大方、气质端庄。你们在天地的见证下，亲友的祝福中，踏入了婚礼的殿堂。时间如流水般稍纵即逝。五十年多少风风雨雨，你们一起走过；多少人生坎坷，起伏跌宕，你们相互搀扶。你们一起承担家庭的重担，彼此付出了无与伦比的爱，在平凡的人生中谱写了辉煌的颂歌。

其实，人生中有太多的机会让两个人彼此错过，但幸好你们彼此没有错过；生活中有很多难过的时光，但幸好你们有更多的美好回忆。你们用自己的经历诠释了人生的意义：执子之手，与子偕老。你们彼此付出，彼此包容，才在这多姿多彩的世界里诞生了我们这一群爱的结晶。

有你们这样的长辈，我们感到十分幸运。你们的谆谆教导，让我们懂得了人生的美好，也懂得了如何与困难和挫折作斗争；你们的细致关怀，让我们学会了理解和包容，也学会了如何笑对人生。你们是我们一生中最大的财富，是我们一生中的最大的恩人！我们无法用语言来表达我们对你们的感谢，只能说句：我们爱你们！

五十年啊！人生几何，能有多少个五十年。你们一起经历，一起哭笑，一起奋斗，一起努力。相爱的人所追求的最浪漫的事正是老来时，可以聊聊天、斗斗嘴。你们让太多人羡慕了！

今天，在这美好的一天，满堂子孙与你们一起庆祝这个特殊的纪念日。我们心存感激，满怀感恩，用最美语言表达我们对你们的爱！愿您二老：长寿！安康！

范例七

[致辞背景] 父母钻石婚庆典

[致辞人] 儿女代表

尊敬的各位长辈、各位来宾，各位亲朋好友：

今天，我们欢聚一堂，隆重庆贺我父母结婚六十周年。这可以说是人一生中最为珍贵，最为喜庆的婚姻盛典。六十年的婚姻被人们称为钻石婚，这是有含义的。钻石是什么？是世界上最为珍贵的宝石，而钻石婚自然是最为珍贵的婚姻。我们的父母迎来了他们人生中最为珍贵、最为难得的人生盛典。首先，我代表全家及在座各位向爸妈表示最衷心的祝贺！同时向盛情光临庆典的各位长辈、各位来宾和亲朋好友们表示热烈的欢迎和诚挚的感谢！

六十年前，我们的父母伴着新中国解放的炮声，正式结为夫妻。从此，他们便携手共度人生，历经了土地改革、人民公社、三年自然灾害、“文化大革命”、改革开放等各个重大历史时期，其间他们相濡以沫，患难与共。在生活上，他们相亲相爱，互敬互谅，相互关心，相互尊重，携手走过了人生中无数个坎坎坷坷；在事业上，他们相扶相携，相互支持，互勉互励，度过了人生中无数的风风雨雨、日日夜夜。他们的一生含辛茹苦，共养育了我们六个儿女。在他们的辛勤养育下，儿女们如今个个事业有成，家庭幸福美满；在他们的福荫下，整个家族现在是人丁兴旺，而他们可以安享四世同堂的天伦之乐了。

在六十年的人生中，我们的父母孝敬长辈，抚育儿女，勤俭持家，友善邻里，奉献社会，从各方面为我们树立了做人的榜样。他们正直、善良的品行赢得了社会、邻居、家人子女以及广大亲朋好友的敬重和赞誉。

六十年的漫长岁月，两万多个日日夜夜。那相濡以沫的点点滴滴，执手偕老的每个情节，情怀感应的每个画面，已经熔铸在他们的人生中，定格在他们的心坎上。我们的父母虽没有波澜壮阔的经历，却有仁厚德重的心胸；没有惊天动地的功业，却有化雨润物的情怀。为此，我们每个做儿女的都由衷地敬佩他们！

世界上有无数幸福的婚姻、甜美的爱情，有的如诗如画，有的可歌可泣，有的感人肺腑，有的风韵高雅。然而，在我们心目中，只有父母那像钻石一样闪光、坚贞的婚姻才是最美好的，最亮丽的，最真切动人的！我们将它视为至宝，视为至爱！

用钻石为婚姻命名，为爱情作证，是无数夫妻梦寐以求的心愿，但真正能如愿以偿的却如钻石一样罕见。我们的父母做到了，他们用六十年的漫长岁月将婚姻打磨成世界上最晶莹剔透、最珍贵的钻石，还为子孙们构筑起一座温馨的爱之家园。他们并没有移山之力，也没有倒海之能，但他们凭着爱的力量，将天堂搬到了人间，搬到了我们身边。父母之爱，浩如沧海；寸草之心，难报春晖！

今天我们聚在一起，举办父母结婚六十周年钻石婚庆典，希望通过这一活动来表达儿女和孙辈们对他们最真诚的祝福；同时，也想借此活动来进一步巩固浓浓的血脉亲情；更为重要的是，我们想借此来激励我们家族的所有成员，要像我们的父母一样对待婚姻，对待家庭，从而使我们整个家族更加团结，更加和谐、幸福！

亲爱的爸妈，请您放心！在今后的工作、学习和生活中，我们一定会像你们那样敬业爱家，尊老抚幼，以诚待人，如实地反思昨天，自信地面对今天，理智地展望明天，真正地过好自己的人生，以期报答您浓浓的养育之恩。在此，我代表你们的儿孙们，谨以虔诚的三鞠躬，来表达我们对你们最虔诚的祝福和最真诚的感恩之情！

一鞠躬：祝贺爸妈钻石婚大喜！

二鞠躬：感谢爸妈的养育大恩！

三鞠躬：祝愿爸妈健康长寿，万事如意！

莫道桑榆晚，为霞尚满天！祝愿爸妈和天下所有的老人幸福吉祥，“福如东海长流水，寿比南山不老松！”

谢谢大家！

◎妙句赏析

★我能想到最浪漫的事，就是和你一起慢慢变老。直到我们老的哪也去不了，我还依然把你当成手心里的宝！

★我的日子因你而璀璨，我的心因你而辽阔，我的感情因你而充实，我的生命因你而美满，我的一切一切都因你的存在而感到温馨！

★五十年的风风雨雨，五十年的幸福温暖。亲爱的妻子，你就是我生命中最动听的音符，我的生活因你而精彩！愿美好的乐章谱满我们以后的每一个清晨与黄昏！

★爱是一个用千千万万种语言汇集的心灵感悟，是一种不计利益的投入；爱也是只有找对正确的人才会激发出来的美妙音符。碰见你，我才明白爱是那么神奇！愿我们的爱情永远绽放！

★我在遥望，你如秋水那般的目光，有我所有爱的期望，我在等待，你那天生独特的风采，你那温柔博大的胸怀，亲爱的，请接受我真挚的爱。

★半世纪牵手，养儿育女，柴米油盐，苦也恩爱，乐也恩爱，磕磕绊绊终不悔！五十年同心，事业家庭，酸甜苦辣，苦也甜蜜，笑也甜蜜，风风雨雨永相随！

★你是我心中最美的花朵，任凭风雨永不凋落；我是你眉梢最艳的云霞，任凭冰雪永不融化。牵手此生不够，相约来生依旧。

★一杯喜酒一口饮，两膝跪拜老福星，三世同堂共欢聚，四季钻石照华庭。

★恩爱夫妻情无限，同贺金婚，白首永相伴；经历风雨同患难，时光流逝，真情永不变！

★在你们金婚纪念日之际，向你们表示祝贺，祝你们有更多的金色岁月！

★时间如流水般稍纵即逝，五十年多少风风雨雨。你们一起走过多少人生坎坷、起伏跌宕，你们相互搀扶，一起承担家庭的重担，彼此付出了无与伦比的爱，在平凡的人生中写下了辉煌的颂歌！

★×年的风雨历程，让我懂得：爱，需要一点一滴地积累；情，需要一分一秒地坚持。在未来的几个×年里，我会用时间去积累对你的爱，用你永远铭记的承诺去坚持对你的情，用我的一生一世证明真爱永恒。在今天这个特殊的日子里，我衷心地祝福你天天开心快乐，时时平安幸福，分分健康美丽！

★菊桂盛开香满院，美景良辰，鸳鸯水中现。云淡风轻月影倩，赏心悦事心中泛。恩爱夫妻情无限，同贺金婚，白首永相伴。经历风雨同患难，时光流逝情不变。昨天是回忆，今天是幸福，永远是爱情！

第三章
庆开业致辞

开业庆典常识

◎各种常见的开业仪式

在单位创建、开业，或是某项工程正式开始时，为了表示庆贺，一般会举行专门的庆祝活动，这就是所谓的开业庆典。

开业庆典其实是一种仪式，它的一般特点是“热烈、隆重、节约、缜密”。开业仪式依据不同的分类标准，可以分为不同的种类。本书按庆祝内容的不同将开业仪式分为开幕性仪式、开工仪式和开通仪式。

开幕性仪式是开业仪式中最常见的形式，它又分为开张性仪式和开幕式。开张性仪式通常是指公司、酒店、商场、银行及文化、公益机构等正式启用前所举行的相关仪式及庆祝活动。而开幕式则是指各类运动会、博览会、商品的展示会等正式开始前所举行的相关仪式及庆祝活动。开幕性仪式的规模一般较大，因此需要在比较宽敞的活动空间中进行，如门前广场、展厅门前、室内大厅等处，都较为合适。

开工仪式通常是指工厂准备正式生产、矿山准备正式开工、重要的建筑物正式动工时专门举行的庆祝性和纪念性活动。事实上，现在比较常见的开工仪式主要是奠基仪式，它是指一些重要的建筑物，如大厦、场馆、亭台、纪念碑等在动工修建前举行的庆贺性活动。

开通仪式通常是指在重要的交通建筑验收合格后举行的启用仪式。例如，公路、铁路、地铁、轻轨及重要的桥梁、隧道等，在正式交付使用前

往往会举行一次开通仪式表示庆祝。

另外，本书为便于全书的统筹，特将开学典礼归入本章，它是学校在新学期开始时举行的典礼仪式。

◎ 参加开业庆典的礼仪

在开业庆典现场，不管是主办方还是被邀请方，都要注意自己的在仪式现场的举止表现。特别是对于主办方来说，其行为表现关系到整个活动的质量。

在庆祝仪式上，主办方出席人员往往备受瞩目。因此，如果这些人的精神风貌不佳，穿着打扮失宜，行为举止不雅，就很容易给主办方的形象造成不好的影响，降低整个活动的质量。为避免这种情况的发生，主办方人员务必注意以下几个方面。

首先，主办方人员要注意仪表的整洁，特别是出席庆典的人要精心整理自己的仪表，起码应该做到干净、整齐。在服装方面，最好以统一的制服作为庆典着装，如果没有制服，也应该穿礼仪性服装。

其次，主办方人员要注意行为自律。在举行仪式时，主办方人员，特别是工作人员，要严格要求自己的一言一行，避免因个人行为给公司的形象造成损害。所有工作人员都要遵守时间，应该在规定的时间到达指定的场所，不得迟到或无故缺席。

再次，主办方人员在庆典过程中，要保持自然的表情、友好的态度。在庆典举行期间，主办方人员要表情庄重、全神贯注，不要嬉皮笑脸或愁眉苦脸，避免给嘉宾留下不好的印象；对待来宾，要保持友好的态度，如主动热情问好，对来宾提问友好答复，不指点来宾或对来宾持有敌意，对来宾的发言应主动鼓掌等。

最后，主办方发言时要讲究礼貌，应在规定时间内结束，不要有太多的肢体语言。

除此之外，作为参加庆典的宾客，也应注意自己的行为举止。其良好的临场表现，如着装适宜、举止文明等，能表达对主办方的敬意和对庆典的重视。

◎剪彩仪式

剪彩仪式是开业典礼上常见的一种礼仪性活动。这种活动的主要内容是邀请专人使用剪刀剪断被称之为“彩”的红色彩带，因而被称为“剪彩”。

举行剪彩仪式要遵循一定的程序和礼仪。剪彩的礼仪通常包括剪彩准备、人员的选定与培训、剪彩程序、剪彩做法四方面的内容。

一是剪彩准备。剪彩的准备包括场地布置、环境卫生、灯光与音响的准备工作、所需用品的准备等，要认真细致、精益求精。用品中的“主角”是红色彩带，它由一整匹未曾使用过的红色绸缎，在中间结数朵花团而成；另一“主角”是剪刀，是供剪彩者在剪彩仪式上正式剪彩时使用的，要确保其崭新、锋利，以便一剪成功。

二是人员的选定与培训。参加剪彩的人员，除主持人之外，主要由剪彩者与助剪者两部分人员组成。剪彩者是在剪彩仪式上持剪刀剪彩的人，可以是1个人，也可以是几个人，但一般不超过5人。通常剪彩者多由上级领导、合作伙伴、社会名流、员工代表或客户代表担任。

三是剪彩程序。剪彩的程序要有条不紊。一般包含六个基本程序：第一，请来宾就座；第二，主持人宣布仪式正式开始；第三，奏国歌；第四，代表发言；第五，进行剪彩。剪彩之后，主人应陪同来宾参观。剪彩仪式至此宣告结束。剪彩仪式结束之后，主办方可向来宾赠送纪念性礼品，并以自助餐的形式款待各位来宾。

四是剪彩做法。主持人宣告进行剪彩之后，礼仪小姐登台拉彩、捧花，站成一行；剪彩者登台就位后，主持人会向全体到场者介绍剪彩者，此时剪彩者要面含微笑向大家欠身或点头致意。在正式剪彩前，剪彩者要先向拉彩、捧花者示意，等其有所准备后，集中精力，右手手持剪刀，表情庄重地将红色彩带一刀剪断；如果多名剪彩者同时剪彩，便要注意主剪者的动作，并主动与其协调一致。剪彩成功后，剪彩者可以右手举起剪刀，向到场者致意，然后将剪刀放到托盘里，举手鼓掌；接下来，依次与主人握手道喜，退场。剪彩人员在整个剪彩过程中要做到井然有序、神态自然、落落大方。

酒店、茶楼开业

◎开业庆典与贺辞

酒店、茶楼开业庆典是指酒店、饭店、茶庄、茶馆等餐饮场所，在开业时举行的专门庆祝活动，又被称为开张庆典。近年来，酒店、茶楼等餐饮场所与日俱增。这些场所在开业时经常要举行庆祝活动，来增添一些“人气”，为以后的经营打好顾客基础。

在酒店、茶楼开业庆典上，经营单位代表应向参加庆典的来宾简单致辞，表示感谢；也可简单介绍自己的经营特色和经营方式，以及对未来的期盼。此后，参加庆典的相关领导和来宾会对酒店、茶楼开业致贺辞，表达自己的祝愿。

这类贺辞的开篇是十分重要的。如果贺辞有一个良好的开篇，那么便可以说整个贺辞就算成功一半了。当然，精彩的开篇不是以文字量取胜的，而是通过简短的、饱含情感的话将人们的情绪调动起来，使现场的气氛变得浓烈。其主要内容是点名主旨，表达谢意或祝贺等。

贺辞的开篇要好，正文也不能落于俗套。贺辞的主体内容要注意具有时代性，要推陈出新，富于鲜活的时代内容。当然，传统的贺辞、祝语也是必不可少的，如经常使用的开业大吉、生意兴隆、财源广进等。如果能巧妙地将时代性内容与传统内容相结合，就能增强贺辞的高雅格调，展示致辞人的风采。

酒店、茶楼开业贺辞常以“吃喝”为主题，将饮食文化与庆典结合起来，以突出其行业特点。同时，还应在贺辞中给人以“新、奇、特”的印象，为酒店、茶楼做宣传。另外，该类贺辞内容要求健康文明，形式要求优美、雅俗共赏。

◎经典致辞

范例一

［**致辞背景**］　酒店开业庆典

［**致辞人**］　嘉宾代表

各位领导、各位来宾，女士们、先生们：

大家好！

今天，四海嘉宾高朋满座，共同祝贺××大酒店开业盛事，见证大富启源这一历史性的时刻。借此机会，我谨代表××公司对××大酒店盛大开业表示热烈的祝贺！向酒店全体员工致以亲切的问候！

鸿基始创，骏业日新。城市的上空绽放缤纷的礼花，为美丽的天空增添了流光溢彩；今天的盛典热闹气派，为××这座美丽的城市增添了恢弘一页。××大酒店别致的风格、新颖的设计及如沐春风、热情周到的服务，一一展现在眼前。在此，我们流连于觥筹交错千杯少；在此，我们流连于满园春色关不住的欢乐时光。如此豪华气派的酒店怎能不生意如同春笋遍地开、财源更比流水长。

看看××大酒店的员工们，他们拿出了他们优秀的素质和修养、专业专注的职业精神，向大家展示了优秀的服务管理及星级、阳光服务的风采。因为有了他们的努力和付出，才有了今天酒店的盛大开业。我坚信，在这样一批专业专注的酒店人的努力下，××大酒店一定能在发展的道路上，策马扬鞭，一路发展，风光无限！

作为××酒店的合伙人和酒店用品的供应商，我们将一如既往地支持酒店餐饮事业的发展，积极做好产品及服务，为××大酒店的宏伟蓝图增光添彩、锦上添花！

最后，让我们共同享受着这激动人心的时刻，共同祝愿××大酒店创造辉煌事业，拥有灿烂明天！祝××大酒店骏业鸿开，广聚天下客，一揽八方财！祝各位来宾.朋友们身体健康、万事如意！

范例二

［致辞背景］ 茶楼开业庆典

［致辞人］ 同行朋友

×经理，各位朋友，女士们、先生们：

今天，我非常荣幸地得到××茶楼的盛情邀请，来出席这个别开生面的开业庆典。首先，请允许我代表在座来宾，向×经理、××茶楼的所有员工表达最热烈的祝贺和良好的祝愿，祝××茶楼生意兴隆，美誉香飘四海！

老话说“同行是冤家”，我却认为未必。本人经营茶楼二十年，与×经理就是同行。但事实上，我们不仅不是冤家，而且还是十几年的老朋友。我们在今天能够做到互相理解和互相支持，多亏了茶文化这个纽带。

在此，我要表达一个态度，那就是如果××茶楼有什么需要帮助的，只要我力所能及，我都会随时伸出援助之手，全力支持和帮助！

茶文化历史悠久，有茶的地方就有浓郁的文化底蕴，而××茶楼无论从装修上，还是从品味中，都蕴涵着文化气息，古香古色的装饰，会给人一种浓重的文化氛围有很深的历史韵味，正好与茶有着浑然天成的和谐统一。

在茶香中品味人生百态。茶是知己，可以品出喜怒哀乐；茶是人生，可以品出悲欢离合；茶是良师，可以教你怎样度过你的人生。因为茶有了很多朋友，在他们的支持和帮助下，××茶楼才形成了良好的局面。以人为本，以茶文化为纽带，让更多的茶楼发展起来，逐步形成以茶文化为主体的社会消费群落。唯有这样，才有利于所有茶楼的生存与发展

"欲把西湖比西子，从来佳茗似佳人"这是苏东坡赞美龙井茶的佳句，我想借用它来形容××茶楼美好的明天，我想对的是"从来相聚韵如茶，××（茶楼名称）佳茗望一楼"。

谢谢大家！

范例三

［致辞背景］ 饭店开业庆典

［致辞人］ 市领导

各位来宾朋友：

你们好！

今天，我们欢聚在这里，共同庆祝××大饭店隆重开业。在此，我首先代表××市委、市政府，对××大饭店的盛大开业表示衷心的祝贺！向参加典礼的领导和朋友们表示热烈的欢迎！向多年来关心、支持和帮助××市发展的社会各界人士表示真诚的感谢！

×年来，随着我市各项事业迅速发展，人民生活水平不断提高，广大群众的对物质文化生活需要也越来越高，这为餐饮服务业创造了新的发展空间。面对如此机遇，大力发展餐饮服务业，不仅可以搞活经济、促进增收，还是安置就业的重要渠道。目前，××区发展速度加快，企业遍布，商贸云集，具有十分广阔的发展前景。特别是以餐饮、物流为代表的第三产业发展，已经成为××区城市化和现代化发展的重要选择。××大饭店在这种形势下应运而生，不能不说是一件让人高兴的事。

××大饭店是××集团下属的一家餐饮服务企业，地处××与××两大交通要道的交汇处，地理条件优越，商机无限。它的开业不仅标志着×

××集团的经营重心进一步向我市转移，同时也将为促进当地群众发展个体私营、发家致富增添新的活力。我们相信，在集团董事长××先生的带领下，在社会各界人士的关心和支持下，××大饭店一定能够依靠科学的管理，热情的服务和文明诚信的态度，打造出优秀的企业信誉和商业品牌，为带动当地群众致富和促进当地经济发展作出自己的贡献。

最后，预祝××大饭店高朋满座，生意兴隆！祝各位领导、各位来宾朋友们工作顺利、万事如意！

谢谢大家！

范例四

[致辞背景] 酒楼开业庆典

[致辞人] 嘉宾代表

××酒楼的经理、员工，各位嘉宾，女士们、先生们：

今天，我非常荣幸地作为嘉宾代表，热烈地祝贺××酒楼隆重开业！我还要代表今天的嘉宾向××酒楼转达一个心意，希望××酒楼具有强大的亲和力，成为广大消费者口口相传的一个好去处。嘴上馋了，想起××酒楼；朋友相聚，首选××酒楼；家庭宴会，就到××酒楼；集体订餐，交给××酒楼；物美价廉，就在××酒楼。

谁说众口难调，在××酒楼就可以各取所需；谁说开业只有三日新鲜，在××酒楼就会百吃不厌，常吃常新。这里有一流的菜品，这里有优质的服务，这里有食文化的韵律，这里也有大众的口福。

祝××酒楼开业大吉、大展宏图！

谢谢！

范例五

[致辞背景] 酒店开业庆典

[致辞人] 董事长

尊敬的领导、来宾朋友，女士们、先生们：

大家好！

今天是我们××集团下属××大酒店隆重开业的日子。在此，我代表××集团及××大酒店的全体成员向今天来参加庆典的领导、来宾和所有的朋友们表示热烈的欢迎和衷心的感谢！

××集团自成立到现在，一直受到社会各界朋友的关爱、支持和帮助，在这里，我们要特别感谢××区领导的悉心指导和大力支持。正因为有了你们的鼎力相助和扶持，××集团才从无到有，从小到大，并不断取

得新佳绩。在此，我代表××集团全体同仁向所有关心和支持我们的朋友表示最诚挚的感谢！

××集团，是富有生命力的集团，是蓬勃发展的集团。一直以来，集团全体成员以“××××，××××”为发展的主要模式，以××为主要经营项目，孜孜不倦，奋力拼搏。即将开业的××大酒店，是我们××集团投资建设的一个重大项目，投入了××人大量的智慧和汗水。这个酒店按照四星级旅游涉外饭店标准兴建，是一个典型的综合性商务酒店，集办公、餐饮、休闲于一体。可以说，××大酒店的开业。是××集团的发展壮大的又一重要的里程碑，也是××集团为答谢当地群众而献上的一份厚礼。我们力图将其建设成为××区的地标性建筑，并努力经营和发展，为××区的繁荣昌盛贡献出自己的力量！

××大酒店能够顺利落成并且隆重开业，离不开作为××全体员工的努力。作为××集团的董事长，我要特别感谢你们，是你们用坚定信念和艰辛努力铸就了××大酒店。谢谢你们！

新纪元，新开始。我真诚的希望社会各界的朋友，能一如既往的关心和支持××集团，扶持和帮助××大酒店不断发展和成长，联手共创××新区辉煌的未来！

最后，我预祝××大酒店开业庆典圆满成功，也衷心地祝愿××大酒店能够拥有一个灿烂的明天！

谢谢大家！

◎妙句赏析

餐饮业开业妙联

盈门飞酒韵；开业会春风

酒店新开杨柳岸；青帘高挂杏黄旗

酒楼开业逢盛世；贺客盈门颂吉祥

红梅献瑞祝新店；瑞雪拥祥贺启门

酒店兴宏图大展；人缘广裕业有孚

生意兴隆通四海；饭肴佳美誉三京

开张笑纳城乡客；开业喜迎远近宾

水陆兼呈皆上品；宾朋尽兴共加餐

无人不道佳肴美；有客常来满座香

开业花篮贺辞妙语

敬贺开张，并祝吉祥！

吉祥开业，大富启源！

财源广进，生意兴隆！

恭喜发财，开业大吉！

生意似春笋，财源如春潮！

春意春前草，财源雨后泉！

恭祝开业大吉，黄金遍地！

财源滚滚达三江，生意兴隆通四海！

生意如同春意满，财源更比流水长！

门迎晓日财源广，户纳春风喜庆多！

根深叶茂无疆业，源远流长有道财！

祝福贵店开业大吉，生意红红火火！

东风利市春来有象，生意兴隆日进无疆！

祝新年开业大吉大利，财源滚滚，事业蒸蒸日上！

一束鲜花，一份真情，一份信念，祝开业吉祥，大富启源！

愿你的生意，高朋满座，生意兴隆，广聚天下客，一揽八方财。

有名店店有名名扬天下，迎宾楼楼迎宾宾满一堂。

厨下烹鲜，门庭若市开华宴；天宫摆酒，仙女饮樽醉广寒。

公司、企业开业

◎开业庆典与贺辞

公司、企业的开业庆典，也称为开张庆典，主要为商业性活动。此类开业庆典不只是一个简单的程序化活动，而是一个经济实体为塑造形象展开的第一步行动。它标志着一个经济实体的成立，其活动规模往往能展示出该经济实体的实力与风范。

在公司、企业的开业庆典上，公司、企业的代表会以东道主的身份向参加庆典的所有来宾致欢迎词，表达欢迎和感谢之意；参加庆典的领导和来宾则要致贺辞，对公司、企业开业进行祝贺，并对公司、企业的发展给予祝愿和鼓励。

公司、企业的开业贺辞讲究感情真挚、文字简洁、语言流畅。但事实上，尽管礼仪性的致辞虽要求语言平实质朴，但在很多开业典礼上出现的华美致辞也往往受到人们的欢迎。这可能与近年来人们的教育水平显著提高，有很大关系。在贺辞加入一些富于文采、饱含诗韵的句子，能使整个贺辞更生动活泼，也能给开业典礼增添了一抹别样的颜色。

公司、企业的开业贺辞讲究感情真挚、文字简洁、语言流畅，也应适当加入文学化语句，增强感染力和影响力。贺辞重在对公司、企业开业进行祝贺，对公司、企业的发展进行祝愿。

◎经典致辞

范例一

[致辞背景] 服装商城开业庆典

[致辞人] 区领导

服装城的领导、员工，各位业户，广大顾客朋友们：

今天，××服装商城正式开业了，这对我们区的服装业来说是一件大喜事，标志着我们实施的服装品牌战略又向前迈进了一步，也为国产服装和洋服装提供了一个竞相媲美的舞台。在此，我代表区委、区政府对商城开业表示热烈祝贺！向商城的全体成员表示衷心的感谢！

中华服饰文化源远流长，汉代有“丝绸之路”，盛唐有“衣被天下”，都展示了中华民族传统服饰文化的博大精深。现在，我们面临一个新的、开放的时代，需要我们在秉承传统的基础上吸取世界流行服饰的经验，建立自己在激烈竞争中的优势地位，并适时将自己的服饰产品和文化推向世界。

要到达这一目标，最重要的一点就是形成我们自己的品牌优势，彻底扭转我们“品强牌弱”和“有品无牌”的状态。事实上，我们生产的服装质量堪称世界一流，而且数量极大，但我们却不是服装生产强国。究其原因，是因为我们“有品无牌”。

确立品牌意识需要做很多工作，其中营销渠道对服装品牌的推广和确立作用巨大。今天开业的服装城，不仅是一个中外服饰文化交流的百花园，更是国产品牌服装展示魅力和确定地位的大舞台！

预祝××服装商城开业大吉、生意兴隆！预祝××服装商城成为著名的商业品牌！

谢谢大家！

范例二

［致辞背景］ 礼仪传播公司

［致辞人］ 嘉宾代表

尊敬的××的经理和员工，女士们、先生们：

今天是一个大喜的日子，××礼仪传播公司盛大开业。天上祥云朵朵，阳光无比灿烂，这预示着××礼仪传播公司一定会前程远大、大展宏图！在此，我代表所有来宾向××礼仪传播公司的开业表示热烈的祝贺！

随着中国经济不断发展，人民物质和精神文化需求的不断增加，作为一个传统而又新兴的行业——礼仪广告、礼仪传播服务业在市场上获得新生。然而，在这个行业的发展中存在一个难题，那就是如何把庆典礼仪表现得庄重热烈，又使其不乏崭新的创意。面对这样的难题，××礼仪传播公司勇于挑战，成为解决这一难题的强势专业群体。

大家有目共睹，××礼仪传播公司无论在企业规模、企业文化高度方面，还是在技术能力、管理水平方面，都有雄厚的实力和不俗的追求。因此，我们完全有理由相信，在未来，××礼仪传播公司一定会佳绩不断、喜讯不断，成为这个行业的佼佼者，为这一领域再添亮丽的色彩。

最后，再次祝××礼仪传播公司开业大吉，事业兴旺发达！

谢谢大家！

范例三

［致辞背景］ 投资集团开业庆典

［致辞人］ 嘉宾

各位来宾、朋友们：

大家好！

在××佳节来临之际，××投资集团隆重开业了！在这喜庆的时刻，我谨代表××协会对××投资集团的开业表示最热烈的祝贺，祝××投资集团事业红红火火，财源滚滚而来，前程灿烂辉煌！

近几十年来，经过几代人的不懈努力，中国的××工业取得了长足的发展。特别是近年来，中国××工业的发展进入了快车道。××××年，全国十种常用××产量突破千万吨大关，××××年达到××万吨，已连续四年位居世界第一。这辉煌业绩凝聚了全国××工业从业者的辛劳和贡献。目前，我国××行业在结构调整、资本运营、产量、投资、效益等各方面都趋向科学化，逐步走向稳定、健康、和谐发展的道路。

××世纪前××年，是我国经济和社会发展的重要战略机遇期，也是××工业飞速发展的重要战略机遇期。××投资集团处于改革开放的前沿，在开发和利用国内外两种资源、两种资金、两个市场、促进中国×××工业发展方面具有特殊的战略地位和优势，扮演着十分重要的角色。希望××投资集团以产业报国、做大做强中国××工业为己任，在发展自己、实现光荣与梦想的同时，为中国××××工业的持续健康发展、全面建设小康社会作出更大的贡献！

再一次热烈地、盛情地祝贺××投资集团隆重开业！祝××投资集团这艘刚刚起航的航船，驶向美好的明天！谢谢！

范例四

[致辞背景] 超市开业庆典

[致辞人] 区领导

各位领导、各位来宾、各位朋友：

春季，蕴藏着生机，孕育着希望！今天，在全区上下万众一心，积极进取，为建设富区、强区的宏伟目标努力奋斗的形势下，××超市隆重开业了。首先，我代表××区区委、区政府对××超市的开业表示热烈的祝贺！对光临庆典的各位领导和来宾表示衷心的感谢！

××超市是规模大、实力强、层次高的个体商贸企业，总投资达××多万元。因此可以说，××超市是我区商贸行业中的龙头企业，也是我区经济发展的新亮点。它的隆重开业会将更多有眼光、有胆识的创业者的目光，吸引到××区这块热土来。在未来，他们也可能在这里大展宏图，开辟新天地。另外，××超市落户我区，对我区商贸的发展、职工就业和群众生活都会发挥积极作用。

要实现××区的大发展，就务必要为企业营造一个宽松的外部环境，提供优良的服务。希望政府经济管理职能部门和市场杠杆部门本着“发展第一”的思想，从各方面大力扶持这个企业，并为以后更多的创业者、投资者鸣锣开道，提供最优的政策、最佳的环境和最好的服务。

各位朋友、各位来宾，优越的环境、无限的商机正在向你们招手，我代表××区人民竭诚欢迎各地精英来我区投资发展。我相信，在上级政府的正确领导下，我们必定能共同创造××区美好的未来！

最后，祝××超市开业大吉！祝××超市前途远大！

范例五

［致辞背景］ 公司开业庆典

［致辞人］ 县领导

尊敬的各位领导、各位来宾，朋友们：

夏秋之交，激情即将换来收获。值此美好时节，××公司今天在这里举行隆重的开业庆典。在此，我谨代表县委、县政府对××公司的开业表示热烈的祝贺！向一贯支持××县发展的省、市相关领导和社会各界人士表示诚挚的谢意！

县委、县政府一直以来都认为“扶持产业化就是扶持农业，扶持龙头企业就是扶持农民”。“公司＋基地＋农户”的经营模式是县委、县政府既定的方针，为此，县委、县政府将一如既往地关注和支持龙头企业的发展。以创办人×××为首的××公司凭着满腔热情和勇往直前的创业精神，从始建××公司到××工厂、××修理厂、××综合养殖场等企业，为带动当地经济发展作出了突出贡献，对我县其他龙头企业的发展起到表率作用。尤其今天，××公司开业后将完成××生产任务，这将为我县成为××生产大县奠定重要的基础。

创业艰辛守业难。我衷心地希望××公司百尺竿头，更进一步。要知道，今天的开业庆典是“万里长征”迈出的第一步，在以后的日子里，务必要依靠智慧、毅力，凝聚人心，开拓市场，勇于创先。××发展寄希望于××公司，希望××公司肩负使命，打出××品牌，并要致力成为××省百强私营企业。

最后，祝愿××公司开业庆典吉祥，事业成功！祝参加庆典的省、市领导及各位来宾身体健康、万事如意、阖家幸福！

谢谢！

◎妙句赏析

开业贺辞妙语

★地上鲜花灿烂，天空彩旗沸腾。火红的事业财源广进，温馨的祝愿繁荣昌隆，真诚的祝福带动着跳跃的音符，为您带去春的生机。在这美好的日子里，祝您生意兴隆、万事如意！

★开业之际送上我诚挚祝贺，情深义重，祝你在未来的岁月，事业蒸蒸日上，财源广进！

★秋高气爽，时光鎏金。通过这些天紧锣密鼓的筹备，公司今天正式开业了！祝愿客户多多，钞票满满！

★幽香拂面，紫气兆祥，庆开业典礼，祝生意如春浓，财源似水来！

★祝贺你：开业兴隆，财兴旺；财源茂盛，达八方；事业顺利，福高照；日进斗金，门庭闹！

★送你一个吉祥水果篮，低层装一帆风顺；中间层放财源滚滚；四周堆满富贵吉祥；上面铺着成功加永远快乐！祝开业大吉！

开业贺辞妙词

敬贺开张　大富启源　开业之喜　生意兴旺　开张大吉

恭喜发财　蒸蒸日上　生意兴隆　骏业鸿开　兴旺发达

宏图大启　鸿基始创　声名远播　显赫千里　财源广进

生财有道　繁荣昌盛　源远流长　日进斗金　财源滚滚

欣欣向荣　业绍陶朱　骏业肇兴　吉星高照　财运亨通

宾客如云　马到成功　鸿运高照　兴业长新　福开新运

昌裕后人　永隆大业　蓬勃发展　红红火火　骏业日新

开业妙联佳句

宏图大业；事业有成　吉祥开业；大富启源

萃集百货；丰盈八方　升临福地；祥集德门

公平显德；和气生财　畅通渠道；广辟财源

财源若海；顾客盈门　兴隆大业；昌裕后人

利逐春潮涌；财随晓日升　发财逢盛世；开业在今朝

大业开鹏举；东风启壮图　业开逢大吉；客满庆兴隆

货好门如市；心公客似潮　利泽源头水；生意锦上花

雄心创大业；壮志写春秋　财源通四海；生意畅三春

花发上林生意盛；莺迁乔木好音多

看今日吉祥开业；待明朝大富启源

财源茂盛如泉涌；生意兴隆似日升

凤律新调三阳开泰；鸿犹丕振四季享遇

荷叶承雨财气益盛；藕根连绵店门呈盈

顾客是财神神来四海；生意重信誉誉满九州

开业花篮贺辞佳句

鸿基始创，骏业日新！

永隆大业，昌裕后人！

隆声援布，兴业长新！

宏图大展，裕业有孚！

公平有德，和气致祥！

恒心有恒业，隆德享隆名！

昌期开景运，泰象启阳春！

物质文明称巨子，商情豁达属先生！

生意如同春意满，财源更比流水长！

友以义交情可久，财从道取利方长！

一点公心平似水，十分生意稳如山！

一马百符，商人爱福；七斤六耦，君手维新！

经之，营之，财恒足矣；悠也，久也，利莫大焉！

秉管鲍精神，因商作战；富陶朱学术，到处皆春！

相宅而居，骏业开张安乐土；多财善贾，鸿名共仰大商家。

非商业机构开业

◎开业庆典与贺辞

所谓非商业性机构，主要是指文化和公益机构，如文化中心、公益场馆、敬老院等。这些非商业性机构在正式开始活动或启动时，也会举行开业典礼，但该类开业典礼基本没有什么商业气息，而是带有几分人文气息。

非商业性机构开业典礼主要以庆祝为中心，把每一项具体活动都尽可能组织得热烈、欢快而隆重。不论是举行庆典的具体场合、庆典进行过程中的某个具体场面，还是全体出席者的情绪、表现，都要体现出红火、热闹、欢愉、喜悦的气氛。

非商业性机构开业贺辞内容往往体现出公益性和人文关怀。贺辞中免不了要进行议论，以表明个人的观点及看法。但贺辞中的议论，不宜抽象枯燥或把理说得呆板沉闷，而应该采用富有趣味、生动活泼的说理方法，将严肃的话题趣味化。贺辞的语言讲究修辞，应适当赋予文采。

◎经典致辞

范例一

[致辞背景] 校文学社成立仪式

[致辞人] 校长

尊敬的老师们，亲爱的同学们：

经过精心的筹备，我校××文学社终于成立了！让我们用热烈的掌声祝贺××文学社的顺利成立！这是一件具有重要意义的大事，它结束了我校没有文学社的历史。从此，大家就拥有了一片挥洒才华的天地，一条通往圣洁的文学殿堂的航线。在这里，我们能够自由地耕耘和驰骋，我们可以搭乘文学之舟，扬帆远航、乘风破浪！

××文学社立足于学校语文教学和培养学生的写作能力。它是学习母语文化的重要阵地，也是学校文化的重要组成部分。希望我们的文学社能够带动全校学生关注文学，积极创作，开展多种形式的文学活动，丰富自己的人生体验，提升个人的人生境界，推进学校的文化建设。

需要指出的是，文学社成立后，还有很多的工作要做。我们文学社的成员要发挥文学主力军的作用，带动全校学生共同做好这些工作。现在，文学社的组织机构已经确立，也已制定了社团章程。以后文学社的正式成员要积极开展活动，吸引更多的文学爱好者参与进来。

今天，值文学社成立之际，我告诉所有同学四个词，那就是“热情、学习、提高和坚持”。

第一个“热情”。要做好一件事离不开对这件事的强烈兴趣、高度的热情。热情高，做事时就会有创新精神、会主动积极，就会刻苦钻研而不觉累，就会觉得在做的过程中是一种快乐与享受，做出来的效果就会更令人满意。反之，就会失去创新动力，不愿意主动去做，效率也就不高，甚至可能会放弃。搞文学创作也是一样的。

第二个“学习”。搞文学创作需要努力学习，要善于学习。努力学习就是多读好的文学作品，不管是古今的，还是中外的，只有这样才能厚积，才能薄发。善于学习就要不断积累文学写作知识与技巧。我一方面要提高自己对生活的认识，加强自己对生活的理解，以便更好地去提炼写作主题；另一方面，要注意吸收经典作家的成功经验，借鉴其优秀作品。

第三个“提高”。前面说的“学习”，正是为了这里的“提高”。学习的目的就是为了提高。当然，要到达提高的目的，不仅要靠自己努力学习，也离不开老师们的悉心指导。首先，我们要能在老师的指导下，学会正确鉴赏文学作品。在这个基础上，我们要勇于投入到写作实践之中去，并不断总结自己在写作中的得失。唯有如此，才能有真正提高，才会见到成效。

最后一个“坚持”。俗话说，“万事开头难”，但事实上长期坚持更难。不能否认，有的同学在刚刚参加文学社时觉得新鲜，热情很高，但一遇到课程多、作业多、压力大时，就开始打退堂鼓了；有的同学写了两三篇文章都觉得不好，或者得不到别人的认可，于是就有了畏难情绪，觉得自己不适合搞文学创作，于是选择放弃。因此，要搞好文学创作，热情是前提，学习是基础，提高是重点，坚持是关键。我坚信，只要我们的同学做到这四点，那你的文学创作水平一定可以不断提高。

小溪汇入了大河，大河注入了海洋。老师们，同学们，让我们与真善美同在，用文学提升自己精神境界！让我们的心灵充满感动，用文学提升自己的生活品位！

最后祝××文学社如雏鹰出谷，展翅翱翔！

谢谢大家！

范例二

［致辞背景］ 镇慈善捐助超市开业仪式

［致辞人］ 镇领导

各位领导、各位嘉宾：

大家好！

在这春光明媚的大好日子里，××慈善捐助超市隆重开业了。××慈善捐助超市是全市试点工作之一，它经过三个月的紧张筹备工作，今天正式投入使用。它的开业是我镇慈善事业的一件盛事、喜事，标志着我镇慈善事业发展进入到一个新时期。在此，我谨代表镇委、镇政府对××慈善捐助超市的顺利开业表示热烈的祝贺！对各位领导、各位嘉宾的到来表示热烈的欢迎！

在市民政局的指导和镇委、镇政府的大力支持下，××民政局秉承“××××，××××”的服务宗旨，筹建了××慈善捐助超市。在筹建

的过程中，社会各界热心人士慷慨解囊、捐资捐物，给××民政局以鼎力支持，为慈善捐助超市在短时间内汇集大量物资。在此，我代表镇委、镇政府向大力支持慈善捐助超市的各位朋友以及一直以来关心和支持我镇慈善事业发展的热心人士表示诚挚的感谢！

××慈善捐助超市成立后，将常年接收社会各界的捐资捐物，并将接收的货品集中，以超市的形式无偿提供给社会困难家庭。慈善捐助超市凝聚了社会各界的爱心，通过整合我镇现有的社会扶贫济困资源，深入、持久、健康地开展对弱势群体的救助工作，让社会各界善心人士有方便的渠道帮助困难家庭，而困难家庭则能得到最实际的帮助，按自己需求挑选货品，这为贫困居民搭建起一个新的救助平台。

在未来的日子里，为了能使慈善捐助超市能长期的经营下去，借此机会再次呼吁社会广大热心商家、个人积极发扬乐善好施、扶贫济困的光荣传统美德，伸出援助之手，奉献一点爱心，多捐资捐物，继续积极支持慈善捐助超市，继续支持我镇的慈善事业的发展。

最后，我祝愿××慈善捐助超市越办越好，希望它真正发挥作用为民解困，为广大困难群体带去爱心！

谢谢！

范例三

［致辞背景］ 环保志愿者协会成立仪式

［致辞人］ 公司总裁

尊敬的各位领导、各位来宾，朋友们：

今天，是值得××省环保志愿者永远铭记的日子。我们相聚于此。共同庆祝××省环保志愿者协会成立。首先，我谨代表××省的广大环保志愿者向与会的各位领导、各界朋友表示最诚挚的谢意！

无论是洁净的空气，还是优雅的环境，都是我们共享的，因此每一个人都应该对环境保护尽一份义务。就算你不是环保专业，职业也与环保无关，但你仍可以拥有绿色的情怀。你可以随时成为一名环保志愿者，参加环保宣传，帮助环保组织工作。环境保护，人人有责。在环境污染的“肇事者”名单中，没有一个人可以逃脱；在环境恶化的受害者中，也没有人能够幸免！我们每天都在污染环境，也每天都在受到来自环境污染的威胁，因此，我们有责任去做环境污染的治理者。

环境保护绝不仅仅是一个口号，它更是一门科学，一种意识，一种理念，一种生活方式……它需要公众的广泛参与，而且要从身边的一点一滴做起。所以，有人便说，公益事业需要众手浇花。在这方面，广大志愿者的参与与支持是必不可少的。

然而，我国是一个发展中国家，国民的环保意识还有待提高，这需要社会加强对环境保护的宣传工作，更有赖于广大环保志愿者通过各类活动进行积极推动。我们成立环保志愿者协会就是要网聚绿色力量，张扬绿色情愫，传播绿色文明，携手绿色行动。

××省环保志愿者协会旨在把××省的环保志愿者联合起来，形成强大的社会合力，以不断推动环境保护事业的发展，推动全民环境意识的提高，促进社会形成绿色文明和可持续消费的世纪新时尚。

最后，让我们携起手来，祝福我们的××省环保志愿者协会越办越好，祝福我们共同的绿色明天！

范例四

［致辞背景］ 社区服务中心开业典礼

［致辞人］ 街道工委书记

各位领导、各位来宾：

大家好！

今天，××街道社区服务中心正式面世了！社区服务中心的创设体现了市委、市政府和上级民政、劳动部门对××街道居民关怀，它是街道工委、街道办事处为民办实事的一件大事，也是广大居民群众盼望已久的一件喜事。在此，我代表中共××街道工委、××街道办事处向参加今天揭牌仪式的各级领导、各位来宾、各界人士和各位朋友表示最热烈的欢迎和衷心的感谢！

××街道社区服务中心的创设，是各级领导身体力行“三个代表”重要思想的具体体现，也是贯彻落实市委、市政府“亲民、爱民、抚民、利民、便民”之策的一项重要举措。我们本着以人为本、便民服务、救助贫困的宗旨创设社区服务中心。

建立社区服务中心是我们争创社区建设示范街道的举措之一，也是打造服务型、魅力型、特色型社区的需要；社区服务中心是依靠社区力量，利用社区人员，协调社区关系，为社区居民群众服务的一个组织。为真正实现“上为政府分忧，下为百姓解难”这一目标，我们在中心开办了信访接待、党建服务、民政服务、社区服务、法律服务、劳动保障、人口计生、家政服务等八大窗口，随时随地为居民提供全方位的优质服务。

我们坚信，随着创建全国文明社区建设示范街道的深入开展，随着社

区服务中心的创设，在上级领导的关怀下，在仁爱之士的支持和帮助下，××街道的社区大家园内必将更加阳光灿烂！

再次感谢各位领导以及社会各界人士的光临！祝大家身体健康、工作顺利、万事如意！

谢谢大家！

◎妙句赏析

雄心开伟业；妙墨系春秋

土沃群芳艳；国宁百艺生

大地文风布；长空墨气存

欣文坛喜溢；看艺苑花荣

学烛炬气概；效春蚕精神

艺苑花开添锦绣；文坛春暖布阳和

书画诗词歌大治；吹拉弹唱庆升平

展望文山境智慧；挖掘遗产写新篇

大地山川生笔底；神州伟业出毫端

开幕式

◎开幕式概述

开幕式通常是指在各种会展，如展览会、博览会、运动会等活动开始时进行的开幕活动，它与工程项目的动工、竣工典礼和交接仪式的情况的安排类似。

例如，国际展会开幕式一般由主办方的负责人员主持，一般由东道国方面主持，邀请相关国家的代表团、使节参加；或由展览团主持，邀请东道国有关官员出席。东道国的国家领导人通常会出席重大的展览会开幕式，这样的仪式较为隆重；而一般小型展览的开幕式，则相对比较简单。国际展会的开幕式除各方有关人员参加外，还酌情邀请各国驻当地的使节、外国记者等参加。

比较隆重的开幕式现场会悬挂相关国家的国旗，有的还需要演奏国歌；主办方、来宾方先后致辞。需要注意的是，开幕式致辞人的选择，应根据开幕式的规模、出席开幕式的对象加以考虑。一般，应当由主办方的主要负责人，或者代表团、展览团团长出面致辞。双方合作举行的，应根据对等和平衡的原则，由一方负责人致开幕词，另一方负责人致贺辞。

致辞结束之后，主办方会邀请东道国或展览团参加开幕式人员中身份最高的官员或知名人士进行剪彩，也有安排宾主双方各一位或两位人士剪彩的。剪彩结束后，主办方会安排参观展览，有时还要举行招待酒会。

开幕式贺辞并非要长篇大论，而是达到目的就好，其内容往往阐明活动的意义和影响，并对活动的成功提出希望和祝愿。贺辞的语言要求朴实无华，但要富有感染力和号召力。另外，还要注意条理清楚、逻辑顺畅。

◎经典致辞

范例一

[致辞背景] 第九届中国国际花卉园艺展览会开幕式

[致辞人] 中国花卉协会会长

各位来宾，各位朋友，女士们，先生们：

四月的上海，百花绽放，生机盎然。第九届中国国际花卉园艺展览会今天隆重开幕了。在此，我谨代表中国花卉协会对各位领导、各位嘉宾和花卉界朋友们的光临表示热烈的欢迎！

中国国际花卉园艺展览会已成功举办八届，在国内外的影响越来越大，推动花卉合作交流的作用越来越突出。

本届展览会有来自中国、美国、德国、荷兰、比利时、芬兰、丹麦、挪威、日本、韩国、哥伦比亚、泰国、法国、英国、瑞典、瑞士、新西兰、以色列、印度、阿拉伯联合酋长国、智利，以及中国香港特别行政区、中国台湾等国家和地区的300多家知名企业参展，集中展示国际花卉园艺最新的产品和技术，展出面积17 000多平方米。展览期间，还将举办信息交流、产品发布、技术研讨、插花表演、专业考察等丰富多彩的活动，为国内外花卉园艺界提供一个相互学习、相互交流、贸易合作的良好平台。

花卉业效益比较高，集经济、社会、生态效益于一体，发展花卉业，对于增加农民收入，建设社会主义新农村；对于加强物质文明、精神文明和生态文明建设；对于全面建设小康社会，构建社会主义和谐社会，都具有十分重大的意义。

中国有丰富的种质资源、气候资源和劳动力资源，有源远流长的花卉文化，有巨大的花卉消费市场，发展花卉业前景十分广阔。当前，我国正在全面推进现代花卉业建设，加快实现由传统花卉业向现代花卉业的历史性转变。推进现代花卉业建设的总体思路：用现代物质条件装备花卉业，用现代科学技术改造花卉业，用现代产业体系提升花卉业，用现代经营形式推进花卉业，用现代发展理念引领花卉业，用扩大对外开放拓展花卉业，用培养新型花农发展花卉业。提高花卉业科学化、机械化和信息化水平，提高土地产出率、资源利用率和劳动生产率，提高花卉业的素质、效益和竞争力。相信中国国际花卉园艺展览会的成功举办，必将进一步推动现代花卉业建设，促进花卉园艺事业又好又快发展。

女士们、先生们，中国愿进一步加强与世界各个国家和地区在花卉园艺领域的交流与合作，为世界花卉园艺事业的繁荣发展作出新的更大的贡献。

最后，预祝第九届中国国际花卉园艺展览会圆满成功！

谢谢大家！

范例二

[致辞背景] 研讨会开幕式

[致辞人] 主办方代表

女士们、先生们，各位代表：

首先，我代表××对应邀参加本次研讨会的各位代表表示热烈欢迎和衷心感谢。能够在举行中国第×届中国××之际，与大家相聚在这里，共同探讨××的问题，我感到非常荣幸。

××行业是我国国民经济的重要产业部门，同时也是国外投资者十分关注的行业。多年来通过中外方的友好合作，已设立了一批在国内外有重大影响的中外合资、合作企业和外资企业，这些企业的设立与发展改善了我国产业结构，提高了产品的技术水平，开拓了新的市场，对我国经济发展起到了积极推动作用。根据我国经济结构调整的需要和长远规划的要求，我们要以多种方式改善行业结构和企业经营水平，以技术进步促进生产发展，加强产品配套能力，扩大产品出口。今天的研讨会，为政府有关部门和企业代表，特别是国内外投资者共同就××行业的××问题交流意见和想法提供一个平台，希望各位来宾提出有益的意见和建议。

××××是中国对外开放基本国策的主要组成部分。经过不懈的努力，外商在中国投资规模不断扩大，中国已连续8年成为吸收外资最多的发展中国家，目前已开业投产的××万家外商投资企业中直接从业的人员约××万人，占全国城镇劳动力人口的近10%

目前，中国社会主义现代化建设进入了一个新的发展时期。中国正在按照WTO规则的要求和改革、发展的需要，对现行××法律法规进行清理和修订，尽快建立起符合国际惯例和社会主义市场经济需要的×××管理体制；中国将根据对外承诺和国民经济发展的需要，不断提高对外开放的水平，以更加积极的姿态，在更为广泛的领域，参与经济全球化的进程。

随着中国改革开放和现代化进程的不断加快，××也面临着新的发展机遇。中国将加快经济结构战略性调整、实施西部大开发战略、加快国有企业的改组改造、鼓励发展高新技术产业、扩大服务业的对外开放，中国将在21世纪的世界经济发展中发挥更加重要的作用，这些将为××投资者提供更为广阔的投资合作机会。

中国政府鼓励外商投资××产业，通过延长外商投资企业在国内的生产链条，发挥外商投资的产业集聚效应。中国政府鼓励跨国公司在中国建立面向全球的生产基地、技术开发基地和配套基地。中国政府鼓励国内企业加强对外合作，为大型外商投资企业配套，纳入跨国公司全球生产、销售和配套网络，提高中国配套产业的技术水平和国际竞争力。

中国政府将进一步完善投资环境，改善对外商投资企业的管理和服务，为外商来华投资创造更好的经营条件。总之，中国愿与其他国家政府和在华企业一起，同心协力，保持国民经济健康稳定持续的发展。

研讨会上，××将向各位介绍××行业发展现状及规划、吸收外资情况和政策及加入WTO后的进一步举措；××企业代表将作有关配套合作专题发言。我衷心希望通过讨论，能够增进政府有关部门和企业的认识，找出存在的问题，大家共同为中国××行业配套合作与发展出谋划策，为中国××行业的振兴和发展作出贡献，为世界经济的发展和增长作出我们的努力。

最后，祝愿本次研讨会取得圆满成功。

谢谢大家！

范例三

［致辞背景］ 上海世博会开幕式

［致辞人］ 国际展览局主席

尊敬的胡锦涛主席和夫人，各位政府领导人，各位总代表，女士们、先生们：

国际展览局代表其157个成员国，对以城市为主题的2010年世博会在上海举办，在中国这个世界人口最多、历史最悠久、文化底蕴最深厚，同时正在经历巨大和史无前例的城市革命的国家举办，感到无比高兴。

这次精彩的世博会将展示21世纪初中国的崛起。

通过各个国家的展馆和第一次在世博会上设立的以世界城市和地区相互学习和对话为内容的城市最佳实践区，我们将把世博会办成一次全球性的盛会。最后，由于通信技术的进步，通过图像和研讨会的展示，我们也将把世博会办成全球盛会。

通过这次世博会的宏伟规模、丰富的创意、各种新创举以及主题的选择，例如今天上海的“城市”，米兰的“滋养地球、生命之源”，或丽水的“海洋”，国际展览局看到，世博会越来越充满活力。同时，世博会也回应了我们时代发展进步、对话交流和相互竞争的需要，而这种需要不仅局限于体育竞技。

本次主题“城市，让生活更美好”的选择，表明今后全球大部分人口将迁入城市。未来几十年中，城市人口将增加近30亿，这将促使我们提升发展中国家和发达国家城市居民的生活条件……这次世博会将促使人们提高认识，努力建设更持久、更公正、更安全、更和谐的城市。

衷心祝愿中国2010年上海世博会圆满成功！

范例四

[致辞背景] 市残联第二次代表大会开幕

[致辞人] 市残联主席

各位代表、同志们：

在全国上下认真学习贯彻党的十七大精神之际，××市残疾人联合会第二次代表大会，在市委、市人民政府的亲切关怀和高度重视下，在自治区残联的精心指导和社会各界的大力支持下，今天隆重开幕了。

这次代表大会的胜利召开，是全市广大残疾人政治生活中的一件大事、喜事，必将推动我市残疾人事业迈向一个新的发展阶段。值此，我代表××市委、市政府向大会致以热烈的祝贺！向出席这次会议的代表并通过你们向全市广大残疾人、残疾人亲友，以及热心支持残疾人工作的各界人士表示亲切的问候！向光临指导大会的各位领导、来宾和同志们表示热烈的欢迎和衷心的感谢！

这次大会是在全市人民认真学习贯彻党的十七大精神，深入实践“三个代表”重要思想，全面建设小康社会，开创中国特色社会主义新局面的大好形势下召开的，是××市抢抓各种机遇，全面加快发展的新形势下，召开的第一次谋求残疾人事业发展的盛会，大会的成功召开，对于深入贯彻落实《残疾人保障法》，全面实施《中国残疾人事业“十一五”计划纲要》，推进我市残疾人事业的发展，为残疾人平等参与社会生活创造良好的物质条件和精神环境，促进我市实现稳定解决温饱进而向小康目标迈进，都具有重要意义。

这次代表大会的主要任务：审议第一届主席团工作报告；选举产生固原市残联第二届主席团、执行理事会；讨论安排部署今后的工作任务，明确奋斗目标；推选出席自治区残联第五次代表大会的代表。

出席这次代表大会的代表共计××人，其中残疾人代表××人，残疾人代表占代表总数的××%，妇女代表××人，占代表总数的××%，少数民族代表××人，占代表总数的××%。这些同志都是来自全市各条战线上的残疾人以及积极为残疾人服务的同志，具有广泛的代表性、先进性。

同志们，残疾人事业是社会发展事业的组成部分，是人道高尚的事业，是人权保障和社会主义精神文明建设的重要内容。残疾人同健全人一样，是历史前进、社会发展、人类文明的推动者，应当享受平等权利，为建设和谐社会做出应有的贡献。我们希望各位代表认真履行职责，群策群力，开好会议，积极为发展我市残疾人事业献计献策。

我们深信，通过这次代表大会，××市残疾人工作在市委、政府的领导下，在自治区残联的指导下，在各有关部门和社会各界的支持配合下，将会更上一层楼，为我市“两个文明”建设做出新的更大的贡献。

最后，预祝大会圆满成功！

范例五

[致辞背景] 武术之乡武术比赛开幕

[致辞人] 武术运动管理中心主任

各位领导、各位来宾，女士们、先生们、朋友们：

在这金风送爽的美好时节，我们相聚在少林武术的发祥地——××，隆重举行××××年“××杯”第×届全国武术之乡武术比赛开幕式。借此机会，我谨代表××武术运动管理中心、第×届全国武术之乡武术比赛组委会向大赛的举办表示热烈的祝贺！

中华武术历史悠久，源远流长，是人类历史文化中的瑰宝。改革开放以来，各武术流派如鱼得水，蓬勃发展。每两年一届的全国武术之乡武术比赛，作为加强武术之乡之间交流的桥梁和平台，对促进中华武术事业的发展起到了巨大的推动作用。本届比赛筹备工作中，得到了各有关方面的大力支持，特别是××市委、市政府付出了辛勤的努力。在此，我代表大赛组委会，向关心支持本届武术比赛的各位成员、各位代表以及××市委、市政府表示衷心的感谢！同时，希望全国各武术之乡加强交流，携手奋进，为促进中华武术发扬光大、奔向奥运做出积极贡献！

预祝××××年“××杯”第×届全国武术之乡武术比赛圆满成功！

谢谢！

范例六

[致辞背景]　第二十九届奥林匹克运动会开幕式上

[致辞人]　国际奥委会主席

中华人民共和国主席先生，刘淇先生，奥组委的成员们，亲爱的中国朋友们，亲爱的运动员们：

长久以来，中国一直梦想着打开国门，邀请世界各地的运动员来北京参加奥运会。

今晚，梦想变成了现实，祝贺北京！

你们选择“同一个世界，同一个梦想”作为本届奥运会的主题，今晚就是这个主题的体现。

我们处在同一个世界，所以我们像你们一样，为四川的地震灾难而深感悲恸。中国人民的伟大勇气和团结精神使我们备受感动。

我们拥有同一个梦想，所以希望本届奥运会带给你们快乐、希望和自豪。

各位运动员，我们的创始人皮埃尔·德·顾拜旦是因为你们而创立了现代奥林匹克运动会。奥运会属于你们。让奥运会成为运动员的盛会。

请大家牢记，奥运会不仅仅意味着比赛成绩，奥运会还是和平的聚会。204个国家和地区奥委会相聚于此，跨越了民族、性别、宗教以及政治制度的界限。

请大家本着奥林匹克的价值和精神，即卓越、友谊和尊重，投身于比赛。

亲爱的运动员们，请记住，你们是世界青年的楷模，请拒绝兴奋剂，向作弊说不。

你们的成就和表现应该让我们感到骄傲。

当我们把奥林匹克梦想变成现实之时，我们要诚挚地感谢北京奥组委，感谢他们不辞劳苦的工作。我们还要特别感谢成千上万、无私奉献的志愿者们，没有他们，这一切都不可能实现。

北京，你是今天的主人，也是通往明天的大门。感谢你！现在，我荣幸地邀请中华人民共和国主席先生宣布第二十九届现代奥林匹克运动会开幕。

◎妙句赏析

★事实证明，信任源于交流，合作带来共赢。面对××的严重冲击，我们风雨同舟，患难与共。在××复苏的道路上，我们要和衷共济，携手并进。让我们共同努力，开创××的美好未来！

★我相信，有大家的热情参与和大力支持，本届展会一定会成为××界与广大消费者共同参与、共同分享、共同收获的行业盛会！

★各位领导、各位来宾、各位朋友，为了加快发展××这个共同目标，我们走到了一起。我们全体参展团体及××将秉承××的宗旨，恪守诚信、双赢的理念，充分借助这次展览会提供的良好平台，紧紧抓住难得机遇和商机，以交流合作为前提，以互惠互利为基点，以共同发展为目的，进一步加强联系，增进了解，加深友谊，广泛开展多层次多形式的技术交流与贸易合作，努力加快××技术创新，全力提升市场竞争力，携手共创××更加美好的明天！

★有多少次挥汗如雨，伤痛曾填满记忆，只因为始终相信，去拼搏才能胜利总在鼓舞自己，要成功就得努力。热血在赛场沸腾，巨人在赛场升起。相信自己，你将赢得胜利，创造奇迹；相信自己，梦想在你手中，这是你的天地。当一切过去，你们将是第一；相信自己，你们将超越极限，超越自己！相信自己，加油吧，健儿们，相信你自己！

★心中坚定的信念，脚下沉稳的步伐，你用行动告诉我们一个不变之理，没有走不完的路，没有过不了的山，成功正在终点冲着你高高地招手，用你那顽强的意志去努力，去迎接终点的鲜花与掌声，相信成功一定是属于你！

★时间在流逝，赛道在延伸，成功在你面前展现，心脏在跳动，热血在沸腾，辉煌在你脚下铸就。加油吧，健儿们！

★我相信，在今天的赛场上，全体运动员一定会发扬更快、更高、更强的奥运精神，以最佳的竞技状态投入比赛，奋勇争先，赛出风格，赛出水平！

★体育运动会更是人文精神的展示。希望各代表队以团结互助、诚实守信为荣，严格遵守竞赛规则，在保证安全的基础上，发扬顽强拼搏、吃苦耐劳、团结互助的精神，赛出竞技水平，赛出道德风尚，赛出个性风采，赛出团结友谊。

开工庆典

◎开工庆典概述

开工庆典通常在工厂准备正式生产、矿山准备正式开工、重要的建筑物正式动工时举行。现在最常见的开工庆典主要是奠基庆典，它是指一些重要的建筑物，如大厦、场馆、亭台、纪念碑等，在动工修建前举行的庆贺性活动。

奠基庆典通常在动工修建建筑物的施工现场举行。奠基庆典上有专门定制的奠基石——一块完整无损、外观精美的长方形石料。奠基石上标有建筑物的名称、奠基单位的全称及举行奠基仪式的具体年、月、日，其正中央为“奠基”两个大字。有时在奠基石的下方还会安放一只密闭的铁盒，内部装有该建筑物相关资料及奠基人姓名等。届时，它将同奠基石一起被掩埋于地下，以示纪念。

奠基庆典仪式上的致辞十分重要。通过主持人对建设工程的介绍，可以提高该工程的知名度，为以后的工程建设打下基础。领导干部到场发表致辞，表示对工程建设的高度重视，提出对工程建设的希望，这对提高建设者的积极性，增强其战胜困难的决心和信心，都有推动作用。

开工庆典贺辞的内容包括对工程的祝贺、工程建设的重大意义和影响、对工程建设提出的希望和要求。这类贺辞的一个重要作用就是增强施工者建设好工程的决心和信心，因此要求具有号召力和鼓动性。另外，贺辞要简单明了、层次分明。

◎经典致辞

范例一

[致辞背景] 市商贸中心开工典礼

[致辞人] 市领导

尊敬的各位领导、各位嘉宾，同志们、朋友们：

今天，我市基础设施建设的又一个招商引资项目——商贸中心即将开工建设。在此，我们举办隆重的开工庆典。借此机会，我谨代表市各级领导以及全市人民，向前来参加典礼的各位领导、各位嘉宾表示最热烈的欢迎！对商贸中心的开工建设致以最热烈的祝贺！对为我市招商引资和项目建设工作作出贡献社会各界人士表示崇高的敬意和衷心的感谢！

近几年来，我市为了进一步扩大对外开放，积极从××、××、××、××等方面进行投资软硬环境改造，为此我们建立行政审批中心，开展机关效能建设，并出台了一系列扶持企业发展优惠政策。至今，我市招商引资和项目建设工作取得了明显的成效。即将开工的商贸中心就是我市引进外商开发的又一重点项目。它的开工建设，可以更好地改善我市的投资环境，帮助我市树立起“经营城市”和“以人为本”的理念，也将极大促进我市城镇化建设步伐，促进城区商贸经济的发展。

商贸中心是我市发展的重点项目，希望该项目开发商精心组织，加强管理，高水平规划、高标准建设，力争把它建设成为我市首屈一指的现代化商贸中心。同时，希望市直各有关部门要从讲大局、求发展的战略高度出发，积极主动地配合投资方和施工单位做好各种协调、服务工作，千方百计为工程建设排忧解难，尽心尽力支持工程建设；也希望市直各单位、各乡镇在明年的工作中进一步解放思想，进一步扩大开放，努力拼搏，真抓实干。我相信，有上级党委政府的正确领导，有大家的共同努力，明年的招商引资和项目建设工作将再次迎来发展的春天！

最后，预祝商贸中心工程顺利开展、圆满竣工！预祝各位领导、各位嘉宾身体健康、工作顺利、阖家幸福、万事如意！

谢谢！

范例二

[致辞背景] 市老干部活动中心奠基仪式

[致辞人] 市领导

同志们：

在天高气爽、孕育希望的美好季节，今天，我们在这里隆重举行市老干部活动中心奠基仪式。这是我市老干部工作的又一捷报，也是全市广大离退休老干部的一大喜事。首先，我代表市委、市政府对老干部活动中心的开工建设致以热烈的祝贺！借此机会，我也向广大离退休老干部致以亲切的问候和良好的祝愿！

建设老干部活动中心，为老干部“老有所学、老有所教、老有所为、老有所乐”提供良好的环境和条件，是老干部工作的重要内容，也是市委、市政府应尽的责任。市老干部活动中心建成后，将为市区老干部提供一个环境优美、条件良好的政治学习的课堂，文体活动的场所，发挥作用的阵地，一定会受到广大离退休老干部的普遍欢迎。

市老干部活动中心的建设，得到了区委、区政府及市级机关各有关部门的极大关注和高度重视。希望大家继续予以大力支持。各施工单位要认真组织精干队伍，抓好施工质量，确保建设任务按期圆满完成；市建工局要抓好工程的管理监督工作，负责工程质量、工程进度、安全施工的督促检查，确保万无一失；工程监理单位要严把质量关，以对老干部高度负责、对工程质量高度负责的精神，一丝不苟地抓好监理工作；市委老干部局和市国有资产管理局，要继续协调配合，精心组织，周密计划，认真抓好工程建设的每一个环节，让市委、市政府放心，让广大老干部满意。

最后，预祝市老干部活动中心圆满建成，祝广大老干部健康长寿、生活幸福！

范例三

[致辞背景] 省道开工庆典

[致辞人] 镇领导

尊敬的各位领导、各位来宾，同志们：

今天，我们在这里隆重举行××省道开工庆典仪式，这是××镇人民政治经济生活中的一件大事，也是××镇人民梦寐以求的一件喜事，更是加快××经济发展的一件盛事。在此，我谨代表××镇党委、政府对工程的开工建设表示热烈的祝贺！向参加开工典礼的各级领导、各位来宾表示热烈的欢迎！并向长期关心和支持××省道××段建设社会各界人士、广大干部群众表示衷心的感谢！

××省道××段全长××千米，涉及××、××、××、××四个村，在政策处理过程中，镇党委、政府高度重视，攻坚克难，沿线村两委、广大群众积极配合、大力支持，仅仅用了×天时间就顺利签订了征地协议，共征地××亩，创造了××镇新的征地速度，得到了市委、市政府和区委、区政府的充分肯定。该工程的开工建设，充分体现了各级党委、政府高瞻远瞩、科学决策的远见卓识，凝聚着省市区各级领导和交通部门对人民群众的深切关怀。工程建设完工后，将极大改善××的交通环境，方便沿线群众的生产生活，对今后××区块的综合开发必将产生重大而深远的影响。

为此，我们将以工程建设为己任，聚万众之心，举全镇之力，埋头苦干，扎实工作，积极主动配合做好工程建设环境保障和协调服务方面的各项工作，坚持做到“三到位”：

一是组织领导到位。镇党委、政府将及时成立领导小组，抽调能力强、素质好、业务精的干部组成强有力的班子，专门负责工程建设期间的协调和保障工作。

二是政策落实到位。根据工程进展情况，做深、做细、做好群众工作，尽最大努力赢得群众的理解支持，落实好补偿政策，确保在规定时间内完成清场拆迁工作。

三是环境保障到位。密切加强与施工单位联系，及时解决工程建设中存在的问题。同时依法严厉打击阻碍施工等不法行为，真正确保工程的无障碍施工。

我们坚信，有各级党委、政府的正确领导，有各相关部门的密切配合，更有沿线村委干部和广大人民群众的积极支持，××省道××段一定能够建设成为一条“经济路、富民路、和谐路”。

最后，预祝××省道××段早日顺利建成通车！祝各位领导、各位来宾身体健康、万事如意！

谢谢大家！

◎妙句赏析

开工贺辞妙语

★×月是××的季节，也是××的季节，在这美好的时刻，我们在这里为××项目举行隆重的开工典礼。借此机会，我谨代表××对××的到来表示最热烈的欢迎和最衷心的感谢！对××开工奠基表示最热烈的祝贺和最良好的祝愿！

★今天，我们满怀喜悦的心情在美丽的××——××隆重举行××开工典礼。××是××的标志性工程，也是××人民盼望已久的大事。我代表××，向××开工建设表示热烈的祝贺！

★今天，尽管骄阳似火，天气炎热，但在××建设工地上，却是嘉宾云集，高朋满座。因为大家都和我一样，站在这块即将腾飞的土地上，一起见证着一个激动人心时刻的到来：一个标志着××发展跃上新台阶的平台——××即将开工。

★在今后的工程建设中，××将一如既往、竭尽全力为××建设创造良好条件。一是在政策上予以倾斜，创造一个良好的政策环境；二是全力做好征地拆迁工作，创造一个良好的工作环境；三是做好后勤保障和安全保卫工作，创造一个良好的生活环境和社会环境。同时，我们也衷心希望参加××建设的各工程建设单位，加强共建工作，加强联系，相互支持，通力合作，在保证工程建设的同时支持地方经济建设，为××的经济发展写下光辉的篇章！

★××项目的建设是我区巩固创建市级城市××和构建和谐××的重要组成部分，是保持我区××持续快速发展的重要手笔，也是加快城市建设步伐的有力保障。为此我们决心抓住这千载难逢的机遇，全力以赴，通力配合，扎扎实实地做好各项协调工作，尽心竭力提供各种优质服务，努力为××项目营造一个宽松的施工建设环境，力争将这一工程建设成为我区的形象工程和地标性建筑。

★××项目来之不易，其建设对促进经济社会发展具有举足轻重的作用。为此，××各部门和全区人民应以支持高速公路建设为己任，积极主动配合解决好建设中的困难和问题，为××建设添砖加瓦；要举全区之力，聚万众之心，众志成城地做好后勤保障工作，为高速公路建设营造宽松、良好的施工环境。

开通仪式

◎开通仪式概述

开通仪式是指在重要的交通建筑完工并验收合格后所举行的启用仪

式，这种仪式可以狭义地理解为通车仪式。例如，公路、铁路、轻轨及重要的桥梁、隧道等，在正式交付使用前往往要举行通车仪式表示庆祝。而事实上，现在的开通仪式还包括其他的一些仪式。例如，通航仪式，即飞机或轮船在正式开通某一条新航线之际所举行的庆祝性活动；网站开通仪式，即网站建设完成并准备运营之际所举行的庆祝性活动。

通车仪式与通航仪式的程序基本一致，一般有六项内容：一是宣布仪式开始，介绍来宾；二是奏国歌；三是主办方致辞，致辞的内容一般是介绍即将通车或通航的新线路的基本情况，并向有关方面致谢；四是来宾代表致贺辞；五是正式剪彩；六是首次正式通行。网站开通仪式是一种新兴的庆祝活动，其灵活多样，与以上两种仪式也有相似之处。

开通仪式贺辞的内容通常重视对新线路开通或新网站建立的意义和作用的阐述，并表达对开辟者或建设者的感谢及祝贺。

◎经典致辞

范例一

［致辞背景］ 镇公交车开通仪式

［致辞人］ 镇领导

各位领导、各位来宾，女士们、先生们：

大家好！

今天，我们欢聚在这里，举行××镇公交车开通仪式。首先，我代表镇党委、政府向出席今天公交车开通仪式的市委领导及交通局、公交公司的领导表示最热烈的欢迎！

××镇地处××市东北部，包括××个行政村，××多口人。由于受自然条件的限制，公共交通不便，群众出行困难。对此，镇党委、政府高度重视，积极向市委市政府反映情况。市委×××书记对此十分关心，亲自到我镇实地调研察看，并数次协调有关部门力促××公交车开通。市交通局、公交公司、运管所对此事大力支持，简化程序，牺牲利益，实现了××公交的开通。在此，我代表××镇党委、政府、代表××镇××人民，对××书记、××主任、××市长以及交通局、公交公司、运管所的各位领导表示衷心的感谢！

××镇党委、政府一定不辜负市委、市政府以及诸位领导的关心、支持，大力支持公交的运行和发展，努力为公交提供优良的环境。同时，镇直各职能部门、沿线各村要密切配合，共同维护公交车良好的运营环境。希望公交公司要树立“以人为本”的思想，为群众提供便利、优质、安全的运输服务。欢迎广大群众乘坐公交，支持公交，促进公交事业的健康发展。

××镇公交车的开通，不仅大大方便了人民群众的出行，改善了群众乘车条件，而且也是镇党委、政府践行“三个代表”重要思想，全心全意为人民群众办实事、办好事的具体表现。我相信：××公交车的开通，必将推进城乡一体化的进展，为××经济发展、社会进步起到促进作用。

谢谢大家！

范例二

[致辞背景] 机场通航仪式

[致辞人] 市领导

尊敬的各位领导、各位嘉宾，同志们，朋友们：

金色之秋，丰收在望；喜事盈门，梦想成真。全市人民盼望已久的××机场今天正式通航了，这是全市人民的一件大喜事。首先，我代表市委、市政府和全市××万人民，向前来参加通航仪式的各位领导、各位来宾表示热烈的欢迎和衷心的感谢！

××机场的建成通航，填补了××（地）航空的空白，开辟了××（地）乃至××（地）通向外界的一条“空中走廊”，对促进××（地）乃至全市参与××贸易区和××区域经济合作，实施走出去战略，扩大对外开放都具有重要的现实意义和战略意义。

××机场从××××年××月开工建设至××××年×月顺利建成通航，历时仅×年多，创造了全省支线机场建设速度快、投资省、质量优的光辉业绩；在整个建设过程中，得到了国家和市发改委、民航行政管理等有关部门和空军的大力支持与帮助。市委、市政府及有关部门给予了高度重视和关心。市委书记×××同志、市长×××同志等领导多次亲临施工建设现场调研指导，帮助解决实际困难。机场建设业主和施工单位严密组织，精心施工，科学管理，为机场的建设作出了不懈的努力。

中国××航空公司有独到的眼光、宽广的胸怀，在通航营运方面与××市政府真诚合作，互利共赢，签订了长期合作协议，为机场的开通和营运奠定了坚实基础，创造了良好的条件。

××机场首航后，我们将同××机场集团和中国××航空公司一道，努力培育航空市场，切实加强航线的营销管理，打造精品航线，努力实现机场营运经济效益和社会效益的双丰收。

“乘风破浪会有时，直挂云帆济沧海。”我们相信，在市委、市政府的领导下，在国家和省厅各有关单位的支持和帮助下，××机场的明天会更加美好！

谢谢！

范例三

［致辞背景］ 船闸试通航仪式

［致辞人］ 交通部原部长×××

尊敬的×××副总理，尊敬的全体三峡工程建设者，尊敬的各位来宾、同志们：

今天的试通航，是长江航运发展史上重要的里程碑。三峡船闸即将进入试通航阶段，三峡工程将陆续开始发挥防洪、航运、发电的三大效益。这是党中央国务院正确领导和全国人民大力支持的结果，也是全体三峡工程建设者10年来艰苦奋斗的结果。在此，我谨代表交通系统的干部职工，向全体三峡工程建设者表示真诚的祝贺和崇高的敬意！

经过各阶段的验收和调试工作，三峡船闸已经具备试通航条件。在三峡船闸建设、调试、验收全过程当中，交通部门紧密配合三峡总公司，取得了三峡船闸按计划投入试通航的重大胜利。交通部门完全同意三峡船闸的各项鉴定意见。现在，船闸试通航的各项准备工作已全部就绪。三峡工程全部建成后，将显著改善长江宜昌至重庆660道的航行条件，将更好地发挥长江作为西部地区对外水上大通道的作用，为西部开发和三峡库区经济发展服务。

近年来，长江干线上中游的水陆运输发展迅猛。2002年船闸的通过量达到创纪录的18万吨，货种结构和运输船型也发生了显著变化，特别是集装箱运输发展很快，越来越多的集装箱船和滚装船投入运营。这显示出西部地区经济发展对航运新的需求，也展现出长江航运新的增长点和发展新趋势。据初步预测，2010和2020年，通过三峡和葛洲坝枢纽的货运量将达到3 000万吨和4 500万吨以上。我们将抓住运输发展和结构调整的机遇，加强航运管理，加快长江船型结构调整的步伐，充分发挥三峡工程的航运效益和长江黄金水道的作用。交通部门将按照国务院的要求，抓好三峡工程和葛洲坝枢纽工程河段的航运行政管理工作，保证长江黄金水道咽喉的安全和畅通服从三峡枢纽工程综合调度的要求，维护好过坝船舶的安全和通航秩序，积极配合做好与枢纽调度有关的工作，建立一支过硬的船

闸管理队伍，在试通航期间及时总结经验、规范管理，使三峡船闸能够经受不同水位下长期运行的考验，做到一流船闸、一流管理，最大限度地发挥船闸的航运效益。

最后，预祝三峡船闸试通航取得圆满成功！

谢谢大家！

范例四

[致辞背景] 网站开通仪式

[致辞人] 市信息化领导小组代表

各位领导、各位来宾，同志们，朋友们：

今天，我们在这里举行××网建成开通仪式。这是我市网站建设一件值得庆贺的喜事。在此，我谨代表市信息化领导小组办公室向市地方志编纂委员会和市地方志办公室致以热烈的祝贺！向多年来为我市信息化发展和电子政务建设付出辛勤劳动的各界人士表示衷心感谢！

近年来，在市委、市政府和市信息化领导小组的领导下，全市信息化建设取得了快速发展，电子政务建设步伐加快，门户网站建设稳步推进，市县两级政府已经建成了××多个网站或主页。市政府门户网站月访问量超过××万人次，网上政务公开进入全国先进行列，政务信息服务的规模和水平居全国政府门户网站前十名，已经成为展示我市经济、政治、文化、社会建设成就的重要窗口，成为全市政务公开、便民服务的重要平台，成为反映民意、联系群众、关注民生的重要纽带，成为××沟通全国和世界的重要纽带。

政务网站是政府部门面向社会发布信息，宣传政策法规，展示政府良好形象的窗口，是增进政府与公众交流的桥梁，是集中体现党和政府“立党为公，执政为民”服务宗旨的重要方式。编纂地方志是我国特有的历史文化传统，是中国特色社会主义文化事业的重要组成部分，对延续中华文明发挥了极其重要的作用。市地方志办公室周密策划，精心制作，把信息技术与编纂工作有机结合起来，搭建信息传播平台，开发整合地方志资源，筑造人文地情信息库，用短短的几个月时间建成并开通了××网，而且是投资少、见效快，是市级单位门户网站建设的一支新秀。

××网站的开通，标志着我市的地方志工作迈向一个新的历史时期，必将为编纂××新方志，传承中华文明、繁荣发展社会主义先进文化作出积极贡献，为构建和谐××发挥特有的作用。

最后，预祝××网越办越好！祝愿各位领导、各位来宾身体健康、工作顺利！

谢谢大家！

范例五

［致辞背景］ 公路竣工通车庆典仪式

［致辞人］ 市交通局领导

各位领导、各位来宾，同志们，朋友们：

今天，××县××至××公路竣工通车了！我们特意在这里举行通车庆典仪式。在此，我代表市交通局全体干部职工对该路段竣工通车表示热烈的祝贺！

××路是一条十分重要的通乡公路，也是××县历史上建设规模最大的一条公路。它的竣工通车对于改善××交通状况、解决群众出行难、拉动当地经济发展都具有重要意义。因此可以说，它是一条民心之路、富裕之路和希望之路。作为一个交通人，能够看到××交通事业不断发展，我内心非常高兴和激动。特别是在县财政十分困难的情况下，××县委、县政府能够积极探索公路建设模式，拓宽资金筹措渠道，创新公路质量监管体系，克服了诸多困难，仅用了短短×年的时间，就建成了一条高标准、高质量的县级公路，创造了全市通乡公路建设史上的奇迹。这充分体现了××县党政班子的过人胆识和聪明才智，也凝结了××各级干部的汗水和心血。

多年以来，作为市交通主管部门，我们与××县委、县政府有着密切的沟通和联系，从中也切身体会到县党政班子对交通事业的重视和在××路建设中表现出的不遗余力、“创造条件也要上”的进取精神。对这样务实为民的领导班子，我们没有理由不支持他们干事创业。在今后的通乡通村公路建设上，我们要继续支持××，帮助××多向上争取资金，尽全力帮助××改善交通状况，为加快××的发展作出我们应有的贡献。我们相信，在××县委、县政府的正确领导下，在勤劳智慧的××人民的积极努力下，××的发展会越来越快，××的明天会越来越美！

谢谢大家！

◎妙句赏析

★秋色宜人，和风送爽。各位来宾欢聚一堂，对××公路竣工通车进行庆贺，在此，我代表××为××公路的顺利实施付出努力的各有关单位

负责同志衷心的感谢！对××公路竣工胜利通车表示热烈的祝贺！

★今天是××发展史上一个具有里程碑意义的日子，××建成通车，××由此跨入××时代！在这一喜庆的时刻，我谨代表××向前来参加通车仪式的各位领导、各位嘉宾表示欢迎，向关心支持××建设的各级领导和同志们表示衷心的感谢！向攻坚克难的全体××建设者致以崇高的敬意！

★带着丰收的喜悦，满怀胜利的豪情，我们在这里隆重举行××通车仪式。我代表××向前来参加通车仪式的各位领导、各位嘉宾和各界朋友表示热烈的欢迎！

★各位领导，同志们，××路的全线贯通，构筑了我市又一条城市经济发展大动脉，必将有力地促进我市国民经济和各项社会事业的快速发展。我们要以××路建设为新的起点，不断加快城市基础设施建设步伐，不断优化城市投资环境，努力把我市建设成为××经济带最佳投资环境城市和最佳人居环境城市，为早日实现创建国家园林城市、卫生城市、文明城市的目标努力奋斗！

★今天，××人民企盼已久的××正式通航了。××的建成通航，是××在××的亲切关怀下，在××的正确领导下，抢抓××的历史机遇，开辟“空中走廊”、实现“飞天”梦想的千年壮举，是××交通建设和经济社会发展史上的一个里程碑！

开学典礼

◎开学典礼概述

开学典礼是在新学期开始，学校为庆贺新生入校而举行的隆重的庆典仪式。开学典礼是对学生进行入校教育的必备仪式，它可以使新生了解学校的历史、现状，明确学校的培养目标、管理制度及学习生活的特点，让学生明白本学期的学习任务、学校的要求和开展的活动等。另外，举行开学典礼也是学校用以表达对新生的欢迎、关心的方式和对其学生身份的肯定。

开学典礼的组织工作一般由校长办公室协学生工作部、教务处共同承担。在校的校领导以及学校各职能部门的主要负责人都会出席大会。另外也可以邀请已离任或退休的德高望重的老领导、老教师共同参加。

开学典礼有一定程序：一是主持人宣布开学典礼开始；二是奏国歌；三是校领导致辞，致辞主要内容包括对新生到来表示欢迎，介绍学校的总体情况，对新同学提出要求和希望；四是教师代表致辞，致辞的主要内容包括对新生到来表示祝贺和欢迎，表达广大教师培养学生的心情，对新同学提出鼓励和要求等；五是在校学生代表致辞，致辞的主要内容包括对新同学表示欢迎，介绍学生工作及老同学中的优良传统和作风，提出希望与共勉等；六是新生代表致辞，致辞的主要内容包括对校领导、老师、同学的热情接待表示感谢，并表达努力向上的决心；七是奏校歌；八是宣布大会结束。

在整个典礼过程中，领导及各代表致辞时应声音洪亮，并做到简短有力；与会者应穿戴整齐，按时与会，认真听讲，有秩序地进场和退场，适时报以热烈的掌声。

开学典礼贺辞的内容因致辞者身份不同而不同，如校长致辞的内容会涉及学校的总体情况，教师的致辞会谈及培养学生的心得体会，新生代表的致辞要表达自己努力学习的决心等。当然，作为开学典礼致辞，不管致辞者为谁，其致辞的内容都应该是充满激励性的，因此在贺辞的措辞和语气上要体现出激励色彩。

经典致辞

范例一

［致辞背景］ 中学开学典礼

［致辞人］ 校长

尊敬的各位教师，亲爱的同学们：

你们好！

一年一度秋风劲，又是丹桂飘香时。今天，我们在这里举行新学期开学典礼。首先，我代表学校向所有新生及同学们表示热烈欢迎与诚挚的问候！向无私奉献的园丁们表示衷心的感谢！

在过去的一年中，我们的校园面貌发生了根本性的变化。主要的变化包括：学校新增了教学区和生活区；我校高考上线率达到×%，创学校历史新高；我校多名教师受到市级表彰，成为优秀教师代表，他们奠定了我校发展的基础。这些都表明，学校已经今非昔比。我们应该为能在这样的学校里学习、工作感到自豪和骄傲。

常言说，师恩重如山。我们的学生常常让我感到欣慰。他们铭记师恩、师训，在品德和学习方面都有着显著的进步。今天，我们将对一些优秀的同学进行表彰，他们是全体学生学习的楷模。希望新同学以他们为榜样，尽快适应新环境，遵规守纪，勤奋学习，早日取得优秀成绩。当然，学校将极力营造一个良好的环境，让你们每一个人有更好的学习环境，并能在这一和谐美好的校园中度过自己的美好时光。

同学们，今天你们是满园花香，明天你们是祖国的栋梁。人生有限，青春美好，你们只有全身心投入到学习中去，才能将有限的人生、美好的青春变得有意义。让我们把开学典礼当作向理想进军的号角，振作精神，鼓足干劲，以新的姿态和面貌迎接新的挑战，取得新的成绩！

最后，祝愿大家工作愉快，学习进步！

范例二

[致辞背景] 大学开学典礼

[致辞人] 校长

同学们，同志们：

秋天送爽。在这美好的时节，我们迎来了××多名新同学。在此，我代表学校和全校××多名师生员工向来自全国的新同学们表示热烈的欢迎！

同学们，你们要知道，从你们的脚一跨进这片校土，便和这个学校紧密相连。经过几代人的艰苦奋斗，××大学在经历的几十年春华秋实中硕果累累。多年来，学校最为骄傲和自豪的就是，在几十个春秋中为国家培养、输送了数万多名各类人才，他们如今正奋战在各行各业，用自己的勤劳和智慧为祖国的现代化建设建功立业。

经过十年的寒窗苦读，你们终于进入大学。在这里，你们的人生将翻开崭新的一页。借此机会，我向你们提出三点希望：

第一，希望你们能尽快适应新环境，融入新集体。我们学校拥有优秀的教师队伍、良好的教学科研条件、先进的实验设备和完善的实习场所。此外，学校各处环境幽雅舒适，充满勤奋、刻苦学习的气息。当你们进入到这样的环境时，应该主动去适应，不仅要爱护这里的一草一木，积极搞好同学之间的关系，融入新的集体。

第二，希望你们能学会做人。做人是立世之本，做事之基。在大学里，要学会做人，学会做有用的人，学会做成功的人。起码的要求就是要做一个有志向、有道德、诚实守信的人。在学校的生活中，要诚信、正直，如家庭经济状况如何要如实向学校报告；考试不作弊；对同学友善、宽容，对老师尊敬、虚心。

第三，希望你们能学会学习。学习固然要刻苦，但也要注意方式、方法。学习的内容、方法、效果都应该研究，以便自己更好地学习。另外，希望你们尽快转变学习观念、学习方式，转变应试学习的方式，学会自主学习，积极参加课外实践和各种兴趣小组，多钻研、勤思考，敢于并善于发现问题、提出问题，多动手、勤实践，努力提高解决实际问题的水平和能力。

同学们，大学是你们人生中一个非常重要时期。希望你们珍惜宝贵而美好的时光，担负自己的责任与使命，牢记家长、亲友的重托，顺利完成大学学业。我相信，你们一定能用青春与汗水、知识与毅力，创造自己美好的前程！

谢谢大家！

范例三

［致辞背景］ 新学期开学典礼

［致辞人］ 教师代表

尊敬的各位领导、老师，亲爱的同学们：

大家早上好！

春风送暖，万物复苏。踏着春天的脚步，怀着对未来的憧憬，我们又相聚在熟悉的校园。在过去一个学期，我们忙碌着、辛苦着，却也收获着、幸福着。特别是过去的一个学期，我们的同学都取得了比较理想的成绩。在此，我要对那些成绩优异的同学表示最热烈的祝贺！

新学期有新的机遇、新的挑战，有新的希望、新的梦想。我们将在未来的日子。站得更高、看得更远、做得更好！首先，我们教师承诺：在新的学期，我们将一如既往地做好本职工作，积极进取，用智慧启迪智慧，用人格铸就人格，在教育战线上书写××学校的新篇章。在此，我还想代表全体教师对同学们说：今天，我们共同踏上新征程，迎接新挑战。作为你们的老师，我们愿作你们人生征途中的灯塔，愿作你们攀登高峰的阶梯。我们衷心希望你们在新的起跑线上认真审视自己，确定自己的奋斗目标，遵守纪律，努力学习，为自己在新的学期谱写一首激情的战歌。我们承认自己有时候太严厉，那是为了培养你们在荆棘路上战胜困难的勇气；

我们也承认自己有时候太啰嗦，那为了让你们知道，我们把你们当作自己的孩子。亲爱的同学们，请你们相信，无论前路有多大的困难，我们都是你们坚强的后盾，我们将与你们一路同行！

花有重开时，人无再少年。也许有的同学还沉浸在无所事事的嬉闹中，也许有的同学贪玩的心还没有收回来。同学们，请赶快投入到紧张的学习中吧！没有目标是可怕的，有了目标不去奋斗更可怕！“莫等闲，白了少年头”。今天抓紧时间勤奋学习是为美好的明天打下坚实的基础！我们没有时间犹豫，也没有时间彷徨。从现在起，希望你们以分秒必争的精神和精益求精的态度，百尺竿头，更进一步；以最优的学习方法、最佳的精神状态，全力以赴。一个学期可以突飞猛进，一个学期可以硕果累累，一个学期可以创造奇迹，一个学期可以改变人生。同学们，行动起来吧，扬起理想的风帆，荡起智慧的双桨，搏击风浪，超越梦想！

最后，我代表所有教师祝同学们在新的学期里学习进步，快乐成长！祝全体老师工作顺利，身体健康！祝我们××学校和谐发展，更加辉煌！

范例四

［致辞背景］ 大学首届开学典礼

［致辞人］ 教师代表

各位领导、老师，亲爱的同学们：

伴着明媚的阳光，和着凉爽的秋风，赶着教育改革的大潮，我们高兴地迎来了××学院首届大学生。值此令人欣喜的日子，我代表全体教师向你们表示热烈的欢迎，并向你们的家长致以亲切的问候！

也许你们还不知道，我们脚下的这片净土，一年前还是荒山野岭；我们眼前的这幢宏伟的教学大楼，一年前还是荆棘丛生的老林；我们眼下这绿草如茵的足球场、篮球场，一年前还是雨后泥泞的黄土高坡。一年，在人生之中不过一瞬，可就在这一年中我们的教学楼、实验楼却在这里拔地而起。我们走过了寒风凛冽的冬日，今天终于迎来了阳光明媚的春天。

不经历风雨怎能见彩虹，不经历严寒难以感受阳光的温暖。你们中的大多数人都是怀着浪漫的梦幻、伟大的理想，踏着青春的舞步来的，历史会证明你们的选择是非常正确的。但也有的同学会彷徨犹豫，认为眼前的大学殿堂没有梦想中那么亮丽，甚至感到失望。在这里，作为一名拓荒的园丁，我要悄悄地对你说，××学院比不上清华、北大，但为了教育的发展，年过半百的老教授们、年轻的教师们纷纷从各地赶来，你们也仆仆风尘从四面八方赶来，为了什么？不是享受，而是求知。××学院圆了你们的大学梦，也圆了老教授献余热的梦，更圆了青年教师的就业梦，从这个意义上来说，我们都应感谢××学院。

同学们，只有你们自己才是未来命运的主宰，所以从今天起好好把握这把高等学府的金钥匙，因为它将帮你打开成功之门！亲爱的同学们，请记住翅膀是属于蓝天的，让你们的大学生活焕发出最绚丽的光彩吧！让我们携手前行，共同播种希望，迎接灿烂的明天！

范例五

［致辞背景］ 中学开学典礼

［致辞人］ 学生代表

尊敬的各位教师，亲爱的同学们：

今天，我们迎着九月的朝阳，踏着坚定的脚步，怀着激动与喜悦的心情，举行隆重的开学典礼。××中学又迎来一个新学年，老师和同学们重新将饱满的热情投入到新学期，美丽的校园顿时充满了活力与生机！

金秋九月，丹桂飘香，这是收获的季节。收获成功的人，是那些勤奋的人。在新的学年，我们迈向新的起点，追求新的成功；要把握人生目标，做一个主动发展的人；要不断发挥自己的潜力，富有激情地、勤奋努力地去学习，去生活。

同学们，在新的学期，学校对我们的学习提出了更高的要求。为了我们自身的发展，我倡议同学们严格要求自己，严格遵守学校各项规章制度，服从学校的管理。要按时作息，不做影响他人休息的行为；爱护公物，敢于与各种不良行为作斗争；要杜绝各种不良的习气，努力改正自己的缺点；全身心地投入到学习当中，把自己培养成优秀的中学生。

成功的目的是带来快乐，而快乐也孕育成功的希望。人生难免遇到烦恼和挫折。但请记得周围有关心你的老师和同学。让我们彼此多一点理解，多一点鼓励，多一点宽容，多一点沟通，多一点微笑。

老师们、同学们，新学期的号角已经吹响。让我们确立自己的奋斗目标，营造一个和谐的学习环境，互相帮助，互相鼓励，共同进步！

最后，祝老师们、同学们在新的学期健康、成功、快乐！

◎妙句赏析

★在美好的金秋送爽季节，在你们金榜题名时，我代表××学院的全体师生员工，对你们通过不懈的努力终于成为××学院的一员，表示最热

烈的祝贺！

★同学们，“莫等闲，白了少年头”。新的开始，让我们远离尘嚣的喧闹，回归书香的宁静，人人争做书香学子，积极投入到学习中去。让我们一起与大师对话，与人类崇高精神对话，让××学校成为书香飘逸的场所！

★秋日的××校园上空，艳阳高照，彩旗飘舞。望着一份份耀眼的标志金榜题名的鸿书，全校师生感到无比的喜悦和振奋。带着这份喜悦、这份振奋，我们又迎来了新学年。

★同学们，年轻的我们怀抱着理想，承载着父辈的期望，凝聚着师长的心血，维系着民族的未来。不管你家里是贫困还是富裕，是平民还是官员，我们的路都要靠我们自己走，我们未来的生活都要靠我们自己去创造。所以，我们需要用优秀的才华、丰富的知识去开创幸福的生活，更需要用永不放弃的坚毅品格去激励自己，用自强自立精神去撑起自己蔚蓝的天空！

★大浪淘沙，方显真金本色；暴雨冲刷，更见青松巍峨！经过考验的我们，经过磨砺的我们，更加成熟、稳重而自信。如今，在新的起点上，我们心中更是充满了期待：期待着更多的机遇与挑战，期待着结交各方英才，期待着更为硕果累累的三年。在未来的三年里，我们要努力巩固知识结构，钻研理论内涵，丰富实践经验，在以后更为激烈的竞争中乘风破浪，展现自己的风采！

第四章
庆乔迁之喜

乔迁礼俗

“乔迁”一词来自《诗经·小雅·伐木》：“伐木丁丁，鸟鸣嘤嘤，出自幽谷，迁入于乔木。”可见，乔迁就是鸟儿飞离深谷，迁到高大的树木上去。鸟儿从阴暗狭窄的山谷之底，忽然跃升到大树之顶，得以饱览宽敞明亮的天地，这的确是令人欢欣喜悦的快事。就好比人们迁居，环境条件改善了，又要寄托对未来的美好向往，自然是大喜临门，要行庆贺。后来，人们便用“乔迁之喜”庆贺迁居。

◎迎乔迁礼俗

正式搬迁之前，为了迎接乔迁之日，要进行一系列的准备工作，如装修布置新居、选定乔迁之日、发送邀请等。

装修是搬迁之前的必要准备，它的主要作用就是美化新环境，并对其空间的使用进行合理的安排，提高使用质量。大多数的企业或家庭，在拥有新的办公地或新居之后，都会请专业的装修公司对新环境进行装修，力求让新环境实用、美观、高档。有趣的是，农村要比城市更重视新居的布置。在农村很多新居的院门、堂屋、厨房等处，我们经常可以看到喜庆的对联和“福”字，有的还有匾额装饰。

乔迁之日的选定也是有讲究的。不管是企事业单位，还是个人，都希望选个好日子搬迁。例如，每月二十八这天就是很多人选定的乔迁之日，原因就是“二十八”与“易发”发音相似。在农村，人们搬迁讲究“黄道吉日”，这似乎有些许迷信色彩，但也由此可以看出人们对乔迁的重视。现在，我们提倡在时日上百无禁忌，所以在乔迁之日的选择上可以根据自己和嘉宾的实际情况合理安排。

一切安排妥当之后就要广发请柬了。企事业单位或个人在搬迁之际，往往会举行一次乔迁庆典或庆贺酒宴。为了邀请人们，特别是一些贵宾前来参加活动，主人就务必要提前发出邀请。如今，在市场上，有很多精美的请柬出售，这让发请柬成为一件很容易的事。人们只要买回请柬，写上礼貌的邀请内容，便可直接发送出去了。

◎搬迁礼俗

搬迁是一件很庄重的事，在各地都有不同的礼俗。首先，搬迁要选择吉日。这在前面已经说过，虽然有些迷信色彩，但也表现出人们对美好未来的憧憬。

例如，在一些地方，搬迁时要让主人搬运东西，然后请一个福运好的人迎接这些东西；有些农村搬迁要择时辰，放爆竹，并准备谷米、五谷种子、草席、算盘、秤等物，由全家人依序担携，列队绕屋一周，有时还赶着猪、牵着牛，表示迁新居后，人丁安康和五业兴旺；有的地方在搬迁时要带一把旧居的泥土，说是可治水土不服，其实这是表示对故居的怀恋之情；还的地方，在搬家时要求家人不可生气，不可说不吉利的话，不可打碎碗盆镜子之类的物品，为的是求个平安吉祥的征兆。如此种种，不一而足。

搬迁时比较普遍的礼俗就是摆庆贺酒宴。不管是在城市，还是在农村，人们在搬入新环境时，往往举办庆贺酒宴与友人或贵宾共同庆祝。在一些农村，主人家会专门在新宅为建宅的师傅们摆宴席，称为“谢师酒”，现在已经不常见了。除此之外，一些地方还有赞房仪式，就是对新居进行赞颂、祝福的活动。

◎贺乔迁礼俗

在对企事业单位或个人的乔迁之喜表示祝贺时，需要讲究一些礼俗，包括送贺礼、送贺联等。

送贺礼是一项重要的礼俗，在城市和农村都是比较盛行的。作为嘉宾或朋友，在接到主人乔迁喜宴或庆典的邀请时，就要考虑送贺礼的事了。事实上，现在的贺礼基本上都用礼金。礼金的多少，依据实际情况确定，一般关系越密切，礼金也就越多。当然，除了送礼金包，也可送家电、被褥、餐具、桌椅、沙发、柜橱等家具和日用品等。在选购礼物之前，越来越多的人重视事先了解一下主人的爱好和需要，使礼物能使主人喜爱而又适用，不致成为累赘。礼物一般要早一些时候送到，以便让主人及时布置到新居中。

不管何种形式的贺礼，为了表示隆重和礼貌，都要在上面书写头衔、名字和写喜庆词语。如果赠送的礼物不止一件，还要附上礼单帖，写明礼物名称、数量并名字，还应注意礼物名称尽量用雅称。另外，为亲朋乔迁送有象征意义的盆景、鲜花是近些年新兴的礼俗，一般馈赠万年青、柏树、大小叶杨等常青树，以祝“四季常青”；花枝数以“八”为宜，寓意“新居新发”。

除了送礼之外，贺联也是较常见的乔迁喜礼。在房屋建成或搬迁时，不少亲友往往送来贺联表达喜庆之意。有时为了表示隆重，也有的亲友特地送上匾额。匾额和对联一挂，新居的喜庆气氛一下子就出来了。一些文人在亲友建房、迁居时还会写诗祝贺，增添喜庆色彩，并示高雅。

另外，在参加主人摆设的乔迁宴会或举办的乔迁庆典上，作为嘉宾和朋友还要致贺辞对主人表示祝贺和祝愿。如果因距离太远或其他原因不能前去祝贺，一般要用贺信的形式表达祝贺之意。

家庭乔迁贺辞

◎家庭乔迁庆贺礼仪

家庭乔迁与企事业单位乔迁相比，所举行的庆祝活动，更具生活气息，更随意一些。现在的家庭乔迁庆贺，一般只是请一些亲朋好友到新居宴饮。这样的宴会，有时是亲朋好友见到主人搬入新居而提出请客的要求，有的是主人购买新房后主动摆宴。不管是怎样的情况，主人既然要摆宴庆祝，就应做好庆贺的准备。

在摆设乔迁喜宴时，主要是邀请亲朋好友。喜宴的丰盛程度可根据实际经济情况确定，如经济条件一般，就请亲朋好友吃顿便饭；如果经济条件好一点，可准备几桌像样的酒席，甚至可以到酒店去摆宴席。

有丰盛的大餐招待，被邀请者自然也要表示一下心意才行。送给主人的礼物可以是红包（礼金多少视亲疏关系而定），也可以是餐具、沙发等家用必需品。这些礼物应提前送去，让主人及时布置在新居里，否则，主人又得重新布置一番，而且还可能因重复购买而造成浪费。

作为主人的好友，在参加乔迁宴会时，特别是参加在主人新居举办的宴会时，也要注意一些必要的礼仪。例如，赴约时一般要比请柬上标明的时间晚到一些（通常晚到15分钟左右）；向主人家赠送礼物，并对被邀请表示感谢；在主人和其他宾客面前要表现出友好、真诚、随和的态度等。

家庭乔迁贺辞主要用来表达对乔迁的祝贺之意。主人的致辞一般主要讲些乔迁新居的喜悦心情，对祝贺者表示感激之情。事实上，家庭乔迁宴会或庆典通常邀请的都是亲朋好友。大家是因为乔迁之喜而相聚，更是因为亲情与友情而相聚，因此贺辞的风格多是轻松的、幽默的、诙谐的，通常做到简洁明快、通俗流畅、亲切热情即可。另外，作为来宾，在致贺辞时，不妨对主人的新居赞赏一番。

◎经典致辞

范例一

［致辞背景］ 乔迁宴会

［致辞人］ 主人的朋友

亲爱各位来宾，女士们、先生们：

上午好！

“建华堂春风入座，迁新居高朋满堂”。今天，我们欢聚一堂，在这里祝贺×××先生一家乔迁之喜。首先，请允许我代表所有的来宾对×××先生一家喜迁新居表示热烈的祝贺！祝愿他们：“楼舍乐成增如意，新居进住呈吉祥。”

人类赖以生存的四大要素，就是衣、食、住、行。如今，我们的衣和食基本上无忧了，但对住和行的要求却越来越高。×××先生经过多年的不懈努力和奋斗，不仅有了自己的崭新的汽车，如今又住上了明亮、宽敞、舒适的新房子。在此，让我们对×××先生全家表示热烈的祝贺！同时，我也祝愿大家能过各自的努力，像×××先生一样，早日住上更大更好的新房子！

×××先生全家是今天最幸福，最开心的人。他们全家在这些年里，从××的宿舍迁至××，后来又搬到了××，今天搬到了令人羡慕的××小区。我看到，他们家的房子越来越大，生活越来越美满！此刻，我突然想起唐代著名诗人杜甫的诗句："安得广厦千万间，大庇天下寒士俱欢颜。"倘若杜甫他老人家看到今天的场面，我想他一定不会再为茅屋被秋风所破而哀歌了。

尊敬的各位来宾，让我们共享×××先生为我们准备的丰盛美酒，让我们共享这令人陶醉的喜庆时刻，让我们共同祝愿明天的生活更加美好，像芝麻开花一样——节节高！

范例二

［致辞背景］ 乔迁宴会

［致辞人］ 宴会主持

尊敬各位来宾，女士们、先生们：

大家好！

阳光明媚，欢歌笑语。在这无比美丽和珍贵的大好时光，我们迎来了×××先生与×××女士喜迁新居的大喜日子。在此，请允许我代表各位来宾朋友们恭祝××夫妇乔迁之喜！同时，我也代表××夫妇对各位嘉宾的光临表示热烈的欢迎和衷心的感谢！

来宾朋友们！娶妻生子，安居立业，乃是人生中最为重要的大喜事。我们今天的男女主角×××先生和×××女士，在工作和事业上拼搏进取、积极向上，在生活上勤俭持家、兢兢业业。两人的小日子过得红红火火、有声有色，令人羡慕不已。×××先生是模范丈夫，×××女士是贤妻良母，都是受人尊敬的典范。他们能过上这样幸福的生活，是他们共同努力的结果，也是各位来宾支持和帮助的结果。在此，我代表××夫妇对各位的支持和帮助表示感谢！希望他们在以后的生活中，能够继续得到大家的关爱和帮助。为感谢各位来宾的深情厚谊，××夫妇在这里略设便宴，粗茶淡饭，薄酒一杯，不成敬意，望各位来宾海涵赐谅。

各位来宾，让我们举起手中的酒杯，共同祝福××夫妇一家一帆风顺、二龙腾飞、三羊（阳）开泰、四季平安、五福临门、六六大顺、七星高照、八方来财、九九同心、十全十美！同时祝各位来宾工作顺利，万事如意，发财交好运！

谢谢各位！

范例三

［致辞背景］　乔迁酒宴

［致辞人］　主人的同学

各位来宾，女士们、先生们：

大家好！

“燕语华堂传喜讯，莺迁乔木报佳音”。今天，这里圣友如云、高朋满座，我们欢聚一堂，共同祝贺×××、×××夫妇乔迁新居之喜。首先，我向×××先生一家表示热烈的祝贺！同时也向在场的所有来宾表示真诚的问候！

“一片彩霞迎旭日，满堂瑞气迁新居”。我的老同学×××先生，一向努力拼搏，勤俭持家。为了建设自己的美好家园，他跟妻子像蜜蜂一样，一朵花接一朵花地去采集甜蜜；像燕子一样，一根草接一根草地去构筑幸福的巢。今天，他们终于完成了心愿，拥有了一套令人羡慕的新房子。此时，他们是最幸福、最快乐的人。这正是：“华堂耀日遂心愿，山欢水笑人精神。”在此，请允许我代表各位来宾对他们的乔迁之喜表示真诚的祝贺！祝他们“门迎春夏秋冬福，户纳东西南北祥”。

各位来宾，让我们开怀畅饮，共同祝福×××夫妇财源广进、阖家欢乐！祝各位来宾事业有成、四季康宁！

范例四

［致辞背景］　乔迁酒宴

［致辞人］　主人

各位来宾、各位亲友：

金秋十月，喜事连连。在这收获的季节，中秋佳节将至，而我和妻子满载着丰收的果实，喜迁新居。人逢喜事精神爽，月圆人圆事事圆。在此，我们对各位的光临表示热烈的欢迎和衷心的感谢！

说心里话，拥有一套属于自己的房子是我多年来最大的心愿。如今，在亲朋好友的鼎力相助下，我们终于如愿以偿，走出了“寄人篱下”的时代。此刻，我的心情十分激动！在此，向多年来对我们关心和帮助的朋友们表示衷心的感谢，并真诚地祝福大家：家庭幸福、永葆健康！

乔迁新居，可谓一家喜事千人喜，无限欣慰在心里。在这喜庆的日子里，你们在百忙之中登门道喜，同我和妻子共享迁居之乐。为了感谢大家，我今天借××这块宝地宴请各位，请大家来分享我们的幸福和快乐。希望大家开怀畅饮，吃得高兴，喝得尽兴，玩得开心，共同度过一段美好的时光。

现在，我提议：为庆祝我的迁居之喜，为各位来宾、各位亲朋好友身体健康、工作顺利、家庭幸福、万事如意，干杯！

范例五

［致辞背景］ 乔迁酒宴

［致辞人］ 男主人

各位亲朋好友：

今天是我们家的乔迁之日，有亲朋好友们前来助兴，我们夫妻感到无比高兴，也无比欣慰。高兴的是，我们终于结束了长久的“流浪”搬家生活，有了一个真正属于自己的家；欣慰的是，有这么多亲朋好友前来捧场，跟我们共享乔迁之喜。在这里，我们夫妻二人对大家的光临表示热烈的欢迎和衷心的感谢！

亲朋好友们！多年以来我和妻子一直受到各位的关心和帮助。从我们一来到这个城市到我们相识、相知，再到生根、发芽、开花、结果，有了一个属于自己的温暖的家，我们夫妻一直处于各位亲朋好友的关心、支持和帮助之中。我们能过上现在的幸福生活，是与各位的关心和照顾分不开的。在此，我和妻子再次向大家表示我们的感激之情！

此情此景，此时此刻，我还要感谢三种情感。我感谢亲情，是它给了我生命，给了我家的温暖，并帮助我组建了一个属于自己的小家；我感谢爱情，是它给了我生活的甘甜，给了我感情的依托；我感谢友情，是它在我遇到困难的时候，帮助我渡过难关。亲爱的亲人们、朋友们，你们是我最宝贵的财富！

最后，我建议大家举起杯！为了我们的新家，为了我们的亲情和友情，干杯！

◎妙句赏析

家庭乔迁贺辞妙句

★喜迁新居喜洋洋，福星高照福满堂。客厅盛满平安，卧室装满健康，厨房充满美好，阳台洒满好运，就连卫生间，也是财气逼人。恭贺乔迁新居！

★生活精彩常常有，换个地方喝小酒，不同风景都来瞅，乔迁大喜热闹守，平安幸福紧紧搂，送完祝福不想走。祝乔迁大喜！

★蜜蜂筑了新巢，酿了一罐甜甜的蜂蜜；燕子垒了新窝，孵了一群可爱的小燕；蚂蚁挖了新洞，备了一仓过冬的粮食；你也搬新居了，一定能够赚取大把的钞票。

★搬新家，好运到，入金窝，福星照，事事顺，心情好，人平安，成天笑，日子美，少烦恼，体健康，乐逍遥，朋友情，忘不了，祝福你，幸福绕。

★鸟枪换炮，新居报到，挥手作别老宅，好友亲朋齐欢笑！新新的房，新新的墙，还有美丽小新娘。幸福搬，快乐搬，健康和谐一起搬，良辰吉日庆乔迁！

★水往低处流，人往高处走，黄道吉日乔迁真是好时候；你迁向福源地，会越过越富有，福旺财旺人气旺，健康平安乐悠悠。

★鞭炮啪啪啪，锣鼓当当当，吉日良辰已来到；喜闻好友搬新家，发条短信祝福到：新天新地新福绕，新宅新院新财罩，新邻新友新吉兆，欣欣向荣幸福绕！

★阳光明媚，东风送情，喜迁新居，德昭邻壑，才震四方！

★乔宅喜，天地人共喜；新居荣，福禄寿全荣。

★搬家的时候有些东西一定要带走，比如幸福、快乐、健康等贵重物品。有些破烂是一定要扔掉的，比如忧伤、烦恼、无奈！祝幸福快乐！

家庭乔迁庆贺妙词

良禽择木　乔木莺声　莺迁吐吉　德必有邻　高第莺迁

莺迁乔木　新居落成　乔迁志庆　莺迁仁里　燕贺德邻

新居凝瑞　新居焕彩　德昭邻壑　喜迁新居　乔迁之喜

家庭乔迁妙联佳句

新居迎百福；门户纳千祥

好地风光好；新居气象新

倚山背绿添新宇；语燕啼莺入世家

燕过重门留好语；莺迁乔木报佳音

旭日乍临家室乐；和风初度物华新

莺声到此鸣金谷；麟趾于今步玉堂

移门欲就山当枕；迁居常将水作琴
祥云环绕新门第；红日光临喜人家
画栋连云光旧业；华堂映日耀新居
江山聚秀归新宇；奎壁联辉映画堂
日照新居添锦绣；花栽园圃吐芬芳
红日高照新居户；喜花常开幸福家
迁居新逢吉祥日；安宅正遇如意春
乔第喜迁新气象；堂开景聚德为邻
三阳日照平安宅；五福星临吉庆门
庆乔迁合家皆禧；居新宅世代永安
仁里莺迁崇四美；新居燕喜庆三春
燕喜新居春正暖；莺迁乔木日初长

吉日迁居万事如意；良辰安宅百年遂心
乔迁喜天地人共喜；新居荣福禄寿全荣
喜建华堂春风入座；乔迁新屋喜气盈门
甲第宏开美轮美奂；新屋落成多福多寿
迁入新宅吉祥如意；搬进高楼福寿安康

喜落成华构盈门秀色；庆乔迁新居满屋春风
兴大厦建乐园景色如画美；住新居创家业生活似蜜甜
乔木好音多远闻莺迁金谷晓；上林春色早近看花报玉堂开

企事业单位乔迁贺辞

◎企事业单位乔迁庆贺礼仪

乔迁对于一个家庭来说是一件大喜事，对于企事业单位来说是一件十分重要的盛事。

事实上，企事业单位乔迁庆贺的礼仪与企事业单位在周年之际举行庆典的礼仪是基本一样的。届时，本单位会邀请友好单位和社会各界人士一同庆祝。这样做的目的不外乎有三：一是广泛告知各界友人，该企事业单位即将乔迁该地；二是通过举办庆祝活动，加强与社会各界友人的相互沟通，增进友谊；三是通过隆重的仪式，向社会宣传自己，增强社会影响力。

在企事业单位乔迁典礼上，除了各友好单位和嘉宾赠送贺礼外，最重要的礼仪就是致辞。这是众多典礼上通用的庆贺形式。通常，本单位领导和友好单位代表或一些重要的嘉宾会先后致辞，纷纷表达自己的心声。

本单位或主办方领导的致辞，首先主要表达对来宾的欢迎之意以及对他们在工作上关心、帮助本单位的感谢之意，然后可以对乔迁工作的历程进行简要回顾，对美好的未来进行展望，并且向各界友人表达在新环境中继续努力和取得更好成绩的决心，希望各界友人继续关心、帮助本单位，最后向来宾们表达美好的祝愿。

与本单位或主办方的致辞不同，来宾的致辞主要表达祝贺和祝愿之意：祝贺该单位乔迁之喜，祝愿该单位更加努力，获得更好的成绩。另外，在致辞中要注意肯定该单位已经获得的成绩，以增加其信心，然后提出希望，鼓舞其继续努力。

企事业单位乔迁贺辞要符合喜庆的气氛，应该以肯定成绩、鼓舞斗志为主，避免过分渲染苦难，破坏现场气氛。

◎经典致辞

范例一

[**致辞背景**]　街道办事处乔迁仪式

[**致辞人**]　嘉宾代表

尊敬的各位领导、各位来宾，同志们：

今天是一个特殊的日子，在这个充满希望的季节里，我们迎来了××街道办事处的乔迁之喜。在这里，请允许我代表××公司全体干部职工向××街道表示热烈的祝贺！

近几年来，××街道办事处由于硬件条件的制约，街道经济工作的发展受到阻碍。但即便如此，××街道党工委班子通过积极与社会各界协调，努力克服困难。在办公条件较为艰苦的环境下，街道经济和各项社会工作都取得了较好的成绩。今年，在区委、区政府的关心下，在辖区相关单位的支持下，街道办事处的办公条件得到了根本改善。作为办事处辖区单位的代表，我对此表示十分的感谢。街道办事处办公大楼的优质、快速建设和顺利竣工，是区委、区政府对××街道工作高度重视的结果，也是××街道办事处干部职工积极努力的结果。

××街道办事处办公条件的全面改善将为辖区各项社会事业的发展奠定良好的基础。今后，我们将一如既往地支持××街道的各项工作，自觉服从服务于建设××的大局，更好地履行自己的职责，为推动“两个率先”建设，实现××跨越式发展作出贡献！

最后，衷心祝愿××街道办事处的工作蒸蒸日上！恭祝各位领导、各位来宾身体健康、万事如意！

范例二

［致辞背景］ 疾控中心挂牌乔迁仪式

［致辞人］ 某医院代表

尊敬的各位领导，尊敬的各位同仁：

在这金秋时节，在即将迎来新中国成立××周年庆典之际，我非常荣幸，也非常高兴，能在这里跟大家欢聚一堂，共同庆祝××疾控中心挂牌乔迁之喜。首先，请允许我代表××医院和全体同仁，向卫生防疫战线上的所有疾控人员表示衷心的祝贺！

这是一个非常值得庆贺的日子，瞩目已久××疾控中心，今天终于挂牌乔迁。这是××（地）卫生事业发展史上的一件大事，更是我市疾病预防控制事业发展的一个里程碑，标志着我市疾病预防控制事业又将进入一个崭新的发展阶段。我之所以如此喜悦，还因为××疾控中心将成为我市疾控事业上光彩的一页。它在预防和控制危害人民群众身心健康的传染病、地方病等方面，将能发挥前沿阵地的作用，为进一步保障人民群众的生命健康安全，增强国民身体素质，提高百姓的生命质量作出巨大的贡献。

疾病预防控制体系建设是公共卫生体系建设的基础，关系到广大人民群众的切身利益，关系到全面建设小康社会宏伟目标的实现，关系到如何构建和谐社会的大局。加强疾控体系建设是增强处置突发公共卫生事件能力的关键。我们有理由相信，有政府和卫生行政部门的关怀和大力支持，有广大人民群众的信任，有今天的这一良好契机，有我们满载荣誉和肩负光荣使命的疾控同仁共同努力，我们一定能够展望未来再立新功，取得更加辉煌的成就！

最后，祝福大家身心健康、工作顺利、万事如意！谢谢大家！

范例三

[致辞背景] 总公司乔迁之际

[致辞人] 分公司代表

尊敬的总公司各位领导、各位同仁：

今天是我们总公司的乔迁之日，我们的心情无比激动！在此，我代表××分公司的全体员工衷心祝愿总公司乔迁吉祥，一切顺利！

昨夜斗已回北，今朝岁更起东。我们的公司经过二十年的艰苦奋斗和不懈努力，已经从同行业中脱颖而出。如今公司的硬件设施建设和服务体系已经渐趋成熟。多年来，我们的公司始终坚持以客户的要求为导向，以服务客户为宗旨，不断提高自己的服务质量，已经与多家知名企业建立了合作关系。特别是总公司，已经在繁华的大都市××（地）扎下了稳健的根基。这次总公司的乔迁标志着公司的发展又上了一个新台阶。公司将以一个全新的面貌展现在大家面前，而且会以全新的理念和品质服务于我们的广大客户。

××行业是一个充满挑战与机遇的行业。只有全体员工团结一致、共同努力，才能使公司不断地稳步向前发展。作为公司员工的我们，要自觉地维护公司的形象，以人为本，借助公司良好的发展平台，努力工作，共谋双赢。从我们每个人加入到××公司的那一天起，我们的职业发展和收获就已经和公司紧紧连在了一起。公司不断地壮大，我们自然就有更多的发展机会和收获。

看今朝，我们踌躇满志；展未来，我们豪情满怀。让我们从今天开始，以饱满的工作热情、良好的精神状态，打造××公司全新的辉煌；以百倍的努力，共同托起××公司明天的朝阳！

范例四

[致辞背景] 县文化局乔迁典礼

[致辞人] 文化局领导

各位领导，各位来宾：

大家好！

今天是一个特殊的日子，我局正式迁入新办公大楼。在这美好的时刻，我们欢聚一堂，隆重举行乔迁典礼，希望与大家一同分享喜庆。值此机会，我谨代表县文化局对各位领导、各位来宾的光临表示热烈的欢迎和美好的祝愿！向长期关心、支持文化工作的各界人士表示衷心的感谢！

大家都知道，我县文化局曾坐落于××镇一个偏僻的居民住宅区内。

文化局各部门××多名干部职工长期拥挤在总面积不到××平方米的简陋平房内办公，苦不堪言。正因为如此，改善文化局机关办公环境成为我们多年来的心愿。如今，在各级领导和兄弟单位的关心、支持和帮助下，我们终于实现了这个心愿。

时光飞逝，岁月如梭。我局转眼间已历经了××个春秋。我们见证了它从小到大，由弱到强的整个发展过程。近两年来，××文化取得了令人瞩目的成就：××××、××××年连续两年荣获全市文化工作第一名；××××年又荣获县先进单位；县文化馆被评为全省优秀文化馆；乡镇文化建设和民间艺人管理等经验在全国推荐……全县文化系统出现了前所未有的好形势。

抚今追昔，多少个日日夜夜，我们共同度过！多少份艰难困苦，我们共同品尝！多少次荣誉骄傲，我们共同分享！所有的经历，无不凝聚着我们文化人的心血与汗水！所有荣誉，无不闪耀着所有文化干部职工工作求精务实、开拓创新、勇于拼搏的顽强精神！所有成绩，也无不倾注着各级领导、各个单位对文化事业的高度重视和大力支持！

新的环境，面临着新的机遇和新的挑战。我们将继续向社会秉承“诚信、创新、服务”的理念，在困难中崛起，在实践中创新，在服务中壮大，在竞争中脱颖而出，塑造文化形象，提升文化品位，打造文化品牌，进一步增强文化的聚集力、辐射力、带动力。我们决心把握时机，努力谋求新的思路，迈出新的步伐，展示新的亮点，再创新的辉煌！

我们相信：在市文化局、市新闻出版局和县委宣传部的直接指导下，我县文化事业，在县委、县政府的正确领导，在县直各部门、各兄弟单位的大力支持下，在全体文化工作者的共同努力下，一定会取得更加瞩目的成就。我们的目标一定会达到，我们的愿望一定会实现，我们明天的××文化一定会更加璀璨夺目！

最后，祝各位领导、各位来宾身体健康、万事如意！

谢谢大家！

范例五

［致辞背景］ 县社保局办公楼乔迁庆贺典礼

［致辞人］ 社保局领导

尊敬的各位领导、各位来宾，同志们：

在这蓝天高远、金秋收获的季节，我们相聚在此，携手欢庆，共同举办瞩目已久的社保局办公楼乔迁庆贺典礼。首先，我谨代表社保局的全体

干部职工，向百忙之中抽空前来庆贺的各级领导以及友好单位的同志们致以诚挚的谢意和美好的祝福！

××县社保局筹建于××××年，××××年正式运作，至今已是××个年头。××年励精图治，××年不懈努力，××年风雨兼程，××年默默奋斗。尽管过去××年道路不平，尽管过去××年脚步蹒跚，我们还是一步一个脚印、扎扎实实地走了过来。

近年来随着社会保障体制改革的完善、服务对象的增多，原来工作环境简陋、工作手段落后的情况已与所承担的工作任务和职责不适应。搞好基础设施建设，改善服务环境，改善办公环境，既能创造良好的工作条件，提高工作质量和效率，也是为广大群众创造良好服务环境。为了让办公环境和工作条件有一个更大的改善，我们在财力十分紧张的情况下，以县城举办×××为契机，争取当地政府的重视，积极筹措资金，通过努力将办公楼装饰一新，大大改善了现代化的办公条件。

过去已成为历史，从今天开始我们将翻开新的一页，迈出新的一步。我们社保局的全体干部职工一定会怀着高度的使命感和责任感，切实担负起全县人民赋予我们的重要责任，在具体工作中进一步奋力拼搏，扎实苦干，真正干出些让人“看得见、摸得着”的实绩，用一流素质，树一流形象，创一流业绩，赢得人民的信任与支持，用真诚与奉献为职工编织晚年生活的安全网，谱写社会保障新的篇章！

各位来宾，让我们的肩靠得更近，手挽得更紧，心相连，情相系，昂首阔步，高歌猛进，走向辉煌的永远！

最后，祝福大家身心健康、事业有成！

谢谢！

范例六

[致辞背景] 区工商联乔迁仪式

[致辞人] 区领导

各位嘉宾、各位朋友，同志们：

大家好！

今天，是××区工商业联合会乔迁的大喜日子。这次乔迁，标志着××区工商业联合会从此拥有了自己新的办公场所，并为××区工商业联合会注入了新的活力。从此，××区工商业联合会将以全新的面貌展示给大家。在此，我谨代表区委、区政府对此次乔迁表示热烈的祝贺！

一直以来，我区始终坚持以经济建设为中心，以强区富民为目标，突出抓好工业化、城镇化、农业产业化三个重点，努力做好农业稳区、工业兴区、商业活区、科技兴区四项工作。近几年，我区的经济发展呈现良好态势，各项经济指标的完成情况均好于全市平均水平。尤其是今年，我们全力开展“项目建设年、服务招商年、营造环境年”创建活动，按照服务项目营造投资创业福地、抢占经济发展高地的工作思路，大力营造环境服务项目，吸引了一大批商户来考察洽谈，落实了一大批发展项目，使××区成为全市乃至全省人民最为关注的地方。成绩来之不易，凝聚了全区领导和广大人民的心血和汗水。其中，工商联合会也功不可没。它充分发挥联系非公有制经济人士的桥梁作用，活跃在我区招商引资、经济建设等各个领域，作出了重要贡献。在此，我代表区委、区政府向各行各业的工商界人士表示崇高的敬意和衷心的感谢！

目前，我区经济的发展已经进入新的阶段。新阶段有新的机遇，也有新的挑战。对我区来说，机遇与困难并存，能否抓住机遇，切实挑起建设××重工业区的重任，对实现我区经济的腾飞至关重要。××区人民在拭目以待，××市乃至全省人民在拭目以待。新的形势要求区工商联合会继续发挥优势，广拉商户，加大投资，扩大经营规模，壮大民营经济，为实现××区的跨越式大发展作出新的、更大的贡献！

谢谢大家！

范例七

［致辞背景］ 国土资源局办公大楼乔迁仪式

［致辞人］ 国土资源局领导

尊敬的各位领导、各位来宾：

大家好！

今天是一个喜庆的日子，我局在这里隆重举办办公大楼乔迁仪式。首先，请允许我代表××市国土资源局，向前来参加乔迁仪式的各位领导、各位来宾表示最热烈的欢迎！感谢你们在百忙之中抽空来参加今天的乔迁仪式，与我们共同分享乔迁的喜悦。

随着国土资源管理事业的飞速发展，我局原来的办公环境已经不能满足其发展的客观要求。因此，市委、市政府经会议研究决定，为我局建立新的办公大楼。在办公楼建设过程中，我们积极筹划，得到了省市领导的高度重视和大力支持，得到上级领导和社会各界的理解和肯定。为不增加财政负担，我们发扬自力更生、艰苦创业的精神，在足额完成财政上缴任务的前提下，既求生存，又图发展，秉承着厉行节约的原则，紧缩开支，保证了建设速度，保证了安全施工，保证了工程质量。

大象无形，润物有声。经过艰苦努力，国土资源大楼正式落成乔迁。可以说，国土资源大楼的落成乔迁，倾注了省国土资源厅领导的热情关怀，体现了市委、市人大、市政府、市政协领导的英明决策，得到了相关单位和社会各界的大力支持，也凝聚了建设施工单位的艰辛劳动。在此，我谨代表市国土资源局对你们的关心和支持表示衷心的感谢！

新办公大楼环境优美舒适，极大地改善了我局的办公条件，一定能为我局带来光辉的发展前景。我们将在新的起点，以崭新的姿态，切实增强使命感和责任感，牢固树立忧患意识，爱岗敬业，求真务实，与时俱进，开拓创新，为我局文明建设和全市国土资源管理事业做出新的、更大的成绩，为促进全市经济发展和全面建设小康社会作出应有的贡献！

最后，我代表××市国土资源局全体干部职工向所有关心支持我局办公楼建设的各级领导、社会各界人士，以及参加大楼建设的全体施工人员表示衷心的感谢！祝各位领导、各位来宾身体健康、万事如意！

范例八

[致辞背景] 区法院办公楼搬迁仪式

[致辞人] 市法院领导

尊敬的各位领导、各位来宾，同志们：

大家好！

在××区法院新办公楼正式启用之际，我很高兴地来参加今天的搬迁仪式。在这里，我代表市人民法院向××区人民法院党组及全体同志表示热烈祝贺！

××区法院在全市法院系统一直占有十分重要的地位，是全市法院系统中的先进法院。多年以来，××区法院的全体人员在院党组的正确领导下，在办公条件十分恶劣的情况下，以一流的效率、一流的质量，创造了一流的业绩，连续多年审结案件居全市前列，人均审结案件、执结案件在全市领先。在全市法院年度工作考评中，××区法院多次名列第一，并连续五年荣立集体二等功，两次被评为全省争创“四最”法院活动先进单位。今年年初，××区法院又被最高人民法院授予“全国人民满意的好法院”称号，为全市法院系统争得了荣誉。为此，我代表市法院院党委向××区法院的全体工作人员表示诚挚的问候！

今天是××区法院值得纪念的日子，也是全市法院系统值得庆贺的日子。伴随着××区法院新办公大楼的启用，我市法院系统的物质基础建设又前进了一大步。××区委、区政府在财政非常紧张的情况下，尽最大努力支持和帮助区法院进行物质基础建设。在此，我代表全市法院所有工作人员向给法院物质基础建设以大力支持的各级党委、政府和有关单位表示衷心的感谢和崇高的敬意！

同时，希望××区法院全体人员不要辜负党和人民的殷切希望，认真行使好手中的职权，以文明、公正、廉洁的工作态度做好各项审判工作，努力开创人民满意的审判事业新局面，为本区乃至全市的经济发展提供强有力的司法保障！

谢谢大家！

范例九

[致辞背景] 县文化馆乔迁仪式

[致辞人] 县宣传部领导

尊敬的各位领导、各位来宾：

大家好！

今天是县文化馆乔迁的大喜日子，我们在这里隆重举行乔迁仪式。在这天时地利人和的美好时刻，我谨代表县委宣传部向文化馆的全体同志表示热烈的祝贺！同时向长期关心和支持文化事业发展的各级领导、社会各界人士表示衷心的感谢！

××文化馆新馆建筑宏伟，是我县的标志性建筑之一。它的落成乔迁是全县人民精神文化生活中的一件大事，更是对我们从事文化事业的所有同志的一种鼓励和鞭策，不仅体现了县委、县政府的远见卓识，也是体现了××县建设文化大县的信心和决心。新文化馆将成为我县群众文化活动开展的重要阵地和全县精神文明建设的重要窗口。它承担着培养和辅导各类文艺人才及组织各种文艺活动的重要职责。

新文化馆的落成乔迁，凝聚着文化馆全体同志的心血与汗水，闪耀着所有文化干部职工求精务实、开拓创新、勇于拼搏的精神，也倾注着各级领导、各个部门、各个单位对文化工作的高度重视和大力支持！在此，向大家表示崇高的敬意！希望新文化馆继续以“传承地域文明，弘扬先进文化，扶植文艺人才，繁荣群文事业”为己任，为××县的文化事业作出更大的贡献！

最后，恭祝大家工作顺利、身体健康、万事如意！

谢谢！

◎妙句赏析

宏图大展　骏业肇兴　大展经纶　万商云集　货财恒足

骏业日新　骏业崇隆　多财善贾　陶朱媲美　金玉满堂

华厦开新　创厦维新　华堂集瑞　弘基永固　瑞霭华堂

建筑物落成贺辞

◎落成仪式与贺辞

落成仪式，也就是通常所说的竣工仪式或竣工典礼。它是指某一建筑或某项设施建设、安装工作完工后，或是某些纪念性、标志性的建筑物，如纪念碑、纪念堂等建成之后，专门举行的庆祝性活动。一些比较重要的建筑，特别是作为企事业单位即将迁入的办公重地或有重大纪念意义的建筑物，在落成之际都会举行比较隆重的落成仪式。

落成仪式作为一种典礼，与其他的各种典礼一样，是比较常用和隆重的。通过落成典礼，主办方一方面对建筑物或工程本身成功完成表示庆贺，另一方面也通过这样的形式对自己加以宣传，加强与相关单位或部门的沟通，扩大社会影响。

落成仪式一般都在现场举行，如新落成的建筑物之前，纪念碑、纪念塔的旁边等。参加落成仪式时要注意情绪，在庆贺公司大厦落成时应表现得欢乐和喜悦，在庆祝纪念碑、纪念塔等落成时应表现得庄严而肃穆。

在落成仪式上，来宾往往会被邀请作即兴讲话。这样的讲话基本上需要临场因时、因事、因景、因情而发，这就要求致辞者具有一定的即兴讲话能力。通常，建筑物落成贺辞的要点与企事业单位乔迁贺辞相似。懂得了这点后，只需把握好贺辞的主题，便可一展才华。

◎经典致辞

范例一

［致辞背景］　老年活动中心落成仪式

［致辞人］ 学校校长

尊敬的各位领导、各位离退休老同志，同志们：

大家好！

真是好事连连，在教师节来临之际，修葺一新的老年活动中心也落成了。为表达对××名离退休老同志们的关爱和敬重，我们特意在此举行简单而庄重的落成仪式。首先，我代表学校向全校离退休老同志们表示热烈的祝贺和亲切的慰问！同时向长期以来支持我校老龄工作的市委、市政府表示衷心的感谢！一个国家对老人的态度反映了一个国家的素质，一所大学对老人的态度体现了一个学校的人气。截至今年×月，我校离退休人员达××人，他们是学校的宝贵财富。党政领导班子高度重视离退休工作，成立了以党委书记为组长，以各有关部门主要负责人为成员的校离退休工作领导小组；在职干部带着感情，带着责任，把老龄工作当作事业，用心、用情去做。在我们的在职干部与离退休老同志之间，形成了“小的敬老的，老的爱小的”的良性感情循环。他们同心同德，共谋发展。随着学校综合实力的增强，我校老同志的物质文化生活逐步得到改善。特别是今年，在教学、办公用房紧张的情况下，我们腾出采光、通风一流的专用制图大楼作为老年活动中心，并拨款××多万元用于装修和购置基本设施。为把好事办实，实事办好，全校各单位给新落成的老年活动中心予以力所能及的、实实在在的支持，有钱出钱，有力出力，添砖加瓦——捐赠款项及实物合计××万元。新老年活动中心为老同志提供了一个温馨的环境，让老同志快乐的时候有地方抒怀，烦闷的时候有地方倾诉，生气的时候有地方发泄，休闲的时候有地方散步，困难的时候有地方求助，生病的时候有人去关心。

饮水思其源，师恩深如海，而今当图报。学校党委、校行政要求全校各级组织，重视支持老龄工作，教育师生员工都来尊重老年人，关心老年人，形成敬老、养老、助老的良好氛围。学校按照中央确定的“老有所养，老有所医，老有所教，老有所学，老有所为，老有所乐”的工作目标，发展老龄事业，让爱和关怀绵延不断，代代相传。

希望全校的离退休老同志与时俱进，拥有健康的体魄、乐观的精神、愉快的心态，提升自身素质品位，保持晚节，年德俱增，珍惜荣誉，不断提高生活及生命质量，继续为社会主义的物质文明和精神文明、政治文明建设，为重大的改革、发展、稳定贡献力量。

最后，我代表××大学校党委、校行政向为××大学的建设和发展作出贡献的老同志深深鞠躬！衷心祝愿老同志们身体健康、阖家欢乐，晚年生活像春天一样绚丽多彩！

范例二

［致辞背景］ 银行新办公楼落成庆典仪式

［致辞人］ 市领导

各位来宾，同志们、朋友们：

今天，××银行××分行新办公大楼落成。我谨代表市委、市政府对××分行新办公大楼落成表示热烈祝贺！向前来参加庆典仪式的省××银行的各位领导和社会各界的朋友们表示热烈的欢迎！

多年来，××分行作为国有商业银行，肩负历史的责任，认真贯彻执行国家的金融方针政策，始终坚持以客户为中心，以市场为导向，以存款为基础，以服务为主线，加快业务创新，各项业务得到了较快的发展，取得了令人瞩目的经营业绩，为广大客户提供了门类齐全的金融产品和全方位的优质服务，树立了良好的形象，赢得了广大客户的信任和赞誉，为我市的经济发展作出了突出贡献。在长期的经营中，××分行顾全大局，与地方政府、金融监管部门以及广大客户建立了良好的合作关系，携手共进，共谋发展，建立了深厚的友谊。随着××银行上市带来的大好机遇，这种友谊必将得到巩固和发展。

各位来宾、各界朋友，××分行的发展离不开大家的帮助与关怀。对××分行今后的发展，市委、市政府十分重视，将全力支持××银行××分行的业务快速发展，使其真正成为全市金融业发展的主力军。市委、市政府各部门会一如既往地关心支持工××分行的业务发展。

今后，我希望各位来宾、各界朋友能够更多地为××分行的发展给予关怀和支持，进一步加强密切合作，共谋发展，为我市的经济发展做出更大的成绩。同时，我也希望××分行借这次办公大楼落成仪式，再接再厉，以崭新的精神风貌，以良好的服务环境，为全市人民提供更加优质高效的金融服务，为××市社会与经济的快速发展作出新的、更大的贡献！

谢谢大家！

范例三

［致辞背景］ 希望小学落成典礼

［致辞人］ 镇领导

尊敬的各位领导、各位来宾，女士们、先生们，朋友们：

首先，我对大家的到来表示热烈的欢迎并致以崇高的敬意！

今天，我们在这里举行××希望小学落成典礼。大家的兴奋之情，溢于言表。我们广大村民重建学校的好梦成真，首先要感谢同胞的慷慨援助，同时要感谢各级领导的重视关心、社会各界的无私支持、广大群众的密切配合，更要感谢省商会和市、县扶贫基金会的鼎力支持。谢谢，谢谢大家！

××镇地处山区，境内辖××个村××人，自然条件差，旱不保收，靠天吃饭，交通不便，信息闭塞，年人均收入××元左右，是我们县的贫困镇。建设前的村小学，有土木结构房屋××间，距今已有××年之久。由于受当时条件所限，建筑材料质量低劣，加上年久失修，土坯风化，地基下沉，檩弯椽朽，屋面塌陷，××间房已成危房，屡屡出现事故，庆幸的是有惊无险。因此，重新建校，迫在眉睫。

然而，建校需要的大笔资金把一个还未摆脱贫困的村难住了，上哪去找这样一笔巨额资金？正在此时，市、县扶贫基金会得知这一情况，并立即与省商会取得联系，很快将同胞支持内地建设捐助的××万元投放在此。这无疑是给这个镇注入了一针强心剂。真正是久旱逢甘霖！这××万元“一石激起千层浪”，迅速形成了群众集资建校的热潮。

村民们捐资的场面，令人震撼，催人泪下。总之，大家抱定一个信念，那就是“再穷不能穷教育，再苦不能苦孩子”。大家主动到学校来，刮砖刮瓦，义务劳动，学生们也把自己很少的压岁钱都捐了出来。全村群众在同胞精神的鼓励下，人人献舐犊之心，个个尽育才之情，有钱的出钱，有力的出力，集资建校形成了高潮。

为了筹措资金，镇党委专门成立了建校筹建组，组员计××多人。他们不畏酷暑在外奔波，使建校的资金基本到位。

为了确保质量，我们按照程序实行招标，选定了可靠的技术力量雄厚的施工队伍施工。为了确保工程质量，质检部门定期派人进行质检，对钢筋、水泥、楼板都一一进行检验；县扶贫基金会的领导经常深入施工现场检查督促、监督工程质量。镇党委还派了专门的质量监督员，对施工的每一个环节进行监督，他们说“十年树木，百年树人，千年大计，质量第一”“我们这个穷镇，可经不起折腾，坚决不能做返工活”。这所学校的建成，既渗透了各级领导、社会各界的心血，也洒下了镇党委及筹建组各位的辛勤汗水。今天，这所学校终于落成了，我们的梦想变成了现实，这对于我乡的基础教育事业是一个推动，是一大贡献！

新学校为老师和同学们提供了良好的工作和学习环境。我希望，在这所学校里，教师认真地教，学生好好学，出好成绩，出优秀人才，以此来报答各级领导和社会各界人士的支持，以实际行动落实科教兴国的战略！

让我们在新世纪里携手共进，为美好的明天共同努力！

谢谢大家！

范例四

[致辞背景] 市总工会大楼落成仪式

[致辞人] 市领导

尊敬的各位来宾，同志们：

阳光明媚，万物争辉。在这美好的季节里，我们迎来了市总工会大楼的落成庆典。这是市总工会的一件大喜事，也是××市的一件大喜事。在此，我谨代表市委、市政府向市总工会全体工作人员表示热烈的祝贺！向前来参加庆典的各级领导和各界朋友表示热烈的欢迎和由衷的感谢！

工会是党领导的职工自愿结合的工人阶级的群众组织，是党联系职工群众的桥梁和纽带，在我国物质文明、精神文明和政治文明建设中具有十分重要的、不可替代的作用。市委、市政府都非常重视和关心工会工作。近年来，在认真抓好工会换届、加强班子建设的同时，积极支持市总工会改善办公条件，发展工会事业。市总工会大楼的优质、快速建设和顺利竣工，是市委、市政府对工会工作高度重视的结果，也是上级工会和社会各界大力支持的结果。

长期以来，市总工会自觉接受党的领导，认真履行自身职责，在维护职工的合法利益和民主权利，动员和组织职工积极参加建设和改革、完成经济和社会发展任务，代表和组织职工参与民主管理，促进广大职工提高两个素质，促进下岗职工再就业等方面，做了大量的工作，为全市的改革、发展、稳定大局作出了应有的贡献。

市总工会大楼的落成，为我市工会工作和事业发展奠定了良好的基础。我们深信，有上级工会的热情关怀和精心指导，有各级领导和各界朋友一如既往的关心和支持，我市工会工作一定能迈上新的台阶！希望市总工会继续在“十六大精神”和“三个代表”重要思想的指导下，自觉服从服务于全市工作大局，更好地履行好自己的职责，做到“维会员权益，替政府分忧”，为全市经济的跨越式发展再立新功！

最后，恭祝各位来宾身体健康、万事如意！衷心祝愿市总工会的工作和事业蒸蒸日上！

范例五

［致辞背景］ 公司新厂落成庆典

［致辞人］ 县领导

各位领导、各位来宾，女士们、先生们：

在这阳光明媚的美好时节里，我们高兴地迎来了××公司新厂落成庆典。这是××人民生活中的一件大事，也是××招商引资和工业发展史上的又一个重要里程碑。在此，我代表县委、县政府对××公司新厂落成表示热烈的祝贺！向前来参加庆典的各位领导、各位来宾、各位朋友和一如既往关心、支持××发展的各位客商表示衷心的感谢！

近年来，××县委、县政府把加快经济发展作为第一要务，积极实施“外向带动”战略，切实加大基础设施投入，进一步拉大城市框架，完善城市功能，优化经济发展环境，构筑招商引资平台，制定了一系列引商、惠商、安商、富商的政策，吸引了一大批中外客商前来投资兴业，为××的快速发展作出了积极的贡献。

××××年×月，××公司入驻××工业园，在不到半年的时间，就取得了骄人的业绩：投资××亿元、占地××亩、建筑面积达××万平方米，新厂房初具规模。风力发电机、自充自发自补电动车、彩印包装、禽流感针剂等高效、节能、环保型企业将陆续迁入。尤其是××公司研发的风力发电机、自发自充自补电动车，以崭新的理念、独创的发明，开创了节能环保产品之先河，标志着××公司迈入依靠高科技，坚持走科技创新的发展之路。据了解，××公司满负荷生产后，可解决千人就业，年创产值超过××亿元，创利税××亿元。

前进路上无止境，步步都在起点上。希望××公司以市场为导向，以科技为依托，用一流的产品、一流的质量、一流的服务抢占国内外市场，争取在最短的时间内，把机电等产品做大做强，实现跨越式发展，成为××经济发展的支柱企业。

长风破浪会有时，直挂云帆济沧海。××人杰地灵、物华天宝，是八方客商看好的投资热土，是四海宾朋创业的最佳场所。我们真诚地欢迎社会各界有志之士，来××投资，××县委、县政府及××万人民将是你永远信赖的朋友！

最后，祝××公司干出世上惊天业，谱写人间动地诗！祝各位领导、各位嘉宾、各位朋友阖家欢乐、万事如意！

谢谢大家！

◎妙句赏析

建筑物落成贺辞妙句

★天开黄道，秋高气爽；阳光明媚，万物争辉。在这个收获的季节，在这个安乐祥和的日子里，我们满怀喜悦的心情迎来了××落成庆典。这是××的一件大喜事。在此，我谨代表××向××表示最热烈的祝贺！

★这座拔地而起的××，凝聚了各位的努力和辛苦。这不仅仅是一座建筑，还是为××构筑的美好的未来！

★同志们，让我们身后这座崭新的建筑来见证××事业的辉煌，见证××的繁荣稳定。

★××的落成，凝聚着你们的期望、智慧和辛劳！××今后的发展，也将承载着你们的信心、光荣和骄傲！

★××承载着不朽的××精神，它就是一盏永不熄灭的明灯，矗立在天宽地阔的××，即便是在静寂的寒夜，我们依然能够仰望它那耀眼的光芒，让我们内心始终充满信心、温暖和力量。这座铸造××精神的历史丰碑，定将在这块土地上更加璀璨，永放光芒！

第五章
庆聚会致辞

聚会的礼仪

在社会交往中，聚会是一种经常性的、广为流行的交际形式。聚会的形式多样、内容灵活丰富，受到各个阶层人们的喜爱和欢迎。人们在聚会上可以广泛地交流信息，增进了解，结识朋友，增进友谊等。

聚会的类型多种多样，通常按聚会的目的和主旨来区分：比较熟识的亲朋好友、同学、同事、战友之间保持联系、增进友谊的聚会；由相同职业或兴趣相同的人组成，专门探讨学术和理论问题的学术性聚会；由文艺爱好者组织的，以联络感情和娱乐为目的的文艺性聚会等。如果按照聚会活动的方式来分，聚会可以分为座谈会、茶话会、聚餐会、酒会、生日派对、联欢会、节日晚会等。

◎聚会基本礼仪

不管是哪种聚会，为了保证活动的圆满成功，都需要在事前做好必要的准备工作。通常情况下，在聚会前要把聚会的时间、地点、形式和参加者确定下来。关于聚会的一些事项，可以由一个人安排决定，也可以由大家群策群力，共同商定。各种聚会中，同学、亲朋好友的聚会比较随意，但在准备时也不可过于马虎，要尽量准备充分些，让大家更尽兴，更好地交流感情。

在确定了聚会的时间、地点、形式和参加者之后，就要开始布置聚会

场所了。如果聚会在酒店进行，这一工作也就可以省略了。作为聚会的负责人，还要准备聚会活动所需要的各种物品和活动的议程安排，以及迎接参加者的准备工作。

参加者也有自己的工作要做。在参加活动之前，参加者要根据聚会的活动形式，对自己的仪表和服饰进行必要的修饰和选择。一般比较正规的聚会上，男士应该理发、剃须，穿西服套装等正装；女士要做好发型、化好妆，穿时装套裙等正装。如果是夫妻或情侣一起参加活动，要注意在衣着打扮上协调一致。在朋友或同学聚会上，衣着打扮可以随便一点，但也要注意适应场合。

参加聚会时，要特别注意一点，那就是要恪守约定的时间。聚会是一种社交活动，如果参加者无故迟到、早退或是失约，不仅浪费了他人的时间，也失敬于人、失信于人，这些都是社会交往的大忌。参加聚会就要遵守时间，准时到场，如果真的有特殊情况，不能参加或不能准时到场，应该及时告知聚会组织，并对大家表示歉意。

在聚会上，每个参加者的都要注意自己的举止。衣着得体、精神开朗、举止文雅、谈吐大方、为人大度、谦虚诚恳，都能给其他人留下良好的印象，并能赢得大家的信任，增进与大家的感情。

聚会中，参加者要主动与他人交谈。参加者可以通过聚会与老朋友们增进感情，也可以主动扩大自己的交际圈，去结识更多的新朋友。在跟新朋友交谈时，要诚恳虚心，既要注意主动发表自己的见解和主张，也要善于向他人学习和请教。

聚会中，参加者还要主动为他人排忧解难。在有女士或老人参加的聚会上，要注意尊重女士和老人，要主动去关心、帮助他们，积极地为他们排忧解难。另外，聚会中即使有些不尽如人意的事，也要注意自己的风度。

◎居所聚会礼仪

日常生活中，在家中聚会的情况也十分常见。这种私人居所的聚会，要求主人和客人都要懂得一些待客、做客之道. 以便让聚会更加圆满。

首先说待客之道。主人在客人到来之前，要做的准备工作有很多，如打扫卫生、整理屋子、选择合适的着装、准备待客的食品和饮料等。如果是聚餐，那就要准备好丰盛的食物。总之，要全力打造一个舒适、良好的环境，给客人一种宾至如归的感觉。

客人来到时，主人要热情迎客。主人可以根据客人的具体情况，选择在门口或楼下迎接。一般常来常往的客人在门口迎接就行了，但也要在对方到达时起身相迎。在见到客人时，要热情地与客人握手、问候，并表示欢迎。不管客人是多熟的朋友，都不能怠慢。在迎接客人时，对在场的家人或其他客人要做介绍。进入房间后，主人要帮助客人脱衣摘帽并挂好，然后领客人到客厅就座。

客人入座之后，主人应主动给客人倒茶，递烟或水果。茶水要求浓度适中，水量适中，不能过满。之后，主客双方开始聊天互动。在聊天时，主人应该集中精力，表现出浓厚的兴趣，千万不要一副心不在焉的样子。在聚会中，可以举行一些大家感兴趣的娱乐活动，但注意不要影响到邻居。

聚会结束时，客人会提出告辞。此时，主人要表示真诚挽留。如果客人执意要走，那就尊重客人的意思。在送客人离开时，一般要送到室外或电梯门口；对于一些重要的客人，要送到楼下或其上车离开的地方，注意别忘记握手告别。

接下来说做客之道，或者说为客的礼仪。作为客人，在收到主人的邀请时，要认真安排好各项事宜，决定是准时参加还是谢绝。如果决定参加，就准备合适的服装和礼物，以示对主人的尊重。

在到达主人家门前时，不论门是开是合，都要礼貌地先敲门或按门铃，等主人来迎接时再进门，千万不可不打招呼就推门直入。在见到主人的时候，要主动向主人问好，并与主人亲切握手。如果双方是初次见面，要对自己进行简要的介绍。另外，对主人的家人和先到的客人，也要主动打招呼问好。

在进屋后，要主动脱衣摘帽，并将其和随身带的物品一起放在主人指定的地方。有时，主人家备有拖鞋，作为客人要主动换上拖鞋，并放好自己的鞋子，然后随主人到客厅。在客厅入座时，要遵循主人的安排。

在聚会过程中，要注意自己的行为举止。要诚恳大方、言谈得体，注意主人的态度、情绪反应，把握好谈话技巧，还要注意坐姿是否文雅、接物是否合礼、吸烟是否合适等。特别要注意的是，未经主人同意或引领，最好不要到处走动或乱动主人家的东西，要克制自己的好奇心。

最后，要注意聚会时间的把握。一般聚会的时间不要太长，特别是发现主人已经疲倦或有其他事时，要主动提出告辞。在出门后，应请主人

"留步"并握手告别，表示感谢，避免站在门口再说个不停。

同学欢聚

◎同学欢聚与贺辞

从五湖四海走来，又朝天南海北走去。对于曾经在一起度过美好时光的同学们来说，分离相聚是常事。分别时豆蔻年华，风华正茂；相聚时，人生过半，饱经沧桑。感慨与悲喜，全融入那扯不断的情结之中。同学是一个温馨的词汇，学生时代的情谊是纯洁无瑕的。毕业之后，同学们各奔东西，等到十几、二十几年之后再相聚，那真是感慨万千。

事实上，同学间的聚会是常有的。不过，一般规模都比较小，这种小范围的聚会主要是为了保持联系。比较大的聚会，通常会在较长一段时间后举行。这时的同学们都有了很大变化，多数已经结婚生子、事业有成。通过一次大型的聚会，同学们之间可以充分交流，增进友谊，并可通过同学关系为新的发展提供新的契机。既联络了感情，又促进了共同发展。

聚会之际，同学们满怀激动的心情进行畅谈。最好的表达方式就是现场致辞，它不仅能表达大家的心声，还能极大地活跃现场的热闹气氛。

同学聚会致辞的形式灵活多样，可根据现场的具体情况自由发挥。比较常用的同学聚会致辞，一般包括四部分内容。首先是对大家的称呼，常用的就是"同学们""亲爱的同学们""各位同窗好友"等。这样的称呼既亲切又自然，一出口便似乎把大家带回昔日的共读时光。

致辞开头通常使用一段简洁、朴实、真切的开场白，它的主要作用便是表明自己的激动心情，引起同学们的情感共鸣。有时开场白会以点明阔别时间或是以提问开头，为的是勾起大家对美好时光的回忆。致辞的正文一般先要概括地回忆昔日的美好时光，重点说明深厚的同窗之情，然后叙述同学们在各自岗位上取得的成绩，最后重点介绍自己的好同学或成绩比较突出的同学的情况。致辞的结尾与其他致辞一样，用表示祝愿的话语或提出希望作结，其主要目的在于勉励同学们在以后的人生道路上取得更大的成就。

同学聚会致辞内容一般包括对过去美好时光、纯真友谊、深厚感情的回忆，对离别后各自经历的概述，还有对未来的美好憧憬、对友谊的赞美和祝愿等。

◎经典致辞

范例一

［致辞背景］ 高中毕业十年聚会

［致辞人］ 同学代表

亲爱的各位同学：

大家好！

时光飞逝，岁月如梭。十年前的依依惜别还浮现在眼前，十年前的欢声笑语还荡漾在耳畔。不知不觉中过去十年了，如今我们在那分手时的不舍与离别后的思念的召唤下又欢聚到了一起。我想大家的心情跟我一样，都是那么激动，那么高兴。

十年，可以说是一个漫长的轮回。在这十年中，我们彼此相思相忆，脑海深处不断浮现出当年的意气风发和激情燃烧；在这十年中，我们每个人都经历了生活的变迁和岁月的沧桑。很多东西都会变，但我坚信，在我们每个人心底那份深厚的情谊永远不会变。

看到在场的每一个人，我不禁惊讶。当年班上最调皮的男同学，如今已变得睿智、成熟、稳重；当年美丽大方的女同学，如今依然美丽，还透露出淑女风范；还有当年辛勤教育我们的老师们，他们依旧神采飞扬、精神矍铄！

流水不因石而阻，友谊不因远而疏。同窗生活中，我们朝夕相处，相互帮助，相互关心，结下了兄弟姐妹般深厚的情谊。现在，就让我们珍惜着难得的相聚，重温美好的往事，畅叙各自的经历，倾诉生活的甘苦，互道十年的思念，尽情享受欢聚的喜悦吧！

谢谢大家！

范例二

［致辞背景］ 大学毕业十周年欢聚宴

［致辞人］ 同学代表

各位亲爱的同学，各位尊敬的师长：

你们好！

今天是一个激动人心的日子，我们迎来了毕业十年的第一次大聚会！我提议，为我们今天的再度重逢热烈欢呼，大声鼓掌！

十年之中，我们总是回忆起大学生活的一幕幕、一桩桩。还记得刚入

学时，愣头愣脑：买饭时不知道排队，打水不知道谦让，逛街时迷了路，晚自习回来上错了床……那时的我感觉四年一定很长很长。

很快地，我们都熟悉了彼此，也懂得了热爱班集体。我们一同为班集体排忧、献力、争光。班级是我们培植友谊、播种绿色的天地，在那里，三十颗火热的心在跳动，三十朵鲜花在尽情绽放；班级也成了我们起航的港湾，在那里，我们挥动着智慧的双桨，开始了探索人生真谛的旅程。

大学四年，有多少令人难忘的趣事，有多少惹人回想的场景；大学四年，我们有多少次面红耳赤辩曲直，有多少回促膝谈心诉衷肠；大学四年，我们朝夕相处并肩携手，肝胆相照情深意长。现在回想起来，1 400多个日日夜夜怎么会那样短暂，似乎一转眼就过去了。

现在，我们毕业整整十年了。十年中，大家天各一方，再也想不起当年偶尔出现的小别扭，而是对彼此牵肠挂肚。每一个人都渴望大家能再相聚在一起，回首往事，畅叙近况。今天，我们期待已久的愿望终于实现了！让我们尽情分享喜悦吧！

伴着浓酽、芳香的美酒，怀着对全体同学的情和意，我祝愿大家家庭幸福、爱情甜蜜、事业辉煌、前程似锦！祝母校大展宏图、蒸蒸日上！祝恩师们福寿安泰、桃李芬芳！祝我们共同的友谊天长地久！

范例三

[致辞背景] 毕业三十年同学聚会

[致辞人] 同学代表

亲爱的同学们：

大家好！

荏苒冬春谢，寒暑忽流易。转眼间，从我们毕业到现在已经整整三十年了。

想当年，我们都稚气未脱，共同在校园里朝夕相处、同窗苦读，学业上共同长进，彼此友谊不断加深。在校园里发生的点点滴滴，都还历历在目，总让人激动不已！正是这点点滴滴，情深、意长、味重，我一生都无法忘记。十年、二十年、三十年，当我细细地回想这一切时，仍会记得那菁菁校园里的良师益友，那流金岁月里的成长故事。

毕业之后，我们都踏上了各自不同的人生旅途，但同学间的深厚友谊成为我们共同的宝贵财富。时间飞逝、工作变迁、环境转变……一切的变化让老同学难相聚，友情难续，致使多年来心中总留些许遗憾。终于，今天我们圆了相聚的心愿。我会加倍珍惜这宝贵的欢聚时光，与老同学们坦诚相见，共叙三十年的真挚友谊，让这段友情谱写出新的篇章。

同学，是一个多么亲切、多么美好的称谓！不是兄弟姐妹，却胜似兄弟姐妹！同学是永恒的，友谊是长存的。今天我们欢聚一堂，这本身就是追求，就是胜利，就是盛事！

最后，祝全体同学工作顺意、身体健康、事业有成、阖家幸福！祝我们的友谊地久天长！

范例四

［致辞背景］ 军校同学联谊会

［致辞人］ 同学代表

尊敬的各位领导，亲爱的各位同学：

大家好！

今天，我们怀着激动的心情相聚在一起。首先，请允许我代表在××市工作的所有同学，向参加本次同学联谊会的各位领导和同学们表示热烈的欢迎！

光阴荏苒，走过的岁月似乎就在昨天。十年之前，我们从××军校毕业，从此各自走上了军队建设的各条战线。在各自的工作岗位上，我们用辛勤的汗水浇灌着理想之花，在不懈的奋斗中实现着远大的抱负。或许是因为过于专注，我们之间的联系少了，甚至随着时间的流逝，渐渐失去了联系。即便是在同一个城市、同一个部队工作的同学，也因忙碌而很少见面。

这次同学联谊会为大家提供了一个共同的契机，让大家可以放下手中的事，在此共叙同学们之间淳朴厚重的情谊。此刻，我突然深深地被一种久违的真情打动，那些我们共同摔打的军校时光涌现在眼前。我不禁为我们今天久别重逢的握手和拥抱而激动万分！

亲爱的同学们，你们或许已经成为光荣的公务员，或许已经当上了精明的老板和经理，或许依然戎装在身，在默默奉献。无论你身处何境，我们都会深情地注视着你们，期望你们在人生中收获辉煌。多年前的我们，训练再艰苦，即使鲜血渗透了军装，也没有掉下一滴泪。可是此刻，当我们面对那熟悉面孔时，我们却湿润了双眼——那是饱含思念、激动和幸福快乐的泪！

我们每一个人的人生是丰富多彩的，但唯独军校的经历和同学间的深情厚谊刻骨铭心。这种植根于真情之中的真挚情谊，是一种巨大的能量。它激励我们不断去奋争，让我们鼓起勇气去战胜所有的困难。正是因为有

了这样的情谊，我们才可以在苦难中到达成功的彼岸！

今天的联谊会迎来了许多关爱我们的领导，迎来了在其他地方工作的同学们，我们为此感到十分高兴。我想说的是，我们十分乐意为各位同学架起增进了解、加深感情的桥梁，并为之付出我们所能付出的一切！

最后，祝学院××军校××级学员毕业十周年同学联谊会取得圆满成功！祝在座各位领导、各位同学家庭幸福、事业有成！

范例五

［致辞背景］ 毕业二十五年同学聚会

［致辞人］ 同学代表

尊敬的各位恩师，亲爱的同学们：

大家好！

今天真是个喜庆的日子，在祖国××周年华诞之际，我们××校××届的同学迎来了期待已久的大聚会。首先，请允许我代表聚会筹办小组对各位老师和同学们表示热烈的欢迎！

二十五年前的母校将我们从天南海北聚到一起，并在短短的三年中，让我们结下了沁人心脾、刻骨铭心的友谊。在三年中，为了我们的成长和进步，老师们为我们站讲台、伴孤灯、察寝室、问冷暖，教我们学知识、学做人。今天我们特意把他们请来，参加我们的聚会，并对他们道上一句：谢谢你们！你们辛苦了！

二十五年，弹指一挥间。记得二十五年前，我们怀着憧憬、带着希望告别了母校，走向社会，从此天各一方。二十五的离别，二十五年的思念，二十五年的期盼。大家饱含着二十五年的别离之情，满载着各自的生活经历，重新聚在一起，每个人都有着太多太多的话要倾诉。同学们，让我们珍惜这美好时刻，让我们享受这美好瞬间，抛去行业、职位、金钱的外在困扰，在同学间清纯情谊的涓涓细流中，无拘无束地笑，无拘无束地谈，彼此真诚相待，相互包容理解，共同享受快乐！

此时此刻，笑容已经挂满了同学们的脸，快乐已经激荡在同学们的心间。永恒化作瞬间，瞬间成为永恒。请同学们记住我们曾相聚在××××年。另外，此刻还有一些同学们没能和我们同享聚会的欢乐，让我们向他们问一声好，道一声记挂和想念，遥祝他们平安、如意！

相聚虽然短暂，但友谊却会地久天长。伴着欢乐的乐曲与歌声，让我们共同祝愿母校兴旺发达！祝愿尊敬的老师们健康长寿、阖家幸福！祝愿各位同学身体健康、万事如意！

范例六

［致辞背景］ 毕业三十年同学聚会

［致辞人］ 班长

尊敬的老师们，亲爱的同学们：

你们好！

今天，我们从四面八方纷纷赶来，欢聚于此。虽然现在是隆冬季节，但是我们这里却春风荡漾、春意盎然！这是因为今天是我们××校××届×班同学三十年大聚会的日子！在此，我谨代表全体同学向曾经教育我们的老师们表示崇高的敬意和衷心的感谢！向全体同学表示美好的祝愿！

忆往昔峥嵘岁月稠！三十年前，我们还是一群天真无邪的少年，在金色的年代里，接受着人类文明的启蒙和洗礼。全班四十位风华正茂的少年，在充满诗情画意、充满阳光雨露的乐园里，受到了园丁们的辛勤培育和呵护。就在那里，我们不但学到了科学文化知识，而且彼此间建立起了兄弟姐妹般的深厚情谊。那是一种特殊的情谊，它纯真、圣洁，而且永恒不变！

三十年，弹指一挥间！我们已经走出学校大门三十个春秋了。在这三十年中，我们告别了稚气未脱的少年和富于幻想的青年，跨过了而立之年，走向不惑之年。在那梦幻般的生活与我们渐行渐远之际，我们有的只是无穷的回忆和无限的思念。生活之路是多姿多彩的，我们当中每个人都有自己的独特的人生经历。尽管境遇不同，但我们之间那种纯真的同学友谊却是一样的，而且是始终没有改变的！

三十年，在历史的长河中只是短暂的一瞬，但对大家来说，却是那样的不平凡。在这三十年中，我们遭受过风风雨雨，经历过坎坎坷坷，品尝过酸甜苦辣。人生之路并不是一帆风顺的，途中有困难、有险阻，但我坚信，只要我们凭借同学间的友谊，互帮互衬，互相关照，最终将突破难关，走出困境。

此刻，在这让人沉醉的时光中，让我们回顾青春岁月，畅谈同学友谊，共叙地久天长，尽情畅饮，尽情歌唱，尽情起舞，尽情享受同学相聚的快乐！相信久别重逢的我们，会在今天的聚会中写出共同的誓言——珍惜相聚，期待重逢，共同携手，在人生绚丽的舞台上写下属于我们的更加辉煌的篇章！

最后，我们共同祝福我们敬爱的老师们健康、长寿！预祝全体同学开心、快乐！

◎妙句赏析

★同学们，我们毕业后经历各自不同，但是，我们之间纯洁的同学之情却不会因日月流逝而消退，也不会因世态变迁而变质，反而会更加宝贵，更令我们珍惜。

★校园生活回想起来真像一首诗，它充满了憧憬的浪漫、追求的激情，每一行诗句都让人留恋，让人感叹……

★美好的大学时光，恰似流光溢彩的画卷，烙在我们记忆的深处。往事如烟，温馨如昨，相聚使我们重温了那一起走过的日子，回忆起那激情燃烧的岁月！同学情怀是一片真诚的心灵花瓣，是一种千金难买的情缘。

★一次短暂的相聚，能了却我们一时的惦念，但了却不了我们一生的思念，这就是深深的同学情，一生一世的情谊！

★同窗×年，共沐一片阳光：一千个白昼，谱写了多少友谊的篇章！愿逝去的岁月，都化作美好的回忆，永留在心间。

★再回首，是一串充满酸甜苦辣的昨天。昨天，有我们在课堂上的争论；昨天，有我们在球场上的奔跑；昨天，有我们在考场上的奋斗；昨天，有我们在烛光中的歌唱。是啊，昨天，多么美好，多么值得回忆！

★回忆是对往日美好的珍惜。揭开记忆的尘封，追寻岁月的见证，让它更加有力地鼓起我们新的人生理想和热情。

★窗外漫天飞雪，屋里却暖流融融。愿我们的同学之情永远像今天大厅里的气氛一样，炽热、真诚；愿我们的同学之情永远像今天窗外的白雪一样，洁白、晶莹！

★××年的同窗苦读和朝夕相处，让我们结下了胜似兄弟姐妹的亲情。就让我们把握这难得的相聚，重叙往日的友情，畅叙非凡的经历，倾诉生活的苦乐，互道别后的思念，尽情享受那重逢的喜悦吧！相逢是短暂的，友谊是永恒的，让我们记住今天的聚会，相约十年后再聚！

朋友欢聚

◎朋友欢聚与贺辞

每个人都有自己的朋友圈，而且在生活中不断结识新的朋友。

事实上，朋友是阶段性的，也有层次的区分，例如有同学时代的好友，有工作后结交的新朋，也有在社会中偶然相识的知己。

生活中的朋友虽然层面不同，性格、爱好、阅历不同，但都要以礼相待。

朋友聚会上，为表达朋友情谊、庆贺欢聚，朋友们往往借助贺辞表达心声、抒发感情。这种贺辞的内容一般因具体的场合和朋友层次的不同而不同。例如，学术界的朋友在学术性聚会上，除表达朋友情谊之外，谈论的往往是学术领域的话题；经济界的朋友，在表达朋友之情外，谈论的往往是经济界的话题。当然，所谈论的话题还会因朋友交情的深浅而有所不同。例如，尽管大家来自不同的领域，但是交情很深，因此贺辞所涉及的内容就是多种多样的，可以是事业上的，也可以是生活上的。

当然，尽管朋友聚会贺辞的内容多种多样，但都不会离开一个主题，那就是对友情的赞美和祝愿，表现出一定的礼仪。

◎经典致辞

范例一

［致辞背景］ 网友聚会

［致辞人］ 网友代表

亲爱的朋友们：

大家晚上好！

今天是一个值得纪念的日子，我们××论坛的全体成员首次团聚。在此，我代表××论坛的管理人员向大家表示良好的祝愿，并对各位的到来表示热烈的欢迎！

这次聚会是我们××论坛从网络走到现实的第一次聚会。这是一个良好的开端，我相信以后还有更多的相聚机会。让我感到欣慰的是，很多朋友平时工作、学习都很忙，但今天都放下了，这就说明大家愿意通过聚会来加深了解，增进友谊。

曾经有一位作家说过：童年是一场梦，少年是一幅画，青年是一首诗，壮年是一部小说，中年是一篇散文，老年是一套哲学。人生各个阶段都有特殊的意境，构成整个人生多彩多姿的心路历程。友谊是人生旅途中寂寞心灵的良伴，无论是从教、为官还是经商，难忘的是心中的朋友。

今天的聚会，对我们来参加聚会的网友来讲，是具有历史意义的一次盛会。我们要珍惜这次相聚，利用这次机会在一起好好聊一聊、乐一乐，大家在一起叙旧话新，谈谈现在和未来，谈谈工作、事业和家庭，从而达到相互了解、增进友谊的目的。愿这次聚会能进一步加深朋友之间友谊，让我们在互相扶持、互相鼓励中，把自己今后的人生之路走得更加辉煌、更加美好！

一次短暂的相聚，能了却我们一时的惦念，但了却不了我们一生的思念，这就是深深的、一生一世的朋友情谊。让我们的聚会成为一道风景线，让我们的友谊成为一种永恒！

最后，祝愿××论坛全体成员家庭幸福、事业发达、身体安康！祝我们的友谊地久天长！

范例二

[致辞背景] 乡友联谊会

[致辞人] 聚会组织者

各位乡友：

大家好！

今天将成为一个难忘的日子、我们××（地）乡友们欢聚一堂，举行一次盛大的聚会活动。首先，我要向抛开工作和家事务、积极参与本次聚会的各位乡友表示衷心的感谢！向为本次聚会奔波劳碌的乡友们表示崇高的敬意！

在广大乡友的呼吁下，我们精心组织了今天的同乡联谊聚会。希望借此机会，加强乡友间的了解，加深乡友间的感情交流，增进彼此的友谊，促进团结和互助，进一步增强乡友们的凝聚力。

我们都来自偏僻的乡村，在艰苦的环境中挣扎求索。童年生活的一幕幕、一桩桩，依然历历在目。这沉淀了数十年的故事，值得我们用一辈子去回忆，去收藏。世界上有很多美好的地方，但我总觉得故土的风光最美好，因为我们在那里度过了人生中最纯洁、最美好的童年。在那里发生的一切，是一种记忆，更是一种财富，值得我们用一生去珍惜它。

如今，虽然我们身在他乡，但难忘乡情。故乡的一山一水、一草一木，故乡童年的伙伴、初恋情人，故乡的那一张张熟悉的面孔，始终盘旋在我们的脑海里。乡情如酒，味浓而易醉；乡情如花，芬芳而淡雅；乡情如书，深刻而厚重；乡情如歌，动听而美妙；乡情是那意味深长的散文，写过昨天又期待未来。

月是故乡明，人是故乡亲。故乡给我们烙下了永远不变的山里人坚韧而诚实的性格，还有那永远不改的乡音。在遥远的异乡，只要听到一句家乡的口音，立刻就不再陌生，就会觉得自己不再孤单，有了精神的寄托和生活的依靠。老乡的可贵不仅是因为曾在同一个地方走过，而是在离家之后依然能时时想起，这就是故土带给我们的浓厚情谊！

今天的聚会是一个契机。我真诚地希望通过这次聚会，升华我们那兄弟姐妹般的同乡情谊。让我们在这里，坦诚相待，畅所欲言，抛开种种顾虑，传递真诚，畅叙友情！让我们的聚会成为一道令人羡慕的风景线，让我们的聚会成为一种美丽的永恒！

此外，我在这里建议乡友们平时多联系，多走动，多关照，特别是在老乡遇到困难的时候，请大家多多关心，多多帮助！

最后，祝各位乡友身体健康、家庭幸福、事业有成！

范例三

［致辞背景］ 离别多年的朋友聚会

［致辞人］ 朋友

朋友们：

曾经有一位著名的哲学家说过，“友情是帆船上的风帆，是独木舟上的双桨”。如果按照这种说法，那我们今天这十几个人组成的将会是一艘多大的帆船，又将是一只多大的独木舟啊！更重要的是，我们的友情将像坚韧的风帆和有力的双桨，让我们能在广阔的人生海洋上乘风破浪、所向披靡！

时光流逝，会让我们忘记很多东西，却永远也不能让我们忘却曾经共度的那段美好时光。那时候，我们正是年少轻狂，在平常的日子里哭过、笑过，打过、闹过，爱过、恨过、悔过，但朋友的情谊一如既往；我们也在奔向理想的奋斗中，摔过跤、碰过头，但坎坎坷坷没能阻挡我们的脚步！

在我的心中，那些都是辉煌的瞬间、精彩的时刻，尽管已经过去了很

久，但我依然能清晰地感觉到当年我们的歌声、笑声、欢呼声、哭泣声……朋友们，我一直留恋那纯洁、多梦、浪漫的季节！

在离别后的日日夜夜里，我经常捧起咱们的合影。目光在照片上游弋，思想中却经常出现你们的一颦一笑、一举手一投足。每当此时，我总是在心中不断地追问：朋友们，你们都还好吧？现在过得怎么样？

朋友们，时间和距离决不能将我们之间的友谊冲淡！我们的心是紧紧系在一起的！今天，让我们再续友情，升华友情，并让这友情将我们团结起来，共同奔向辉煌灿烂的明天！

◎妙句赏析

朋友聚会贺辞妙语

★山中的清泉，源源不断，那是大地的一脉温泉；真诚的友谊，与日俱增，那是我们心间的一份深情。

★时空，可以隔开彼此的距离，却隔不开紧紧相连的心；流年，可以冲淡拥有的岁月，却冲不淡对友情的那份执著。

★生活的烦恼需要有人分担，正如欢乐需要有人共享一样。而我，就是你可以分担忧愁和共享愉快的忠实朋友。

★岁月的大浪淘尽了泥沙，留下了真诚的你我。这真诚胜过黄金、美酒，它永远闪光，令人陶醉。

★友谊是火，溶解了人生的冰；友谊是水，灌溉了干渴的禾；友谊是风，吹走了心灵的尘；友谊是雨，滋润了心田的花。

★愿我们的友谊如同太阳与大地的结合一样自然，一样自由，一样充满生机。

★我们的友谊像块晶莹的宝石。多少年来，你我用心血来洗刷它，用真诚来雕琢它，用智慧来修饰它。看，它玲珑剔透，光彩奕奕，它的价值无与伦比。

★无边无际、辽阔深邃的海洋，是世界上一切生命的发源地。愿我们的友情如海洋一样深透，愿我们的心胸如海洋一样宽广，愿我们的事业如海洋一样永恒！

★在人生的旅途上，让我们借助友谊的翅膀飞翔，迎着朝阳、彩云去实现我们共同的理想。

★友情是灯，愈拨愈亮；友情是河，愈流愈深；友情是花，愈开愈美；友情是酒，愈陈愈香。

友情名言佳句

★海内存知己，天涯若比邻。

——［唐］王勃

★桃花潭水深千尺，不及汪伦送我情。

——［唐］李白

★友情在我过去的生活里就像一盏明灯，照彻了我的灵魂，使我的生存有了一点点光彩。

——巴金

★世界上没有比友谊更美好、更令人愉快的东西了；没有友谊，世界仿佛失去了太阳。

——［古罗马］西塞罗

★人的生活离不开友谊，但要得到真正的友谊才是不容易；友谊总需要用忠诚去播种，用热情去灌溉，用原则去培养，用谅解去护理。

——［德］马克思

★不论是多情的诗句，漂亮的文章，还是闲暇的欢乐，什么都不能代替亲密的友情。

——［俄］普希金

★万两黄金容易得，知心一个也难求。

——［清］曹雪芹

战友欢聚

◎战友欢聚与贺辞

人生中有一种弥足珍贵的感情，是有些人一辈子也无缘享有的，那就是战友之情。

铁打的营盘，流水的兵。战友们从天南海北来到一起，同在一个部队服役，同在一个号令下行动。在部队这个大家庭中，互相了解，增进感情。特别是在血与火的考验中建立起来的感情，可以说是生死之交，它不带世俗偏见，毫无功利色彩，无论经过多久都是浓厚的，值得特别珍藏。

悠悠几十载，难忘战友情。离别多年之后，为了表达这种感情，并进一步增进了解和友谊，战友们往往会举行聚会。多年的离别衍生出无数的思念和惦念，更使得战友之情演变成为一种浓浓的关爱之情。战友们有幸聚在一起，回顾充满欢乐和艰苦的军旅岁月，聊聊家常和近况，感觉是那样的亲切。为了表达战友之情和思念、祝愿之意，各位战友纷纷致辞。致辞的内容包括对军旅岁月的回忆、对各自近况的叙述以及对未来美好生活的祝愿和希望。

战友聚会贺辞重在回忆共尝甘苦的军旅岁月，让大家重温那段激情燃烧但却又十分温馨的生活，在此基础上抒发自己的情感，引起大家的共鸣。

◎经典致辞

范例一

［致辞背景］　退伍十年战友聚会

［致辞人］　战友代表

久别的战友们：

你们好！

十年后的今天，我们欢聚一堂，共话曾经的军旅生涯和昔日的友谊。在此，我要向全体战友表达真诚的问候：你们过得还好吧！

我们在青春年少时相识，在美丽的军港结义，在军旅生涯中度过了最宝贵的青春时光。亲爱的战友们，那段记忆是最珍贵、最难忘的！那天是××××年×月×日，我们穿上戎装登上客轮，在挥手告别亲人的一刻，却互相握着手掀开了人生难忘的一页。

军营是一个特殊的家，给了我们太多美好的东西。它磨炼了我们的意志，教会了我们做人的原则，使我们具有了一些与众不同的军人风范，成就了我们为之骄傲的军人本色。直到今天，我们依然感到受益匪浅。让我们相互勉励，永葆刚直不阿的军人作风，在不同的岗位，继续发扬部队这所大熔炉中锤炼出来的优良品质，为我们的祖国和家园作出积极的贡献！

亲爱的战友们，离开军营之后，我们从事着不同的职业，因为工作的关系或许经久难得相见，但我们不会遗忘天真年少时结下的战友情，一起穿过的水兵装，一个个英俊的军人风姿。尽管天各一方，岁月在我们的脸上留下了风霜的痕迹，但却割不断我们之间的思念和友情。就在今天，让我们一同追忆军旅生涯，诉说战友情谊，分享这十年后才姗姗迟来的聚会。看，那一张张欢颜的笑脸，那一阵阵开心的微笑，都展示着一缕缕芬芳的战友情！

战友同甘苦、共患难，亲如兄弟。在军港的时候，我们团结互助；事隔多年，我们要依然如此。让我们把事业中取得的成功经验，拿出来一起分享；让我们把生活中遇到挫折困惑，倒出来一起分担。人生的道路上有苦有甜，我们携手共苦同甘！

最后，再次向老战友们致以深深的祝福：祝福你们身体安康、家庭幸福、事事顺意！

范例二

［致辞背景］ 退伍二十年战友聚会

［致辞人］ 战友代表

亲爱的各位战友：

秋高气爽，硕果飘香。在这美好的时节，我们迎来了退伍二十年的战友聚会。在这里，我们共同品味二十年的战友之情，畅想未来的美好前程。此时此刻，看到久别的一张张面孔，仿佛一下子回到了我们共同奋斗、共同生活的岁月。

忆往昔峥嵘岁月稠。当年的我们风华正茂、血气方刚，浑身上下透露着一个中国军人的伟大风采。后来，我们纷纷走上了各自新的工作岗位，开始了人生旅途上新的一程。虽然之后的我们失去了共同生活的欢乐，但是我们没有忘记那份刻骨铭心的战友之情，始终在内心深处珍藏着。

如今，各位战友已经步入中年，但本色未改、雄心不减，依然是那么执著地在改革开放的经济建设中，贡献出自己的力量和展示自己的才华。在未来的日子里，我真诚地希望各位战友多联系、多沟通，互相关心、互相照顾，不断增进战友情谊！

亲爱的战友们，在经过了二十多年的磨炼之后，我们变得更加成熟。让我们珍惜大好时光，在即将迈入新世纪的时刻，携起手来，奋斗不息，出色地干好本职工作，创造人生新的辉煌！

最后，衷心祝愿全体战友家庭幸福、事业有成！

范例三

［致辞背景］ 退伍三十年战友聚会

［致辞人］ 聚会组织者

尊敬的各位老首长，亲爱的战友同志们：

大家好！

三十年前的今天，我们首次在部队相逢，开始军旅生涯；三十年后的今天，我们再次相聚在一起，畅叙战友之情。正是秋高气爽的美好季节，我们憧憬已久的战友聚会终于在今天正式拉开帷幕。在此，我谨代表××师炮兵团战友联谊会组委会向各地赶来参加联谊会的部队老首长们、战友们表示热烈的欢迎和诚挚的问候！并预祝今天的战友联谊会取得圆满成功！

此时此刻，我的心情跟大家一样，感慨万千，心潮澎湃。追溯着那光阴之箭、日月之梭的痕迹，我们穿越了三十年的漫长岁月。想当初，我们个个是风华正茂、满怀激情与梦想的青年，带着些许青涩和质朴在军营中开启了人生的航程。年华流逝，岁月蹉跎，岁月的河流中有多少无奈的舍弃、忘却和妥协，但唯有那军营的青春岁月与战友之情经久不忘、记忆犹新！

××××年的×月，我们挥手告别亲朋，踏上从戎的征程，来到了美丽的秦岭脚下。你们是否还记得新兵连那个寒冷的冬天，还有那火热的豪情？是否还记得训练场上铿锵的操练声、嘹亮的军歌声，还有那半夜集合的哨子声？艰苦、紧张而又活泼的军营生活，苦乐年华的峥嵘岁月，为我们每一个人都打上了深而美的烙印，也让我们结下深厚的战友情谊。三十年时光飞逝，我们的激情或许不再燃烧，彼此的联络也似乎很少，但战友之情却像陈年的老酒，愈久愈醇！

军旅生涯给了我们太多太多。它奠定了我们事业的基础，锻炼了我们的意志品质，也为我们指明了人生的方向。有了那些拼搏、辛酸和快乐的回忆，我们已经完全可以说青春无悔了！岁月的痕迹写在脸上，美好的回忆留在心中。多年之后的今天，我们相约相聚。这将是一次兄弟的相聚，一次感情的升华，是战友情的一个新的起点。

亲爱的战友们！无论你是豪宅名车，还是泥屋茅舍；无论你位高博学，还是天然淡泊；无论你一路春风，还是半生坎坷；无论你他乡漂泊，还是故土难舍；也无论你联系频繁，还是你音信深锁，你都是我最盼见的战友。在这美好的时刻，让我们放下沉稳与矜持，放飞心情和激情，追忆军旅的光荣足迹、畅谈战友的深情厚谊，共享久别重逢的喜悦。岁月无情人有情，天地有边情无边，最难舍难忘的是战友兄弟情！

千言万语也无法表达我们内心的感慨。弹指一挥三十年，岁月带走青春，催人老。但是，彼此的思念却能让我们相聚在三十年之后，这只有一个解释：战友情深！以前我们遇到困难找战友，现在我们要一直到老手拉手。让我们继续保持团结精神，互帮互助，把事业中取得的成功经验，拿出来一起分享；把生活中遇到的挫折困惑，倒出来让我们一起分担！

相见时难别更难。人生能有多少个三十年？让我们以这次联谊会为契机，以友谊为纽带，加强友好往来，升华战友情谊，促进我们的事业，丰富我们生活。在军队，我们不落后；在人生路途中，我们不落伍！最后，祝各位战友工作顺利、身体健康、家庭幸福、万事顺意！

范例四

［致辞背景］ 退伍三十年聚会

［致辞人］ 老班长

亲爱的战友们：

我想死你们了！

今天，我们在这里举行老战友们期待已久的聚会。首先，我以老班长的名义向你们送上一份真诚的祝福：祝福你们身体健康、阖家欢乐、万事如意！并通过你们向未能来到现场的战友及你们的亲友表示最亲切的问候！同时，我提议：让我们以热烈的掌声向为这次聚会作出积极努力的战友们表示衷心的感谢！向远道而来的战友表示热烈的欢迎！

此时此刻，我相信大家的心情都是一样的，满怀激动，满怀感慨，心中有千言万语，有说不完的思念。是啊，转眼间我们已经离开部队三十年了。在这漫长的三十年中，每个战友心中都充满了思念和期盼，总是在梦里走进久违的军营，总是在心中呼唤着战友的名字。大家都有一个共同的心愿，那就是希望相聚，希望再次回到三十年前生活和战斗的地方走一走。今天，大家终于如愿以偿。当我们揣着浓浓的思念，再次站在这熟悉的土地上时，往日的激情再次在心中点燃！

三十年了，每个战友的脸上都已经画满了岁月的痕迹。当年那些风华正茂的翩翩少年，如今已经是满面风霜的中年人了。时间是残酷的，但却割不断我们之间的友情。当我们倾诉着自己的浓浓思念，诉说起各自不同的故事时，深深的友情已经交织在这片熟悉的土地上。每一个战友的脸上都挂着灿烂的笑容，那是发自内心的感动与眷恋！

久别的战友们，让记忆再次回到那歌声嘹亮的军营吧！那是一段难忘的、欢快的时光！三十年前的那个冰雪之夜，我们来到了这个陌生的山沟，从此就成为一个战壕的战友。我们看到的军营是那样的朴素：睡的是

能闻到草香味儿的麦草铺，烧的是粗铁桶作成的取暖炉……军旅生活就这么开始了，带着陌生感，也带着新鲜感。

新兵训练是最苦的。在海拔三千多米的高山上，很多战友都出现气候反应，头晕、恶心、吃不下饭。但每天的八小时训练、两小时政治学习，没有一个战友装"孬种"，再苦也没有一个战友叫苦，再累也没有一个战友喊累。

军营的生活虽说单调，但也是快乐的。在咱们营房附近，有郁郁葱葱的高山，有碧水清清的河流。每逢青草嫩绿的季节，大家就会哼着歌去打猪草。晚饭后，战友们三三两两，沿着山间小路，哼着小调到河边去散步，那种感觉真好。那时候的男兵女兵之间总是保持着距离，但懵懂的爱情似乎也在那样的擦肩而过中成就了纯真。

那是一段艰苦而难忘、快乐而绚丽的日子，那里有时代赋予的高于一切的激情，有历史遗留的一场绿色的梦。尽管也有遗憾，也有失去，但那段光荣的历史已经成为所有战友人生中最辉煌、绚丽的一页。归根结底，是部队的革命大熔炉培养我们，锻炼了我们，造就了我们——这种恩情我们将永世难忘！

亲爱的战友们，如果说三十年前的生活是一首诗，那今天的欢聚就是一首歌，一首洋溢着深情厚谊的歌。让我们记住这难忘的时刻，记住曾经拥有的那段美好岁月，记住留下我们青春年华的军营。当回首往事的时候，你一定会因为自己曾经是一个军人而自豪！

◎妙句赏析

★聚散两相依。聚是力量的凝集，散是光亮的播种。无论命运把我们带到何方，战友情的纽带总会把我们相连。今日笑着与战友握别，但愿明日笑着把战友迎接。

★假如人的一生是一首长诗，军旅生涯就是最壮美的篇章，驰骋疆场就是最华彩的诗行。在聚会之际，让我们共同怀念那段难忘的岁月，永远珍惜那身草绿色的军装，永远纪念我们共同的友谊吧！

★落叶知秋，友情似酒，风渐冷时酒暖人肠；走过的风雨，有过的悲喜，在一声声问候中醇甜如蜜。不论多久未曾相见，我的祝福请你含笑接过，祝战友每天都快乐！

★战友是琴，演奏一生的美妙；战友是茶，品味一世的清香；战友是笔，写出一生一世的幸福；战友是歌，唱出一辈子的温馨和欢乐。

★战友是梦，睡也思念；战友是魂，嵌入心田；战友是金，沉沉甸甸；战友是缘，一世相牵；战友是路，越走越宽；战友是福，吉祥无边。

★装满一装甲车祝福，让平安为你开道；卸下一部战车厚礼，让快乐与你拥抱；空投一战斗机真情，让幸福把你围绕。在这特别的日子里，祝全体战友阖家幸福！

★火红的军旗，绿色的军衣，铁打的营盘，永恒的友谊，军旅之生涯，终生的记忆。亲爱的战友们：在聚会之际，我向你们致以崇高的军礼！祝你们永远年轻！祝我们友谊长存！

★军歌嘹亮，每一个音符都渗透到军人的骨子里，每一个字眼都激发着军人的斗志。当生命中有了军歌嘹亮，就有了荡气回肠的无限精彩！

★也许忙碌的日子让彼此疏离，但知心的战友一生难忘。莫让时间冲淡友谊的酒，莫让距离拉开思念的手。当时光流逝，物换星移，你仍然是我最好的战友。

知青欢聚

◎知青欢聚与贺辞

知青就是知识青年。1955 年 12 月，毛泽东的一段话——“一切可以到农村中去工作的这样的知识分子，应当高兴地到那里去”——造就了知识青年。从此，中华大地上掀起了长达二十年之久的知识青年“上山下乡”的热潮。

知青，作为一个时代的产物，永远地记录在历史上。同是天涯客，四海皆为邻。曾为知青的人们，对那已逝去的蹉跎岁月至今记忆犹新。尽管时间过去了几十年，尽管他们现在还在各自为着生活而忙碌着，但他们一刻也没忘记曾为之生活、劳动过的那片热土，没忘记在一起摸爬滚打的兄弟姐妹们。为纪念和维系这种永远割不断的情结，知青聚会便成了一种最好的形式。

知青聚会上，人们的感情是复杂的。试想，看到的当年血气方刚的小伙已经双鬓染霜，看到当年美丽的姑娘已经年过半百，人将会有怎样的感慨和叹息。而且，在感慨之余，人们还会感恩、念旧……这种种的情感在瞬间融汇，一同奏响情感的交响曲。或许，这就是知青聚会的最大意义。

知青聚会应争取通知到每一个人，重塑当年的知青团体。可要求大家都准备一些节目，或准备讲话稿和贺辞，为聚会助兴，增强欢乐气氛。另外，一些珍贵的老照片可以事先征集，以便在聚会时供大家品味美好岁月。

知青聚会贺辞的主要内容是回忆当年的蹉跎岁月、祝愿友谊长存和美好未来。

◎经典致辞

范例一

[致辞背景] 纪念上山下乡四十周年知青聚会

[致辞人] 知青代表

尊敬的各位来宾，场友们：

大家好！

今天我们欢聚在这里，来纪念知青上山下乡运动四十周年，追忆那激情燃烧的岁月，感慨万分！

四十年前的今天，我们风华正茂、满腔热血，为响应党的号召，打起背包，远离亲朋好友，告别大城市，奔赴北大荒——××，开始了我们建设边疆的生活。在与大自然斗争和社会实践中，我们付出了比常人更多的劳动和汗水，我们走过比他人更为艰难的崎岖道路。我们吃苦耐劳，无怨无悔地拼搏，用尽所有的语言也表达不出我们十年的艰辛和奋斗经历。

但也就是在那里，艰苦的生活和劳动锻炼了我们的身体，磨炼了我们的精神和意志。我们结识了淳朴的农民，懂得了劳动的艰辛，更尝到丰收的喜悦。更加让我们骄傲的是，祖国边疆的繁荣昌盛也包含了我们的一份贡献。

我们也是在××这个第二故乡结识的。我们都来自不同的地域，聚合在××这块土地上。大家在同一块田地里耕耘，在同一个屋檐下生活，最终形成了胜似兄弟姐妹的情谊。这种情谊是人世间最珍贵的，它是一片真诚的心灵花瓣，是一种千金难买的情缘。

经过几十年的漫长岁月的洗礼，当年的满头黑发，如今已渐染霜白；当年的孑然一身，如今已儿女萦怀；当年的稚童少年，如今已到知天命近耳顺之年。时光飞逝，隔不断当年知青的情怀；岁月沧桑，抹不掉心头的记忆。往事如烟，温馨如昨。美好青春时光恰似流光溢彩的画卷，烙在我们的记忆深处。相聚使我们重温了那一起走过的日子，回忆了那激情燃烧的岁月。四十年的相识，四十年的牵挂，四十年的翘首企盼，终于汇成了今天的欢声笑语，汇成了你我的心潮澎湃。

此刻，让我们在回忆过去的时候，更加珍惜今天，把握明天，将我们这份珍贵的知青情在生命旅途中继续延续！

最后，我希望能够借此机会，把大家再次联系起来，把我们曾经共同拥有的那份情，再一次的建立起来，因为我们有一个共同的名字叫知青，我们是一家人，不分彼此！祝聚会圆满成功！

范例二

［致辞背景］ 知青聚会

［致辞人］ 插队知青

各位战友，兄弟姐妹们：

大家好！

今天是个好日子，阳光灿烂，故友重逢。我们欢聚在一起，怀着激动的心情，共同重温同甘共苦的插队往事，缅怀渐行渐远的难忘岁月，畅叙心驰神往的深厚友谊，展望精彩无限的美好未来。首先，请允许我代表全体插队知青，向为我们的成长付出大量心血的部队领导致以崇高的敬意！向为我们的插队生活给予关心和照顾的父老乡亲们表示衷心的感谢！同时，向为本次联谊活动而奔忙的组织者们道一声：你们辛苦了！

当我们看到一个个熟悉而亲切的面容，听着一声声熟悉而亲切的话语时，仿佛又回到了三十年前的那段特殊的时光，置身于那个让每个人终生难忘的人生场景。当年，我们还是一群风华正茂的青年，为响应时代的感召，背负着鲜明的时代特征，怀着几许激动和一腔热血聚到了一起，一同奏响锅碗瓢盆交响曲，携手共享田间劳动的苦与乐。尽管我们在那里的生活时间有长有短，尽管我们对那一段生活的意义当时并没有清楚的认识，但是我们确实是从那时起，才真正开始接受对自己、对他人、对集体和对淳朴善良的乡亲以及对劳动付出的认识，才真正开始了解到什么是人生目标、人格品质和精神的思考，也才使我们在今天，拥有一份曾经是插队知青的自豪和庆幸。在那酸甜苦辣的岁月里，我们同耕一方土，同吃一锅饭，结下了深厚的兄弟情、姐妹情。因此，今天的聚会也可以说是众望所归、情之所至！

三十多年前，我们都还年轻。如今我们再重逢，多少人的笑声里饱含着风雨沧桑，多少人的祝福声里盛满了对生命的深刻理解，多少人的眼底被泪水淹没，多少人的双鬓染上了白霜。无论年过半百，年近花甲，每个人的人生都刻写着成熟和稳重，都饱含着超越和智慧；无论是身操何业，还是身居何地，更不论是经常见面的近邻，还是多年不见的故交，虽然大家生计繁忙，步履匆匆，但有着患难之交的友谊里都始终充满了彼此的关爱、牵挂和重视。我们的心连在一起，我们的友情交融在一起，我们尽情享受着知青生活的温暖和情义。在未来的岁月里，愿我们的友谊长存！

最后，祝大家身体健康、事业顺利、家庭和睦、生活幸福！让我们同饮醉心的美酒，同唱最美的歌，为我们美好的未来祝福！

范例三

[致辞背景]　纪念下乡三十年知青聚会

[致辞人]　聚会组织者

尊敬女士们、先生们，亲爱的场友们：

你们好！

正值新春佳节之际，我们又迎来了××县××茶场72年、74年、76年三届知青的大聚会。在这激动人心的时刻，我谨代表本次聚会的筹备组对各位场友的到来表示最热烈的欢迎和最诚挚的问候！

往事如昨。想当年，我们响应伟大领袖毛主席的号召，“上山下乡干革命，广阔天地练红心”，满怀豪情地告别亲人，来到××山下的××茶场。知识青年“上山下乡”是中国现代史上的一个重大历史事件，其规模之庞大、声势之浩大，实属空前绝后。在我们小小的××茶场，就曾汇集了三届百余名知识青年。当时××茶场的生活条件十分恶劣，只有缺油少肉勉强能填饱肚子的一日三餐。我们用自己的青春年华和血汗浸泡着茶山，那份劳作的繁重深深刻在每一个知青的记忆里，终生难忘！

此刻，我不禁想起那段饱含酸甜苦辣岁月中的点点滴滴：采茶季节，茶山上环绕着我们的欢声笑语，也留下了我们的辛勤汗水；寒冷冬季，我们开荒深耕，修枝剪叶，手起了血泡、冻出了口子，却不叫苦、不叫累；运粮小路上，我们不怕坡陡路滑，一步一个脚印地长途跋涉；修路战场上，我们顶风冒雪，与天斗，与地斗，用勤劳的双手铺筑出阳光大道。艰苦岁月磨炼了我们的意志，更为同耕一方土、同吃一锅饭的我们结下了浓厚的兄弟情、姐妹情。今天的聚会是这种情谊所致，也是众望所归。

岁月流逝，沧海桑田。转眼三十年过去了，如今我们已经从踌躇满志的热血青年步入到品格坚毅、虚怀若谷的中年。我感慨万千，真可谓：弹指三十年，往事现眼前；今朝来聚会，忆苦才知甜；知青生涯不能忘，××茶场摆战场；姑娘小伙齐上阵，几度春秋闹年华；当年黑发添白发，昔日青年变老年啊！在感慨之余，我也很高兴，因为在我们这些人中，不乏成绩显著、仕途通达、事业顺畅者；亦有下岗不失志，享受快乐人生者。无论现在的生活状态如何，都请我们牢记过去，珍惜现在，共同祝愿我们的友谊万古长青！

最后，恭祝大家新春快乐、家庭幸福、万事如意！

范例四

［致辞背景］ 纪念下乡四十年知青联谊会

［致辞人］ 知青代表

老知青、老朋友们：

今天，我们怀着无比激动的心情，欢聚在一起，一起重温往日蹉跎岁月，再续知青情谊。此刻，我感慨万千！

当年，为响应伟大领袖毛主席发出“知识青年到农村去，接受贫下中农再教育”的号召，我们离开了学校，告别了亲人，开始了一段完全不同以往的生活。黑色的土地，百花盛开的牧场，滔滔的××水，成了我们每一个人人生的转折点。在那里，我们有过收获也有过遗憾，有过温馨也有过苦涩，有过欢乐也有过泪水。但是我们今天记住的是收获，是温馨，是欢乐；忘掉的是遗憾，是苦涩，是泪水。

四十年后，我们能再次相聚，靠的是什么？是我们之间的缘分，是那份真挚的知情情谊，是曾经共度的苦乐岁月，是心中那久久不能冲淡的思念！无数次，我们在脑海里猜想着彼此的模样；无数次，我们在梦里听过彼此熟悉的声音。今天，那模糊的感觉逐渐清晰，彼此的音容笑貌拨开了虚幻的面纱，真实地展现在彼此眼前。多年后的今天将成为一个难忘的日子，我们在这里互诉思念之苦，分享重逢之喜。当然，更多的还是对青春年华的追忆和流逝岁月的感慨。

我们是经历重大变革的一代人，伴着新中国的坎坷步伐，走过了跌宕沉浮的历程。在遇到困难和挫折的时候，我们没有气馁和屈服，而是冲锋在改革开放的最前线。累，却从不止歇；苦，却从不回避。我们凭着一腔沸腾的热血，直面人生，直面纷繁复杂的社会。当然，我们年轻时的经历并非只伴随着汗水和泪滴，也同时收获了成长、成熟。那种经历就像饱满的种子嵌入记忆的土地，在时间风雨的滋养下，萌生出了对祖国献忠心，对社会、集体献公心，对父母献孝心，对子女献爱心，对朋友献诚心的新

中国的同龄人。

从三十年的相聚到四十年的再相聚的十年里，我们都发生了很大的变化。我希望在以后的有限的时间里，大家继续保持知青联谊。要知道，失去之后才知道珍惜，我们可不要等到失去！让我们在回忆过去的时候，更加珍惜今天，把握住今天，继续保持我们的这份珍贵友谊，在我们的有生之年一起分享欢乐和幸福。让我们的知青情、朋友情一直延续到永远！

老知青们，老朋友们，思念是生命的火，相逢是美丽的歌。让我们珍惜彼此间的友谊，增进彼此间的友情，留下一片真情，带走一份关爱，保存一份思念！

◎妙句赏析

★不是每个人都能以心交心的，真正的朋友能不计较名与利，坦诚相待。

★聚，不是开始；散，也不是结束。感情在无声中交流，友谊在默契中增长。愿我们一起生活过的那段美好时光，像欢跃的流水一样，在你我的心河里流淌、流淌……

★或许是一阵风雨的洗礼，才使得心与心之间的碰撞更为清脆响亮，更为精彩、晶莹、绚丽！

★千难万险中得来的东西最为珍贵，患难与共中结下的友谊必将长驻你我的心间。

★知青运动，在当年是一首壮丽的青春史诗，在今天和将来，仍是一曲激扬的赞歌、一本珍贵的教材。

★在那里，我们有遗憾也有收获，有苦涩也有温馨，有泪水也有欢乐。悲欢离合都曾经有过，但是我们今天记住的是收获，是温馨，是欢乐；忘掉的是遗憾，是苦涩，是泪水。

★让我们在回忆过去的时候，更加珍惜今天，把握住今天，把握住我们的这份珍贵友谊，在我们的有生之年一起分享欢乐和幸福。让我们的知青情、朋友情一直延续到永远！

第六章
其他庆典致辞

庆开幕致辞

◎运动会、比赛开幕重“激励”

运动会上运动员们发扬“更快、更高、更强”的奥林匹克体育精神，裁判员们遵循“公开、公平、公正”的竞赛原则。全体运动员发扬“友谊第一、比赛第二”的精神，发扬中华体育的优良传统，顽强拼搏，团结互助，赛出竞技水平、赛出个性风采、赛出道德风尚、赛出团结友谊。让我们以百倍的信心迎接挑战，以优异的成绩开创体育运动史上的辉煌。把本届运动会办成一个“文明、精彩、热烈、圆满”的大会。运动会开幕以鼓励居多，其中还掺杂着希望和参会要求。

在运动会上和比赛上，领导致开幕词时要多用鼓励和希望的语气。公司举办这样一个活动就是为员工提供一个展示自我、锻炼自我、增强感情的舞台，员工积极参加是对活动的喜爱和重视，公司的领导以鼓励和希望的态度致辞，从而鼓舞士气，让参赛的员工顽强拼搏拿到好成绩。

如领导可以这样说：“名次不重要，重要的是你们参与了，你们锻炼了自己的体质，强健了自己的体魄，这是公司的一个荣耀，更是你们健康的一个自豪。”那么员工就会尽全力去参加运动比赛，同时也会把这种参赛的精神带到工作中去，为企业的建设和发展作出杰出的贡献。

学校运动会开幕致辞中学校领导一般会从学校教育的角度来看待运动会和比赛。面对一群比较骄傲的孩子们，这时的他们自尊心还比较强，也

很敏感。学校领导或者是老师对待他们不能用严厉的鞭策式教育，用鼓励、激励的方式引导他们会事半功倍。

学校领导可以从学习和生活上关心孩子们入手，在致开幕词时可以这样说："这次活动不仅仅是发展德育、智育之外的体育，更是全校师生的一次劳逸结合的大放松。在这次活动里，我们不仅可锻炼自己的身体，还可以多学一项技能，全面发展自己。我们不在乎名次和奖项，我们重在参与，只要参加就是成功。我希望大家可以积极参赛，赛出个性、赛出风采、赛出水平。"

◎展览会开幕重"展示"

展览会是通过现场展览和示范来传递信息、推荐形象的一种常规性公共关系活动。展览会的名称有博览会、展览会、展览、展销会、博览展销会、展览交流会、庙会、集市等。

展览会的最大特点是提高企业信用度、提升企业影响力、让消费者更进一步了解该企业。总的来说，展览会对企业的未来发展有着很大的影响。

展览会一般要彰显展示的因素，是一种比较喜悦的心情。

展览会一般是展示成果、技术、作品等。这是一件值得高兴的事，是大家喜闻乐见的。展览会的召开，既可以展示成果，又可以加强彼此之间的交流与合作，增进彼此的感情。

展览会的这种展示的特点，就决定了展览会开幕词的特殊性。

若是企业展览自己的产品，一般开幕词的内容要回顾企业的辛酸历程，讲述在大背景和社会环境下的努力，讲述自己的产品优点和成效，同时还要对员工的辛勤付出表示感谢，以及对关心支持企业发展的社会人士表示敬意。一般会这样说："本次××展览会的成功举办，有赖于国内外有关单位的积极参与和大力支持。在此，我代表主办机构，向所有支持××展的机构和朋友们表示衷心的感谢！并诚挚地希望各位能一如既往地支持××展的发展。"

若是主持人致开幕词，称赞的成分居多，除了祝贺展览会的如期举办外，主要是对某项产品、技术等的赞赏，讲述它的特点、成效、好处等，最后的结尾一般是祝福的话语，希望展览会办得更好。

若是市长类的人致开幕词，像书画展、摄影展等的开幕词，一般是先对于展览会的举办给予工作上的肯定，然后介绍展览会的相关内容、称赞作品和成果，接着会提出新的希望。

◎会议开幕重“意义”

会议是为了解决某个共同问题或出于不同的目的聚集在一起进行讨论、交流的活动。

会议的形式一般有股东大会、董事会议、部长（部门经理）会议、委员会议、与政党有关的会议、与企业职员有关的会议、与财界有关的会议等。

会议的内容一般会回顾过去一段时间的工作，总结经验和工作成果，这里就少不了分析报告、总结报告；然后会着眼现在的工作，对于存在的问题提出解决的方案；最后会展望未来的工作，提出新的要求和指示，为未来的建设和发展作出贡献。

若是党政机关的开幕词，一般首先要强调会议的召开背景和意义。比如：“这次大会是在扎实推进社会主义新农村建设、努力构建和谐社会的新形势下召开的一次大会，对于进一步加强党的先进性建设和执政能力建设，认真践行‘三个代表’重要思想，落实科学发展观，加快构建和谐××，具有十分重大的现实意义和深远的历史意义。”始终围绕党政建设和指导思想，以国家建设为重点。

若是企业领导致开幕词，一般会强调公司的发展，对过去一段时间的回顾，对取得的成绩表示祝贺和给予肯定，对于不足和缺陷进行分析、总结。一般会说：“回顾过往，公司始终坚持‘完善、规范、巩固、提高’的要求，坚持以大政方针来总揽全局，积极投身到××的建设中来。在工作过程中不断地转变观念，夯实基础，扎实工作，强化管理。在广大职工的努力下，公司各项工作水平都得到了有效的提升，为公司全面完成新的一年里的各项任务和目标做了大量的工作，作出了积极的贡献。”然后会提出新的希望和要求，为企业的建设和发展更加努力。

若是学校领导致开幕词，少不了对教育成果的展示、总结和报告。比如：“我校自升本以来也获得了快速的发展，目前本科专业已有×个，覆盖工学、文学、经济学、法学和管理学等学科，在校生超过××××人。今年我校毕业生××人，就业率达××%。两年来，我校的教学质量不断提高，社会美誉度也在不断地上升。”

◎节庆开幕重“热闹”

节庆活动是在固定或者不固定的日期内，以特定主题活动方式，约定俗成、世代相传的一种社会活动。

节庆活动的举办主要是纪念、庆祝等，少不了热闹的因素。它的主要特点：主题鲜明、地方特色浓郁、功能多样化、群众性强等。

对于不同的节庆日，要采取不同形式和礼仪的庆祝活动，如联欢晚会、文艺晚会、舞会、庆典会等。进行这类活动时一般要注意以下几点：

一是要对活动的内容和形式精心策划，尽量灵活、欢快。

二是精心组织，特别是大型集中活动。要把各个方面考虑周全，像是参会人数、场所选择、应急措施等。

三是宴请当地领导人及有关部门的领导人出席，并安排本单位的负责人讲话。

说到讲话就不能不提开幕词，开幕词一定要简明扼要，同时还要兼顾精彩生动，忌冗杂长乱。

◎解说开幕词

开幕词是党政机关、社会团体、企事业单位的领导人，在会议开幕式时所作的讲话，旨在阐明会议的指导思想、宗旨、重要意义，向与会者提出开好会议的中心任务和要求。主要特点是宣告性和引导性。

开幕词一般有首部、正文和结束语组成。首部包括标题、时间、称谓三项。正文包含开头、主体、结尾三部分。开头一般都是直接宣布开幕，中间也可以加上与会者的身份，祝贺、感谢之类的话。切记，不管开头有多少内容，哪怕就一句话，也要单独列为一段。主题部分是核心，主要讲述会议的意义、会议的指导思想、提出的要求三项内容。结尾是提出会议任务、要求和希望。

结束语一般都简短、有力，而且具有号召性和鼓动性。常用“预祝大会圆满成功”。

开幕词内容特点一般是篇幅简短，快速地进入正题。切忌冗杂、重复，语言尽量口语化、富有感情，还要生动活泼。语气要友好、热情。

◎经典致辞

庆运动会开幕贺辞

范例一

［致辞背景］ 厂职工运动会开幕式

［致辞人］ 领导

各位来宾，各位代表，同志们：

大家好！

在这阳光明媚、鲜花盛开的日子里，我们共同迎来了“××”公司首届职工运动会的隆重举行。在此，我代表“××公司”党政工团，向本届运动会的召开致以热烈的祝贺！向前来参加大会的各位领导、来宾、职工和家属表示热烈的欢迎和衷心的感谢！

全民健身运动正在全国各地蓬勃发展。随着社会经济的不断发展，人民生活水平的不断提高，整个社会的物质、文化生活水平在不断提升。人民不再满足于物质生活，转而不断寻求更高水平的精神生活和更加健康的生活水平。企业职工体育事业也因此得到了长足发展。同时，发展体育运动，弘扬体育精神，增强职工的体质，对于企业的发展壮大、做强做精，有着十分重要的意义。我们“××”公司素来有开展群众性文化体育活动的优良传统，举办本次运动会，旨在检验我们“××”公司职工体育的新成就，交流各单位关于开展体育活动的新经验，促进我们的职工体育竞技迈上新台阶，达到新水平。

这次运动会将会是一次空前团结的盛会，是一次展示才能的盛会，是一次凝聚人心的盛会，有着深远的意义。今天有近万名“××”职工、离退休老人、少年儿童，有72支强劲的队伍，汇聚成一股蓬勃向上的力量，支撑起了一个加强融合、团结合作、共同进步的平台。这是竞技的愉悦，是心灵的沟通，是友谊的促进，是未来的憧憬。这是一场展现职工精神风貌的精彩演出，是一个展现公司人精诚团结的舞台，职工家属普遍参与其中，更是彰显了活动的欢乐气氛，这次体育盛会，将大大提升企业的人气，鼓舞队伍的士气，增强必胜的勇气，扬起向上的豪气，积极建设“××”公司。

本届运动会筹备时间达半年之久，受到领导的高度重视，各个单位和

广大职工积极参与，大会组委会精心设计，周密组织，为公司内部的广大体育爱好者、运动员们，提供了一个切磋技艺、比试身手、促进感情交流的大舞台。希望全体运动员、教练员、裁判员们以党的十六大精神和“三个代表”重要思想为指导，发扬“更快、更高、更强”的奥林匹克精神，遵循“公开、公平、公正”的竞赛原则，发扬中华体育的优良传统，重在参与，赛出风格，赛出水平。让我们以百倍的信心迎接挑战，以优异的成绩开创公司体育运动史上的辉煌。把本届运动会办成一个“文明、精彩、热烈、圆满”的大会。

最后，预祝本届运动会取得圆满成功！预祝各位运动员取得优异的成绩！

谢谢！

范例二

[致辞背景] 校运动会开幕式

[致辞人] 校长

各位来宾，各位代表，老师们、同学们：

大家好！

在这秋高气爽、硕果累累的时节，我们××高中一年一度的体育盛会——第×届校运动会开幕了！在此，我谨代表学校党总支、学校行政处对本届校运会的如期顺利举行表示热烈的祝贺！向积极参与校运会筹办、组织、比赛工作的老师、职工、同学们表示衷心的感谢！

生命在于运动，自建校××年来，我校始终全面贯彻党的德智体全面发展的素质教育教学方针。因为我们深深认识到，作为一个学生，如果忽视了德育，可能会成为社会上的祸害品；忽视智育，可能会成为社会上的残缺品，忽视体育，可能会成为社会上的废弃品。因此，我们在坚持德育为主、智育为重的同时，也非常重视体育。积极开展健康高尚、丰富多彩、有趣有益的体育活动，掀起全民健身的热潮，培养同学们不仅有高尚的品质、渊博的知识，而且有强健的体魄。所以，我们要像重视德育和智育一样重视体育，要像办好各项学科活动一样，办好学校运动会。

校运会是一次具有深远影响和意义的盛会。首先，它是一次展示的盛会，它将展示我们全面推进素质教育的决心和决策；展示我们体育竞技水平的高低；展示我们的团结协作精神和集体荣誉感。其次，它是一个发展的契机，我们可以借此来提倡健康有益的业余生活，推广科学文明的健康理念，使更多的师生和广大群众投身到体育锻炼中来，使我们都有强壮的身体、顽强的意志，去更好地完成繁重的学习任务。同时，运动场上还可以培养我们不甘落后的精神、坚持不懈的意志、奋力拼搏的态度、令行禁止的纪律。我们可以把你追我赶的精神、战胜困难的意志、全神贯注的态度运用到教育和学习中去，使我校的全面素质教育工作能够再上一个台阶。

本届校运会是我校建校史上第×个体育盛会，希望全体的运动员、教练员、裁判员们努力拼搏、尽心尽责、公正裁判，发扬“更快、更高、更强”的奥林匹克精神，遵守“公开、公平、公正”的竞赛原则，赛出风格，赛出水平。

最后，预祝第×届校运动会取得圆满成功！预祝各位选手取得优异的成绩！

谢谢大家！

范例三

[致辞背景] 学校秋季运动会开幕式

[致辞人] 校领导

各位来宾，各位老师、同学们：

大家好！

在这充满收获的季节里，我们全校的师生以激动的心情迎来了××××年第××届秋季运动会。本次运动会是我校自建校以来最隆重的、同学参与度最高的一次运动会。参会的师生达××××人，其中运动员将近××××名，裁判员×××名，这是对我校学生综合素质的一次大锻炼和检验。另外，我们还有幸请来了××队的消防员来为我们做演示。在此，让我们以热烈的掌声对他们致以最热烈的欢迎和最衷心的感谢！

我校自建校以来一直坚持教育创新的理念，不断提高教育教学水平，不断地加强教育的现代化建设。在全校师生的努力下，我校的各项工作取得了优异的成绩，特别是今年我们又在××竞赛中获得了一等奖。除了德育和智育之外，我校的艺术体育特色也得到了社会广泛的好评和称赞。我校的学校文化氛围良好，教学环境优美，这一切都得益于全校师生的努力。我校的体育工作也在新课程理念的指导下，树立了全民健身和终身体育的意识，倡导人本主义思想，树立了人文第一、健康第一的目标，将一切为了学生的健康作为体育工作的出发点和归宿。在这些新理念的指导下，我校的体育工作也开展得有声有色，获得了喜人的成绩。

举办这次运动会正是对学生平时体育活动的一次大检验。为了本次运

动会能够举办成功，我提出几点要求和希望：希望全体运动员们，认真参加各项体育竞赛活动，充分展示自己平时体育锻炼的成果，发挥自己的最佳水平，赛出风格、赛出水平，努力以最好的成绩为班级争光。在竞赛过程中顽强拼搏、服从裁判；希望全体裁判员能够遵循公开、公平、公正的原则，及时到位、客观公正地履行裁判职责。给每一个运动员的付出进行正确的评判和裁决；希望各班的班主任做好学生的组织工作，对学生进行安全教育、卫生教育、保持良好的大会秩序，确立服务意识。

衷心地希望各班的体育健儿在运动场上一展雄姿。我相信：你们一定能够赛出友谊、赛出风格、赛出水平，发扬奥运精神，向着更高、更快、更强的目标而努力迈进。

最后，预祝本届秋季运动会圆满成功！

谢谢大家！

范例四

[致辞背景] ××镇第×届运动会开幕式

[致辞人] 镇长

尊敬的各位领导，各位来宾，运动员、裁判员们：

大家好！

天高云淡，秋风送爽，在此黄金季节，我镇的第×届运动会在今天开幕了！我谨代表××镇的党委、政府，向百忙之中前来我镇参加运动会的各级领导和来宾致以崇高的敬意！向本届运动会的顺利召开表示热烈的祝贺！向进行筹备、组织的工作人员表示衷心的感谢！

本届运动会是我镇实现全镇农转非、基本实现城市化建设之后的首届运动会，是对我镇三个文明建设和体育建设成果的一次大检验，是市委、市政府和区委、区政府大力倡导的全民健身运动的进一步开展。几年来，我们在区委、区政府的正确领导下，在全镇人民的共同努力下，我镇的各项事业发展都取得了可喜的成绩，特别是近几年，我镇的经济趋于稳步上升阶段，这更是值得大家庆贺的。但是我们要知道“逆水行舟，不进则退”，我们决不能安于现状，停滞不前。我们要始终坚持不懈、努力发展、奋发向上。

运动会的举行，推动了我镇全民健身工作的不断纵深发展，增强了全民的身体素质，提高了干部群众的体育强身、强镇的意识，加强了各部门和单位之间的联系和沟通。对进一步推进××镇的精神文明建设城市建设有着十分重要的意义。

为使这次运动会达到预期的目的，我代表大会组委会向全体与会人员提出以下希望：希望全体运动员发扬“友谊第一、比赛第二”的精神，顽强拼搏，团结互助，赛出竞技水平、赛出个性风采、赛出道德风尚、赛出团结友谊，发扬更快、更高、更强的奥林匹克精神，不管成绩如何，重在参与。希望全体裁判员发扬公平公正、实事求是的精神，尽职尽责，恪守比赛规则，做到公正裁判、热情服务，保证竞赛的顺利进行。希望全镇人民关注体育、热心健身、增强体质。希望以本次运动会为契机，不断增强体魄、奋发向上，夺取体育比赛和精神文明的双丰收，为××镇的发展和建设作出重大贡献。

最后，预祝全体运动员取得优异的成绩！预祝本届运动会取得圆满成功！

谢谢大家！

范例五

［致辞背景］ 学校田径运动会开幕式

［致辞人］ 校长

老师们，同学们：

大家好！

在这繁花似锦的季节里，我们××小学第×届田径运动会在全校师生的共同努力和精心筹备下隆重开幕了！首先，请允许我代表本届大会的组委会对运动会的如期举行表示热烈的祝贺！向那些辛勤筹备本届运动会的老师们、同学们表示衷心的感谢！

今天，我们召开这次运动会，就是为了给全校师生们提供一个运动的场所，一个劳逸结合的场所。这次运动会不仅是对我校同学体育水平和成绩的一次大检阅，更是对全校师生的道德品质、团结精神、思想作风和校纪校风的一次考察和展示。

作为学校和教师，我们不仅希望你们能够掌握扎实的科学文化知识，更希望你们能够有强健的体魄，做到德智体全面的发展。只有这样，你们才能更好地在新世纪中发挥你们的才能和活力，在激烈的竞争中更好地展示你们的价值，实现你们的理想。本次运动会比赛分为两批，一是我校各年级的同学们之间的比赛，二是各年级老师之间的比赛。希望你们秉着更快、更高、更强的体育精神，在本届运动会上发扬努力拼搏、敢于争先、自强不息的精神，弘扬中华民族传统美德，坚持“友谊第一、比赛第二”。重在参与、赛出水平、赛出风格、赛出友谊，用你们无限的青春活力和风

采去展示你们卓越的才能、健康的身心，展示我们××学校的新风貌。

希望各位老师也能积极垂范给孩子们做一个好的榜样，发扬坚持不懈、奋发向上的精神。同时也希望各位裁判员能够遵循“公开、公平、公正”的竞赛原则，以促进学校的体育事业为重，认真负责。希望全体工作人们都能够忠于职守、保障安全、热情服务。希望全体观众文明守纪、团结友爱，为我校的体育事业奉献自己的力量。

让我们一起努力，共同办好本届运动会，我相信：我们一定能把本届田径运动会办成一个“文明、热烈、精彩、圆满”的盛会，为推动我校体育运动事业的发展，提高我校体育运动技术水平作出新的贡献。

最后，祝本届田径运动会取得圆满成功！祝各位运动员取得良好的成绩！

谢谢大家！

范例六

［致辞背景］ 县直机关运动会开幕式

［致辞人］ 领导

尊敬的各位来宾，运动员、裁判员们：

大家好！

在这光芒四溢的季节里，我们共同迎来了××县第×届县直机关运动会。在此，我代表中共××县委、县人大、县政府，对本届运动会的隆重举行表示热烈的祝贺！向前来参加盛会的各位来宾、各界朋友表示热烈的欢迎！向所有积极参赛、刻苦训练的运动员、教练员们致以亲切的问候！向裁判员和辛勤工作的后勤人员致以崇高的敬意！

随着我国加入WTO，经济快速发展，社会物质、文化生活水平在不断地提高，全民的体育事业也得到了长足的发展，全民健身活动正在全国各地迅速地开展。发展体育事业，增强人民体质，强健民众体魄，弘扬奥林匹克精神，对于促进××县的发展有着重要的意义。

本届运动会，将集中检阅我县机关干部职工体育运动的新成就，促进全县职工体育竞技水平迈上新台阶，加强各单位开展体育活动新经验之间的交流。经过大会组委会的精心设计和周密部署，本届运动会为全县的体育爱好者们提供了一个顽强拼搏、切磋技艺的大舞台。希望通过这个大舞台，通过这次运动会，进一步提升县直机关的活力，激发机关人员积极向上的豪气，鼓舞干部队伍的士气，增强他们敢于胜利的勇气，从而形成良好的环境和氛围。

我希望全体运动员都能坚持高昂的斗志、顽强的精神，发扬“更快、更高、更强”的奥林匹克精神，遵循“公开、公正、公平”的竞赛原则，积极参赛，赛出风格、赛出友谊、赛出成绩。弘扬中华民族优良的传统，重在参与，友谊第一、比赛第二。努力把本届运动会办成一次“文明、热烈、精彩、圆满”的盛会。

预祝全体参赛人员取得优异的成绩！预祝本届运动会取得圆满成功！

谢谢大家！

庆展览会开幕贺辞

范例一

[致辞背景] 首届作品展览会开幕式

[致辞人] 市长

尊敬的各位来宾，各位代表，同志们：

大家好！

今天，由中国科技教育辅导协会和中国发明协会举办的“首届教育工作发明和作品展览会”隆重开幕了。在此，我谨代表市委、市政府向本次活动的举办方表示热烈的祝贺！向各地为我国教育事业做出成绩的教育者们表示亲切的问候！向关心、热爱、支持科技教育事业的各级领导和社会各界人士表示衷心的感谢！

本次展览会遵循的是“全国科普工作会议”和“第三次全国教育工作会议”的主要精神。主要目的是展示科技教育工作者们的发明和作品，表彰取得优异成绩的教育者们，交流和展示他们在科技工作中所积累的经验和创造的成果，倡导和鼓励创新教育，提高广大教育工作者们的创新意识和开展科技活动的能力，促进我国科技教育事业的发展。

素质教育的重点是培养学生的创新精神和实践能力，作为教育工作者，他们的科学素养和创新能力如何，不仅会直接影响到学生的创新精神和实践能力，而且还会关系到我国科学技术发展的潜力，影响我国现在与未来的科学技术的实力。因此，在广大工作者中弘扬科学精神，提高教师的科学素质，倡导科学思想和科学方法就显得尤为重要。本次展览会就是在这样的契机下举办的，希望通过教育工作者之间的交流和研讨，激励广大工作者们的创新意识，提高科技水平和教学能力，提高全面实施素质教育的能力，加快素质教育的进程。

在本次展览会中将会展出诸多教育工作者近年来的优秀发明和创造

×件，这些作品是从全国各地征集来的，包括语文、数学、化学、地理、物理等多门学科的教学用具，涉及工业、农业、医疗、保健等诸多领域。这些作品突出展示了它们的教育性，近70%的作品可以直接运用于实际教学领域。我相信，这次的展览会，将会极大地激励广大教育者们的创新意识，提高师资队伍和科技素质，同时，对于今后学生的科技教育活动将会产生巨大的影响，在培养和造就科技创新后备人才上也将发挥积极的作用。希望这样的展览会能够持久地开展下去，让更多的教育工作者们积极参与到这项有意义的活动中来。

最后，预祝本届展览会取得圆满成功！

谢谢大家！

范例二

[致辞背景] ××博览会

[致辞人] 主持人

尊敬的各位领导，各位来宾：

大家好！

今天是个特别的日子，我们欢聚一堂，共同迎来了第×届“中国××·××投资贸易博览会”。

在这洋溢着喜悦的日子里，来自世界各地不同肤色、不同语言、不同民族的人们，不远万里，怀揣着共同的目标和梦想，相聚本届“中国××·××投资贸易博览会”。这是中国和世界各国真诚互动、友好往来的纽带和桥梁，是谋求发展、寻求商机、开创××地区共同繁荣的重要平台，是一个意义深远、影响巨大的举动。众所周知，随着全球经济一体化的不断发展，我国也在建设沿海经济特区、实施西部大开发战略之后，进一步提出了振兴东北地区等老工业基地的战略。

经过一段时间的调整和改造，东北老工业地区逐渐成为中国当前以及今后经济快速增长的一个重要区域，同时，东北老工业地区也在与××地区各国的长期经贸合作与友好发展交往过程中，结下了深厚的友谊，为推进××区域经济的共同繁荣和发展奠定了坚实的基础。在这样一种时代背景下，国务院批准在东北老工业地区搭建起××投资与贸易平台，进一步加强与××以及世界各国家和地区在经济、文化等方面的合作，是明智而重大的举措。

本届“中国××·××投资贸易博览会”旨在搭建一个我国与××以及世界各国之间互利双赢、交流合作、竞争开放的长期合作的平台。本届展会的主题是“××、××”，宗旨是“构建合作平台，打造招商品牌，展示区域形象，促进共同发展”。

最后，让我们共同预祝“中国××·××投资贸易博览会”圆满成功。祝大家生活幸福美满，身体健康，事业一帆风顺。

谢谢大家！

范例三

［致辞背景］ ××技术展览会开幕式

［致辞人］ 主持人

各位来宾，各位代表，同志们：

大家好！

国际××技术展览会今天在××隆重开幕了。在此，我代表展览会的主办单位××××协会和××××单位，向参观展览会的全国各地的企事业单位的朋友们表示热烈的欢迎！向积极参展的××××协会、××××单位表示衷心的感谢！

在××××协会和××××单位的共同努力下，国际××处理技术和设备已在××市成功举办了×届，集中展示了城市垃圾收集、清运、处理技术和设备，城市公共厕所技术和设备、城市固体废物回收利用与资源化技术和设备等。展览会的组织和筹办得到了建设部、科技部和国际固体废物协会的大力支持。来自美国、法国、荷兰、日本、新西兰等国家和国内诸多知名环保环卫企业、科研机构参加了展览会。这个展览会也是迄今国内举办的规模最大、适用性、针对性、专业性最强的国际性展览会。

当前国际社会普遍关注的重大战略问题，除了和平与发展外，还有环境与发展。垃圾污染和防治是目前世界各国共同关注和亟须解决的环境问题之一，也是党中央、国务院高度重视的一件大事。温家宝总理曾强调指出，要从根本上解决垃圾污染问题，必须制定有关的政策和法规，加强对垃圾排放、处理、回收再利用的管理；必须统筹规划，引进、开发和推广适合我国国情的垃圾先进处理技术；必须运用市场机制，实行垃圾排放收费制度，对于加快我国环卫产品市场的建立与发展，对于加强垃圾处理和污染防治，必将发挥重要的导向作用和推动作用，有利于将中央的决策和指示落到实处。今后，我们将顺应环卫行业发展需求继续举办国际固体废物处理技术和设备展览会，并依靠全行业的努力，依靠全社会的支持，不断扩大规模，提高成效，丰富内容，使之成为促进我国城市环境卫生行业的现代化，实现全面建设小康社会的宏伟目标，作出更大的贡献！

希望本届展览会成为我国城市环境卫生行业的一次盛会。通过本届展览会的展示和交流，起到增进了解、加强合作、洽谈贸易、广交朋友的作用。最后，预祝展览会取得圆满成功！

谢谢大家！

范例四

[致辞背景] 汽车展览会开幕式

[致辞人] ××领导

尊敬的各位领导、各位来宾，女士们、先生们：

大家好！

今天，能和各位领导、各位嘉宾、各位朋友相聚，我感到十分高兴。我谨代表××市政府，本届展会的主办和承办机构，对光临今天开幕式庆典的各位领导、各位嘉宾、各位朋友表示热烈的欢迎和衷心的感谢！

本届汽车展览会以“承载梦想，畅想生活”为主题，全球所有汽车跨国公司全部报名参加了本届车展，参加展出的国际品牌：德国大众集团（一汽大众和上海大众）、奔驰集团（迈巴赫和SMART）、奥迪（含一汽奥迪）、宝马和MINI、日本马自达、路虎、捷豹、通用及上海通用（别克、雪佛兰、凯迪拉克）、丰田、本田及广州本田和东风本田、法国的标致、雷诺汽车、沃尔沃、雪铁龙，等等。此外，国内展商也是势头强劲，底气充足，将集体与跨国公司同场竞技，全面展示我国自主知识品牌上的科研和创新成果。几大国有汽车集团的倾力参展，一汽集团、上汽集团、北汽集团、东风集团、长安集团等。

展会总规模达到××××平方千米，其中，整车参展企业××家，展出面积××平方米，零配件及用品参展企业××家，展出面积××平方米。本届车展的参展企业阵容强大，品牌云集，展商对本届××车展的重视程度进一步提高。在会展当天有××家参展企业、××台概念车、××台新车争相登场，来自海内外的汽车行业知名厂家也纷纷亮相，在××车展这个优秀的商业平台上展示他们的最新产品、先进技术和品牌形象。

本次车展会的成功举办，有赖于国内外有关单位的积极参与和大力支持。在此，我代表主办机构，向所有支持××车展的机构和朋友们表示衷心的感谢！并诚挚地希望各位能一如既往地支持××车展的发展。

预祝本届车展会圆满成功！也祝各位朋友身体健康、工作顺利！

谢谢大家！

范例五

［致辞背景］ 全国书画展开幕庆典

［致辞人］ ××市领导

各位领导、各位来宾，同志们、朋友们：

大家好！

今天，我们欢聚一堂，共同举办全国书画展。在此，请允许我代表本届书画展组委会对书画展的举办表示衷心的祝贺！向前来参加的各位领导、来宾，向在座的同志们、朋友们表示热烈的欢迎！

本次书画展共有来自全国各地的142名书画界名家，以各自富有激情的创新力作参加展览比赛，规模之大、规格之高，在国内业界是屈指可数的。本次展览既是打造强势企业文化的重要载体，也是促进文化交流、建设和谐社会的重要举措。我们举办这次书画展的主要目的就是以艺术的形式向各位领导和来宾展示人民的新精神风貌，汇报我县近年来精神文明建设所取得的成就，同时，也是以书画艺术作为桥梁，增进各地人民之间的联系和交流，加深省内外各界人士的了解，营造加快我县经济发展的良好氛围。

书画艺术源远流长，历史悠久，它可以陶冶人的情操，净化社会风气，提高人的素质。在新的历史时期，书画艺术也是社会主义精神文明建设的一项重要内容。我们××县是××省文化厅命名的全省唯一的书法之县，有着光荣传统，产生过具有一定知名度的书画艺术家，全县的书画爱好者众多，书画艺术得到极大的推广和普及。这次我们有幸举办这次全国书画展，和众多德高望重的老一辈书画艺术家共聚一堂，感到十分兴奋和激动。我相信，这次书画展对于进一步提高我县书画艺术的整体水平必将产生积极的影响和促进作用，对我县两个文明的建设也必将产生重大的影响。

各位领导、各位来宾、朋友们，要落实科学发展观离不开先进文化的支撑，让我们以这次书画展作为新的起点，加强交流与合作，增进彼此间的友好往来，传承先进文化，共创美好明天。同时希望广大的书画爱好者能一如既往、深入钻研，进一步提高我县书画艺术的普及率，努力把书画艺术推向一个新境界，为社会精神文明建设奉献自己的力量。

预祝本届书画展取得圆满成功！

谢谢！

庆会议开幕贺辞

范例一

[致辞背景]　党代会开幕式

[致辞人]　××县领导

各位代表、同志们:

大家好!

中国共产党××县××次代表大会今天正式开幕了!这次党代会在筹备期间，得到了省直工委、交通厅党委的大力支持和亲切关怀，今天诸位领导应邀出席了我们的会议，让我们以热烈的掌声对他们的到来表示诚挚的欢迎和衷心的感谢!这次大会是在扎实推进社会主义新农村建设、努力构建和谐社会的新形势下召开的一次大会，对于进一步加强党的先进性建设和执政能力建设，认真践行“三个代表”重要思想，落实科学发展观，加快构建和谐××，具有十分重大的现实意义和深远的历史意义。这次大会的主要任务:高举邓小平理论伟大旗帜，认真实践“三个代表”重要思想，以科学发展观为指导，深入贯彻党的十六大及十六届六中全会精神，认真总结我县第×次党代会以来的×年所取得的成就，为构建和谐××作出全面部署。同时，肩负着选举新一届县委、县纪委领导班子，为今后发展提供坚强领导和组织保证的重任。

回首过去，我们倍感欣慰。在过去的五年里，县委总揽全局，带领全县各级干部和广大人民群众，在困境中奋进，在挑战中发展，开创了经济进步、政治安定、人民群众安居乐业的良好局面。过去的五年是理清思路、凝聚力量的五年，是不断开拓创新、积极探索的五年，是历经考验、排难前进的五年，是抓住机遇、乘势而上的五年，是我县综合实力提升最快、经济发展最好的五年。

展望未来，我们豪情满怀。未来五年的任务光荣而艰巨。未来五年，是承前启后、继往开来的五年，是构建和谐、与时俱进的五年，是科学发展、加快调整的五年。这次大会的成功与否，将直接影响到××县未来的发展和出路，关系到广大人民的切身利益。全县共产党员和广大群众也对这次大会十分关注，并寄予了厚望。希望全体与会代表，要以高度的政治责任感和历史使命感，齐心协力，努力把这次大会开成一个朝气蓬勃的大会，一个共谋发展的大会!也希望在这次大会之后，在新一届县委的领导下，全县共产党员和人民群众能够以高昂的斗志、饱满的激情、务实的作风，积极投身到全县的经济、政治、文化和社会建设上来，为构建和谐××作出更大的贡献。

最后预祝大会圆满成功！也祝在座各位身体健康、工作顺利！

谢谢大家！

范例二

[致辞背景] 企业职工代表大会开幕庆典

[致辞人] 领导

各位代表、各位来宾，同志们：

大家好！

今天，我们欢聚一堂，同庆我们××公司第×届职工代表大会隆重开幕！值此喜庆之际，我谨代表公司党委、行政向关心支持我们公司发展的社会各界人士致以崇高的敬意！向辛勤工作的全体员工表示衷心的感谢！

公司的第×届职代会是在深入学习贯彻党的十六届五中全会精神、××电网公司工作会议精神的形势下召开的一次总结工作、分析形势、部署任务的重要会议。公司自召开职代会以来，全体职工群众认真学习和贯彻党的十六大精神，全面践行“三个代表”重要思想，在公司领导的正确带领下，按照以往职代会上所确定的工作思路，上下团结，开拓创新，与时俱进，取得诸多工程项目的成功和辉煌成绩。

回顾过往，公司始终坚持“完善、规范、巩固、提高”的要求，坚持以大政方针来总揽全局，积极投身到电网的建设中来。在工作过程中不断转变观念，夯实基础，扎实工作，强化管理。在广大职工的努力下，公司各项工作水平都得到了有效的提升，为公司全面完成新的一年里的各项任务和目标做了大量的工作，作出了积极的贡献。

展望未来，希望与困难同在，机遇和挑战并存。我们要继续坚持“对省网公司负责，为业主用户服务”的宗旨，继续坚持以法政方针为指导来总揽全局，坚持“强本、创新、领先”的战略，始终坚持做到把公司的各项工作落到实处，着力提高职工人员的素质、管理水平和创新水平，进一步加强干部职工队伍的建设、党的建设和党风廉政建设，努力开创公司各项工作的新局面。

大会的主要内容：代表们将听取××的《××》行政工作报告；××的《××》工会工作报告等；本会将继续签署第×轮的《集体合同》；推选出××××年度的“十佳”优秀职工并给予表彰；选举出新一届工会委员会和工会经费审查委员会；通过本届职代会各专门委员会委员等。公司

将继续遵循“全心全意依靠工人阶级”的方针，始终坚持依靠职工办企业，充分发挥各位代表参政议政的作用，畅通职工民主决策、民主管理和民主监督的渠道，广开言路，反馈民意。把本届大会开成务实求真、团结奋进的大会。希望全体职工能够继续保持艰苦奋斗、勇往直前的作风，坚持不怕苦、不怕累的精神积极投身到公司的建设和发展中来，也希望社会各界人士能够一如既往地关心和支持我们。

最后，预祝本次大会取得圆满成功！

谢谢大家！

范例三

[致辞背景] 学院教学工作会议开幕式

[致辞人] 校领导

各位老师、各位来宾，同志们：

大家好！

经过半年时间的筹备和组织策划，今天，我们××大学××××年教学工作会议在这里隆重开幕了！在此，我代表校党委、行政，对本次会议的召开表示热烈的祝贺！向在座的各位来宾表示衷心的欢迎！向为本次会议付出辛勤劳动的工作人员致以诚挚的感谢！向全体教职工，特别是全体教师表示亲切的问候！

本次教学工作会议是在全国、全省、全市高等教育快速发展、我校各项工作表现出良好的发展态势的形势下召开的。近些年来，我国的教育事业不断地进行改革和发展，实现了历史性的跨越。截止到××××年，我国已有普通高校××所。我校自升本以来也获得了快速的发展，目前本科专业已有×个，覆盖工学、文学、经济学、法学和管理学等学科，在校生超过××××人。今年我校毕业生××人，就业率达××%。两年来，我校的教学质量不断提高，社会美誉度也在不断地上升。这些成果的取得，离不开广大干部和教职工的辛勤付出，在此，我谨代表院党政领导向大家表示衷心的感谢！

本次教学工作会议会期两天。会议的主要内容：听取并讨论××校长的教学工作报告；讨论即将出台的关于我校教学建设、改革和管理的相关规章制度；邀请国内知名专家做关于学校建设问题的专题讲座；交流研讨各单位的教学经验；展示各单位的教学成果；最后有××书记做总结讲话。（略）这次会议的目的是总结交流经验，研讨分析问题，提高认识，认清形势，明确目标，构建我校新的教学质量保障体系。

我相信本次教学工作会议的召开，必将进一步激发全院教职工对教学工作的热情、信心和责任感，必将有力地促进全校教学建设的开展并成功带动各项工作的顺利进行，开创我校改革与发展的新局面！

最后，预祝本次教学工作会议圆满成功！

谢谢大家！

庆比赛开幕贺辞

范例一

[致辞背景] 篮球比赛开幕庆典

[致辞人] 领导

各位领导、各位来宾，同志们：

大家好！

在这阳光明媚、鲜花盛开的日子里，在这充满和谐、奋进、团结、发展的美好时刻，“××公司第×届篮球比赛”隆重开幕了！在此，我谨代表××公司党政领导和全体员工向莅临本次大会的各位领导和来宾表示热烈的欢迎！向全体篮球队员、裁判员和工作人员致以诚挚的谢意！向坚守在一线的广大员工致以亲切的问候！

一年一度的篮球赛俨然已成了公司必不可少的企业文化之一。它不仅活跃了员工的文化生活，使员工有了更多更好的业余活动，而且还为全厂的篮球运动爱好者搭建了一个展示自我的平台，让大家有机会展示球技，强健体魄，锻炼身体，以更加饱满的精神投身到工作中去。篮球赛具有广泛的参与性和强烈的竞争性，广大员工们都积极参与到篮球赛事中来。本次球赛共有××支参赛队伍，其中男队有×支，女队有×支。本次比赛旨在活跃员工业余文化生活，增强各部门员工在工作中的凝聚力和战斗力。

在此，我殷切地希望全体运动员发扬“更高、更快、更强”的奥林匹克体育精神，奋力争先，顽强拼搏，以高超的球技，高昂的斗志，赛出竞技水平，赛出个性风采，赛出道德风尚，赛出团结友谊。同时，希望裁判员们忠于职守，公正裁判，严肃认真，努力营造公平、公正、客观、有序的良好竞赛环境。也希望各位现场工作服务人员能够积极配合，遵章守纪，各司其职，为办好本届比赛作出贡献。希望通过本次篮球比赛能够带来“人人关注健康、人人重视锻炼”的热潮。

让我们大家一起努力，力争把本次篮球比赛办成一次规模空前的盛赛、一次凝聚人心的盛赛、一次展现才能的盛赛。同时，让我们以此共同

祝愿我们祖国、我们公司更加兴旺发达、繁荣昌盛、快速发展！

最后，预祝××公司第×届篮球比赛圆满成功！预祝各代表队取得优异的成绩！

谢谢大家！

范例二

［致辞背景］ ××杯经典诵读比赛开幕式

［致辞人］ 领导

各位青年朋友们，同学们：

大家好！

在举国上下共庆中国共产党成立90周年之际，××杯经典诵读比赛隆重开幕了！

本次比赛是由××区委宣传部、工作委员会、区文明办、教育局联合开展的，旨在培养青少年的爱国主义思想，进一步加强青少年社会主义核心价值体系建设，拉开全区庆祝建党90年的帷幕，唱响共产党好、改革开放好、社会主义好、伟大祖国好的主旋律。

经典诗词就像是一座座的丰碑，记载着中华文明的历史遗产；又像是一顶顶的王冠，点缀着中华文学的奇珍异宝。在这里，我们能体味到“才下眉头，却上心头”的相思之苦，也能体味到“纵有千种风情，更与何人说”的怅惋；能找到“人比黄花瘦”的婉约，也能找到“大江东去”的豪放；能听到“杨柳岸，晓风残月”的浅吟低唱，也能听到“臣子恨，何时灭?”的愤怒呐喊；有独上西楼的长相思，也有草长莺飞的梦江南；有怒发冲冠的报国志，也有床前明月光的故乡情；有春光乍现的蝶恋花，也有斗霜傲雪的一剪梅。捧着经典诗词这一宝典，我们能清晰地感受到它的分量：思索人生，它笔笔入理；刻写历史，它刀刀见血；憧憬光明，它声声不倦；鞭挞黑暗，它字字带泪。它是文人的妙笔，也是哲人的沉思；它是历史的凝固，也是现实的写照。它的大漠孤烟，它的金风玉露，它的塞外鼓角，共同托起了中国文学史上的一座高峰。

古人常说：腹有诗书气自华。我们举办经典诵读比赛，就是要让经典滋润我们的心田，我们亲近经典，在中华美德的滋养下，生活更加阳光灿烂，我们举办经典诵读比赛，就是要让经典伴着我们成长，我们诵读经典，在书声琅琅的氛围里，人生更加丰富多彩。

最后，预祝本次××杯经典诵读比赛取得圆满成功！

谢谢大家！

范例三

［致辞背景］ “××杯”乒乓球比赛开幕庆典

［致辞人］ 领导

各位来宾、各位代表，同志们：

大家好！

春回大地，冰雪消融，今天，我们迎来了“××杯”全县乒乓球比赛。在此，我代表全县向这次比赛的举行表示热烈的祝贺！向筹办此次乒乓球比赛的一线辛勤工作的工作人员表示衷心的感谢！向积极奋战、不懈努力的所有参赛运动员表示亲切的问候！

乒乓球是我国的国球，历来为广大群众所喜爱，有着广泛的群众基础，更是我们全县人民都关注和喜爱的一项运动。近年来，随着我县体育事业的不断发展，乒乓球比赛已经得到普遍的推广，参与比赛的人数正在逐年增加，活动场所在不断地增多，技术水平也是在不断地提高。现在，发展乒乓球运动已经成为我县开展全民健身运动的一项重要内容。

举办这项比赛的目的也是以竞争为动力，来推动我县人民的乒乓球技术水平的不断提高；同时也是为了更好地贯彻和落实《全民健身条例》，动员全县人民参与到全民健身运动中来，调动广大乒乓球喜爱者的积极性和参与性，以此来激励全县人民的斗志、增强体质、凝聚力量、培养全县人民顽强拼搏、不懈努力、奋发向上的精神。使全县人民以饱满的激情投身到全县的建设中来，为建设富强、文明的××县作出贡献，以良好的风貌，努力创业、积极干事，实现我县经济社会科学的跨越式发展。

本次乒乓球比赛为期×天，共有××名运动员参加，分为男子双打和单打，女子双打和单打，男女混双。届时会选出团体赛和个人赛的前×名进行奖励。我希望全体运动员、裁判员、教练员和工作人员要遵循“更快、更高、更强”的奥林匹克精神和“公开、公平、公正”的原则，以身作则，遵守赛会要求，尊重裁判，尊重对手，努力参赛，弘扬体育风尚，赛出风格、赛出水平。要坚持“友谊第一、比赛第二”的宗旨。

最后，预祝比赛取得圆满成功！祝各位代表取得优异成绩！

谢谢！

范例五

［致辞背景］ 第×届歌咏比赛开幕庆典

［致辞人］ 校长

各位领导、各位来宾，老师们、同学们：

你们好！

在这百花争艳、百鸟争鸣的日子里，我们很荣幸地相聚在这里，隆重举行××学校第×届歌咏比赛。这是各个班集体向前发展和进步的一次展示，也是青春活力的一次大检验。在此，我代表全校热烈祝贺这次比赛的举行，同时，向为筹办这次比赛而辛勤工作的老师、学生和工作人员表示衷心的感谢！

歌咏比赛不仅给参赛的全体同学提供了一个展现自我、展示青春的平台，同时也是帮助他们自我修养、自我锻炼、自我教育、自我陶冶的一个有效途径。为了迎接这场比赛，全体的师生在不间断学习的情况下，刻苦练习。一分耕耘一分收获，辛劳将会换来优异的成绩，信念将会带来超越。评委要遵循“公开、公平、公正”的原则，客观评判。

在本届的歌咏比赛中，希望同学们发扬不屈不挠、奋发向上的精神，弘扬团结一致、共同努力的精神，用优美的歌声、飒爽的英姿、整齐的步伐来体现我们××学校的青春风采；以昂扬的斗志、饱满的激情、优异的成绩，去追求更高、更快、更强的奥运精神；本着“友谊第一、比赛第二”的宗旨，协调一致、团结一心、赛出风格、赛出水平、赛出形象。更加希望全体师生以此为契机，奋发向上、团结奋进，再次谱写我们××学校的辉煌！

最后，预祝本届歌咏大赛取得圆满成功！各位选手取得优异的成绩！

谢谢大家！

◎妙句赏析

开幕贺辞好句集锦

★在这阳光明媚、鲜花盛开的日子里，我们共同迎来了“××”公司首届职工运动会的隆重举行。在此，我代表“××公司”党政工团，向本届运动会的召开致以热烈的祝贺！向前来参加大会的各位领导、来宾、职工和家属表示热烈的欢迎和衷心的感谢！

★在这秋高气爽，硕果累累的时节，我们××高中一年一度的体育盛会——第×届校运动会开幕了！

★今天是个特别的日子，我们欢聚一堂，共同迎来了第×届“中国×

××·××投资贸易博览会”。

★时光飞逝，白驹过隙，今天我们××酒店十周年庆典隆重开幕了！在此，我代表××酒店向多年来关心、支持我们酒店的各级领导、社会各界人士表示最衷心的感谢！向为酒店发展付出辛勤汗水的全体员工表示最亲切的问候！

★预祝××学校文艺晚会“传之梦”专场演出取得圆满成功！祝各位学生取得优异的成绩！

★中国共产党××县××次代表大会今天正式开幕了！这次党代会在筹备期间，得到了省直工委、交通厅党委的大力支持和亲切关怀，今天诸位领导应邀出席了我们的会议，让我们以热烈的掌声对他们的到来表示诚挚的欢迎和衷心的感谢！

★预祝××公司第×届篮球比赛圆满成功！预祝各代表队取得优异的成绩！

★经过半年时间的筹备和组织策划，今天，我们××大学××××年教学工作会议在这里隆重开幕了！

★在这金桂飘香、硕果累累的季节，我们迎来了盼望已久的日子——××学院新校落成暨更名揭牌庆典仪式。

★各位青年朋友们，同学们大家好！在举国上下共庆中国共产党成立90周年之际，××杯经典诵读比赛隆重开幕了！

运动会开幕贺辞常用词语

努力拼搏　尽心尽责　公正裁判　重在参与　赛出风格　赛出水平
赛出风采　奋力争先　顽强拼搏　坚持不懈　遵章守纪　各司其职
增强体魄　热心健身　增强体质　公平公正　实事求是　圆满成功

展览会开幕贺辞常用词语

开拓创新　交流合作　增进感情　互利双赢　竞争开放　标新立异
传承文化　再接再厉　一如既往　深入钻研

会议开幕贺辞常用词语

认真践行　深入贯彻　斗志高昂　激情饱满　安居乐业　明确目标
经济进步　开拓创新　积极探索　历经考验　排难前进　抓住机遇
乘势而上　与时俱进　构建和谐　总结工作　上下团结　广开言路

反馈民意　政治安定

节庆开幕贺辞常用词语

喜气洋洋　欢天喜地　张灯结彩　阖家欢乐　万事如意　锦上添花　前程似锦　兴高采烈

开幕贺辞妙联佳句

十载风雨身后事；策马扬鞭向前看

忆往昔少年，风华正茂；数今朝人物，名利双收

自尊自爱自重自强；挑起时代重任；多才多艺多胆多识，争做巾帼英雄

乡官与乡民谋利；镇干为镇人造福

立凌志云；做栋梁才

年少宏图远；人小志气高

知天文晓地理现经管莘莘学子携手共进；培栋梁育英才枫林园代代园丁含辛茹苦

创建千秋大业；造就一代新人

寄情德智体美；寓教歌舞游玩

风抚桃花香两岸；云横春水绿千山

钢铁铸锤镰，开天辟地；灯烛煌火炬，接力传薪

立壮志，替万株幼苗，灌输文化养料；树雄心，为一代新人，塑造美好心灵

庆功致辞

◎庆典上的礼仪

参加庆典时，不论是主办方还是应邀人员，都要注意自己的临场举止表现，要遵守相应的礼仪。特别是主办方人员的表现尤为重要，在庆祝仪式上，真正吸引人注意的是主办方的出席人员。按照庆典仪式礼仪的规范，作为主办方的商界人士在出席庆典时，要严格注意以下七点：

服装要规范

如果单位有统一制服，那就应该以制服为庆典着装；如果单位没有统一的制服，那么就要求穿着礼仪性服装，男士穿深蓝色中山装，或者是深色西装套装，配白衬衫、素色领带、黑色皮鞋；女士穿深色西装套装，配长筒肉色袜、黑色高跟鞋，或者是穿深色裤子，或者是穿花色素雅的连衣裙。最忌讳在服装方面随意搭配、自由放任。

仪态要整洁

所有出席庆典的人员，事先都要洗澡、理发，男士还要刮净胡须。不允许参会人员蓬头垢面、浑身汗臭、胡子拉碴。

行为要自律

参加本单位的庆典，就要确保它的顺利与成功。在行为举止上要注意：不要在庆典期间乱走乱转；不要想来就来，想走就走；不要做出对庆典毫无兴趣的态度；不要让人觉得心不在焉；不要向自己的领导或者是主席台上的人挤眉弄眼；不要随意开玩笑；不要为了显示自己的不同而玩世不恭。

态度要友好

主要是指对待来宾的态度一定要友好，遇到来宾要主动问好；对于来宾的问题要及时回以友好的答复；当来宾在庆典上发表贺辞时要主动鼓掌表示欢迎和感谢；不要围观或者指点来宾；不要对来宾持有敌对的态度，即便是个别来宾在庆典中表现得不是很友善；不论来宾在台上还是台下说了什么，都应该保持克制，不能出现吹口哨、乱起哄的行为；不要打断来宾的讲话。

表情要庄重

在庆典期间，不允许出现嬉皮笑脸或者是唉声叹气的行为，否则会给来宾留下不好的印象。在举行庆典的整个过程中，表情都要庄重、全神贯注，若庆典中有奏国歌等，一定要按照礼仪行事，要起立、脱帽、立正。在起立或者坐下时，一定要轻轻的，不要把座椅弄得乱响，也不要一边脱帽一边梳头，更不要随意走动或是与人交头接耳。这都会产生不好的

影响。

出席须准时

遵守时间，是最基本的商务礼仪之一。不管是单位的最高层，还是单位里的员工，都不得姗姗来迟、无故缺席或中途退场。若庆典有时间上的规定，则要按时开始，按时结束。要证明本单位言而有信、守时。

发言要简洁

如果要在庆典上发言，一定要谨记一是上下场要沉着冷静。走向讲台要不慌不忙、开口讲话要心平气和、走下讲台要不紧不慢。二是要讲究礼貌。开口发言第一句不要忘记说声“大家好”，在提及要感谢或者是祝贺的对象时一定要目视对方，在表示感谢时要欠身施礼，在面对大家的掌声时要以自己的掌声作为回礼，在讲话末了要说一声“谢谢大家”。三是发言内容一定要言简意赅，在规定的时间里结束，不要过于冗长杂乱。四是少做手势，对于含义不明的手势或者是只是当下流行的不正规的手势，在发言时一定不要用。

◎庆典上的安排

庆典的筹备往往要具备两点：一是要体现出庆典的特色；二是要安排好庆典的具体内容。其实，庆典作为一种庆祝活动，就应该以庆祝为中心，把每项活动组织得尽可能欢快、热烈和隆重，而这就要在具体内容的安排上得以全面的体现。

出席人员的确定

庆典的出席者不应当滥竽充数，应当是精心确定好的。在确定人员名单时，一定要以庆典的宗旨为指导思想。

一般来讲，庆典的出席人员包括六类。一是上级领导。地方党政领导和上级主管部门的领导，大都给予过单位关心和帮助。邀请他们主要是为了表示感激之情。二是社会名流。社会的各界名人对公众很有吸引力，邀请他们将有助于提高本单位的知名度。三是大众媒体。媒介是社会上的第四权力，仅次于立法、行政和司法。邀请他们将有助于他们公正地介绍本单位，加深社会对本单位的了解和认同。四是合作伙伴。商务活动中总是少不了一些同呼吸、共命运的合作伙伴，邀请他们来分享自己的喜悦是应该的，而且是必须的。五是社区关系。他们和本单位处于同一区域，对本单位有种种制约，邀请他们会使对方更好地了解自己或者是给予自己更多的方便。六是单位员工。员工是单位的主体，单位的成功离不开他们，邀请他们参加庆典是毋庸置疑的事情。

来宾的接待

与一般的商务交往中的来宾接待相比，出席庆祝仪式的来宾接待，更加要突出礼仪性的特点。不但要热心细致地照顾好全体来宾，还要让对方通过接待感受到尊重和敬意，同时还要让来宾心情愉悦舒畅。这就需要设立专门的庆典筹备组，筹备组下设专项小组，像公关、礼仪、财务、接待等。在接待小组的选择上要由年轻、形象好、口才好、应变能力强的人来担任，可以细分为来宾的接送、来宾的引导、来宾的陪同、来宾的招待，让来宾们感到舒适和愉快。

环境的布置

庆典仪式的现场是庆典活动的中心地点，它的安排和布置是否恰当，往往会直接关系到庆典给全体出席者留下印象的好坏。在庆典环境的布置：一是地点的选择。在选择地点时一定要结合庆典的规模、影响力和本单位的实际情况。本单位的礼堂、会议厅、广场都可选择。若是在室外举行庆典，则要考虑交通、治安等问题。二是环境的美化。为了烘托热烈、喜庆、隆重的气氛，可以张灯结彩、张贴一些宣传语，并挂上庆典具体内容的大型条幅。如果有条件还可以请乐队演奏，但是要注意不要扰民。三是场地的大小。现场的大小要和出席人数成正比，并非越大越好。四是音响的准备。在音响的准备上，特别是麦克风和传声设备，一定要确保无误。在庆典期间还可以放一些喜庆、欢快的音乐，只要不喧宾夺主就行。

庆典的程序

庆典的程序应当精心拟定，并反复演练。一次庆典的成功与否，关键在具体的程序上。

在拟定庆典程序时，要遵循两条原则：一是时间不宜过长。一般来讲一个小时为最佳。这既是保证效果，也是为了尊重出席者。二是程序宜少不宜多。

◎庆典上的忌讳

从小细节上培养自己的个人魅力。

忌仪态不雅、服装不整。

忌打断别人的讲话。

忌傲慢的态度或者是不友善的语气。

忌自吹自擂、嘲笑别人。

忌在不适当的场合和时间接打电话。

忌首次见面就态度暧昧。

忌在语言上攻击他人。

忌用友谊来索求别人的帮助。

忌为人表现小肚鸡肠。

忌公然质问他人意见的可靠性。

忌不管自己是否了解，就任意地发表意见。

忌以傲慢无礼的态度拒绝他人合理的要求。

忌指责和用语言攻击和自己意见不合的人。

忌请求被拒后心生抱怨。

忌反复地谈论别人不感兴趣的话题。

忌不请自来。

忌在一个人的面前说另一个人的坏话。

忌讽刺别人能力低下。

忌嬉皮笑脸，表情不庄重。

忌出现一些不必要的小动作，像抠鼻、吐痰、摇头晃脑等。

◎庆典上的客人

客人，在庆典上也不是无足轻重的人。所以一定要注意自己在场上的表现。如果你过于随心所欲或者是另类，这样不仅会为你自己带来不好的影响，就连邀请你来的朋友也会跟着丢面子。

恪守礼仪

仪表整洁、举止大方得体，你可以不创新，但要有遵守精神。遵守精神虽然很抽象，但是做起来却很容易，作为客人，尽量不要添不必要的麻烦，因为你不是唯一的来宾，不可能所有的人都围着你转。庆典上都有接待小组，若你有什么需要可以直接和接待小组讲，有什么不懂的，你可以照着别人的行为去做。

遵守秩序

庆典上既然邀请你，就有你被邀请的原因，不要做出不符合自己身份的事情，更不要做出对庆典活动有不好影响的行为。像那些有伤风化的行为比如胡搅蛮缠、胡乱走动、不遵守秩序等一定不要出现。

送上祝福

既然是来参加别人的庆功会的，就一定不能忘了祝福。这是你参加庆典最根本的目的，也是别人邀请你的根本原因。

遵守时间

来的时候一定要遵守时间，庆典进行当中一定要遵守秩序，离开时，要记得和同桌的人告别，和主人打声招呼，不能一声不吭地就走掉了，而且也忌讳中途无端退场。

经典致辞

企业单位庆功会贺辞

范例一

[致辞背景] 企业产品获奖庆功大会

[致辞人] 总经理

尊敬的各位领导、各位来宾，女士们、先生们：

大家晚上好！

今天，我带着激动的心情站在这里，因为我们××公司历时×年，历尽千辛万苦所创作的××产品荣获了“创新设计银奖”。十分感谢今天前来参加此次庆祝活动的各位领导、各位来宾。在此，我谨代表我们××公司的全体员工向关心、支持和帮助我们的各界友人和领导表示衷心的感谢！向今天在座的各位来宾、朋友们表示热烈的欢迎。

××产品的研究，经历了×个寒暑，在这长达×年的岁月里，我们××公司的全体工作人员，特别是科研部的工作人员，夜以继日地收集、整理、钻研资料，争分夺秒，不断地尝试，不断地失败，而后再尝试。在整个过程中，我们付出了超人的毅力和努力，同时也受到了社会各界的大力支持。如今，我们的××产品终于问世了，而且获奖了，这是我们××公司发展历程中的一件盛事、喜事。

自我国加入WTO后，中国企业面临着更加激烈的国际竞争。如何提高产品的表现力，这就使得企业面临着创新能力的考验，面临着市场化的问题。如何通过产品的创新设计使得企业再现活力，成为国家关注的焦点。由此国家设立了“产品创新设计奖”。该奖项借以表彰和确认企业在创新设计方面的努力成果，来推动中国企业的创新发展，推动经济增长方式的转变和经济的快速发展。我公司的产品能够在这样的一个奖项中荣获银奖，不仅是对我们工作的肯定，更是对我们的一个极大鼓舞，为我们以后的创新和发展提供了一个很好的契机。

希望我们的××产品能够得到更多人的关注和认可，让它作为一个代表去激励更多的企业去创新，去发展。最后，让我们共同庆祝××产品获此殊荣，并祝愿我国所有企业的工作取得更好的成绩，也祝在座所有来宾和朋友们身体健康，工作顺利！

范例二

［致辞背景］ ××企业产品获奖庆功会

［致辞人］ 应邀出席的市领导

尊敬的各位领导、各位来宾，女士们、先生们：

大家好！

今天，非常荣幸地出席××企业荣获“××行业知名诚信产品”奖项的庆功会。首先，我谨代表××市党委、市政府向××企业获此奖项表示衷心的祝贺！向出席今天宴会活动的各位领导、各位来宾表示热烈的欢迎！

诚信，是一个道德规范，它不仅是一个公民的第二个身份证，更是一个企业在市场上的身份证和通行证。诚信是我们中华民族的传统美德之一，无论是在过去、现在还是将来，诚信对于建设人类社会文明都是十分重要的。人们常说“人无信不立”，其实一个公司，一个企业也是这样，不论是在企业的形象还是在企业的质量上都要讲求诚信。诚信能够为企业带来经济效益，它在一定程度上比物质资源和人力资源更为重要。塑造和坚持企业诚信作为一个企业的文化核心价值观，对形成支撑企业健康发展的独特文化特征，推动企业从优秀迈向卓越具有巨大的促进作用。诚信是推动企业生产力提高的精神动力，是促进企业内外有效沟通的桥梁，是企业生存和发展的基石，是企业获得最大利润的基础。

××公司的产品能够获得“××行业知名诚信产品”，不是一朝一夕就可以做到的。在×年的风风雨雨中，××公司始终坚持诚信为主，诚信为魂，诚信为基，在经济危机之时不弃诚信二字，在危难之时不丢诚信二字，在辉煌之时仍坚持诚信二字，这是无论做事还是做人的最根本原则，××公司就做到了这样的坚持，××产品的获奖就是最好的佐证。它为我市的经济发展起了带头作用，它为我市的道德文明发展树立了一个里程碑，在此，让我们借此机会向××公司的全体员工表示衷心的感谢，也祝我们的明天更加美好！

范例三

[致辞背景]　××建筑公司股票成功上市庆功会

[致辞人]　××总经理

尊敬的来宾、女士们、先生们：

大家好！

今天，是我们××建筑公司股票上市的日子。在此，我代表公司向在座的各位嘉宾表示热烈的欢迎，向为公司发展奋斗在一线的工作人员表示最诚挚的谢意！

众所周知，当今社会是一个竞争比较激烈的社会，融资和提高知名度已是最近市场上比较流行的趋势，我××集团作为一个正在发展中的大型企业，如果没有足够的资金运转和良好的社会知名度，无异于闭门造车，很难在激烈的市场竞争中站稳脚跟。因此，各单位、各部门充分认识到了股票上市融资的重要意义和紧迫性，切实地把该目标放到企业管理的重要议事日程上来，股票成功上市，扩大融资范围，打响企业知名度，对于加强企业的竞争力，提高企业经济效益必将发挥巨大的促进作用。

同时，这也就要求我们××集团员工们彻底转变以往的陈旧观念和落后思想，使我们的公司尽快步入上市公司的正确轨道上来，让我们××集团成为广大投资者的投资对象，吸收更多的储备资金，扩大筹资的来源。我们也会慢慢地发展，开展境外上市，促进我们公司的国际化，向全球市场进军，这对于我们来说是一次挑战，但同时也是一个机遇，促进企业内部发展的同时，不断地引进战略合作伙伴，引进先进的世界金融管理技术，迎接我国金融全面开放带来的挑战。

企业股票上市标志着××集团向市场化、国际化迈进了一大步，为树立良好的企业形象夯实了基础。展望未来，我们任重而道远，让我们发扬不怕苦不怕累，努力奋进的精神，坚持公司的企业发展战略，进一步解放思想，抓住机遇，高起点低定位，把××集团建设成独具特色的现代化、国际化企业。

现在，让我们共同举杯，为××集团美好的明天，干杯！

范例四

[致辞背景] ××建筑公司股票成功上市典礼

[致辞人] ××市长

各位来宾、各位朋友，女士们、先生们：

今天，我们欢聚一堂，隆重举行“××集团股票上市典礼”，我谨代表××市委、市政府，对××集团表示热烈的祝贺！刚刚××总裁在讲话中说道，集团成立不到×年就成功将股票上市，这是一件很了不起的事情。这标志着我国的融资市场发展又迈出了一大步，这对于完善我国社会主义市场体系有着重要而深远的意义。

当今在竞争激烈、局势复杂的经济形势下，××集团股票成功上市，说明我国的市场经济正在不断地快速发展，股票是融资的一种，是金融衍生品，具有稳定性、风险性、流通性和股权性的特点。股票可以在股票市场上随时转让，进行买卖，是一种流通性很强的流动资产，正是由于股票的这种强流通性，才使得股票成为一种重要的融资工具而不断地发展。

作为一种金融衍生品，股票就像是一把“双刃剑”，既是管理风险的工具，同时又会因为使用不当而带来风险，我们始终坚持把防范风险放在首位，在充分借鉴国际成熟做法的同时还充分联系我国市场的实际情况，不断地反复论证，提出符合我国实际国情的解决方案。通过完善法制环境，强化监管，加强投资者教育，提高投资者的风险意识和承受能力，确保股票市场的平稳发展。股票市场虽经历了风风雨雨，但是总体上来说还是不断前进发展的，这就显示出我国股票市场的强大生机和活力。

但是，我国的股票市场发展还很稚嫩，尤其是和发达国家相比，存在着较大的差距，我们还有很长的道路要走，××集团的成功上市就是一个契机，我们要全面地科学地认识股票市场，坚持市场配置资源的基础性作用不动摇，处理好创新与监管的关系，我坚信，随着经济的持续快速发展，金融改革的不断推进，我国的市场会有更加美好的未来。

谢谢大家！

范例五

[致辞背景] ××集团年度营销先进颁奖典礼

[致辞人] 获奖者代表

尊敬的各位领导、各位销售精英，亲爱的女士们、先生们：

大家晚上好！

今天，我十分荣幸地站在这个领奖台上，我们迎来了翘首以待的年度营销盛典——××集团××××年度营销颁奖典礼。请允许我代表××集团向在座的各位表示最热烈的欢迎和最诚挚的感谢！向用辛勤的汗水获得各项大奖的销售精英们表示最衷心的祝贺！

营销是一个充满挑战的职业，但同时也是每个现代企业不可或缺的职业，每个企业的营销理念都代表着它的最终目的和战略目标，我们可以从中看出一个企业的发展潜力和竞争力。作为一名营销人员首先要明确自己的目标，要在这条艰辛的道路上挥汗如雨，努力拼搏，有时就算是历经千辛万苦，仍旧会一无所获。我今天站在这个领奖台上，也许有人会说："我的成功是因为机遇让我得以暂占上风。"也有人会说："就算是历尽千难万险，但是仍旧收获甚少。"其实，在市场销售这个战场上，没有那么多的"也许"，我们的成功都是努力耕耘的结果。

曾经也有很多人问我销售的经验，其实，我想告诉各位的是营销没有捷径，只有不断地辛勤努力，敢于面对挫折和失败，始终保持一颗激情饱满的心，才能有所收获。今天站在领奖台上的都是××集团的销售精英，但是在台下大家同样精彩。

路漫漫其修远兮，吾将上下而求索。在这里，让我们以此共勉，努力奋进，创造更加美好的明天。

谢谢大家！

范例六

[致辞背景] 企业新年活动

[致辞人] 董事长

同志们、朋友们：

大家好！

忙碌而丰富的××××年过去了，在此辞旧迎新之际，我谨代表公司向广大员工、离退休老同志和关心、支持公司改革与发展的各位领导致以最诚挚的祝福，恭祝大家新年快乐！阖家欢乐！

××××年是不容易的一年，领导和员工本着创新领先的发展思路和完善提高的总体要求，恪尽职守、齐心协力，努力去完成公司年初确定的各项任务。××××年也是不平凡的一年，取得的成绩是令人激动的，公司利用一年时间创造了销售额高达××万的惊人业绩，刷新了历史最高纪录，铸就了公司新的里程碑。这与公司领导正确的指导和决策以及广大员工的团结奋进、顽强拼搏是分不开的。在此，我代表公司再次向全体员工表示最诚挚的慰问和最衷心的感谢！

新的一年的钟声即将敲响，我们又要站在一个新的高度，开始一段新的征程。激烈的市场竞争注定我们要面对更大的挑战，要求我们必须在持续中求稳定，稳定中求发展，我们要牢牢把握抓市场、促稳定、强管理的发展战略思路，与广大员工同心协力，以百倍的信心和决心携手共进。

在新的一年里，我们必须强化市场，提高竞争能力。广大职工干部首先要有竞争意识，并带动全体员工共同努力奋进，再创佳绩。

让我们为新的一年举杯！

范例七

[致辞背景] IT公司精英大会

[致辞人] 公司领导

尊敬的来宾，女士们、先生们：

大家好！

欢迎各位嘉宾莅临我公司的精英大会。这次大会有全国多位名流学者莅临赐教，全省各市的IT公司领导相聚我们××公司，还有百余名IT行业的精英欢聚一堂，共同庆祝我们××公司在过去五年里取得的业绩。这是我们××公司的荣幸，在此，我谨代表公司全体员工向参加会议的各位领导，各位专家，那些创造过辉煌业绩、为IT行业的发展立下功劳的精英们表示热烈的欢迎。向为本公司作出杰出贡献的精英们表示最衷心的感谢！

IT行业是一个充满竞争的行业，是一个需要充满热情和激情的行业，更是一个引人注目的行业。目前，市场竞争日益激烈，尤其是现在市场主体日趋多元化，如果想要在这一行业做出成就，那就需要不断地付出和努力，需要用汗水和智慧来奋力拼搏。我们公司的全体员工就是凭借着这样的热情和执著，无数个夜以继日的努力和拼搏，无数的汗水和泪水，才实现了当年许下的承诺和誓言，完成了跨越。

在此新春之际，我们××公司召开精英大会，欢聚一堂，探讨经验，总结教训，研究对策。让我们本着与时俱进的精神，来抓紧工作，抓住机遇，迈大步子。相信通过这次的精英大会，我们××公司一定会有一个新的提高，一份新的收获。

在此，预祝各位IT行业的领导和在座的各位朋友们，新的一年身体健康，工作顺利，大展宏图。

谢谢大家！

教育机构庆功会贺辞

范例一

［致辞背景］ 庆祝升学仪式

［致辞人］ 校长

老师们、同学们、

上午好！这酷热的时节更彰显着我们一颗沸腾炽热的心。今天是我们××届升学庆祝大会，在此，我谨代表学校领导向毕业班辛勤耕耘的老师们和××届在今年的高考中创造佳绩学子们表示热烈的祝贺和真诚的祝福。

虽然高考已经落下帷幕，但是你们入校时的那股热血沸腾的拼搏劲仍驻留在我的脑海中。记得新生入学第一天，学生代表××就在此表明了学生们的明确目标，在这三年的时间里，你们围绕着目标，不断地夯实基础，充实自己，拓展视野，尤其是进入高三后，你们更加地废寝忘食，虽不是“头悬梁、锥刺股”，但是你们用你们自己的方式来奋发图强，努力学习。其间有欢乐，有辛酸，有泪水，有汗水，更有成长。终于，皇天不负有心人，你们用辛勤耕耘收获了硕果，你们用汗水换来了今天的欢笑。你们的成功离不开父母的关怀，离不开老师的帮助，更加离不开你们自己的辛勤付出。

同学们，孩子们，你们的佳绩，我们有目共睹，事实再次证明，我们的××届不愧是一支勇敢奋进的队伍，你们实现了当时的诺言，更加实现了你们人生中的又一个梦想，你们把我校的胜利之旗带向了全市，你们再创了我校的高考历史辉煌。你们向老师交了一份满意的答卷，向你们的父母交了一份满意的答卷，更向你们自己交了一份满意的答卷。

孩子们，尽情地欢呼吧，这是属于你们的时刻，把你们的快乐挥洒出来吧。在这之后，用你们饱满的激情去领略人生中的另一段风景，去迎接人生中的另一个挑战。带着你们的梦想和希望再次去“乘风破浪，勇往直

前”。

范例二

［致辞背景］ 庆祝升学仪式

［致辞人］ 学生代表

尊敬的校领导、敬爱的老师和亲爱的同学们：

大家上午好！

这是一个丰收的季节，更是我们收获的季节。站在这个讲台上，此时此刻我的心情仍旧是万分的激动，人生四喜中的金榜题名时，讲的就是我们现在这个时刻。作为众多考上大学学生的一个代表，我不得不说我们成功地迈出了人生中的一大步。感谢学校给了我们这样一个舞台，让我有机会表达自己的谢意。

首先，我要感谢学校领导和老师，你们用双手为我们创造了一个学习的乐园；你们用汗水为我们打造了一片知识的海洋；你们用肩膀为我们撑起了一片蔚蓝的天。你们为我们提供了良好的学习环境，你们毫无保留地传授我们知识，耐心地辅导我们。人们都说严师出高徒，是你们的严格教诲，是你们的谆谆教导，让我有了今天这样的成绩，让我在以后的人生道路上拥有宝贵的财富。在此，我要向你们致以最真挚的感谢！

其次，我要感谢我的父母，是你们的不辞辛劳为我换来了学习的机会；是你们的汗水让我拥有前进的动力；是你们的悉心照料和呵护让我能够健康成长。天下的父母都是深爱自己孩子的，天下的父母都是希望自己的孩子幸福的，在此，我要说一句：爸妈，谢谢你们！

最后，我要感激我的同窗好友们，是你们的不断鼓励让我有了努力下去的勇气；是你们的关心让我感受到了友谊的温暖；是你们陪我走过了这三年的酸甜苦辣。这是我们之间割不断的情谊，剪不断的缘分。朋友，谢谢你们！

让我们欢呼快乐之后，开始我们新的人生征程吧。

谢谢大家！

范例三

［致辞背景］ 学习成绩上升表彰会

［致辞人］ 校长

各位领导、各位同仁，同学们：

大家好！

今天我校隆重地举行学校期中考试表彰会，在此，我代表学校向为学生付出了辛勤汗水和爱心的领导、老师们致以诚挚的谢意！向取得优异成绩的学生们表示衷心的祝贺！

回首近一年的工作历程，我感慨颇多。它就像是一本书，现在翻来细看，里面充满了酸甜苦辣，里面有苦涩，有清甜，有辛酸，有欢笑。在这艰辛的一年里，很多的领导和老师们开始了一次次的征程，披星戴月，不见周末。他们不计功利，在平凡中铸就伟大，在短暂中孕育永恒。他们有一种破釜沉舟的勇气，有一种愚公移山的毅力。他们用语言播种，用汗水浇灌，用心血滋润，肚子饿的时候顾不上吃饭，孩子哭闹的时候顾不上照料，一心一意全扑在教育上。在这里，我要感谢所有老师对我们学校的付出，对伟大的教育事业的付出！

这次能够取得优异的成绩，除了教师们的辛勤付出外，还有莘莘学子们的不懈努力，俗话说“师傅领进门，修行在个人”，如果只是老师们教导得好，学生们不去刻苦地学习，也是不行的。走在校园里，我时常会见到很多学生是边走路边背着单词，有的是边吃饭边讨论课堂上的知识，每每放学后还是有很多的学生仍在教室里奋战，学校大门刚开就涌进了很多的学生，看着他们如此的用心，如此的勤奋，我不仅以校长的身份而高兴，还以一个长辈的身份而打心眼里高兴，这是我们学校的一群孩子们，他们在这个年龄就已经懂得了什么是勤奋，什么是责任，什么是坚持，如此难能可贵，怎能让我不欣慰！在此，我要对所有的同学们说一句大家辛苦了！

最后，我希望在今后的日子里，所有的教师们和同学们能够继续努力，取得更加优异的成绩！

谢谢大家！

范例四

［致辞背景］ 少儿发明创造全市获奖表彰会

［致辞人］ 校长

老师们、同学们：

大家好！

在这金秋十月，硕果飘香的季节里，我们学校的“××”少儿发明创造小组获得了“××”杯少儿发明奖。这是我们参赛小组的辅导老师和同学们认真备战、顽强拼搏、共同努力的结果。我们的少儿发明小组用他们的智慧和坚强的毅力攻克了一个又一个的难关，为我校的发明团队取得了又一次胜利，为我校取得了荣誉，我向他们表示衷心的祝贺！

我校的发明创造小组已经连续多次获得奖项，他们的队员中最大才不过12岁，但是他们人小志气大，他们小小的肩膀上凝聚着很多人所不具备的不畏艰险、永争第一、团结奋进的精神，他们敢为人先，敢为他人之不为，小小的双手是稚嫩的，他们本应是在父母的怀抱着撒娇的年龄，却早已满脸坚毅，独立自主。他们本应是贪玩的一群孩童，却早早为自己树立目标，然后向着目标迈进。作为一校之长，我为我们能有这样的一群学生而骄傲，为能有这样的一群孩子而自豪。当然，我们能够取得这样的佳绩，也离不了辅导老师的辛勤汗水和付出，他们也是在日日夜夜地帮助、关怀、指导着孩子们，他们也是在用不怕苦、不怕累的精神面对工作，他们以先进为动力，以名师为榜样，钻研业务，苦练本领，努力创新。

我希望全体老师们能够以这支发明创造队伍为标准、为目标、为榜样，时刻牢记使命，不断创新进取，把我们的实践活动和素质教育两结合并推向一个新的高度，不断地去迎接挑战，克服困难。向着一个又一个的目标攀登。我们这支队伍中的小队员们，要牢记“谦受益、满招损”，不能忘记努力创新，积极进取，再接再厉，再创佳绩。

今年花红胜去年，料得明年花更红。让我们共同努力吧！我相信我们一定可以芝麻开花节节高，我更加相信我们可以取得更大的成绩，让我们为我们的教育事业和我们的发明创造事业更加努力吧！

谢谢大家！

运动、救灾庆功大会贺辞

范例一

[致辞背景] 亚运会庆功宴

[致辞人] 领导

尊敬的各位领导、运动员：

你们好！

在刚刚胜利闭幕的第××届亚洲运动会上，我们中国体育代表团发扬“更快、更高、更强”的奥林匹克精神，以十分出色的成绩完成了祖国和人民的重托，党中央、国务院向你们致以热烈的祝贺和亲切的慰问！

在这次规模空前的亚洲体育盛会上，你们以顽强的意志和精湛的技艺，力争上游，奋勇拼搏，刷新了一大批亚洲纪录，甚至在一些项目中创造了世界纪录和今年世界上最好的成绩，你们为伟大的祖国赢得了荣誉，为亚洲体育的发展作出了杰出的贡献。你们的成绩是赛场上表现出来的不甘落后、锐意进取的精神，对奋战在改革开放和社会主义现代化建设各条战线上的全国人民，是一次巨大的鼓舞。

体育战线肩负着增强人民体质、提高运动技术水平、建设社会主义精神文明的光荣使命，党中央、国务院希望我国体育健儿把这届亚运会作为新的起点，戒骄戒躁，再接再厉，力争取得更好的成绩，努力攀登世界体育的高峰。

体育战线的同志们在取得巨大成绩的同时要看到我们尚存在的差距，要进一步振奋精神，深化改革，大力开展群众体育事业，把我国体育运动推向新的广度和高度，为建设四化、振兴中华作出贡献。

谢谢大家！

范例二

［致辞背景］ 亚运会表彰庆功宴

［致辞人］ 体育局领导

尊敬的各位领导、各位教练、各位运动员：

大家晚上好！

所谓“人逢喜事精神爽”，今天是个喜庆丰收的日子，我们欢聚一堂共度良宵。今夜，彩灯高挂，今夜，月色迷人，今夜，我们共饮美酒为成功干杯，为未来助威。

今天召开的这次大会，是一次庆功会，更是一次再动员、再鼓励、再奋进的总结表彰会议。为了能在本次亚运会上取得傲人的成绩，各级领导高度重视，全力支持，倍加关心，各个单位也给予了大力支持、主动配合和有力保障，广大运动员在带队和教练员的精心组织下，团结协作、刻苦训练、顽强拼搏，取得了令人瞩目的成绩，充分反映和展示了全局一盘棋、全团一条心、全员一股劲的团队作风和进取精神。在此，我代表体育局向参加本次亚运会的所有领队、运动员和工作人员表示亲切的问候！向取得优异成绩的运动员表示热烈的祝贺！向给予本次活动大力支持的单位和领导表示衷心的感谢！

作家可以将自己的感情寄托于写作，画家可以将自己的感情倾注于绘画，演员可以将自己的感情融汇于表演，可是，在这个宴会上，我只能用美酒表达自己内心的激动。看着手中的酒杯，那里面装有香醇的红酒，摇一摇，色泽红润，闻一闻，香气袭人，尝一尝，酸甜可口。酒是陈的香，我们运动员要取得优异的成绩，也离不开长期的锻炼、坚强的毅力和不懈的努力。过程虽然是苦涩的，但是结果是香甜的。

“征途上战鼓播，条条战线捷报飞。待到理想化宏图，重摆美酒再相会。”期待大家取得更大的胜利，希望不久的将来，我们能再次相聚共享美酒。

谢谢大家！

范例三

［致辞背景］ 公司运动会表彰宴会

［致辞人］ 总经理

运动健儿们，女士们、先生们：

大家晚上好！

今天是我们××集团第×届运动会的表彰宴会，首先请允许我代表公司向获得荣誉的运动健儿和教练员们表示热烈的祝贺，向关心、支持我公司运动会举办的各单位和部门表示最衷心的感谢！

公司每年都会举办这样的一个运动会。作为企业文化的一部分，运动会所传扬的是顽强拼搏、永不言弃、团结奋进的精神。充分展示的是我公司自强不息、奋发有为的精神风貌，同时加强了和公司同事之间、上下级之间的沟通、交流和协作。运动会设立有一、二、三等奖和优秀奖，这个奖项的设立不仅能激励员工们前进，更能号召全体员工们共同参与体育事业，因为体育不仅是经济社会发展和人类文明进步的一个重要标志，更是一个地区综合实力和社会文明程度的重要表现。

我们公司以运动会为契机，充分发扬刻苦学习、不断创新的开拓精神；充分体现凝聚人心，团结合作的团队意识；充分传承以身作则，勇挑重任的奉献精神。同志们，体育运动不仅能增强我们的体质，让我们以最好的状态来面对工作，而且还可以增加我们的生活情趣，促进我公司企业文化建设。在我向这次获得奖项的运动员们表示祝贺的同时，希望全公司的广大职工都能积极踊跃地参加体育运动，也希望此次运动会的运动员们能够继续发扬胜不骄、败不馁的精神，在今后的工作中再接再厉，再创辉煌！

谢谢大家！

范例四

［致辞背景］ 秋季运动会闭幕式

［致辞人］ 学生代表

尊敬的各位领导、老师，亲爱的同学们：

大家上午好！

在学校领导的正确领导下，在广大师生的参与下，在运动会组委会的筹备下，××大学××××年秋季运动会圆满结束，取得了优异的成绩，现在就要闭幕了。

本次的运动会是以“阳光体育”为主题的，在三天的比赛里，我们的运动健儿充分地展示了他们的热情和活力。在××名运动员参加的比赛中，有××人再创新高，有××人荣获第一、二、三名次，涌现了××个体育道德风尚先进班集体，××个优胜班集体。在此，让我们以热烈的掌声向他们表示最诚挚的祝贺！向默默奉献的工作人员表示最衷心的感谢！

本次的运动会上，运动员们的杰出表现和成绩，裁判员的公平、公正作风，让我们看到了我校学子的成功之处，也让我们看到了我校体育事业的希望。运动健儿们坚持发扬奥林匹克精神，奋力拼搏。本次的运动会上还涌现出了一大批的志愿者，他们在恪尽职守地做好服务工作的同时，还努力做好其他工作。像×年级×班主动打扫公共区域卫生，×年级×班的宣传工作突出，组织得力。

同学们，这次的运动会教育我们要懂得坚持、拼搏。不论遇到什么困难、挫折，我们都要以一颗积极进取的心去坚持，去努力拼搏，人们常说坚持就是胜利，笑到最后才是胜利。我们要做那个笑到最后的人，不管中间经历怎样的挫折和磨难。在以后的学习和工作中，让我们也时刻谨记此次运动会的宗旨和奥林匹克精神。

最后，我代表全体学生向运动员和老师们，向这次运动会的辛勤工作者表示崇高的敬意和衷心的感谢！

谢谢大家！

范例五

[致辞背景] 春季田径运动会闭幕式

[致辞人] 校长

各位老师、各位同学：

你们好！

经过两天的奋战，在今天，我校××××年春季田径运动会圆满结束。这是一个团结胜利的大会，展示了我校团结、奋进、进步、祥和这一主题。在这里，我向取得优异成绩的老师、班集体、学生个人表示最诚挚的祝贺！并向全体大会工作人员和参加本次运动会的老师、同学表示衷心的感谢！

这次运动大会是对我校师生的一次考验，而这次考验，也让我们得到

了满意的答卷。这次田径运动会充分展示了全校师生积极进取、奋发向上、顽强拼搏的精神。田径场上有老师和学生们的飒爽英姿，但更多的是他们辛勤的汗水，为了迎接这次运动会，在课余时间，他们在田径场上挥汗如雨地训练着。他们的辛苦我们或许无人可知，但是现在他们的成绩显示在我们每个人的面前。正所谓“一分耕耘，一分收获”，他们一步步的脚印换来了今天的辉煌。

在这里，我还要感谢在筹办和开展这次田径运动会中付出辛勤劳动的后勤工作人员们和全体体育教师！他们认真地筹划体育场地，默默地付出，认真地组织教导学生，为了使运动会顺利举行并圆满结束而废寝忘食、不懈努力。

本次运动会，不仅锻炼了我校学生，而且团结了教师队伍，增进了师生间的感情。在运动会结束后，学校还会从中挑选出一批优秀的运动员进行重点培训，争取让他们充分发挥自己的长处，为我校的运动事业增光添彩！

最后，希望我们××学校的全体师生，在今后的工作和学习中能够继续发挥本次运动会的拼搏精神，携手同行，为我校各项工作创造辉煌！

谢谢大家！

范例六

[致辞背景] 汶川救灾胜利庆功会

[致辞人] ××市市长

同志们，朋友们：

今天，我们在这里举行救灾胜利庆祝活动，首先我代表市委、市政府向全体抗震救灾第一线的队员们致以最诚挚的感谢！

我们永远不会忘记那个悲痛的日子，5月12日，汶川发生了8.0级大地震，给人民的生命财产造成了极大损失，在那里灾情就是命令，时间就是生命。广大救援官兵积极投身到抗震救灾中去，你们发扬了“奉献、互助、有爱”的志愿者精神，急灾区人民之所急，解灾区人民之所难，不顾个人安危，不怕艰难困苦，哪里有灾情，哪里就有你们的身影，哪里灾情重，你们就把救灾的旗帜插在哪里，你们充分展示了中国人民的传统美德，展示了志愿者的高尚情怀。

在你们离开××市奔赴汶川救灾的时候，我们的心也随着你们一起飞到了那里。每当我们在电视上看到余震频繁发生、山石大量滚动时，我们的心也随之紧缩、惶恐；每当电视上传来救灾工作正在顺利进行时，我们也由衷地欣慰和高兴，这是因为你们在那里！你们在那里奋战，在那里拼搏，在那里时刻面临着危险，也时刻拯救着生命。你们是我们的兄弟姐妹，你们是我们勇敢的战士，你们是我们的骄傲，是我们的牵挂。

情浓于血，更融于血，汶川地震，全国各地甚或全世界华人华侨踊跃伸出援助之手，给他们以救助，以关怀，以勇气。中华儿女是伟大的，是我们的骄傲，是我们的自豪，我以我们××市能有你们这样的市民和战士而欣慰、自豪。

我再次代表市委、市政府和全市人民向奋战在救援现场或后方的所有人们致以亲切的问候和衷心的感谢！

艺术工作庆功会贺辞

范例一

［致辞背景］ 电影工作者表彰大会

［致辞人］ 领导

尊敬的各位领导、各位来宾，女士们、先生们：

今天是我国电影诞生100周年的日子，也是我们“××影视公司从影×年电影工作者表彰大会”隆重举行的日子。广大电影工作者为我国电影事业的发展作出了巨大的贡献。在此，我代表我们××影视公司向获得“先进工作个人”的员工表示热烈的祝贺！向支持和帮助我们的各界友人表示诚挚的感谢！

获奖的各位其实是我们的元老级人物，他们和公司一同风雨××年，他们呕心沥血，在公司的历史上留下了不可磨灭的印记。风风雨雨这么多年，他们无怨无悔地付出着，在公司一穷二白的时候，他们没有舍弃公司，在公司有所成就的时候，他们没有懈怠工作，在公司发展到今天这个规模的时候，他们没有倚老卖老。我还清楚地记得我要对他们颁发“先进工作个人”奖项的时候，他们的回答。他们说：“颁奖？为什么要给我们颁奖啊？××公司就像是我的孩子，我照顾她、关心她，都是理所当然的。看着她在我的照料下健康地成长，我很欣慰，这说明我没有做错。”或许很多人都无法理解这种情结，但是当时我却觉得眼角湿润，他们为公司奉献着，却认为这种奉献是理所当然的，现在很多人都做不到这点了。很多人都会认为我付出就应该有回报，要不然我为什么付出啊！其实，通俗点讲，当你做了父母，有了孩子的时候你就会明白这些老员工们的心情了。

今年，我们公司在电影上取得了一些成就，《××》获得××奖、《××》获得××奖，这些影片在社会上也引起了强烈的反响。这些影片全来源于老同志们的心血，在此，我要谢谢他们。同时我也希望我们的新员工们能够以他们为榜样，向他们学习，我不说什么你们要不计回报的付出，我只是希望每个员工能够把公司的事确确实实当成是自己的事业来做，用心去做，我相信这样你们也能做得很好。希望公司以后在我们的共同努力下能够百尺竿头，更进一步！谢谢大家！

范例二

[致辞背景] 第×届电视节优秀工作者表彰大会

[致辞人] ××市长

同志们：

今天，我怀着十分喜悦的心情，参加在这里举行的第×届电视节优秀工作者表彰大会。我们××市共有电视工作者×名，在这么多名电视工作者中，有×名获得“优秀工作者”称号。他们为我们的电视事业作出了杰出的贡献，为我们××市民赢得了荣誉。在此，我谨代表我们××市向获得奖项的电视工作者们表示热烈的祝贺！向一直以来重视电视事业的各界人士表示衷心的谢意！向一直工作在一线的电视工作者们致以崇高的敬意！

××市电视事业取得今天这样优异的成绩，确实是来之不易，这是领导们正确领导和重视的结果，是广大电视工作者长期以来坚持不懈、努力奋进、积极进取、无私奉献的结果。在面对经费不足等困难时，广大的电视工作人员们艰苦奋斗，勤俭办事，把有限的经费用到无限的工作上来，充分结合地方实际，利用自身优势，积极完善和发展各项工作的布局。在这次的第×届电视节上我们××市能有这么多人获得奖项，充分说明了我市的电视工作是务实的。我市电视工作能够取得这样的成绩，也是各界人士及全市人民大力支持、关心电视工作的结果。

我希望我市电视工作能够以在第×届电视节上取得的成绩为新的起点，继续创造性地开展工作，以他们为目标、为动力，不断地完善自己，发展自身，同时，这些获奖的工作人员也要继续保持你们的工作态度和作风，再接再厉。让我们共同采取有力措施，团结奋进，不骄不躁，同心同德，为建设我市的电视事业作出更大的贡献！

谢谢大家！

范例三

［致辞背景］ 优秀文学家表彰大会

［致辞人］ 文学协会会长

同志们：

大家好！

今天，是一个喜庆的日子，我们文学协会隆重地举行优秀文学家表彰大会。在这里，我代表协会的全体工作人员向获得“优秀文学家”称号的文学工作者们表示热烈的祝贺！向一直以来支持我们文学工作的各界人士表示衷心的感谢！

××××年，是不平凡的一年，是新中国成立××周年，是我国的文学界比较活跃的一年，文学事业发展繁荣。我们高兴地看到：文学创作成绩斐然，优秀作品大量问世，少数民族文学事业阔步前进，网络文学也蓬勃发展，中国文学的国际影响有所增强。我们作家协会也有了更多的优秀人士加入，像这次这么多的“优秀文学家”获得者，就是我们中国的文学事业良好发展的表现。当然，我们现在看到的只是他们光鲜的一面，他们背后付出的辛勤汗水是我们大众所不知的。但也正是他们的这种无畏的付出和努力，让我们看到了成功的喜悦，正所谓“一分耕耘　一分收获”，他们在辛勤的耕种之后，得到了丰硕的成果。

新的一年，我们又将站在新的历史起点上，我们继续用科学的、发展的观念来指导文学发展工作，写出更多的优秀作品作为工作的中心环节，提高作品的价值和可读性，认真做好文学的评奖工作，提高评奖的社会参与度，让更多的读者了解、关注我们的作品和文学创作。同时也要深入了解作家的实际生活状况，加大对贫困作家的扶持力度和一些青年作家的协作力度。广泛地团结文学自由撰稿人和网络作家，积极宣传推荐优秀作家及其作品，同时，还要拓展对外文学的交流渠道，多方联系国内外文学翻译人士，让更多的人了解我们中国文学，了解中国。让我们在新的一年里，为我国文学事业的发展共同努力吧。

谢谢大家！

范例四

［致辞背景］ 优秀艺术工作者表彰大会

［致辞人］ 艺术工作者代表

尊敬的各位领导、各位来宾，女士们、先生们：

大家好！

今天，我们各民族的艺术工作者再次欢聚一堂，共同总结我们艺术工作的基本经验，发扬成绩，克服缺点，商讨在新的一年里如何更好地发展艺术事业，这是一件很令人激动的事情。在此，请允许我向这次获得“优秀艺术工作者”荣誉称号的工作者们表示热烈的祝贺！向参加这次表彰大会的各位来宾表示诚挚的欢迎！向支持、关心艺术的各位领导和各界的友人表示衷心的感谢！

那么到底什么才是最高的享受呢？纵观古今中外，那些能为他人创造幸福的人，能为他人作出贡献的人，赢得他人的尊重就是人的最高享受。我们的广大艺术工作者们也正是以坚持不懈的专业追求精神，用他们忠心耿耿的艺术创造，发现真善美，全心全意为人民服务，最终赢得广大民众的喜爱和尊重，他们也在艺术的创作生涯中体会到人生的最高享受。

随着人们生活水平的不断提高，艺术已经是我们生活中不可或缺的重要一部分。而广大的艺术工作者们也正在用全新的理念、形式和思潮，为满足人们的艺术追求而不断地努力着，我们感谢他们的同时，应该给予他们更多的尊重。也希望能有更多的艺术工作者们加入我们的行列，用自己的坚持为人们谱写出一段段美妙的音乐、绘制出一幅幅美丽的画面、演绎出一段段动人的故事。

谢谢大家！

◎妙句赏析

庆功、励志好句集锦

★祝你百尺竿头更进一步。

★××的成功是他努力的结果，我们为他感到骄傲和自豪。

★女士们、先生们，让我们为××集团的成就表示衷心的祝贺！即使爬到最高的山上，一次也只能脚踏实地地迈一步。你们的成功是靠着自己一步步的努力走出来的。

★你们的成功让我明白：即使是不成熟的尝试，也胜于胎死腹中的策略。祝贺你们！

★在这金秋飒爽的季节里，我们迎来了××公司×岁的生日。在这特殊的日子里，请允许我代表××公司对在座的各位表示热烈的欢迎！

★同志们，是你们的努力让我见识到世上没有绝望的处境，只有对处境绝望的人。今天你们有这样的成就，我衷心地祝贺你们！

★今晚就让我们为昨天的辉煌而畅饮大笑吧，明天让我们继续扬帆前行！

★同志们，你们要明白伟人所达到并保持着的高度，并不是一飞就到的，而是他们在同伴们都睡着的时候，一步步艰辛地向上攀爬的。成功就是需要加倍付出和努力的。

★乘风破浪会有时，直挂云帆济沧海，让我们勇敢地站在风浪的尖头上，勇往直前，向着更高的目标迈进吧！

★他们用十倍、百倍的汗水换来了今天的成就，在我们祝贺他们的同时，以他们为榜样而奋发向上吧！

★虽然获得今天的成绩，但是要谨记“谦受益，满招损”。

★请允许我代表××学子向我们的老师致以最诚挚的谢意！年年今日，岁岁今朝，无论我们身处何地，我们都会牢记你们的教诲。

★希望你们继续发扬胜不骄、败不馁的精神，在今后的工作中再创辉煌！

★一分耕耘一分收获，是你们一步步的脚印走出了今天的辉煌，祝贺你们！

★让我们同心同德、团结奋进、共同努力，为建设我市的电视事业作出更大的贡献。

★靠山山会倒，靠水水会流，靠自己永远不倒。

★视名利淡如水，看事业重如山。

★我们是骄傲还是谦卑，全取决于事业的成就。

★壮志与毅力是事业的双翼，只有不断地奋发向上才能获得成功。

★立志是事业的大门，工作是登门入室的旅程。

★具有不寻常的胆识，才可建立不寻常的事业。

★只有不断的努力，敢于面对挫折和失败，始终保持一颗激情饱满的心，才能获得成功。

庆祝的成语

马到成功　旗开得胜　功成名就　成竹在胸　先苦后甜　苦尽甘来
勇者无畏　开疆拓土　指日可待　事半功倍　乘风破浪　一举成名
一分耕耘一分收获

励志成语

奋发图强　精益求精　精诚所至　金石为开　悬梁刺股
有志竟成　力争上游　天道酬勤　厚德载物　业精于勤
自强不息　坚持不懈　行胜于言　脚踏实地　自力更生
宁静致远

庆功会上常用成语

心坚石穿　行成于思　一蹴而就　一蹴而得　水滴石穿
水到渠成　来之不易　累足成步　满怀喜悦　马到成功
旗开得胜　功成名就　成竹在胸　指日成功　功成名就
九转功成　瓜熟蒂落　白手起家　卷土重来　暮鼓晨钟
闻鸡起舞　事半功倍　人定胜天　永不言弃　骄者必败
躬行已说　身体力行　先苦后甜　勇者无畏　不进则退
乘风破浪　勇往直前
不入虎穴焉得虎子　凡事预则立不预则废
一分耕耘一分收获

常用妙联佳句

名利淡如水；事业重如山
人无信不立；天有日方明
三思方举步；百折不回头
滴水蜿蜒不息矢志石穿；吾志一往无前毕竟功成
泰山无辞累土方成其大；黄河未弃细流乃见斯长
山峦总因险峻方显壮美；音乐常以忧伤沁人心扉
一帆风顺年年好；万事如意步步高
满腹文采笔下走；怀纳韬略手中挥
花承朝露千枝发；莺感春风百啭鸣
新春共庆日阖家同欢；飞黄腾达时阖府全邀
胸有成竹，君望折桂枝；信手拈来，汝期占鳌头
七尺伟然，戴天履地，贺同学喜行冠礼；九洲大地，兰馨桂馥，愿大家都是栋梁
金榜题名时，高朋满座；飞黄腾达日，恩师难忘

壮志凌云，大鹏展翅日；高朋满座，金榜题名时

黑发不知勤学早；白首方悔读书迟

若有恒，何必三更眠五更起；最无益，莫过一日曝十日寒

有事者，事竟成，破釜沉舟，百二秦关终归楚；苦心人，天不负，卧薪尝胆，三千越甲可吞吴

与其临渊羡鱼；不如退而结网

失意休气馁；得势莫猖狂

事业由凡始；道德在躬行

骄傲来自浅薄；狂妄出于无知

节比真金砾石；心如秋月春云

戒骄风清日朗；除躁海阔天空

静坐自然有得；虚怀初若无能

平平淡淡生活；从从容容做人

凡事皆须苦后得；一心从来恒而成

成功者傲视古今中外风华正茂；失败者悲叹世态炎凉人生多艰

滴水穿石战事业如歌岁月应无悔；乘风破浪展雄才折桂蟾宫当有时

庆升学致辞

◎来宾贺辞的特点

庆升学贺辞，不同身份的人说话的内容不同，所表达的感情也不同。

普通的来宾或主持人致辞，大致有三点：一是表示祝贺，如“×××同学以优异的成绩考入了×××学校，在此我向你表示祝贺”；二是称赞学子及其父母付出的努力，“×××同学在学校刻苦用功，才换来了今日的回报”，“×××的父母是伟大的父母，他们对×××无微不至的关心和教育，他们的孩子才能在一个良好的环境下学习进步”；三是寄语学子，表达自己的祝愿，如“希望你步入新的校园后，能再接再厉，续创辉煌!”

若是父母的亲友或同事，可能或侧重于说些为人父母育子不易的话，并以长者的身份对学子提出告诫或传授一些经验，比如说“我与×××的父亲共事多年，对他和他的家庭最了解了。他们夫妇为了培育孩子，付出了太多的艰辛血汗，我这位同事每次一下班，他都会赶回家去陪伴儿子，

公司里的活动和应酬他是从来不参加的，×××的母亲更是伟大，她全面负责照顾×××的生活，对于×××的衣食起居她时刻在意着，生怕孩子在生活上会出现什么不适的情况”，当然也少不了向学子表示一番祝贺了，“今天×××收到了××大学的录取通知书，×××圆了梦想，他的父母更是熬出了头，在此我要真诚地恭喜你们”。

学校的领导或者师生，则会重点夸赞学子在校勤奋好学，老师会说“×××同学是班里同学中最刻苦的，我们一直对他寄予厚望，他也没有辜负大家的期望”；学生可能说“×××和我是多年的同窗，他对于学习的那股劲儿永远都旺盛，和他在一起读书，他会感染你，让你永远都不放松懈怠”；轮到学校领导讲话，可能校长会打官腔说“×××学生是学习标兵，我们应该号召全体学子向他学习”等。

◎父母在宴会上的礼仪

父母在升学宴上的角色，绝不是只向子女表示祝贺那么简单，父母需要注重礼仪方面的细节，所以，他们在致辞时，通常包含了很多内容。

第一会先感谢来赴宴的宾客，常会说“各位来宾能在百忙之中来参加这次宴会，我和我的家人表示深深的感谢”。

第二就是对子女学业有成表示祝贺。中国的大多数父母在教育子女的过程中，总是鞭策得多，鼓励得少，但是在这个苦尽甘来的好日子里，他们也一定不会吝啬赞美之语，因为这个时候，为人子女的学子们，最希望得到的，就是父母的肯定。

第三是对子女关于将来的路提出告诫或者希望，“孩子，升学只是你万里长征的一步，接下来你还有更长的路要走”。

第四就是代表学子向他的老师同学以及帮助过他的人表示感谢，这时候的感谢是非常重要的，人都需要学会感恩，特别是像升学宴这样的重要场合，既是庆功宴，也是感恩宴，学子一家应当感谢每一个关心和帮助他们的人。

最后少不了对众位来宾再次致谢，并请大家尽情畅饮。如“感谢你们的光临，要是有什么地方招待不周，多多包涵”。

◎学子如何做好宴会的主角

学子是升学宴的主角，是宴会所有人注目的焦点，学子的任何一点表现，都会被来宾及父母看在眼里，即便学子不够老练成熟，在这里自己做主角，应该学会如何将自己完美地展现给大家。

首先，学子必须注意自己的衣着打扮，切忌不能穿着随便，或者时尚潮流，这样会给人一种流里流气的感觉，也不需要你西装革履、衬衫领带，毕竟你还是个学生，最好也不要穿学生装，会让人觉得你不成熟，也许事实如此，但是在那个时刻，大家都期待你成熟长大。其实学子的着装只需要简单，穿一件平日在学校的生活装，或者生活中的一件正式衣服就行了，是否漂亮不重要，重要的是给人一种干净质朴的感觉。

学子还要在礼节上得体。来参加升学宴的宾客，基本上都是自己的长辈和老师，他们都是你要敬重的人，所以在宴会上，学子一定要在礼节上做到位，比如说在客人莅临时，如何欢迎他们，宴会上学子要向客人敬酒，怎么安排顺序，敬酒的时候说些什么，这些都是至关重要的礼节，不可马虎，更不可紧张。

学子的致谢辞是宴会的核心和高潮部分，也是学子在宴会上的最佳表现机会，如何说出一篇条理清晰、内容充实的致谢辞，这是对学子的最大考验。一般来说，学子的致谢辞有三大部分：第一部分是总结，先回顾自己多年来的学习和成长历程，对于其中的对与错、得与失做一次全面的总结；第二部分是感谢，要感谢父母的培养，老师、同学的帮助，以及亲朋好友无私的关心与支持，感恩，是致谢辞中最重要的环节；第三部分是希望，学子应表明自己升学后的目标和方向，并表示决心，将为了更高的目标而努力奋斗。

◎妙句赏析

贺学子经典妙句

★天空在召唤着你展翅飞翔，海洋在呼喊着你扬帆远航，高山在激励着你奋勇攀登、平原在等待着你信马由缰。出发吧，愿你前程无量！快乐需要分享，快快行动吧！

★有这样一句话："每个人都能成为自己的建筑师。"祝愿我们在走向生活的道路上，用自己的一双手，建造我们自己的幸运大厦。

★在我的印象中，你一直很珍惜光阴、勤奋好学，我想上帝是公平的，你在学习上奋斗进取的不懈追求，让你在学业上有如此的成就。祝贺你，朋友！

我的朋友，你被理想的大学录取了，这是你人生中一个重要的里程碑，我很羡慕你，你就是那上帝的宠儿！

★那些不分日夜勤苦学习的日子过去了，那几天紧张的高考也过去了，听说你被心中属意的大学录取了，这真是改变你命运的一件大喜事啊！

★在你即将步入大学殿堂时，送你一句祝福，祝你：所有的希望都能实现，所有的追求都能如愿，所有的等候都能出现，都有的付出都能兑现！

★刻苦的学习，为考取理想的大学，有的人顺利跨过，更多的人却望尘莫及。你通过自己的努力，圆了学业之梦，特地向你表示祝贺！

★恭喜恭喜，祝贺祝贺！真是有志者事竟成，你的努力使你考入了自己理想的大学，这是一件多么值得骄傲的事情，我要向你表示热烈的祝贺！

★三年同窗，我一直都很佩服你的毅力，在学习上，你总是那么优秀，那么出色，想必只有你才了解你自己的付出，否则也不会有今天学业上的成功，真诚地祝贺你！

★我为你高兴，为你祝福！你考入全国著名的大学，这不仅是咱们班级的骄傲，更是你父母的骄傲。你完成了一件光宗耀祖的大事，我要再一次向你表示祝贺！

★恭贺你考入了梦想的大学，过去那段艰苦拼搏、努力奋斗的学习生活终于可以告一段落了，在这个假期里，希望你能做自己想做的事，吃自己想吃的饭，睡个安稳觉，过个好假期！

★你收到了梦寐以求的大学通知书，真诚地祝贺你！你实现了你的奋斗目标，你是好样的！在今后这段时间，我想你应该彻底地放松一下，将过去的烦恼劳累统统忘掉，开开心心度过每一天！

★祝贺你升入大学！我要送你一句话：努力珍惜今天，热情拥抱明天，那么，未来一定属于你！

★十年寒窗多艰苦，一朝成龙上青天！祝贺你闯过了高考这座独木桥，真诚地祝福你，未来的人生一帆风顺！

经典妙词

对学子的贺辞

祝贺升学　天之骄子　上帝宠儿　学业有成　德才兼备　天道酬勤　夙愿得偿　梦想成真　独占鳌头　一举夺魁　三元及第　三载登科　一分耕耘一分收获

对学子父母的贺辞

令郎登科　令爱题名　育子有方　苦尽甘来　教导不倦　艰辛得报　教子成龙　教女成凤

常用贺辞

秋收硕果　平步青云　金榜题名　荣登科第　国家栋梁　前程似锦　功成名就　年少有为　十年寒窗　一朝成名　青云直上　十年磨一剑　有志者事竟成

贺学子妙联佳句

书蕴海，桃李芬芳仕途好；学登峰，山河锦绣前程明

苦经学海不知苦；勤上书山自恪勤

十年修得金榜名；百年化出人上人

自古风流归志士；从来事业属良贤

青春有志须勤奋；学业启门报苦辛

一年之计春为早；千里征程志在先

持身勿使丹心污；立志但同鹏羽齐

天下兴亡肩头重任；胸中韬略笔底风云

入学喜报饱浸学子千滴汗；开宴鹿鸣荡漾恩师万缕情

书山高峻顽强自有通天路；学海遥深勤奋能寻探宝门

金榜为梯，智者时时晓征途；题名作镜，仁者处处明幻思

跬步启风雷，一筹大展登云志；雄风惊日月，十载自能弄海潮

赤凤冲天，遍洒祥雨润九州桃李香；青鸾相随，一腔热血闯华夏逞英豪

鲤跃龙门，勿数日日，无数日日皆成晶；金榜题名，如是汗水，入是汗水以为沛

十载求学纵苦三伏三九无悔无怨；一朝成就再忆全心全力有苦有乐

乘风踏浪我欲搏击沧海横流；飞鞭催马吾将痛饮黄龙美酒

卧虎藏龙地豪气干云秣马厉兵锋芒尽露；披星戴月时书香盈耳含英咀华学业必成

◎经典致辞

庆升学宴父母贺辞

范例一

[**致辞背景**]　儿子升学宴

[**致辞人**]　学子父亲

各位嘉宾各位朋友：

大家晚上好！

今晚为了庆祝儿子以优异的成绩考入北京××大学，我特意在××酒楼设下升学宴席。众位嘉宾能如约而来，大家相聚于一堂，我代表我们一家三口，向大家表示热烈的欢迎和真诚的感谢。

儿子考上大学，是他人生中一个重要的转折点，以后他将会开始人生新的征程。孩子的学习及成长历程，学校、老师、家长、同学、朋友都为之付出心血，此时此刻，我有很多话想说，我想对大家说一声“谢谢”。

在我们这个家庭里，妻子最是操劳了。我因为工作忙碌的关系，经常不在家中，是你时时刻刻陪在儿子身边，照料他，将他养育成人。特别是儿子上高三这一年，为了能给儿子提供一个好的学习环境，每日都给儿子送饭，给他洗衣服，负责了他生活中的一切杂事，儿子才得以有更多的时间投身学习中。如今儿子金榜题名，妻子真的是劳苦功高。老婆，多谢你了。

我也要感谢在学校中帮助儿子进步的师生及领导，是你们的责任心和友爱心，令我的儿子可以不断地进步与成长。我还记得去年的十一月份，儿子因为感冒，不能去学校上学，他的班主任×老师专门在周日那天来看望我的儿子，×老师不仅给儿子送来了全班学生的祝福，还给儿子补习了那周落下的课程。正是×老师的那次探望，才使儿子能够在病愈后去上学

时，可以赶得上班级的学习进程。

我还要感谢所有关心和帮助过我的家庭的朋友们，由于你们的关心使我们一家人感受到了人间的真情，这个世界的温暖。我的儿子也在学习中信心十足，这也是他成绩优异的重要因素。所以，我要说，感谢你们，感谢你们一直以来友好的支持和帮助！

对于我的儿子，我也有几句话要说。你考入了理想中的大学，我为你自豪，你是我的骄傲。然而我也要告诫你，“吾生也有涯，而知也无涯”，希望你能不自满，在求知的道路上勇往直前，使你在大学四年得到磨炼，学有所成，争取以后成为硕士、博士，再创辉煌！

我的话讲完了，最后祝福众位嘉宾身体健康、工作顺达，阖家幸福、万事如意！谢谢！

范例二

［致辞背景］ 儿子考入大学庆祝宴

［致辞人］ 学子母亲

各位远道而来的朋友：

欢迎你们的到来！

今晚我和丈夫在××酒店内摆下这桌宴席，为的是和众位朋友一起来分享我儿子考上大学这件喜事。对于盛情莅临的老师、学生、领导、同事、朋友，我代表全家人表示真诚的感谢和欢迎。

儿子寒窗苦读十年，今年在高考中稳定发挥，取得了优异的成绩，他终于得偿所愿，收到了梦寐以求的大学录取通知书。我为我儿子感到高兴和自豪，这不仅是他的荣耀，也是全家人的骄傲，更是在座每一位来宾的骄傲，因为你们都曾关心和帮助过他。

然而，想到儿子即将升入大学，离家而去时，我又忍不住有些伤感。回想起儿子出生时，他牙牙学语时的可爱情景，仿如昨日。没想到转眼间，他已经长大成人了，就要远离我们去别的城市了，时间过得太快了。作为一个母亲，我真是舍不得儿子的离去。儿子劝过我说，妈妈，我已经长大了，可以一个人去拼搏了，你以后不用再为我操劳了。儿子长大了，他知道体贴父母了，可是他不明白，那过去的20年光阴，虽然辛苦，但是每天能看到儿子，就觉得十分温馨。

儿子即将离家求学，在这儿我只想对他说一句话，考入大学只是你人生中万里长征的第一步，人生的道路漫长“一年之计春为早，千里征程志为先”，希望你能保持一个拼搏进取的心，要在人生的阶梯上越走越高。

今晚是儿子的升学宴，也是对大家的致谢宴。感谢老师们对儿子的不倦教诲，感谢各位学生对儿子的真心相助，感谢各位亲朋好友，你们对儿子无私的支持和呵护，使他得以健康的成长。我和丈夫对大家十分感激，谢谢你们。

你们的恩情无以为报，唯有祝福你们健康长寿、生活幸福。好了，我也不再多说，就请大家今晚在这里痛快畅饮，尽兴吃喝。若有招待不周之处，万请见谅。

庆升学宴校长贺辞

范例一

[致辞背景] 本校学生×××的升学宴

[致辞人] 学校校长

各位家长、各位师生、各位朋友：

大家下午好！

今天，我们这么多相识或不相识的人聚在一起，都是来参见×××同学的升学庆功宴。×××同学在今年六月的高考中表现出色，以×××分的优异成绩考入了北京的×××大学，在此，我代表学校的全体师生向你表示最热烈的祝贺。

在这里，我想谈一谈我的三点感受：

第一是感谢。我要感谢的是包括×××同学在内的所有全体学子以及这一年来不辞劳苦、辛勤工作的高三老师们，是你们的不懈追求和共同努力，为学校争得了荣誉。在此我要对你们表示深深的感谢。×××同学是我校毕业生中杰出的代表，他在学校的表现大家都是有目共睹的，正所谓天道酬勤，他能取得今日的成就，可以说与他平日的勤苦学习是密切相关的，他是学校的榜样，是学校的骄傲。

第二还是感谢，这次我要感谢的是×××同学的父母。我曾经在校门口多次见到×××女士在校门口顶着火热的太阳，只为给儿子送去可口的饭菜，这是一幅多么温馨而感动的画面。天下父母一般心，我也有子女，我能体会到你们为自己的孩子所付出了多少艰辛。我想说，有这样伟大的父母，才能培育出这样优秀的子女，你们是好样的！

最后我想说的是，×××同学收到了大学录取通知书，仅仅是完成了考大学的任务，但这决不意味着你就是真正的大学生了。等你升入大学后，那里没有了高中时代的清规戒律和老师耐心苦口的教导，父母也不在你的身边，你会有很多自由，但是你也会接触到太多诱惑，比如说虚拟的网络世界、浪漫的校园恋爱等，这些东西看起来很美好，但都不是大学生活的真谛。大学是什么？它有一半是学校，有一半是社会，真正的大学生活是什么？多读书、用心学习，对，这是你必须做的，还有就是我想告诫你的，多交良师益友，勇敢地去社会上磨砺自己。高中要的是成绩，大学要的是成功，而成功只会光顾那些经受住了磨炼的人。

好了，×××同学，你要记住我的话，等到了大学，拿出自己的勇气和坚强去闯荡吧，你的父母，你的母校，都会在家乡等着你的好消息。

我的话讲完了，最后祝在座的所有朋友健康美满，财源广进。谢谢大家！

庆升学宴老师代表贺辞

范例一

［致辞背景］ ×××同学的升学宴会

［致辞人］ 学子的班主任

各位领导、各位朋友，×××的父母：

你们好！

今晚，我们为了祝贺×××同学顺利考上××大学，在这里相聚一堂，算是一件盛事，请允许我代表×××同学向各位尊敬的来宾表示衷心的感谢。你们能在百忙中抽空莅临，在这个皓月当空的夏夜，这里一定会留下许多难忘的美好回忆。

首先，我要恭喜×××同学能够金榜题名。你是我的好学生，也是班级的好榜样。你喜欢坐在教室的前面，你说坐前排能听清老师的讲话，看清老师的板书，还能最快地向老师提问。你为了学习付出一切，结果导致你的视力下降很快，你戴上了眼镜，却还笑着说这样更像学生了。你的辛勤努力没有白费，××大学的录取通知书是你最好的回报，我为你骄傲。

我还要感谢×××的父母，他们为了孩子的学业，也是整日劳累。×××同学，你应该知道父母的辛苦，可是他们很多辛苦的时候你也许看不见的。我给你讲一件事，去年的12月，那天学校下午放假，你仍在学校学习，没有回家，后来你父亲来找你，见你在埋头读书，就没有打扰你，一直在教室外面等，等了两个多小时。可是当你跟他回去的时候，他却说刚来，因为他怕你自责。除了这件事，还有很多，你中午不回家，他们经常给你送饭；他们会隔几天就给我打电话，询问你的学习情况，又不让我告

诉你。你的父母除了工作外，将所有的时间都花在了你的身上，我作为班主任，看得很清楚。你真的应该好好感谢你的父母。

你马上就要升入大学，大学其实是个小社会，在大学里，你除了学习，还有其他重要的事情要做。在大学里，你要学会多帮助别人，这样你才能有知心的朋友，朋友是一笔宝贵的财富，你有朋友的支持和鼓励，才能取得更高的成就。

未来的路始终要靠自己走下去，希望你能高扬风帆，坚持不懈，只要你坚持住了，终有一日，你会长风破浪济沧海的！最后，祝各位来宾健康快乐、阖家幸福、工作顺心，万事如意！希望你们可以好好享受今晚这么美好的时刻，希望你们尽兴！谢谢。

庆升学宴学生代表贺辞

范例：在同学升学宴上的贺辞

［致辞背景］ 同窗×××的升学宴

［致辞人］ 学生代表

尊敬的各位领导、各位老师、远道而来的朋友们：

大家晚上好！

仲夏之夜、天高气清、风微云淡，在这个美丽的夜晚，在这个美丽的酒店，我们怀着相同的心情欢聚一堂，共同祝贺我的同窗兼好友×××以优异的成绩考入××大学。

今晚我站在这里致辞，感到十分激动，又很荣幸。我和×××是高中三年的同窗，他学习很努力，在学校一直都是优秀生。作为他的好朋友，说实话，太有压力了，不过也有动力。因为他对于学习的执著态度感动了我，也感染了我，使我不断告诫自己，一定要加倍努力，不要落于人后。三天不学习，赶不上×××，我总是这样想，所以我也能在班级中保持前列的成绩。

今时今日，×××马上就要去××大学就读，而我也将去另一所大学上学。今晚在这个宴会上，×××和我都怀着一颗感恩的心。我们要感谢我们的老师，感谢你们这三年来对我们的悉心教诲，使我们获得了知识，充实了自我。有人说老师是灵魂的工程师，有人说老师是燃烧的蜡烛，有人说老师是春天的雨露，但我要说，老师是我们的第二父母，你们不仅教会了我们知识，还传授给了我们人生的道理，令我们在灰心的时候没有逃避、沮丧的时候没有放弃。感谢你们。

感谢老师，是×××和我共同的心里话，然而在场的各位还有×××自己必须要感谢的，那就是他的父母。×××对我说过，他能取得如此骄人的成绩，离不开父亲多年来无微不至的培育与栽培、离不开母亲贴心的教导与呵护！我想，×××此时此刻肯定是十分激动，他一定想对自己的父母说一声谢谢。

×××，我的好朋友，再过一个月，我们都将各奔前程了，下一次见面还不晓得是什么时候。我有几句话想对你说，其实也是在对我说。老师说过，步入大学只是人生中有一个新起点，真正的磨炼才刚刚开始。我们选择了进取，就意味着我们愿意接受挑战，在竞争中锻炼自己。还是那句话，宝剑锋从磨砺出，梅花香自苦寒来。你我都加油吧！

各位来宾，今晚明月皓洁、星光璀璨，在这个温馨的夜晚，让我们举起酒杯，祝×××在今后的大学生活中学有所成、再创辉煌，也祝我们在座的各位身体健康、家庭幸福。谢谢！

庆升学宴长辈代表贺辞

范例一

[致辞背景] 外甥的升学庆祝宴会

[致辞人] 学子的小姨

各位领导、各位老师，女士们，先生们：

大家晚上好！

今晚微风清凉、新月如钩，真是一个惬意的夜晚啊。我们那么多的嘉宾在这里欢聚一堂，只为共同庆祝我的外甥×××同学金榜题名。

此时此刻，我非常高兴，×××经过十余载的寒窗苦读，终于凭借着自己的努力考入了××大学，成为了天之骄子。这是属于他的荣誉，这也是属于家族的荣耀。

首先，我要对他表示祝贺，他是最优秀的，这十余年的勤苦学习，我们这些亲人都看得到，也都为他心疼，可是他很执著，从不放弃。我作为他的小姨，打心里为他自豪，为他喝彩。我要代表我们这个大家庭，向所有的师生朋友表示最衷心的感谢。感谢老师们对×××多年来的栽培；感谢他的同学们对他真诚的帮助，也感谢所有的朋友这么多年来对×××一家无私的关心和支持。再次感谢你们。再过十几天，×××就要去到远方的城市去上大学，这是你长这么大第一次去那么远的地方，小姨真舍不得你，我想你的爸爸妈妈更舍不得。你很快就要向我们辞别了，在这之前，小姨有两句话要对你说：

第一就是希望你能保持高中时代勤奋刻苦的精神。步入大学，你需要重新开始，大学是自由的天堂，充满了诸多诱惑，你一定要经得起诱惑，坚持做原来的自己，锐意进取，勇攀高峰。你要记住，只有你的辛勤劳作，才能收获金秋的硕果。

第二，学海无涯，学不可以已，所以你千万不能自满。自满是前进道路的陷阱，不自满才是前进的车轮。希望你在四年的大学生活中，不断磨炼自己，有所作为。那么将来不论是考研，还是工作，你一定都会成功的。

最后，我想把祝福带给今天在座的每一位来宾，祝愿你们心想事成、幸福快乐，万事如意！

谢谢大家！

范例二

［致辞背景］ 侄子×××荣登科第的庆祝宴会

［致辞人］ 学子的叔叔

各位领导、各位师生、各位朋友：

欢迎你们的到来！

今晚是我的侄子×××考入××大学的庆祝宴，我代表我大哥一家，真诚欢迎各位嘉宾的到来。

在中国人的传统观念中，人生有四大喜事：久旱逢甘露，他乡遇故知，洞房花烛夜，金榜题名时。其中又以“金榜题名”最为父母和亲人所荣耀。在这次高考中，我的侄子×××以优异的成绩考入××大学的××专业，我要代表在座的所有人向你表示祝贺，并为我的大哥和大嫂感到自豪。

古人常说十年寒窗苦读，×××今日能取得这份荣誉，确实与他平日的勤苦努力是分不开的。

我的大哥大嫂一直在背后默默支持着孩子，他们为了侄儿的学习，倾注了太多的辛苦和汗水。十年寒窗无人识，一朝成名天下知，在今天上午，大哥大嫂接到侄子的录取通知书时，我看到他们因欢喜而流泪，因为他们的儿子没有辜负他们的期望。

经过三年的高中生活，××通过努力实现梦寐以求的夙愿，他即将肩负着时代的重托、带着亲友师生的期盼、怀着对大学生活的憧憬和追求而离开自己的家乡，奔赴远方的大学殿堂去深造。在这里，叔叔希望你能记住，书山需勤方有径，学海愿苦终遨游。在将来的大学生活中，不仅要勤奋进取，还要能经受苦难，不断磨砺自己，只有如此，你才能离你的追求越来越近。你要努力学好自己的专业，早日成为国家栋梁之才。

叔叔祝福你明日鹏程万里、前程似锦，也恭祝各位来宾，家庭幸福美满、事业蒸蒸日上，健康长寿、万事顺意！

谢谢！

庆升学宴主持人贺辞

范例：主持人在学子升学宴上的贺辞

［致辞背景］ ×××同学的升学庆祝宴会

［致辞人］ 宴会主持人

尊敬的各位来宾、女士们、先生们：

大家晚上好！

八月金风送爽、阳光灿烂，这是一个收获的季节，也是一个喜庆的季节。八月的暑假，正是广大高中毕业学子收获录取通知书的时候，而×××同学在今天也收到了他梦想中的大学录取通知书，今晚我站在这里担当×××同学升学宴会的主持人，真的是非常高兴，也非常激动。

首先让我来介绍一下在座的三位重要人物，坐在东边正中间戴眼镜的那位男生，就是我们今晚宴会的主角×××同学，坐在他右边的是他的父亲×××先生和×××女士。

今晚前来祝贺的，有×××同学的老师和朋友、学校的校长、×××同学父母的亲属、同事和好友、大家能够在百忙之中抽出时间来参加此次宴会，不论你们是谁，你们的到来都为这次宴会增添了光彩。在此，请允许我代表×××同学及其父母向今天所有到场的来宾表示热烈的欢迎和最诚挚的感谢。

宝剑锋从磨砺出，梅花香自苦寒来。×××同学经过了十余年的苦读勤学，终于在今年的高考中，发挥出色，以优异的成绩考取了××大学的××专业。让我们以热烈的掌声向×××同学表示祝贺！×××，你是好样的，在场的所有人都为你感到骄傲！

×××同学能取得今日的荣誉，除了他自己个人的努力外，还离不开他的父母几年来无微不至的培育。我想每一位父母都望子成龙、望女成凤，现在他们看到自己的儿子马上就要步入神圣的大学殿堂，此时此刻，他们的心中一定是美不胜收。

×××同学马上就要离家远去，追求他的学业了，在这里，让我们祝福他，希望他在一个新的学习环境中能有所成就，取得更大的成就。×××同学，你要努力！

最后祝福所有的嘉宾，一家和睦、一年开心、一生快乐、一辈子平安，日日喜气洋洋、年年招财进宝，每个人都健康长寿，每一家都万事顺心！

好了，话不多说，现在我宣布，今晚的宴会正式开始！请大家举起酒杯，让我们把这份美好的祝福都融入这杯美酒中，让我们共同品尝这美好的生活，共同分享×××同学成功的喜悦！干杯！

庆升学宴父母朋友贺辞

范例一

[致辞背景] 同事爱子的升学宴会

[致辞人] 学子父亲的同事

尊敬的各位女士、各位先生：

大家晚上好！

欢迎大家来到××大酒店，参加我的同事×××先生为爱子×××同学举办的升学庆宴。今晚这么多亲朋好友会聚一堂，为的就是一起分享这份金榜题名的喜悦。

古语有云“十年寒窗苦读，一朝金榜题名”，对于×××同学来说，数年的艰辛付出，终于有了理想的回报。今年的高考，他以优异的成绩考入××大学，这对于×××同学及其父母来说，真算得是一件可喜可贺的大事。在此，我要对×××同学表示祝贺，要对他的父母说一声恭喜。

这份成绩来之不易，离不开×××本人的勤苦努力，离不开老师多年来对他的教诲，离不开他的父母对他从小到大的精心呵护，更离不开在座的诸位亲朋好友对×××一直以来的关心和支持。×××这时候心中一定充满了感激，他需要谢谢每一个人。

在这里，我想特别说明的一点，×××的父亲，也就是我的好朋友×××先生，我们现在看到×××在微微笑着，那是他打心底流露出的甜蜜喜悦。可是谁又能想到，换来这份喜悦的是十几年为了孩子的成长而付出的艰辛。

对×××同学来说，可能他的父亲是一个典型的严父，的确，父爱也许不如母爱那般体贴入微，时时显现。我还记得，去年×××同学对他父亲说需要一本参考资料，可是我这位朋友跑了整个城市也没买到，于是他只能在网上订购，可是需要几天才能到达，他怕影响你的学习，就在下班后专门坐大巴到附近的城市去买，第二天早上才回来。结果导致了他工作没有精神，被领导臭骂了一顿。我想说的是，做父亲的，总是将自己对子女的爱埋在心底，但在关键时刻，却会立即迸发出来，表现出巨大的力量。

好了，让我们一起祝福×××同学，希望他在今后的日子里拥有敢上九天揽月的豪情，在大学殿堂里大展宏图，开辟出一片新的天地！

朋友们，再过一个星期×××同学就将离开我们，奔向那令人羡慕的象牙塔了，在那里，他将会开始新的生活，他会鹰击长空，他能龙游深海，让我们举起酒杯，斟满一杯祝福的美酒，为他美好的今天和明天干杯！

谢谢大家！

范例二

［致辞背景］ 朋友爱子升入高校的庆宴

［致辞人］ 学子父母的朋友

尊敬的各位来宾、各位朋友：

大家晚上好！

明明如月，就在今朝，在这个美好的夜晚，我们相聚在这里，共同祝贺××先生和×××女士的爱子×××同学荣登科第、金榜题名。

辛勤的汗水注定浇灌出美丽的人生，×××同学以他十余年如一日般的勤奋，终于换来这份来之不易的录取通知书。×××同学是×××夫妇的骄傲，也是在场所有人的骄傲。因为他的这份成就，不仅凝聚着他十年磨一剑的勤苦，凝聚着他的父母无微不至的栽培，也凝聚了所有关心爱护他的亲友的支持！

这其中的种种力量，最辛苦的当是×××的父母。他们为了哺育自己的孩子艰辛劳作了20年，只为孩子能够健康成长。在这里，我要表示一下对你们的敬意，并在此向你们说一声恭喜，恭喜你们的孩子成功了，你们的付出有了最好的回报。

最后，我代表众位来宾向我们的大才子提出几点希望：第一，大学生活是丰富多彩的，在那里你不仅能收获更多知识，还能交很多良师益友，你要珍惜在大学里的机会；第二，希望你能学会独立生活，不断磨炼自己，争取学有所成，将来能够回报父母，为国家建设作出自己的贡献。

最后我祝在座的老人健康长寿、中年人阖家幸福、青年人事业有成、各位同学好好学习、天天向上！

谢谢！

答谢辞

◎经典致辞

省党政领导答谢酒会贺辞

范例

［致辞背景］ AA（异地）答谢酒会

［致辞人］ BB（地名）党政代表团负责人

尊敬的各位企业家，女士们、先生们：

华灯初上，流光溢彩的AA分外迷人，熙熙攘攘的人群、热热闹闹的街道、灯火通明的商场更令这座城市充满了无限活力。今夜，能够与AA各界儒商名流、有识之士相聚一堂，互相交流，共同学习，共谋发展，我和我的同事们感到无比的高兴。在此，我代表BB省党政代表团向关注，支持BB发展的各位企业家、各位同仁以及各位朋友，致以诚挚的问候和衷心的感谢！

AA地处中国××部，历史久远。在×年前，AA只是一个靠×业为主的平凡小镇。多少年风风雨雨过去了，随着改革开放的步伐，不畏艰难的AA人凭借勤劳的双手和聪明的头脑将AA建造成了一个如此繁华的大都市。现如今，AA已是南北重要的交通枢纽和远近闻名的文化交流中心，有着优美的自然风光和和谐的社会环境。AA产业发达，领发展之先，人才会聚，科技创新一流。AA一路走来的千辛万苦值得我们敬仰，它成长的过程值得发展中的BB学习。

BB处于开放的前沿，口岸便利，商机无限。面对地区间经贸合作渐趋紧密的良机，作为BB人，我们真诚希望与AA的各位新老朋友进一步增进友谊，密切联系，加强合作，携手创业！也诚挚地邀请AA的各界社会名流和朋友们，常到BB走一走、看一看，寻找更多的合作商机，和BB携手共进，共创锦绣前程！

最后，我们衷心祝愿AA发展顺利，步上新台阶！祝福AA人民家和万事兴！我们也真诚希望AA和BB的合作交流日益加强，友谊更加深厚绵长！

援藏干部致答谢辞

范例

［致辞背景］ 第四批援藏干部的欢送会上

［致辞人］ 某援藏干部

尊敬的各位领导、各位来宾：

大家晚上好！

在这即将分别的时刻，首先，请允许我代表××第四批××名援藏干部向地区四大班子各位领导及全地区广大干部群众深深地鞠一躬！感谢你们三年来对我们的关心、帮助、理解、支持！

在这三年的时间里，我们在各位领导和大家的关心帮助下，继承和弘扬××援藏干部"老西藏精神"，提出并坚持"快乐援藏、可持续援藏"理念，努力做到"风沙硬作风更硬、海拔高目标更高"，真正把心贴近西藏，把情倾注西藏人民，为日喀则的改革、发展、稳定做了一点工作，尽了一份责任，这一切与长期在藏工作的领导和同志们相比，真是微不足道。

一千多个日日夜夜，记录下我们鲁藏一家、携手共进的动人诗篇，记录下我们团结拼搏、干事创业的奋斗足迹，记录下日喀则日新月异、蒸蒸日上的喜人景象。一千多个日日夜夜，我们朝夕相处、艰苦创业、激情燃烧、团结奋斗，结下了深厚的兄弟情谊，谱写了一曲新的鲁藏友谊之歌。

遇上你是我的缘，守望你是我的歌，亲爱的西藏，我爱你，就像山里的雪莲花。"珠峰泰山同日月，黄河雅江情相连"。浓浓的酥油茶、醇醇的青稞酒将让我们永远记住西藏人民的淳朴善良，宽厚热情，永远记住这里的山山水水、一草一木。圣洁的西藏将时时提醒我们：永远老老实实做人、一生踏踏实实做事。

此时此刻，千言万语都汇成一句话：我们将永远以自己是一个西藏人而倍感骄傲和自豪。最后，祝我们的友谊天长地久！

谢谢大家！

县领导致慰问灾区人员答谢辞

范例

[**致辞背景**]　慰问灾区现场

[**致辞人**]　县党委书记

尊敬的省、市、县民政局领导，远道而来的客人们：

大家好！

患难时方见人间真情！今年入冬以来，我县遭遇了百年不遇的雪灾，全县超过×万群众受灾，省委省政府得知情况后，立即下拨救灾资金并号召全省人民向我县捐资捐物，帮助我们渡过难关。今天，我们迎来了为我们输送救灾物资的省里××领导一行，在此，我代表××县全体人民对全省人民的关心和帮助表示真挚的谢意，对省领导亲自来到我县慰问并送来救灾物资表示感谢！

这场百年不遇的大雪使得我们××县的道路交通基本陷入了瘫痪状态，省里在第一时间调集了人手对道路进行疏通，并送来了救灾物资。从省城到我们××县虽然只有××千米，但由于雪灾的原因，各位领导在这条路上走了整整×天×夜，对于这份情谊，我们全县人民铭记在心。

经省领导处我们得知，此次救灾物资除了省里直接下拨的××万元现金以及价值××万元的生活用品外，还有来自全省各县市捐献的过冬衣物××××件以及现金××万元。面对全省人民这样踊跃的捐钱捐物，我们有的不仅仅是感动，也有了灾后重建的信心，我们一定不会辜负大家对我们××县人民的这份厚爱，积极抗灾救灾，争取早日战胜这场雪灾，为明年春天的春播做好准备。

救灾物资已经送到了，接下来我们就要组织专门人员将物资下发到各个受灾乡镇，首批物资送往受灾最为严重的××镇和××乡，对于救灾物资我们将会以透明的方式予以公示，让全省人民都清清楚楚地知道自己捐献的这片爱心都真真切切地用到了实处，也请各位领导、同志们认真监督，一旦发现有挪用救灾物资的情况，我们一定严惩不贷。

虽然受到了雪灾的侵袭，但我们还是备上了一份便饭，这些酒菜虽然简单，但是代表了我们全县人民的一片感激之心，谢谢你们！

民众感谢官兵致辞

范例

［致辞背景］ 民众向边防部队官兵拜年答谢

［致辞人］ 乡长

同志们：

大家好！

白雪纷飞，举国欢庆，承载着满心的喜悦，我们迎来了中华民族的传统节日——春节。今天我们共聚一堂，一起欢度佳节。在此，我代表××乡的全体老百姓向各位坚守岗位的同志拜年！祝你们新春愉快，身体健康，工作进步，并通过大家向家中的父母亲人们致以新年的问候。

为了严守国界，保卫边疆，保护我们老百姓生命财产的安全，你们日夜坚守岗位，寸步不离。我们从心底里感谢你们。军民团结是一家，你们永远是我们的亲人。

在过去的一年里，在你们的帮助下，××乡的家家户户都获得了很好的收成，更令我们激动的是，××乡又建成了一条宽阔的公路，为我们老百姓的出行带来了很多便利。在××乡到处都有你们的背影，为农户盖瓦房，修公路，为年长的人扛重物，为穷困潦倒的家庭送粮食……在这一年里，多少可歌可泣的感人事迹历历在目，从你们身上，我们看到了军人的伟大。你们是最优秀的，我代表全乡人民谢谢你们，感谢你们为我们所作出的无私的奉献。特此，我们奉上一面"最值得敬佩的人"的锦旗，这是我们全乡人民的心意。因为有你们，我们才能走出贫穷，过上今天幸福的生活。

屋外飘着鹅毛大雪，你们就像那洁白的雪花，哪里需要就走向哪里。为了国家，你们不畏严寒，守护在祖国的边疆；为了老百姓，你们处处为我们着想，不辞辛劳，为我们送上无限的关怀和温暖。你们的精神犹如白雪一样圣洁，你们是最可爱的人。看着窗外的皑皑白雪，本是寒风凛冽，我们的心头却因为有你们而变得暖烘烘的。

常言道：瑞雪兆丰年。我相信，有你们的坚守和保卫，我们老百姓日子越来越幸福，我们的国家也一定能更加繁荣昌盛！

谢谢大家！

企业致答谢客户辞

范例

[**致辞背景**] 答谢客户会

[**致辞人**] 企业领导

尊敬的各位来宾，女士们、先生们：

大家好！

在我们满怀豪情迎接新的一年之际，我们以最真诚的感谢、最真挚的祝福在这里举办迎新春答谢客户酒会。首先我代表××大厦向一直给予我们支持和厚爱的新老客户朋友们表示谢意，并祝你们在新的一年里身体健康，工作顺利、生意兴隆、万事如意！

过去的一年是××大厦快速发展的一年，我们在集团公司的领导下，在各位客户公司老总的支持下，经过我们全体员工的共同努力，取得了一定的成绩：顺利通过国家××部关于国家级示范大厦的复检，保持着物业管理最高荣誉；全面启动了ISO9001质量管理体系试运行，全面强化了基础管理工作；荣获了市物业管理先进单位和×××市公安局××系统先进单位等光荣称号。

××××年客户对大厦各项服务满意率又有了新的上升，各项服务水平又有了新的提高。

在新的一年里，我们将继续努力，不断取得新的突破，来回报广大客户的厚爱，为您事业的成功尽我们的微薄之力。我们将以百倍的努力和良好的服务以及崭新的精神风貌服务于您，我相信，相互支持、友好合作，我们一定能实现双赢的目标，让我们携手奔向美好的明天！

最后，祝福全厦客户及各公司员工新年快乐、万事如意，祝各位事业辉煌、如日中天！祝各单位百业俱兴、宏业大展，前程无限，吉年大发！

谢谢大家！

公司总结宴会答谢辞

范例

[**致辞背景**] 公司总结宴会

[**致辞人**] 总经理

尊敬的嘉宾、朋友们，全体同仁：

晚上好！

首先，我代表××公司感谢各位嘉宾、各位朋友对××一贯的支持和帮助！

其次要感谢××的全体员工，是你们的努力和敬业使××取得了今天的成绩。还要感谢你们的家人，是他们在背后默默的支持，鼓励和帮助，使你们能全身心地投入工作，他们是当之无愧的幕后英雄。

回望过去的一年，我们涌现出大批优秀员工，我感谢他们在各自的岗位上作出的榜样！祝愿他们在新的一年再接再厉，取得更大的成绩！还要感谢战斗在全国各地、异地他乡的一线员工，是他们的努力使我们××的产品走进了千家万户，在这里，我要对他们说声：你们辛苦了！

××××年，在各界朋友的大力支持下，在全体员工的共同努力下，××公司取得了可喜的成绩，可以说是一个丰收年：全国统一服务热线××××××××的推出，国际业务零的突破，××最高奖项“××××××”的获得……这些无不见证着我们的努力付出和成功。

××公司的未来是非常美好的，让我们携手共进，打造出一个欣欣向荣的国际型企业！

最后，祝在座的各位身体健康、工作顺利、家庭美满！

谢谢大家！

房地产商答谢会贺辞

范例

［致辞背景］ 房地产商答谢会

［致辞人］ 房地产公司领导

尊敬的各位来宾，女士们、先生们：

在这个银装素裹的美好冬日，看到这么多的朋友光临今天××地产××××年答谢会的现场，我非常激动。今晚我们欢聚一堂，现场高朋满座，除了众多与××地产有良好关系的嘉宾以外，还有很多合作伙伴。在此，请允许我代表××地产对各位来宾表示最衷心的感谢和最热烈的欢迎！

××地产成立已有×个年头，这×年的时间也许只是历史中的一瞬间，也许只是漫长人生旅程中的一小段，但是××地产却经历了无数风雨，并最终取得了可喜的成绩。今年××地产开发的××项目，首期开盘取得了骄人的成绩，销售量达到了××亿，这一点与××地产每一个员工的努力分不开，也离不开×××地产的支持与厚爱，谢谢大家。

××（地名）房地产市场一直居于国内房地产发展的前列，因此可以说，××（地名）房地产市场的发展，就是整个房地产市场的发展。上周，我们在××（地名）召开的××发布会上，通过对近×年来××（地名）房地产市场的发展的分析和预测，我们看到二线城市的发展速度加快了。我们预计去年销售是××亿元，估计××××年我们能做到××亿元。本着这个方针，我们将会在××等地加大投入，这是我们××地产在新一年里的目标。

××××年，调控政策一个接着一个出来，这使得二手房市场也经历了比较大的震动，我们不可避免地在税费、利息等方面做了调整。尽管如此，我们还是取得了可喜的成绩，在总体规模不变的情况下，业绩仍然呈××个百分点的增长。此外，我们代理的项目也呈增长趋势，由去年的××个楼盘到今年的××个楼盘，总的业绩增长为××！

在新的一年里，××地产将会作出更多的努力，希望能够跟在座的各位朋友携手共进，共创辉煌，谢谢大家！

借此机会给与会的各位来宾、同人、朋友们拜个早年，祝大家新春快乐、事业发达、万事如意！

公益活动致辞

◎经典致辞

希望工程慈善晚宴致辞

范例

[致辞背景] 慈善晚宴

[致辞人] 省政府秘书长

尊敬的省人大××主任，尊敬的省政协××主席，各位领导，各位嘉宾，同志们，新闻界的朋友们：

在××××年的春天即将到来的时刻，我们在这里隆重举行××希望工程××××年迎新春爱心慈善晚宴，为农村贫困地区的孩子们献上我们的爱心。首先，请允许我代表××省青少年发展基金会，××省希望工程办公室，对出席今天爱心慈善晚宴的各位领导、各位嘉宾、各位朋友表示热烈的欢迎！并借此机会，以××希望工程的名义，向长期以来关心支持

××希望工程事业的各位领导、各位嘉宾、社会各界的爱心人士和朋友们，致以崇高的敬意和衷心的感谢！

希望工程事业是共青团组织遵循政府多渠道筹集教育资金的方针，广泛动员海内外社会各界的爱心，筹集善款，建立专项助学基金，帮助和扶持农村基础教育的社会性公益事业。在包括今天在座的各位嘉宾在内的社会各方面的爱心人士的关心支持下，××希望工程事业在其××年的发展历程中，取得了辉煌成绩。目前，共建希望小学×××多所，全省有××万名孩子受到希望工程的资助。

希望工程事业是爱心凝聚的事业，是真情铸就的事业，是永远走向春天的事业。今天，我们带着拳拳的爱心，为了一个共同的目标，在这里相聚。在不久的将来，我们今天所凝聚的爱心，将随着春风，温暖着那些受到资助的孩子们的心灵。我们的爱心，种下的是孩子们的梦想和希望，我们收获的将是祖国和民族灿烂的未来！

现在，我宣布，××希望工程××××年迎新春爱心慈善晚宴正式开始。

希望工程活动致辞

范例

[致辞背景]　××希望工程爱心单位、爱心人士联谊会

[致辞人]　××团省委副书记、××青基会副会长

尊敬的各位领导，各位来宾，朋友们：

今天，在大益爱心基金会的大力支持下，我们在这里举行××希望工程爱心单位、爱心人士联谊会，把曾经为××希望工程捐过款、献过爱心的企业、单位和个人汇聚在一起，共话爱心，共叙友谊，作为××省青少年发展基金会的主管部门，我谨代表共青团××省委和千千万万受助的学生和家长们，向大家的到来表示最热烈的欢迎，并致以最崇高的敬意！

春华秋实，××希望工程走过了不平凡的18年，累计接受海内外各类捐款捐物超过4亿元人民币，五星红旗每天在1 200多所希望小学冉冉升起，近30万名孩子笑容满面地在宽敞明亮的新校舍上学；10万多名优秀贫困大中小学生继续学业，实现梦想，100多万个家庭成员切身感受到了祖国大家庭的温暖和人间真情，数千万人在“传递爱心、助人自助”的理念中迈向和谐。

2008年，在社会各界爱心单位和人士的关心支持和帮助下，我们联合

"希望工程爱心手拉手工作组"开展"抗震救灾、燃点希望"系列筹资资助活动，为汶川、盈江、元谋灾区的青少年送去了爱心和温暖。开展了"希望工程快乐体育行动"，召开××省首届希望小学快乐体育运动会，组队参加西部和全国希望小学运动会，推动2008北京奥运会的全民参与，深入推进希望小学校园文化建设。开展了××希望工程"徒步独龙江·同心相陪伴"公益筹款活动。与××信息报合作开辟爱心版，以每周三一个整版或一个大联版的形式，开了××媒体进行大幅度、系统化、连续性希望工程公益宣传的先河；与春城晚报的强势互动，以三个头版，十个以上整版向读者传递了青基会的公益理念。与中央部分驻×媒体和××各主流媒体保持了良性互动，将公益慈善理念进一步根植于公众的心中。

因为有了大家持续的支持、信任和合作，创造了××希望工程的历史最好成绩，用年度筹集捐款捐物4 700多万元的新业绩，书写了××希望工程18年的最高纪录，援建希望小学118所，"圆梦行动"资助1 500多名家庭经济困难大学生，"一对一"资助5 000多名家庭经济困难中学生，为边远山区小学援建179个"希望工程快乐体育园地"，"送出去、请进来"培训1 160多名山区教师。

爱是人类最高尚的情感，在全面建设和谐社会的历史进程中，"奉献、友爱、互助、进步"是公众心底的呼唤，传递爱心，传播文明，是我们的心愿，这种"爱心"和"文明"在人与人之间的传递，最终会汇聚成一股强大的社会暖流。

各位朋友，让我们以爱心的名义，携起手来，激扬青春，贡献真情，共同投身于希望工程事业中，作出我们应有的贡献。

最后，值此元旦新年佳节即将来临之际，衷心祝愿各位领导各位来宾在新的一年工作顺利，身体健康，家庭幸福！

捐赠活动致辞

范例

[致辞背景]　爱心基金捐资启动仪式

[致辞人]　市领导代表

尊敬的各位领导，来宾，小朋友们：

大家上午好！

在××公司的鼎力支持和热情关怀下，我们得以在今天这么一个温馨的日子里隆重举行"××"代理妈妈爱心基金捐资启动仪式。我谨代表市妇儿工委、市妇联向今天应邀出席我们大会的各位领导、各位来宾表示最衷心的感谢！向××公司的这一义举表示由衷的钦佩和衷心的感谢，当然我要感谢的还有那些关心和帮助困难儿童的社会各界的朋友们，是你们的无私奉献让更多的困难孩子们感受到了社会的温暖。谢谢你们！

最近几年，市妇儿工委、市妇联积极行动、全面落实市委、市政府“××工程”，以中共中央《关于加强和改进未成年人思想道德建设的意见》精神为指导，以关注特困儿童未来发展为己任，特别关注未成年人的思想道德建设，因此在全市广泛开展“代理妈妈”活动，动员社会各界共同关注这一特殊群体，给予这些在生活中存在困难以及精神上缺乏家庭关爱的孩子们帮助。当然我们不仅关注的是他们能否完成学业，更重要的是要给这些孩子精神上的鼓励和关爱，让他们知道社会大家庭的温暖，让他们重温母爱，享受亲情带来的幸福和快乐。

“代理妈妈”活动意义不仅仅于此，还有它践行了科学发展观有关“以人为本”的理念，帮助者和受帮助者不仅是捐赠和受赠的关系，更重要的是他们之间建立了深厚的感情，在爱心活动的过程中，人们体味到了人间的温暖，也在一定程度上提高了大众的思想道德水平，这些感情交流在维护社会稳定、化解社会边缘矛盾上起到了很重要的作用。

我们的“代理妈妈”工程是一项系统工程，为了使这项工程能够持续健康地发展下去，我们市妇联首先建立了规范科学透明的资金管理制度，做到专款专用，同时做好基金从筹集到管理和使用为一体的资金使用监督制度。这系列制度使得我们的爱心工程受到了广大捐助者的高度赞赏，也为我们的活动能够可持续发展打好了最坚实的基础。当然现实是，我们确实有大量的困难儿童需要帮助，在这里我号召所有有爱心的朋友们能够投入到我们的活动当中来奉献爱心。

××公司是我市的重点企业和利税大户，长期以来，该公司在发展经济的同时不忘企业的社会责任，它们把承担公益事业作为企业义不容辞的责任值得赞赏和钦佩。在这里我希望在将来有更多像××公司这样的企业投入到我们的基金会来，献出您的爱心力量。在这里，让我们再一次为××公司的帮助表示衷心的感谢！

同志们，赠人玫瑰，手有余香，奉献爱心，收获希望。我们从这一捐赠义举中，从受赠孩子真诚致谢中，看到了社会各界对扶持弱势群体的爱心、关心、责任心。我们深信，一定会有更多这样的义举，为福利事业捧起一片晴朗的天空。我们深信，受捐赠的儿童一定会健康成长！

助学活动致辞

范例

［致辞背景］ 公司为学校捐资助学仪式

［致辞人］ 学校校长

尊敬的各位领导，各位来宾，亲爱的老师们、同学们：

空气中弥漫着更多爱的分子，校园的每一个角落都充满了更多的感激和感动，因为，今天，××公司为了支持我们学校事业的发展和同学们的健康成长，前来我校捐资助学。借此良机，我代表全体师生向你们的到来表示热烈地欢迎，对你们的大力支助致以诚挚的谢意和崇高的敬礼！同时，衷心感谢各位领导的莅临！

由于我校的大部分学生来自农村，家境贫寒，生活困难。为了能让这部分学生不因贫困而耽误学习，我校一直很重视扶助贫困生的工作，积极想办法，开展了一些扶贫工作，如为贫困学生捐款、捐衣物等，对他们的生活起到了一些作用。但是，由于资金来源有限，贫困学生人数比较多的原因，学校范围内的资助只是杯水车薪，无法解决所有的问题。自从××公司对我校进行捐资助学以来，我校很多方面都得到了很大改善。

××公司自××××年来，一直情系教育，时刻关注并默默支持着我校教育事业的发展，不仅无私捐助我校的贫困学生，还为我校提供了很多先进的教学设备，无私地把爱心奉献给我们。几年来，我校贫困生的生活水平得到了很大提高，我校的办学条件也得到了很大改善。今天，你们又来到了我们学校，为孩子，为学校送来温暖，让我再次代表全体师生向你们表示衷心的感谢。

我们一定会珍惜你们送来的爱心，加倍努力搞好教育教学工作，不断提高教育教学质量和办学水平，用实际行动报答你们对孩子和学校的关爱。同学们，请你们一定要牢记××公司的恩情，不辜负大家对你们的期望，努力学习，为学校、为社会、为祖国争光。

请各位领导放心，在不久的将来，我校一定会更加灿烂辉煌！

谢谢大家！

助残爱心家园落成仪式贺辞

范例

［致辞背景］ ×××（助残爱心家园）落成仪式

［致辞人］　爱心家园负责人

尊敬的各位领导、朋友们：

上午好！

阳春三月，春光明媚。今天，空气中到处弥漫着爱的气息，每一个角落都能寻到爱的踪影，因为由AAA公司援建的×××（助残爱心家园）正式落成。今天，我们在这里举行隆重的落成仪式，将爱洒向每个残疾人的心中。首先，请允许我代表×××（助残爱心家园）向各位领导的帮助和支持，向AAA公司的大力援建表示由衷的感谢。

爱，是人类共同的语言；爱，是人类传承的动力；爱，是慈善事业不竭的源泉；爱，是构建和谐社会的必要元素。在日益和谐的世界里，爱牵动着千千万万人的心，残疾朋友得到了以往任何一个时代所想象不到的关怀，得到了以往任何一个时代所享受不到的爱的洗礼。×××（助残爱心家园）正承载着历史留给我们最珍贵的爱准备开始航行，我们希望能用我们的爱帮助每一位残疾人，让每一位残疾人得到更多的快乐和健康的生活。

×××（助残爱心家园）的办园宗旨是"让残疾朋友心中充满爱"。我们拥有一支充满爱心、待人真诚、服务体贴的工作队伍，每一个工作人员都深深热爱这份事业，都拥有坚定的信念，每一个进入×××（助残爱心家园）的朋友都一定能感受到浓浓的爱意。让我们凝聚爱心，将真情洒满人间，让我们一起发出对爱的呼唤。

今天各位领导以及各位朋友带给我们满满的祝福，我们坚信，在各级领导的重视关心下，在社会各界的帮助支持下，我们一定能将×××（助残爱心家园）建设成为残疾朋友最温暖的精神家园！我们也一定会把这份事业发扬光大！希望各位领导以及各位朋友在日后的工作中给予我们更多的扶持，并对我们的工作加以监督和指正。

最后，希望我们残疾朋友的明天更美好！谢谢大家！

爱心助学仪式致辞

范例一

［致辞背景］　××××年度爱心助学仪式

［致辞人］　××集团董事长

尊敬的各位领导、各位来宾、各位家长，同学们：

大家上午好！

首先我要借此机会感谢大家愿意抽出宝贵的时间，莅临今天上午的××集团××××年度爱心助学仪式。

×年来，每一年的今天，我们都会欢聚一堂，隆重举行××集团××××年度爱心助学捐助仪式，帮助莘莘学子走完求学之路，为国家未来的栋梁分忧解难，广施援手！首先，请允许我代表××集团全体员工，向取得佳绩的学子和各位家长表示热烈的祝贺！向出席今天仪式的各位领导表示衷心的感谢！

作为××人，我的内心无比兴奋和激动，一年胜过一年，每到这个时候就会有越来越多的孩子通过刻苦努力而鱼跃龙门，金榜题名，用自己的成绩为家乡争得了荣誉。你们为××村的学子们树立了榜样，希望你们能在新的校园里从新的起点出发，奋力拼搏，不断提高自身的素质，全面发展，努力成为国家的优秀人才。

作为××人，我感到无比的自豪。××集团在县委县政府的关怀扶持下，在××村党支部、村委会和全体村民的支持下，经过几年的努力，实现了快速、健康、平稳发展。创建初期，××是一个名不见经传的小厂，如今，它已发展成为名扬国内外的知名企业，产品远销海内外×多个国家和地区。我们抱着“做一流人，塑一流企业”的坚强信念，以做大做强做好为目标，创新创优强化管理，信守“质量是生命，信誉是根本”的经营理念，短短几年时间，公司先后获得国家的、地方的诸多荣誉。

公司创立之初就很重视教育培训，因为我们坚信：只有不断学习和创新，企业才能获取无限的能量和活力。但是，知识不仅是个人、学校、企业的财富，而且是社会的财富。因此，培养人才是整个社会的责任。基于此因，我们××集团向来很关注学习成绩优秀的学生，我们希望通过捐助爱心助学金的方式，激励更多的学子努力学习，使整个社会更加关心人才的培养。只要××存在一天，我们都会为社会的教育事业贡献自己微薄的力量。

人因梦想而伟大，“知识能够改变命运，学习必能成就未来”，希望在座的同学们树立正确的学习观，一生保持健康向上的心态，在学习中积聚力量，努力实现自己的梦想，为社会、为国家奉献自己的力量。

最后，再次祝学子们学业有成！祝各位领导、来宾、家长们身体健康，万事如意！祝××不断繁荣昌盛！

范例二

［致辞背景］ ××××年度爱心助学仪式

［致辞人］　村委会领导

各位领导，各位来宾，各位家长，同学们：

今天，我们在这里隆重举办××集团××××年度爱心助学仪式。感谢这个伟大的时代，感谢这个美好的国度，正是这前所未有的世界和平、社会文明以及经济发展才使得我们今天有机会在此相聚。我谨代表××村委会感谢各位领导的出席！向在毕业考试中取得优异成绩的同学和家长表示热烈的祝贺！对××集团信守承诺、奖学助学、培养人才的举动表示由衷的敬佩和大力支持！

经济要发展，民族要振兴，国家要富强，社会要进步都离不开全民素质的提高，而要提高全民族的素质就必须重视教育。一直以来，××村非常重视教育事业的发展，大力实施“科教兴村”战略。按照“校园环境园林化、教学手段现代化、学校管理科学化、办学理念人性化、办学质量优质化”的思路，高起点规划、高标准规划建设各所学校，调整布局，稳步推进，教学质量逐年提高。今年，××村的教学水平再次大幅度上升，跃居全县第×名。学校在进步，教师队伍在扩大，学生对知识的渴求越来越强烈。可是，很多学生因为家庭贫困，要么无法继续深造，要么中途辍学，但是他们的眼睛里充满了对书本、对知识、对教育的渴望和期待。在此，我们呼吁越来越多的爱心企业和人士能像××集团一样伸出援手让这些可爱的孩子重返校园。

××集团于×年代在我村创立，是我村的龙头企业。××集团一方面极度重视自身的发展，体制的创新，另一方面，非常热衷于公益事业以不断加强精神文明建设。自××××年以来，××集团共投入了×万元资助了共×名贫困生，使得这些学生得以继续在知识的滋养下茁壮成长。感谢××一直以来对××村的教育的关心和帮助，希望今后，能一如既往地支持××的教育事业的发展。

同学们，有了党和政府的关怀、社会各界的支持，你们要倍加珍惜难得的学习机会，努力学习，奋发图强，争取早日学成，报效祖国，回报社会。

最后，祝莘莘学子前途似锦，大展宏图！祝××集团如芝麻开花节节高！祝××的教育事业百花齐放！祝在座的各位身体健康、万事如意！谢谢大家！

助老工程致辞

范例

[致辞背景] “全国爱心助老健康工程”启动仪式

[致辞人] 全国高科技健康产业工作委员会主任

尊敬的各位领导、各位专家、各位同志：

今天我们在这里隆重举行“全国爱心助老健康工程”启动仪式暨新闻发布会，我代表全国高科技健康产业工作委员会及“全国爱心助老健康工程”组委会向今天到会的各位领导、各位专家、各位同志表示衷心的感谢！

当前，我国经济形势正在稳步上升，正在走出国际金融风暴的阴影，全国的健康产业迎来了新的发展机遇，国家的医疗改革方案即将全面实施。

为了贯彻党的十七大提出的“科学发展观”、“以人为本”的指示精神，发展我国老龄健康事业、关爱广大中老年人的健康、配合落实国家关于医疗改革的重大举措，解决长期存在的“看病难”、“买药贵”的问题，全国高科技健康产业工作委员会联合中国保护消费者基金会及多家健康产业企业，决定开展“全国爱心助老健康工程”，以“优质低价”产品直接服务于中老年群体，对有特殊困难的老年群众以“健康援助和无偿捐赠”的方式进行扶助。

“爱心助老健康工程”以公益搭台、基金保证、科学指导、企业支持，以全新的模式开展助老健康活动。它将有利于缓解广大中老年人看病难、买药贵的现状，以减轻中老年人的买药负担，减少家庭经济开支。此次活动计划先从吉林省启动，然后陆续推向全国。这是一项利国利民的健康工程，也是为配合国家的医疗改革进行的一次有益尝试。我们相信这项活动将会得到社会广大人群的积极支持和爱护。

我们这次开展“全国爱心助老健康工程”得到了吉林制药股份有限公司、秦皇岛皇威药业集团、吉林金宝药业集团、威海清华紫光科技有限公司的大力支持和赞助。在此，我代表全国高科技健康产业工作委员会和“全国爱心助老健康工程”组委会对上述四个企业表示衷心的感谢！

创刊贺辞

◎经典致辞

公司简报创刊贺辞

范例

[致辞背景] 简报创刊

[致辞人] 集团某领导

《××集团简报》吮吸着三月雨露的滋润，汲取着母体的滋养，在这个枝新叶绿，生机盎然的季节，承载着无限美好的希望与憧憬，像枝丫上一朵含苞待放的花蕾来到了我们的身边。当您手捧着这份浸满墨香的文稿，聆听着的是承载了××人心灵温度的文字。

××集团是于××××年×月在××中心的基础上成立的，新一届领导班子带领着××集团的全体员工同舟共济，一同走在改革发展的大路上。在其正确领导下，××集团对内抓素质提升整体实力，对外树形象促进全面发展，通过一系列的改革探索，××集团管理日臻完善，规章制度与企业文化建设如火如荼。

××集团服务对象的专一性和特殊性，决定了其必须不断地与服务对象加强联系沟通，才能更好地开展各项工作。因此，不得不进行转变之前集团员工只会做、不会说的工作作风，拓宽集团内部沟通交流渠道，创造有利于集团发展的良好舆论环境等方面的改革，而集团的宣传工作也是集团长期发展必须要纳入的规划，这已成为集团领导班子的共识。《××集团简报》作为宣传工作的先期探索者应运而生。

传送××声音，展示××风采。《××集团简报》是一份融汇报性、交流性和指导性于一体的集团内部刊物。刊物致力于宣传报道××集团的工作动态和阶段性重点工作，展示××风貌，真实记录集团改革、服务、发展历程，为我公司的发展进行存史资政。

值此《××集团简报》创刊之际，我代表集团全体员工向《××集团简报》以及它的团队致以热烈的祝贺和美好的祝福。希望《××集团简报》在大发展的趋势中越办越好。

◎报纸创刊贺辞

范例

[致辞背景]　《×××》成立大会

[致辞人]　《×××》总编辑

各位同事：

大家好！

这一回，时间真的开始了！历史真的开始了！

152年前，亨利·雷蒙创办了《纽约时报》。126年前，尤金·迈尔创办了《华盛顿邮报》。85年前，邵飘萍创办了《京报》。54年前，《光明日报》和《南方日报》诞生在新中国的拂晓和黎明。4个月前，《光明》和《南方》一见钟情。3个月前，《光明》和《南方》共偕连理。3天以后，11月11日《×××》将横空出世。

像所有的婚姻所遭遇的境况一样，有人红线搭桥，有人棒打鸳鸯。并不是所有的人都欢迎这门亲事，他们害怕的是这门亲事的后果。

但是，有情人终成眷属。《×××》一声嘹亮的啼哭，必将划破千年古都的宁静！

自古英雄常气短，从来好事总多磨。

各位同事，多年以后，我们会回味这一时刻——回味我们一起走过的光荣与梦想！

各位同事，从现在开始，我们都有了一个相同而响亮的名字——

《×××》！

我们都是《×××》的创业者和开拓者。我们都是《×××》人！

各位同事，今天，我受×××社长委托，来跟各位同事做个交流。我就我们到底要办一张什么样的报纸所涉及的问题，从《×××》的使命、《×××》的优势、《×××》的宗旨、《×××》的办报理念、《×××》的经营理念、《×××》的管理理念、《×××》的企业文化以及《×××》的未来八个方面，谈一点自己不成熟的想法。我的想法不一定正确，请大家批评指正。（略）

然而——前途是光明的，道路是曲折的。这句话对《×××》来说尤其贴切，颇具新意。

时间之河流淌，泥沙俱下，一切终成历史，两岸有风有雨，有花有刺，岸上的人一路走，一路看，一路悲喜交加。

没有什么力量能够留得住时间！没有什么力量能够止得住《×××》这列呼啸而来的战车！各位同事，各位光荣的《×××》人，只要我们敬畏时间，我们就能够赢得历史；只要我们敬畏人心，我们就能够赢得空间。只要我们敬畏科学，我们就能够赢得真理！只要我们团结起来，发挥智慧，拿出勇气，挥洒汗水，聚精会神办报纸，一心一意搞服务，迎接我们的就不仅是枪炮和污水，也会有鲜花和美酒！

谢谢大家！

比赛贺辞

经典致辞

排球锦标赛开幕辞

范例

［致辞背景］ 2010年亚洲沙滩排球锦标赛

［致辞人］ 亚排联主席 萨勒·宾·纳赛尔博士

我们很高兴来到中国南部景色如画的海口市，参加2010年亚洲沙滩排球锦标赛。我代表亚洲排球联合会向前来参加这次亚洲盛大赛事的运动员、官员、裁判和媒体表示热烈和衷心的欢迎。

在亚洲排球联合会及其成员国的共同努力下，亚洲沙滩排球同世界沙排一样也在迅速发展，特别是中国女运动员在世界大赛上取得令人瞩目的好成绩。然而，沙滩排球在亚洲的普及程度和提高的速度，同我们的预期还有不少差距，亚洲沙滩排球的水平同世界高水平相比，距离很大。因此，加倍努力提高亚洲的水平是摆在我们面前的艰巨任务。

国际排球联合会为了推动世界沙滩排球的发展，最近采取了一些积极的措施，除了增加财政支持外，还对2012年奥运会沙滩排球的资格赛作出重要改变，要求各洲际联合会更多的参与资格赛的活动，从而为我们进一步开展沙排运动提供了很好的契机。

这次在海口举办亚洲沙滩排球锦标赛就是为提高亚洲沙排水平而采取的行动之一。参加这次比赛的有男女各24个队，他们都是亚洲沙滩排球的精英，一定会在几天的比赛中力争取得好的成绩。当然，最后只能有一个胜利者，但是我深信，所有参赛的运动员一定会在比赛中展现沙滩排球的魅力，展示各自的才能，相互学习，交流技艺，为推动亚洲沙排的发展作出应有的努力。

在此，让我们共同预祝本次亚洲沙滩排球大赛的圆满成功！

谢谢大家！

领导干部篮球赛贺辞

范例

[致辞背景] 开幕晚宴

[致辞人] 某领导

尊敬的各位领导、同志们、朋友们：

大家晚上好！

首先，我代表××市委、市政府向地市各位领导的到来表示热烈的欢迎，向一直以来给予我们支持和帮助的领导和朋友们致以崇高的谢意！

今晚的酒会，意在庆祝双喜。

一喜是，由××市、××矿、××联合主办庆“××地市领导干部篮球比赛”下午开幕了。比赛场上，运动员们表现出良好的竞技状态，达到了以球会友、强健体魄的目的。

二喜是，市、矿、乡领导欢聚一堂，借球赛之机，共叙友情，共谋地市发展更大的合作领域。

××是我们共同的家园！无论是在企业还是在机关，无论在军队还是在地方，我们都共同生活、工作在××这片美丽的土地上，共饮××水，同为××人。携手共建一个美好和谐的新××，是我们无上的光荣。

振兴东北老工业基地，为市、矿、乡合作开辟了更广阔的空间。我们要更加紧密地团结起来，树立市域一体、共谋发展的思想，走项目联上、市场联开、城市联建的发展之路，“构建金三角，再造新××”，在干事创业、造福于民的道路上再创新佳绩，再铸新辉煌！

美好的未来要靠我们用激情和行动，用智慧和劳动，用汗水和奉献，用信念和奋斗去开创！

谢谢大家！

龙舟竞赛迎宾贺辞

范例

[致辞背景] 龙舟竞赛迎宾会

[致辞人] 县委书记

尊敬的各位来宾，亲爱的父老乡亲们：

大家好！

年年今日逢盛事，在广阔的×××江畔，鼓声阵阵，张灯结彩，好一派热闹非凡的场面。放眼望去，便可见一艘艘龙舟排列有序，气势非凡。这一切都只为迎接××县一年一度的划龙舟比赛。热烈欢迎五湖四海的朋友们前来观赛，同时，衷心感谢对此次大赛给予支持和厚爱的各级领导！

众所周知，赛龙舟，是端午节的主要习俗。相传起源于战国时期楚国人因舍不得贤臣屈原投江死去，许多人划船追赶拯救。他们争先恐后，追至洞庭湖时不见踪迹。之后每年五月五日划龙舟以纪念之。借划龙舟驱散江中之鱼，以免鱼吃掉屈原的身体。竞渡之习，盛行于吴、越、楚。随着时间的推移，不同地域的人们赋予赛龙舟更多的寓意，增添了更多的神秘色彩，同时，也为民间增添了一项有趣的体育竞技项目。如今，赛龙舟已成为××县端午节的保留节目。

一年一度的龙舟赛已经成为××人的一项民俗盛会，从无到有，从陌生到熟悉，从旁观到参与，这项古老的运动早被烙上了时代印记，它的每每闪亮登场，必定会成为最时令的谈资。在××县，这一习俗被保存得非常完美，也发挥得酣畅淋漓。自××××年以来，××县为弘扬优良传统文化，增强全县人民体质，增进各乡之间的团结，每逢端午节都会通过精心筹划举办龙舟竞赛。为了提高竞赛质量，每年参加龙舟赛的选手都是在民间精挑细拣、百里挑一，每一个都是身强体壮的帅小伙儿，而龙舟大赛也成了男性居民展示健与美的“群英会”。各位女同胞也不甘示弱，自发组建了拉拉队，为男同胞加油！江上，男人们奋臂划桨勇往直前；岸边，女子们摇旗呐喊击鼓助威，好一派热闹壮观的场面！

希望此次龙舟大赛能吸引更多朋友为××的发展助一臂之力！

最后，预祝大赛圆满成功！谢谢！

国庆越野跑比赛贺辞

范例

［致辞背景］ 国庆越野跑比赛

［致辞人］ 县长

同志们：

大家好！

汗水飞扬，热血沸腾，激情绽放，健身健心，歌颂祖国。在阳光明媚的日子里，我们共同迎来了祖国母亲的生日，在祖国××华诞之日，由县委县政府组织的“庆国庆，手拉手”万人越野跑比赛即将开赛。在此，我代表县委县政府向给予本次比赛大力支持的各个单位以及各位参赛选手表示衷心的感谢。

近年来，随着祖国的日益强盛，我县也取得了快速、健康、稳定的发展。当前，我县正处于快速发展的重要时期，旅游开发如火如荼，新农村建设稳步推进，处处充满无限商机。为了进一步增强我县人民的凝聚力、战斗力，进一步提高全民的精神风貌，进一步构建和谐××县，我们特别在这个特殊的节日里，掀起了全民健身热潮，希望越野跑比赛能起到积极的促进作用。

之所以选择以举办越野跑比赛的形式来庆祝祖国母亲的生日，是因为越野跑是一项在野外自然环境中通过各种地形及障碍物的最直接、单纯的户外跑步运动项目。无论男女老少，只要有健康的体质和良好的体能都可以参加，都可以在挑战自我的过程中体验置身户外的欢愉。世界上最宝贵的是人、人最宝贵的是生命、生命最重要的是健康。身体是革命的本钱，我想，从此刻开始，我们每个人都应当“锻炼身体，保证健康”，把健康放第一位，尽情享受美好的阳光，享受阳光下美好的时光，享受越野跑给我们带来的欢乐。

我相信，本次越野跑比赛一定能让每个参赛者得到不同的收获，或是身心得到愉悦，或是获取人生感悟；也一定能让全民健身的观念深入人心，为构建和谐社会和创造幸福人生打下更加坚实的基础。

让我们为美好的明天，出发！谢谢大家！

拳法交流大赛贺辞

范例

［致辞背景］ 拳法交流大赛

［致辞人］ 大赛组委会负责人

尊敬的各位领导、各位来宾：

大家好！

春回大地，万物复苏，在这样一个生机盎然的大好时节，我们在××市××山迎来了××××年第×届中国××××拳交流大赛。本次大赛是由××武术协会和国家体育总局支持，××市承办的一项全国性的武术盛会。在大赛开始之前，我代表本次大赛组委会向到场的国家体育总局武术运动管理中心的领导、××省体育局的领导，大赛仲裁、裁判、评委、××××拳名师、工作人员，××××拳代表队的领队、教练、运动员，和新闻界的朋友们表示热烈的欢迎！

本次大赛相比往届增加了不少特色，首先，我们请来了来自韩国、日本、印度尼西亚、新加坡等国的××拳高手，他们将与我国的××拳高手进行切磋比试。其次，我们不光有专业选手的比赛，还增加了业余选手的比赛，同时还增加了××拳短期培训会，欢迎各位对××拳喜好的观众朋友前来报名参加，培训完全免费，作为推广××拳的一大举措将长期执行下去。

××拳起源于我国×朝时期，距今已经有×××年的历史，是我国起源最早的武术拳种之一。经过这么多年的发展，××拳已经形成了各种各样的派别，但基本思想和练习××拳的功用是不变的，无论是哪个派别的××拳，都有着疏经活络、调和气血、营养腑脏、强筋壮骨的功效，经常练习××拳不仅可以修身养性，还可以锻炼身体强健体魄。

××市是××拳的发源地，这里的人民对××拳有着非常特殊的感情，目前经过多方的努力，××拳已经成功申请为我国的非物质文化遗产，本次大赛也成为××市长期举办的一项特色盛会，将会为全国乃至全世界的××拳爱好者提供交流切磋的优秀平台，加强各地××拳的交流切磋也有利于××拳发扬光大，对增强人民体质，增进各地的友谊也起到很大的作用。

最后，预祝本次××拳交流大赛取得圆满成功，祝各代表队在比赛中取得优异成绩！谢谢大家！

武术比赛大会贺辞

范例

[**致辞背景**]　区首届武术比赛大会开幕式

[**致辞人**]　组委会负责人

尊敬的各位领导、武术界的朋友们、××区的居民们：

大家好！

为学习中国武术，弘扬中华武术精神，活跃××区居民的生活，培养全体居民终身运动的意识，推动××区的文化体育事业的发展。今天，由区委区政府、区武术协会精心筹备的“区首届武术比赛”在此隆重拉开了序幕，这是××区文化体育事业的一件盛事，本次大赛将把我区开展全民健身事业推向一个新的高潮。在此，我谨代表本次大会组委会，并以我个人的名义，向“区首届武术比赛”的隆重举行表示最热烈的祝贺！向为本次比赛大会辛勤付出的工作人员表示衷心的感谢！向出席开幕式的各位领导、各位参赛选手及各位观众表示热烈的欢迎和诚挚的问候。

武术起源于中国，是我国固有的传统体育项目，是中华民族的宝贵文化遗产。中国武术是一种中国特色的文化，是在长期的生产劳动、与大自然的搏斗和冷兵器时代的战争中逐步形成与发展起来的体育项目。溯武术之历史，可谓源远流长；究武术之内容，堪称博大精深。几千年来，在物竞天择、适者生存的自然和人类社会环境里，武术能滋生繁衍、常青不衰，有其自身的存在价值。它不仅是个技艺问题，而且是一种文化现象，是经过千锤百炼凝聚而成的一种优秀的传统文化。它是高层次的科学，高层次的体育。由于武术固有的特点和优势，它在我国当今开展的全民健身计划中必将大有作为；在国际上，也将越来越受各国人民的青睐。应该说这是我们中华民族对全人类健康与幸福的伟大贡献。

希望这次比赛能有力地促进各地运动员的相互切磋和交流，进一步弘扬中华武术这一民族传统、文化瑰宝，推动××区全民健身运动的蓬勃发展。

最后，预祝本届武术大会取得圆满成功！祝全体运动员取得好成绩！祝××区的发展欣欣向荣！

谢谢大家！

老年秧歌健身比赛贺辞

范例

［**致辞背景**］　老年秧歌健身比赛开幕式

［**致辞人**］　大赛负责人

各位领导、各位朋友：

大家早上好！

××××年的春天如约而至，俗话说得好，一年之计在于春，春天是一个适合运动的季节。由市委宣传部、市体育局、市老龄办共同主办，市老年体育协会和××报社共同承办，××广场协办的首届“××广场杯”××市老年秧歌大赛今天正式开幕了。首先，我代表大赛组委会向到场的各位领导，各参赛队伍以及社会各界人士表示热烈的欢迎！

秧歌舞，又称扭秧歌，历史悠久，是我国最具代表性的一种民间舞蹈形式，也是一种独具一格的集体歌舞艺术。秧歌舞具有自己的风格特色，一般由舞队十多人至百人组成，扮成历史故事、神话传说和现实生活中的人物边舞边走，随着鼓声节奏，善于变换各种队形，再加上舞姿丰富多彩，深受老百姓的欢迎。为确保本次“××广场杯”××市老年秧歌大赛的质量，我们特别邀请了数位知名舞蹈专家担任大赛评委，最终我们将评出××奖、×××奖和××××奖。

由于本次大赛的规模超空前，吸引了来自全市各个区县的×××支老年秧歌队伍参赛，全市绝大部分秧歌队伍都加入到了本次大赛，可以说本次大赛就是我市老年秧歌表演艺术水平的一次大会演、大展示，对此，我们感到非常的高兴，感谢大家对此次大赛的竭力支持。希望各支参赛队伍能在本次大赛上发挥出最高水平，充分展示我市广大老年朋友的良好精神风貌，也希望大家保持着健康积极向上的永争第一的精神状态。

最后，再次表示对大家的热烈欢迎，预祝各支参赛队伍都取得理想的优异成绩，也预祝本次大赛圆满成功！

谢谢大家！

老年节登山比赛贺辞

范例

［**致辞背景**］　老年节登山比赛

［致辞人］　领导

尊敬的各位老领导、老干部、老年朋友们：

重阳节快乐！

秋高气爽是登高郊游、赏菊观花、赋诗吟咏的好日子。今天，在这传统的节日里，我校举办老年登山比赛活动。借此机会，我代表学校及我个人向在场的各位老年朋友们道一声节日的问候，向曾经为学校的建设与发展作出过贡献的各位老教职工致以诚挚的敬意！感谢你们退休后一如既往地支持学校的各项工作的开展！

各位前辈，在过去的岁月里，你们坚守岗位，辛勤工作，为学校的建设和发展奉献了自己宝贵的青春。没有你们，就没有学校的今天；没有你们，学校就无法培育出一批又一批优秀的人才。你们的功绩将永远铭刻在学校的历史丰碑上，你们默默无闻奉献的精神将继续影响更多的年轻人，你们留下的经验和智慧是学校的宝贵财富。过去，在历任校长的领导和大家的共同努力下，取得了许多骄人的成绩，为学校持续健康发展奠定了良好的基础。我们将沿着你们的脚步继续奋勇前行。

重阳节是一个重要的节日，我国自古以来就以农历九月九日重阳节作为尊老敬老的重要习俗，家家有老人，人人都会老，我们应该义不容辞地关心和帮助我们的前辈，尊重老年朋友，让每一位老人都能拥有一个幸福安详的晚年。在这喜庆的日子里，学校为了感谢各位老教职工的辛勤付出，为了丰富老年教职工的生活，特别精心准备了此次登山比赛活动。

今天的活动各位老同志能够积极参与，我感到非常高兴。希望大家能在比赛中充分展现老年人的风采和良好的精神风貌。

最后，祝今天的登山比赛活动取得圆满成功，祝所有的参赛队员取得好的成绩！祝所有的老年朋友身体健康、万事如意！

谢谢大家！

职工技能大赛贺辞

范例一

［致辞背景］　石油企业职工技能大赛开幕式

［致辞人］　企业党委副书记

各位领导、各位来宾，同志们、朋友们：

彩旗飘扬、鼓乐同鸣，每一个人脸上都洋溢着灿烂的笑容。在这个属于我们石油工人的日子里，××石油企业××××年度职工技能大赛开幕式在这里隆重举行。我代表××石油企业向出席开幕式的各位领导、各位来宾表示最热烈的欢迎！向为这次大赛辛勤付出的工作者表示衷心的感谢！

当前，尽管我国经济出现平稳回升趋势，但是国际金融危机对经济社会发展的影响还没有完全消失，促进经济平稳较快发展，保增长、保民生、保稳定的任务依然严峻。就业是民生之本，而技能是就业之本。一名工人如果缺乏熟练的职业技能，将被激烈的社会竞争所淘汰，一个企业如果缺乏过硬的技术工人队伍，将难以在激烈的市场竞争中生存和发展。××石油企业一直把加强人才培养工作当作事关全局的一件大事来抓，当作公司长远发展的重要战略任务来谋划。

实践证明，广泛开展职工职业技能比赛活动，是全面提高职工技术素质和企业竞争力的重要途径。在有关部门的周密部署、精心组织下，此次大赛得以在今天开幕，其目的是提高工人的技术素质，并以此为契机，在全体职工群众中进一步掀起学技术、比技能的热潮，进一步动员和引领广大职工群众为促进我国的石油事业更好更快发展作出更大贡献。希望本次大赛能圆满成功，并从中吸取经验教训，切实提高××全体职工技能素质。希望参赛选手以大赛为契机，进一步掌握本工种尖端技术，提高操作技能水平，在今后工作中立足岗位，钻研业务，勇于创新，乐于奉献，把自己真正培养成素质过硬、技能高超、开拓创新的新型劳动者。

最后，预祝参加本次技能大赛的各位选手以精湛的技艺和过硬的作风，赛出风格，赛出水平，取得优异的成绩。预祝比赛圆满成功。谢谢！

职工卡拉 OK 比赛贺辞

范例

[致辞背景] 职工卡拉 OK 比赛

[致辞人] 工会主席

尊敬的各位领导、各位来宾、同志们：

时光飞逝，日月如梭，我们心潮澎湃，感慨万千，再次迎来了一年一度的五一国际劳动节，这是全世界劳动人民共同的节日。为了庆祝这个伟大的节日，工会特别精心策划了此次职工卡拉 OK 比赛。值此佳节来临之际，首先请允许我代表公司工会向各位领导，各位员工致以节日的问候，祝大家身体健康！节日快乐！阖家幸福美满！

回顾过去的一年，在公司领导的正确引导下，全体职工团结协作，共同奋进，一心一意干事业，和衷共济求发展，使公司的经济状况得到很大改善。员工队伍建设进一步得到加强，整体工作稳步推进。一个公司要发展，首先要尽力满足员工的正当要求。员工得到了快乐，公司才可能欣欣向荣。一年来，公司各方面全面发展的同时也让员工各方面得到了发展。通过不懈的努力，员工的工资及各种福利得到了提高，员工的工作条件得到很大改善，员工的业余生活越来越丰富。一直以来，我们工会十分重视公司文化建设。一方面，我们学习并借鉴国内外一流企业的成功经验，结合自身发展需要，塑造员工共同的价值观念、道德标准，工作理念和行为规范。另一方面，我们以活动为载体既推进企业文化建设，又检验、丰富、完善我们业已形成的企业文化。

今天，工会身负使命，为加强公司员工的凝聚力，丰富公司文化生活，表达公司对员工节日的关怀与问候，同时给各位爱好唱歌的员工一个展示自己才华的舞台，使大家开开心心、快快乐乐过好这个属于我们大家的节日，在此举办职工卡拉 OK 比赛。今天，这个礼堂将充满无数曼妙的歌声，这个舞台上绚丽多彩的灯光照亮每个员工美好的心灵。

最后，感谢为这次比赛的准备工作付出辛勤劳动的工作人员！感谢各位领导和各位员工给予本次活动的大力支持！谢谢！

女足超级联赛贺辞

范例

[致辞背景]　女足超级联赛开幕式

[致辞人]　足协代表

各位来宾，各位领队、教练员，运动员们：

大家下午好！

冬去春来，万物复苏，我们在××市迎来了新的一届全国女足超级联赛的开幕式也是联赛的开幕战，很高兴今天有这么多热心的××市民前来参加本次开幕式，我谨代表中国足协对承办本次大赛开幕式的××市政府表示衷心的感谢，感谢××市和全体市民长期以来对中国女足超级联赛的支持。

这是中国足协第×次将全国女足超级联赛开幕式放在我们××市，充分显示了足协对我们××市的肯定。全国女足超级联赛是我国最高级别的女足比赛，在国内外都有着极高的声誉，××市多年来对中国女足事业作出了很多贡献，先后向国家队各级梯队输送了上百名优秀的女足运动员，并多次承办高级别的女足比赛，特别是此前作为女足世界杯决赛举办地，××市的组织工作赢得了国际足联的高度赞赏，充分显示了××市在承办此类大型赛事上的丰富经验。

经过多方的努力，足协对××市的赛事筹备工作非常的满意，经过××市的精心组织、周密部署，全国女足超级联赛今天盛大开幕了。我们看到了××市的准备工作十分充分，在进场和散场口都安排了众多保安力量维持秩序，防止突发事件的发生。同时，今天开幕式还准备了丰富的文艺节目，中国女足超级联赛的形象代言人×××也应邀来到了现场做表演。相信我们即将看到的是一场十分精彩的文艺会演，××分钟的文艺会演过后就会迎来本年度女足超级联赛的开幕战，东道主××队对×××队，狭路相逢勇者胜，相信双方也会为我们呈现一场精彩的比赛。

今年女足联赛将分为南北赛区循环赛和总决赛两个阶段。长达×个月的××场的精彩比赛，一定会让球迷朋友们过足瘾。

最后，祝大家身体健康、万事如意，祝各参赛队和运动员赛出佳绩；祝本次比赛取得圆满成功。谢谢大家！

高尔夫球比赛贺辞

范例

[致辞背景] 高尔夫球开幕式

[致辞人] 大赛组委会负责人

漂亮的女士们、尊贵的先生们：

大家早上好！

由××高尔夫协会、××高尔夫文化发展有限公司合力承办的××高尔夫球邀请赛今天在美丽的山城××市开幕了。本次大赛邀请到了多名国际著名的高尔夫选手以及国内的众多优秀选手前来参赛，我代表组委会向在座的各位领导、嘉宾、参赛者以及新闻媒体界的朋友们表示热烈的欢迎。

本次××高尔夫邀请赛是展现水平、增进感情和友谊的比赛，为了推进我国的高尔夫球水平，此次大赛还专门设计了初级组的比赛，专门为刚入门的初级选手而设立，此次比赛将是他们迈进职业高尔夫球界的稳健的第一步。

来到本次邀请赛的重量级选手有美国著名高尔夫球手×××、德国选手××××、英国选手××××，还有来自我国著名的职业高尔夫选手×

×××，他们的到来为本次大赛增色不少。当然其他的选手也都是非常优秀的，希望大家在本次大赛中都取得自己最好的成绩。

本次××高尔夫球邀请赛将在著名的×××高尔夫球场举行，该球场占地××万平方米，这里拥有依山傍水的周边环境和豪华的现代化设施，××高尔夫球场总长××××米，有××孔，××棒。球场内还建有豪华俱乐部大厦，拥有可供球迷和游客生活娱乐和观光的设施。

本次××高尔夫球邀请赛将采用 R&A 规则有限公司颁布的××××年版《高尔夫规则》以及竞赛委员会制定的“比赛条件”和“当地规则”。邀请赛期间，我们还将安排一些主题活动，欢迎各位参加。

最后，我要对所有支持××高尔夫球赛的赞助商和参与本次大赛组委会筹备工作的工作人员致以最诚挚的谢意。也祝愿各位参赛的选手赛出风格，赛出水平！谢谢大家！

风筝精英赛开幕式贺辞

范例

[致辞背景] 风筝精英赛开幕式

[致辞人] 大赛组委会领导

各位嘉宾，同志们、朋友们：

“鸢飞蝶舞喜翩翩，远近随心一线牵。如此春光如此地，春风送你上青天。”在今天这个喜庆的日子里，我们迎来了第×届××风筝精英赛，这项赛事是我市一年一度的经典赛事，在国际上享有极高的声誉。在此，我谨代表本次大赛组委会全体成员，对参加本次大赛开幕式的各级领导、各位参赛者以及慕名前来的热心观众表示热烈的欢迎，感谢你们的大力支持！

从××××年开始，××市举办了第一届××风筝精英赛，现在此项赛事规模越来越大，影响力也越来越大，已经成为××市的一张名片，为推广我们××市的形象起到了重要的作用。为了举办风筝精英赛，我们组委会做了大量的工作，得到了包括市委、市政府、××市体育相关部门的大力支持。

风筝作为一项全民皆益的运动，在我国有着×××年的悠久历史，作为中国风筝的故乡××市每年都会举办××风筝精英赛，并已经将此申请为我国的非物质文化遗产。每年有大批慕名而来的国内外朋友，专程来参观本市的风筝文化，同时还有很多专业的选手前来参加我市举办的风筝大赛，这样一个小小的风筝就为我市的经济发展作出了重要贡献。

今年即将举行的新一届风筝精英赛将是一场全新的盛会，本次大赛首次引入刚刚制定并通过的国内首部《风筝竞赛规则》。并邀请了来自韩国、日本、美国等地的国外友人前来参赛。为了增加本次风筝节的喜庆氛围，在风筝精英赛举办期间，我们还将举办各式各样的全民健身运动，以及精彩的特技表演和文艺演出。为了保证本次比赛的顺利进行，市政府专门批准将刚刚竣工的××体育馆作为本次大赛的主会场。××体育馆作为××市全新的一项公益体育设施，建筑面积达到了××万平方米，可容纳×万人，风筝节期间的文艺表演、健身活动以及特技表演都会在这里上演。

本着弘扬风筝文化，增进友谊团结，加强经贸合作，促进文明进步的目的。我们将把本次风筝赛办成集体育竞技、商贸合作、展览展示、观光旅游、文化交流于一体的盛会！

最后，祝××风筝精英赛圆满成功！谢谢大家。

象棋比赛贺辞

范例

［致辞背景］ 第二届“爱国者杯”清华北大爱国者象棋百人交流赛

［致辞人］ ××资讯总裁

尊敬的各位嘉宾，各位媒体朋友，亲爱的北大、清华的同学们：

大家好！十几年前，我也是其中的一员，后来赶上了非常好的机会，在小平同志南方谈话之后，鼓励市场经济，才创办了××，希望能真正地成为中华的一面旗帜，在全世界高高飘扬，在创业的过程中，清华的校训“自强不息，厚德载物”，给了我们很多的帮助。后来爱国、进步、民主、科学，作为北大的校训也给了我们很大的帮助，所以××今天有了初步的成绩。

通过不断研发，我们在同日本、韩国的国际品牌竞争中并不落后，甚至直接在某些领域超越他们。最终实现我们共同的理想，将×××建设成为令国人骄傲的国际品牌。

在团队的建设过程中，我们发现了一个规律。西方国家是下国际象棋长大的，虽然规则不同，但与我国象棋角色非常相似，可是又不完全一样，就是这点细微的差别，导致了不同的国家，团队文化的规则不同。

当我们在下象棋的时，炮是中华民族的骄傲，是智慧的凝聚，老外没有这样的思维方式，这样跳跃式的思维方式，包括香港的一国两制，成功

地用炮的思维方式，实行政策不变，把非常棘手的国际问题解决了。包括创新能力，包括研发能力，包括中医，很多的地方，都从这里找到了答案。但同时我们要看到，作为团队文化，包括国际象棋，其中蕴涵着很多的规则是值得我们学习的，包括兵攻到底可以不变，包括马不会被别住马腿，包括象可以不断地过河，而且两只象一只只能占黑格，一只只能占白格，两者之间永远是交叉火力。在国际象棋中，对女性充分的尊重，最后发现女性在团队中所承担的管理的职责，实际上是很多的男性所不具备的。包括我们的××副总理，都非常关注女性，这些都从我们的团队的潜规则里不断地吸取养分。

在此，我们举行这样的北大、清华×××象棋赛，最主要的目的是希望我们所发现这样的规律，和全世界的同学分享，在参与国际化的竞争中，能够用上×××象棋里规则的奥秘，能够用它组建团队，包括理解中西方文化的差异，那么在以后的国际竞争中，包括国际交流中，我们就会处于一种主动的地位。从而能够帮助大家在国际化过程中，能够更多地为国争光，实现中华民族的复兴，大家都为之付出自己的努力。

最后借用×××总理视察中关村园区的时候为我们所做的指示，他鼓励我们所有的年轻人要像车一样勇往直前，要像马一样与日俱进，要像炮一样跨越式发展。所以我们衷心地期望大家能够从×××象棋中找到灵感，找到团队建设的规则。争取在国际化的发展中，能够为国争光，实现梦想。最后让大家共同努力，用团队的精神，用团队的组织方式，来共同实现，让“中国创造”成为全球华人共同的骄傲！

谢谢大家！

展览营销

◎中国国际手机展览会

范例

［**致辞背景**］　手机展览会

［**致辞人**］　领导

尊敬的各位来宾：

早上好！

第×届中国国际手机展览会今天正式开幕了。能与来自这么多国家和地区的手机生产厂商代表共聚一堂我感到十分的荣幸，我谨代表本次手机展览会组委会向大家表示热烈的欢迎，也希望大家能在本次展会上找到合适的合作伙伴，收到更多的订单。今晚的招待晚宴是本次展会的一个特别环节，是我们组委会专门为各位参展厂商准备的一个特别节目，希望大家今晚玩得愉快！

中国国际手机展览会自××××年第一届开始，已经连续举办了×届，每年的秋天我们都在××市举办中国手机业界这一盛事，通过几年的迅速发展，中国国际手机展览会已经成为中国最具影响力的手机展会之一，吸引了大批来自国内外优秀的手机生产厂商，还有很多固定的观众群体，是每年手机行业的一个盛会，也是手机行业人才济济一堂的场所。中国国际手机展览会在××市最大的会展中心举行，占地面积××万平方米，标准展位近×××个，从第一届开始每年都超过×××个厂商来参展，特别是以诺基亚、摩托罗拉、三星等为首的国际大品牌，每年都会在展会上展出最新的产品，吸引大批人士前往观摩与学习。近年来，联想、多普达、华为、中兴等国产品牌也逐渐崛起，本次展会上，这些厂商无论是在展位面积，还是参展产品的数量和质量上都足以与国际大厂相媲美。除了产品本身以外，我们还可以在展会上见到手机行业的很多顶尖人才，对于有人才需求的厂商这里也是寻找“千里马”的好场所。

今晚，这么多国内外的同行欢聚在一起，是一个非常难得的机会，希望各国的朋友能够在这里广交朋友，寻求合作，共同进步。

最后，让我们预祝第×届中国国际手机展览会圆满成功，也祝愿各位朋友身体健康，万事如意！

◎订货会迎宾主持

范例

[致辞背景] 迎宾订货会

[致辞人] 公司领导

尊敬的各位来宾：

上午好！

三月明媚的阳光为我们带来了无限的商机，在这个充满希望的日子里，我们相聚美丽的××湖畔，寻求互利共赢的机会。在此，我谨代表××公司，对今天出席订货会的各位嘉宾、新老朋友，致以热烈的欢迎和衷心地感谢！

对于企业经营来讲，发展并不容易，百年老店更不容易，但是××公司做到了延续300年的历史。在不断变革、创新、与时俱进中，××的历史还在继续：从××品牌到××品牌，从区域品牌到全国品牌，我们不断突围。新产品的研发，家用酒、礼品酒、餐饮酒产品系列的形成，营销区域的不断扩展，××公司正在一步步走向更为辉煌的明天。

亲爱的各位来宾、朋友们！不管是新客户还是老朋友，在此，祝我们合作愉快！再次感谢在座的所有朋友，祝愿大家今年有大的收获，愿大家新年新气象，身体健康，万事吉祥。

◎拍卖会主持

范例

[致辞背景] 慈善拍卖会

[致辞人] 男、女主持人

合：尊敬的各位来宾，女士们，先生们，朋友们！

大家下午好！

男：生命因爱而美丽。

女：生活因爱的传递而精彩。

男：欢迎各位在这个阳光和煦的下午参加“××××”大型慈善拍卖会现场，共同感受这里的如火氛围，共同为那些失去家园的孩子献上一份爱心。

女：本次活动是由中国社会工作协会儿童社会救助工作委员会，儿童希望基金爱心者，××拍卖有限责任公司联合举办。在此，我们要特别感谢为本次义卖提供艺术品的所有艺术大师以及慈善人士们。拍品有价，真情无价！

男：本次拍卖会上展示的有××××国际书画院院长著名书画家××

×的《×××》；国家一级美术师、中国××书画院副院长×××的《××》；中国××书画院院长、全国人大代表×××的《×××》；著名诗人××的书法、伟人像画家××的书法等；以及××、×××、×××、×××、××、×××、×××、×××、×××、××、×××等众多名家作品。让我们用热烈的掌声，为所有提供拍品以及出席参加本次拍卖会的嘉宾们表示最诚挚的感谢！

女：5.12地震让无数美丽家园瞬间变成废墟，无数的孩子失去了完整的家园，失去了学校……我们无法挽留他们的父母，但我们能向那些无助的孩子伸出援助之手，为他们送去温暖、送去光明、送去希望。今天我们共征集了××套拍品和××套工艺义卖品，在这个阳光明媚的午后现场义拍义卖，本次拍卖所得的所有款项将以本次活动的名义捐助于中国儿童希望基金，用于帮助灾区及困境中的孩子们！共同托起明天的太阳，让生命因爱而精彩！

男：在这里，我们还特别邀请到中国社会工作协会儿童××××工作委员会副主任——×××先生莅临，×主任，原民政部社会福利处工作，自××××年起任中国社会工作协会儿童希望救助基金工作部主任。让我们用热烈的掌声欢迎×主任为本次拍卖会致辞。(略)

女：感谢×主任，在此还要感谢支持本次活动的媒体，他们是：《×××》杂志、《××》杂志、《中国××周刊》、《××观察》、《××××经济报道》、《中国××时报》、《××时报》、××网、《××报》、《×××日报》以及《中国×××日报》等。同时，特别感谢场地提供方×××饭店的大力支持。

男：拍卖有价，真情无价！让我们进入今天的主题，现在我宣布，××××大型慈善拍卖会——

合：正式开始！

女：在今天的义拍义卖工艺品中，还有一幅特别的作品没有送到，因为它将在下个节目中诞生。今天我们有幸邀请到身残志坚的青年画家来到拍卖会现场泼墨，请大家用热烈的掌声欢迎×先生的到来。

男：今天的拍卖会分成两个部分，其中将有儿童希望基金爱心志愿者为大家穿插献上的精彩的文艺表演。他们来自各行各业，是充满激情与梦想的爱的使者。请大家欣赏由爱心志愿者×××为大家带来的女声独唱

《××××》。

女：俗话说：危难之际真情现，地震发生，爱情、亲情、友情，无数基于真情的感人事迹演绎着动人心弦的故事，现在请大家欣赏由爱心志愿者带来的一个真实的故事《××××》。掌声有请。

女：感谢我们的志愿者，下面，我宣布，今天的大型慈善义拍活动开始，生命因爱而精彩，孩子的未来因您的存在而不同！有请××拍卖有限公司拍卖师×××先生。

（第一轮拍卖。略）

男：感谢拍卖师，感谢各位参与竞拍的朋友。现在我们先休息一下，感受一下这份阳光、雨露、雪中炭，真爱、慈善、人间情。大地的摇动带来的是房屋与心灵的震颤，也带来了废墟之上的回声，请大家欣赏配乐诗朗诵《×××××××》。

（第二轮拍卖，略）

女：有请竞买人发言。（略）人类在自然面前是那么渺小，而生的价值与意义是那么珍贵。似乎现在才能真切体验到那句大家平时常说的话："活着，真好。"而活着，其实是最大的承担与一份爱与希望的寄托。下面请欣赏配乐朗诵《×××，×××××》。

（第二轮拍卖结束，一个节目表演）

男：再次感谢所有嘉宾，有请儿童希望基金会×主任为大家宣布本次拍卖会获得的款项总额。

女：感恩的心，感激有你，生命因为爱而精彩，世界因为有你而不同。有请××实验学校学生代表以及志愿者代表×××，引出全场共唱与表演手语：《××××》

合：再次感谢拍品提供者及竞买人，本次拍品的成交价格可能会与作品的实际市场价值存在较大偏差，无论高于或低于市场价值，都是拍品提供者及各位在座竞买嘉宾的爱心。请大家将目光转向义卖现场，将您所心爱的工艺品带回家中，将您的真心留给灾区以及困境中的孩子们吧！

◎交易会主持

范例

[致辞背景] 国际服装交易会

[致辞人] 县领导

尊敬的各位领导、各位嘉宾、各位朋友，女士们、先生们：

金秋十月、大地流金，在这美好的季节里，我们怀着无比喜悦的心情，迎来了第×届中国国际服装交易会，也迎来了从五湖四海莅临我县的各位领导和嘉宾。第×届中国国际服装交易会让新老朋友欢聚一堂，共叙情谊、共谋发展、共创未来、共享成果。你们的到来，使今天成为××永远值得纪念的节日。

借此宝贵的机会，我谨代表××县委、××县人民政府以及热情好客的××人民，向远道而来参加服交会的各位领导、各位来宾、各位朋友表示最热烈的欢迎和衷心的感谢！

现在，我宣布，第×届中国国际服装交易会现在开始！

今天开幕式的第一项议程，请×××副省长宣布"第×届中国国际服装交易会"开幕并启动开幕式按钮。让我们以热烈的掌声感谢×副省长对本次服装交易会的关心和支持！

下面进行第二项议程，请国家××××信息中心×××主任讲话。(略)

第三项议程，请××省××局×××局长讲话。(略)

第四项议程，请××省××有限公司×××总经理讲话。(略)

第五项议程，请××企业代表、××酒店副总经理×××讲话。(略)

第六项议程，请省××局×××局长与××省××有限公司×××总经理签订××合作协议。

第×届中国国际服装交易会开幕式到此结束，衷心祝愿本届服装交易会的圆满成功，××的明天更辉煌。祝在座所有来宾的身体健康、生活美满、事业辉煌！谢谢大家！

◎博览会开幕式主持

范例

［**致辞背景**］　投资贸易博览会

［**致辞人**］　主持人

尊敬的各位领导、来宾、朋友们：

大家上午好！

今天是个特殊的日子，我们欢聚在美丽富饶、充满活力的××省××市，共同庆祝第×届“中国××·×××投资贸易博览会”开幕。

在这金色的秋天、承载收获、洋溢喜悦的日子，来自×××及世界各地不同肤色、不同民族、不同语言的人们，怀揣着共同的希望和目标，不远万里，相聚××、相聚本届“中国××·×××投资贸易博览会”。这是中国与×××及世界各国真诚互动、友好往来的桥梁和纽带，是寻求商机、谋求发展、开创×××地区共同繁荣的重要平台。

随着全球经济一体化进程不断加深和区域经济发展日趋活跃，中国政府继建设沿海经济特区、开发浦东新区和实施西部大开发战略之后，进一步提出了振兴东北地区等老工业基地战略。

经过一段时期的调整与改造，东北地区等老工业基地正在逐渐成为中国当前及今后一个时期经济快速增长的重要区域。同时，由于地缘等优势，东北地区等老工业基地在与×××地区各国的长期经贸合作与友好交往过程中，结下了深厚友谊和丰硕成果，为推进×××区域经济的共同繁荣奠定了坚实的基础。

在这样一种时代背景下，国务院批准在东北地区搭建起×××投资与贸易平台，进一步加强与×××及世界各国和地区在经济、文化等诸多方面的合作。而××省为中国东北老工业基地的重要组成部分，拥有良好的×××业基础，丰富的生态和自然资源，以及便利的交通运输条件，且在振兴东北老工业基地进程中已经发挥和正在发挥着积极作用，努力实现着经济的跨越式发展和社会的全面进步。为此，“中国××·×××投资贸易博览会”落在了风景秀美、气候宜人的××省省会——××。

本届“中国××·×××投资贸易博览会”旨在构建我国与×××及

世界各国之间互利双赢、交流合作，竞争开放的长期合作平台。本届展会的主题是“××××、××××”，宗旨是“构建合作平台，打造招商品牌，展示区域形象，促进共同发展”。展会将面向全球商界开放，以投资洽谈、货物贸易、经济合作、文化交流、高层论坛为主，突出×××各国的经贸特征、区域特色、产业特点，努力使各国的参与者通过这次博览会，寻求商机，获得发展，实现共同繁荣。

尊敬的各位嘉宾、亲爱的朋友们，现在，位列大会主席台上的各位贵宾已经陆续上台，下面由我来为大家做一介绍。站在大会主席台左右两侧的贵宾：（按名单一一介绍，略）站在大会主席台上的还有××省委、省人大、省政府、省政协、省纪检委的领导同志。

现在有请主席台中区贵宾入场（按名单一一介绍，略）。

下面，有请大会组委会主任、××省省长××先生主持第×届“中国××·×××投资贸易博览会”开幕式。

××省长上台主持开幕式。（略）

商务部×××部长致辞。（略）

国务院振兴东北办×××主任致辞。（略）

××省委书记×××致辞。（略）

感谢省委书记的致辞。

各位领导、来宾、朋友，现在正在绽放的是美丽的春城之花——×××，它是×××合作的友谊之花，预示本届“中国××·×××投资贸易博览会”在大家的共同努力之下，像这美丽的×××一样盛开、绚丽夺目。漫天飞舞的和平鸽和徐徐升空的彩球，预示在“中国××·×××投资贸易博览会”带动之下，中国与×××及世界各国的经贸交往将不断加深，×××区域经济合作将蒸蒸日上，蓬勃发展。

“第×届中国××·×××投资贸易博览会”开幕式就要结束了，在此感谢各位领导和嘉宾的到来！……

◎酒业公司新产品推介见面会主持辞

范例

［致辞背景］ 酒业公司推介会

［致辞人］　主持人

尊敬的领导、嘉宾，朋友们：

大家好！

在这辞旧迎新之际，我们在这里举行盛大的产品推介会，我们今天的主人翁就是××酒业公司的新产品。我谨以××市委、××市政府的名义向今天来参加会议的各位领导和来宾致以最热烈的欢迎。

参加会议的有×××等领导。（一一介绍略）

此外，参加此次会议的还有×××等。（一一介绍略）参加今天会议的新闻单位有××××等，我们还诚挚地邀请了××××的朋友们。

此时，我的心情很激动，因为我发现竟然有这么多领导和朋友们关心××酒业，在这里我谨代表××市委、市政府向这么多年给予××酒业公司帮助的领导和朋友们致以最真诚的谢意，谢谢你们！

在座的各位可能都比较熟悉××酒业公司，但是在这里我还是想把该公司的成长历程给大家讲一讲，××公司是改制过来的公司，当前全国白酒市场竞争异常激烈，但是我们新公司的领导班子审时度势，该公司研发部门以市场需求为导向，狠抓质量关，严格管理，勇于创新。我们以传统工艺手段为基础，加大现代科技和传统技艺的结合，创造出了以粮食酒品为基础的发酵浓香型优质白酒，而我们今天推介的这个系列，就是我们的研发成果。“××××”酒的创制，是遵循千古酿造工艺，通过精选用料，是纯粹的春粮酿造酒，经过××年珍藏，此酒的浓香可谓浓郁绵甜，回味悠长。

今天就让“××××”酒作为××酒业公司向各级领导、各位来宾朋友们的工作汇报。

（按照大会议程，领导人依次上台发表讲话略）

朋友们，今天的推介酒会圆满结束了，我们的成绩受到了与会同志的一致好评，这个成绩离不开××市委、市政府领导的关心和支持，我们坚信在各级领导的大力支持下，在新闻界和社会各界朋友的关怀下，我们“××××”一定会有更广阔的发展前景，此系列将成为我们公司业绩的主要增长点。也将成为我们××酒业新的利润增长点和市场认同点。

女士们、先生们，让我们为××酒业干杯！

今天的推介会到此结束，请大家享用丰盛的晚餐。

谢谢各位！

◎绿色农产品供应推介会主持辞

范例

[致辞背景] 农产品供应推介会

[致辞人] 县领导

各位来宾、各位朋友：

阳光明媚，春意盎然，在这个充满浓浓春意的季节，我们迎来了××县绿色农产品供应推介会开幕的日子。我谨代表××县政府对出席本次绿色农产品供应推介会的各位嘉宾表示热烈的欢迎。

××县是一个农业大县，农业资源非常丰富，全县拥有耕地×××万亩，山地××万亩，水面××万亩，滩涂××万亩，林地××万亩，牧草地××万亩，全县森林覆盖率××%，城市绿化率××%，经过十几年改革开放的发展，眼下已经建成了全省最大的绿色蔬菜生产基地和水稻生产基地，成为××省最大的粮食仓库。

在发展本县农业的过程中，政府相关部门着力打造“生态第一县”的目标，大力引进适合本地的优良农作物品种和先进的管理技术。我们从一开始就承诺从我们××县生产出来的农产品绝对是纯天然绿色产品。为了达到这一目标，我们专门组织县农业部门专家评审通过粮食、蔬菜、畜禽、水产品等17类农产品生产技术规程，编发《绿色农业标准化技术》，通过“农技干部与生产基地结对”、专业技术培训等模式，切实提高绿色农产品生产水平，提高绿色农产品质量，同时积极开展品牌认证、创特、创先，确保农产品生产标准化、优质化和品牌化。目前为止，我县已经建立了“绿色稻米生产示范基地”、“山地生态蔬菜基地”、“生态型土鸡蛋生产基地”数个，并将多个生产面积达到××万平方米的大户组织起来，成立了多个大型生产企业，全力打造×县的生态产品品牌。

通过举办本次推介会，我们将让更多的外地企业来了解×县，了解×县的生态绿色农产品，让我们×县的优质农产品走向全省乃至全国家庭的餐桌。

最后，预祝今天的推介会圆满成功。祝大家工作愉快、身体健康、阖

家欢乐。

谢谢大家！

◎鞋服订货会主持辞

范例

[致辞背景] 鞋服订货会

[致辞人] 公司领导

尊敬的各位经销商、代理商朋友们：

大家好！

很荣幸在一年一度的××交易会中和各位见面，首先，我代表××公司，对大家的到来表示最诚挚的欢迎和最衷心的感谢！

这是个春暖花开、阳光普照、鸟语花香、群芳吐艳的季节，在这个美丽而温暖的春日里，我们迎来了一年一度的××交易会。该交易会在业界具有十分重要的意义。在这里，我们交流信息、互通有无、寻找商机；在这里，我们推广自己的品牌，寻找合作的契机。我们带着如火的热情和澎湃的激情来参加此次的××交易会，希望我们的产品，能够受到各位经销商、代理商朋友们的青睐，能够受到广大消费者的喜爱，能够名扬市场、广为人知，销售量蒸蒸日上。

花儿的生长，需要阳光的普照，需要雨露的滋润。一个企业就像一朵花儿，除了全体员工的细心呵护，还需要来自外界的良好条件。只有拥有了合适的机遇和条件，它才能够健康、蓬勃地发展。这次××交易会对我们公司来说就是一个难得的机遇和条件，如果能够好好地把握住这次机遇，我们的公司必定能够迎来一个更加灿烂而美好的未来。这一切，还有赖于各位经销商、代理商朋友们的支持，有赖于你们对我公司的信誉和产品的认可。希望在进一步的磋商和交流中，我们可以找到更多合作的契机，能够建立起良好的商业情谊。

几百年前，达尔文的进化论就告诉我们“物竞天择、适者生存”，只有在充满良性竞争的环境下，一个企业才能够健康成长。在市场竞争中，优胜劣汰，每个企业为了更好地生存下来，便会不断地自我改善和自我提高，而整个市场便自然地向前发展，这便是市场经济的规律所在。在市场竞争如此激烈的今天，要想在业界脱颖而出，单凭自身的力量显然是远远不够的，我们应当在竞争中求合作，在合作中求发展，群策群力，求同存异，力争取得双方的共赢。

魅力来源于实力，请大家相信我们的实力，相信我们的诚意，祝愿我们共同携手，收获硕果累累的未来！

招商洽谈

◎经典致辞

招商洽谈会议主持辞

范例

[致辞背景] 招商洽谈会

[致辞人] 公司领导

各位领导、各位来宾，女士们、先生们：

大家好！

今天我们在这里，隆重举办××××招商合作洽谈会。请允许我代表××××对各位领导、嘉宾的来临表示最热烈的欢迎和诚挚的谢意！

首先，我很荣幸地为大家介绍今天出席此次招商合作洽谈会的嘉宾朋友，他们是：××××。

下面，我来简单讲解一下今天的洽谈活动议程，共有六项：

活动议程第一项：请××政府领导××同志上台致辞。大家鼓掌欢迎。

议程第二项：请××市××经贸委办公室××负责人××先生为大家介绍××地区特色产业历史发展情况以及重点招商项目，和未来十年经济发展规划。大家鼓掌欢迎。

议程第三项：请各位领导来宾一同参观××××展览陈列室。

议程第四项：请与会客商代表××上台发言。大家欢迎。

议程第五项：请××地区××经济园××科技开发有限公司代表××

先生为大家介绍××经济园开发现状及近年来招商引资成果。掌声欢迎。

最后，进行第六项：双方项目签约仪式。

经贸洽谈会主持辞

范例

［致辞背景］ ××××经贸洽谈会

［致辞人］ 代表团领导

尊敬的各位来宾、各位朋友：

今天，我们齐聚在风景秀丽的名城××，在××××举行××××经贸洽谈会。首先，我谨代表我们代表团一行，对今天光临洽谈会的各位嘉宾表示最热烈的欢迎！对一直以来关心和支持××发展的各方同仁和朋友表示最真诚的感谢！今天高朋满座，英杰荟萃。许多朋友不远千里，从海外前来洽谈，我们感到十分荣幸，并表示感谢。同时，应邀参加本次经贸洽谈会的还有不少在××有多年投资合作的老朋友，感谢你们的到来。

首先，让我们以热烈的掌声欢迎××政府领导××同志上台致辞。（略）

接下来，请××副书记××同志为大家介绍××地区投资环境。（略）

接下来，请××项目办××同志上台讲话。

下面，我们请××集团董事长××先生为大家讲话。掌声有请××先生。（略）

接下来是项目洽谈。

现在，会议最后一项，投资洽谈项目签约仪式，请×××上台主持。

各位来宾、各位朋友，新的世纪正在以它更开放的胸怀与气魄，容纳更多的企业家加盟。我们必将信守承诺：为投资服务，为发展开路，为困境解围。我们将始终如一地采取灵活方式，同时以更优惠宽松的政策环境和不断提升的优质服务，吸引更多的海内外投资人士到我们××地区投资发展，开创实业。期待我们共筑美好辉煌的明天。

我们对于新世纪的发展宏图有着十足的信心，全球化开放的时代正在呼唤我们所有极具战略眼光的投资朋友，我们期待能与各位携起手来并力合作，共谋未来发展大计。在创业这条道路上，我们必将取得“双赢”的结果。同时也让我们的友谊更加稳固。

此次经贸洽谈会到此就全部结束了。会后我们敬备薄酒，微表一点敬意！

祝愿各位来宾朋友们身体健康，阖家幸福，事业腾飞，心想事成！

谢谢大家！

战略合作伙伴大会主持辞

范例

［致辞背景］ 合作大会

［致辞人］ 公司领导

尊敬的各位领导、各位来宾，女士们、先生们：

大家下午好！

南燕秋风齐送佳讯。在这美好的日子里，大地也和我们一同欢歌。听她宏大美妙的乐章是如此动人心弦！

多年来，我们××人用辛勤汗水播撒希望，终于换来今天的收获，而明天我们坚信，将是一个更加喜悦的丰收时节！

各位来宾、各位朋友，值此××××签约重要时刻，应××倡议，我们现在在这里隆重举行××××正式签约仪式。

现在请允许我宣布，××××战略合作伙伴协议暨××××签约仪式现在正式开始！

首先，让我来介绍出席本次签约仪式的领导同志，他们是×××等。参加签约仪式的××××公司领导：×××等。还有应邀参加签约仪式的新闻媒体，他们是×××等。感谢各位的到来！

议会第一项：双方签约。请××××有限责任公司董事长××先生和××××有限公司××区总裁××先生上台签约。在座的各位领导和嘉宾朋友将共同见证这一重要时刻！

××××有限责任公司是××省重点发展项目××产业支柱企业，长期以来致力于××××的开发和建设及运营。此次××××项目的成功投建，无疑将成为其在这个行业内走向壮大的重要标志。××××人素来有着恭谦好学、吃苦拼搏和敬业奉献的品质，通过与××××此次的战略合作，我们相信，他们必将共同绘就一幅新的辉煌画卷。

××××有限公司是一个在全球××××行业有着领军风范的企业，

其在××技术开发和新产品研制以及行业合作创新与打造一流服务上，都始终具备国际最尖端的优势与竞争力。而此次××××通过与××××公司的合作，也必将为其在中国市场的发展开拓更广阔的空间。

今天，××与××共同签署的这份战略合作协议，必将是他们各自发展史上十分重要的一笔。强强联手、合作多赢，这无疑是一个很有益的尝试，对于开发××××项目和发展未来合作模式都是一个良好的示范。这对双方而言都将是一个极好的发展平台！我们相信，在快速发展的中国××业，这一次合作必能为其增添又一道亮丽的风景。让我们用掌声预祝他们此次合作取得圆满成功！

议会第二项：请领导致辞。（略）

下面，大家欢迎××××公司××区总裁××先生上台致辞。（略）

谢谢××先生的精彩讲话。下面请××××公司总经理××先生上台致辞讲话。（略）

谢谢××先生精彩的致辞。（略）

议会进行最后一项：我宣布，××××战略合作伙伴签约仪式现在圆满结束。接下来是晚宴，请大家稍事休息后入席，祝各位来宾晚餐愉快！

谢谢！

花卉项目签字仪式主持辞

范例

［致辞背景］ 花卉项目签字

［致辞人］ 主持人

各位领导、各位朋友、女士们、先生们：

大家好！

在这七月流火、八月锦绣的盛夏，在万木争荣、百花争艳的×城；我们尽享青山秀水给予我们的抚慰和滋润；我们尽享园林美景给予的舒适和愉悦。

在这样美好的季节里，×××有限责任公司×××亩花卉项目，今天举行签字仪式。应邀前来参加这个仪式的市领导和市直部门的负责同志有市委×××书记，市政府×××市长，市政府×××秘书长，市农办×××主任。参加仪式的来宾有×××市交警支队×××支队长，×××市自然保护区管理局×××书记。同时，参加这个仪式的还有×××镇党委、政府的领导，有关部门、办事处、村等单位的负责同志。让我们以热烈的掌声对各位领导和来宾的到来表示热烈的欢迎。

首先，我将向大家汇报一下该项目的工作情况。此花卉项目从去年×月开始谈判，到今天正式签约，在进展过程中，得到了×××单位的大力支持，在项目用地的测量、绘图等多个方面都做出了积极的努力。×××有限责任公司对这个项目进行了多次考察、论证；×××村通过召开村“两委”会议、村民代表大会，赢得了群众的理解和支持，保证了项目的顺利实施；镇政府为促使项目尽快落户，在项目区内重新铺设了一条××××米长、×米宽的沙石路。镇直有关部门，特别是供电站、法院、办事处等单位积极协调关系、出谋划策、解决问题、依法办事，为项目的顺利实施奠定了良好的基础。

在各方的共同努力，今天这个项目正式签约了，在此，我代表×××有限责任公司向一直关注、支持项目发展，关注、支持××镇发展以及有意前来投资的各位领导、朋友表示诚挚的谢意！

我们将为项目的顺利实施提供优质服务，为企业发展创造一流的服务环境、工作环境和社会环境，全方位支持项目在××镇的发展壮大。同时，希望×××有限责任公司能够按照合同的要求，组织好项目的落实，力争使项目尽快发展成为带动我镇经济结构调整的龙头。我相信，在我们的共同努力下，在上级领导和部门的大力支持下，这一项目一定能够在××镇健康发展，投资者也一定会得到丰厚的回报。

下面，请×××有限责任公司王董事长×××先生讲话！（略）

下面，请市领导×××先生讲话！（略）

下面，进行签字。

最后，祝愿各位领导、各位来宾身体健康，工作顺利，财源广进，事业兴旺！

谢谢大家！

新产品发布会主持辞

范例

［致辞背景］ 产品发布会

［致辞人］ 公司领导

各位嘉宾，亲爱的朋友们：

大家好！

×月的××金风送爽，五谷飘香，非常感谢大家在百忙之中光临××集团公司×××××展览会暨新产品发布会。××集团公司是一个拥有××年×××××史的以××产品为主的多元化企业集团，产品涉及××××制造行业、×××行业、××行业和××行业，下属××家子公司。近×年来，××集团大力推行人文管理，大胆尝试体制创新，企业平均每年以××%左右的增长速度飞速发展。到××××年，××将步入××周岁，××集团的决策层已经描绘了美好的蓝图，我们相信，在大家的支持和帮助之下，××的明天会更美好！

在××产品中，××××已经占据了主导产品位置。随着××品牌知名度的不断提高，××集团核心企业和各子公司，越来越清晰地认识到了××××的巨大市场潜力，纷纷选择了适合于自己的产品进行开发生产。本次展览会上××集团将推出自动××机，高速××××××机、两种×××××机，以及××机、××机和××××××机等新产品，××集团一次性推出×种××××新产品，在同行业中还是少见，这显示了××强大的产品开发实力和超群的机械制造实力。××集团公司，正在将自己打造成为一个××××城；××公司，值得你信赖。

近×年来，××集团公司实现稳健的经营，与××实践以“人文管理”为核心的企业文化分不开，倡导诚信经营，关注市场的需求和发展。我们认为发展要靠合作，而我们之间正是一种互相支持的合作。

本次会议期间，为了全方位地展示××，我们安排了各项活动请您参加，不妥或不周之处，欢迎各位嘉宾提出宝贵意见，让我们在合作之中实现共赢。

谢谢大家！

××新产品发布会主持辞

范例

[致辞背景] 产品发布会

[致辞人] 主持人

各位领导、各位来宾、朋友们：

大家下午好！

感谢大家能在百忙之中前来参加今天的××新产品发布会。首先请允许我代表××公司对各位的莅临表示热烈的欢迎和衷心的感谢！

秋高气爽，晴空万里，我们齐聚一堂。在这样一个美好的日子里，我们能够暂时远离尘嚣，大家彼此相聚在××这个风景秀美怡人的地方，一同来见证××公司的又一个重大历史时刻。多年来，××公司由于得到了各位的大力支持和信赖，不断取得突破，近年来更是获得长足发展，企业规模日渐壮大，品牌知名度愈来愈高，××公司的多个品牌已经被越来越多的顾客所认可。今天，我们在这里隆重举行××新产品发布会，这是××发展历程中的又一桩大事。相信通过我们××与大家的通力合作，××公司在今后定能研发出更多更好的产品，从而满足更多消费者的需求！

下面由我宣布：××新产品发布会正式开始！

首先，进行第一项，请××公司董事长××先生上台为发布会致辞！大家欢迎。(略)

下面，请××公司销售部经理××先生为大家讲话。(略)

感谢××先生的精彩演讲！

第二项，有请××公司××负责人××先生为大家简要介绍本次发布会后订货议程安排及有关事宜。(略)

下面进行发布会第三项：××新产品发布会仪式演出。

(演出结束) 感谢各位演员的精彩演出，文娱节目表演到此结束。接下来晚宴正式开始。请允许我代表××公司及公司领导和全体员工，预祝大家在本次发布会及会后订货洽谈期间，身心愉快，工作顺利！祝贺此次发布会圆满成功！

谢谢大家！

酒会宴会

◎经典致辞

纪念××开发区建区×周年招待酒会主持辞

范例

[致辞背景]　招待酒会

[致辞人]　主持人

尊敬的各位领导、各位来宾，朋友们：

大家好！

××年前的今天，有一群风尘仆仆的开拓者，最早踏上了这块古老的土地，他们携着××市××万人民的热切期望与嘱托，从此在这块多年来安于沉寂与荒芜的土地上，这群开拓者从垒起第一块奠基石开始，一点点挥洒他们的汗水，一步步打造属于我们××人自己的梦想，然后才有了××开发区今天的面貌。他们是××开发区的真正奠基者。××年来，多少创业者前赴后继，拥入这个充满创新精神与蓬勃朝气的团队，而同时又有着一批又一批中外企业家来到××开发区，发展投资实业。他们是深具魄力和慧眼的投资人。就像我们××地区传说中永远进取、不知疲倦的××英雄。

××开发区的建设者们，他们敢为人先、胆识卓越，一直以来为打造世界一流创业平台而奋力拼搏；而加入开发区投资创业的每一位中外企业家朋友，也是积极地发扬着主人翁精神，不仅积极履行了纳税人义务，更在加快企业发展的同时，投入到开发区各项投资环境的建设中去，和开发区开创者们一同为营造创业与居家的“和谐家园”而努力。多少年来，并肩作战，就在这片原本荒草寂寂的沙地上，一步步创造出我们今天以现代化、高科技著称的美丽××城。

今天，××开发区以年均增长50%速度高速发展，不断创造着区域经济的大奇迹。为此，我们要感谢各级领导多年来对开发区发展的无限关心与支持。感谢我们中外企业家和××集团的领导，感谢他们为××开发区发展所给予的无私支持与信任。

今天，我们为了表达开发区人的谢意，特意为各级领导、中外企业家朋友和××集团领导提供了这样一个交流沟通的平台，我们开发区管理区委会安排了这场招待酒会和歌舞表演，一以纪念我们××开发区建设×周年，二以略表谢意。

应邀参加今天酒会的嘉宾朋友有开发区的各位领导，市开发区经济发展筹委会领导，开发区内中外企业代表，××集团总经理××先生，以及开发区群众代表。非常荣幸的是，今天我们还邀请到了中共××市委市政府领导×××。他们今天能来参加这个纪念活动，表示政府对我们××开发区发展的大力支持。现在让我们用最热烈的掌声对各位领导和嘉宾朋友的到来表示热烈的欢迎和衷心的感谢！

现在，我们请××同志为大家讲话！大家欢迎。(略)

非常感谢××的讲话，感谢领导的支持。下面我们请上××先生上台致辞。(略)

感谢××精彩致辞。现在酒会开始，同时我们安排了节目表演，请大家欣赏。

项目推荐招待酒会主持辞

范例

[致辞背景] 招待酒会

[致辞人] ××市领导

尊敬的各位嘉宾、女士们、先生们、朋友们：

×月的××大地，稻谷飘香，鲜花盛开，在这丰收喜庆的季节里，在第×届中国××投资贸易博览会盛大开幕之际，今天，××市委、市政府在这里隆重举行××市项目推荐招待酒会。

出席今天招待酒会的××市领导有中共××市委书记××，市人大常委会主任××，市委副书记、市长××，市委副书记×××，市委副书记××，市委常委、×××市委书记××，副市长××，市政协副主席××，市政府经济顾问××先生和×××先生，各县（市）、开发区的主要负责同志。

应邀出席今天招待酒会的嘉宾：韩国釜山××市×××厅郡守×××先生偕夫人×××女士、××市×××厅议长××先生偕夫人×××女士，港澳台同胞，国内外知名企业家和来自工商各界的朋友们。首先，我代表中共××市委、××市人民政府及中国××投资贸易博览会××市组委会向出席今天招待酒会的各位嘉宾和各界朋友们表示热烈的欢迎和衷心的感谢！

这次酒会的成功举办，得到了××省××投资贸易博览会执委会×××副主任、省经济协作办×××主任、博览会执委会×××秘书长和组委会有关部门负责同志的盛邀和大力支持。××日报、××文汇报、中国××社、香港××报、××日报、××卫视、××电视台、××广播电台、××晚报、××××报、××××××新闻报、××日报、××电视台、

××广播电台等二十余家新闻媒体也应邀出席了今天的酒会，在此，也向他们表示诚挚的谢意！

今天的招待酒会共有两项议程：

第一项是请中共××市委书记××致辞；

第二项是请中共××市委副书记、市长××作项目推介。

首先，请中共××市委书记××致辞。（略）

下面，请中共××市委副书记、市长××作项目推介。（略）

××是一座充满活力的美丽城市，更是一座蕴含无限发展潜力和商机的城市，优越的地理位置、丰富的资源、四通八达的交通……一定会有你们事业发展的新空间，投资兴业的新舞台。开放的××欢迎你们，×××万××的人民欢迎你们！

希望借助中国××投资贸易博览会这个良好的发展平台、借助这次酒会，进一步增进了解，加深友谊，促进合作，共同发展。

现在，我郑重宣布，招待酒宴现在开始，让我们共同举杯，为在座的各位嘉宾身体健康，事业兴旺，也为我们今后的合作愉快干杯！

展览会开幕晚宴致辞

范例

[致辞背景]　中国国际××展览会开幕晚宴

[致辞人]　中国国际贸易促进会××市分会领导

女士们、先生们：

晚上好！“中国国际××展览会”今天开幕了。今晚，我们有幸邀请到各界朋友到此欢聚，感到十分高兴。我谨代表中国国际贸易促进委员会××市分会，对各位朋友光临我们的招待会，表示热烈欢迎！

“中国国际××展览会”自上午开幕以来，引起了我市及外地科技人员的极大关注。这次展览会在××举行，为来自全国各地的科技人员提供了经济技术交流的好机会。我相信，展览会在推动这一领域的技术进步以及经济贸易的发展方面将起到积极作用。希望每一位朋友都能抓住机会，参与其中、施展才干、创建业绩、赢得未来。

今天在座的各位来宾中，有许多是我们的老朋友，我们之间有着良好的合作关系。对于你们的真诚合作精神，我们表示由衷的赞赏和感谢。同时，我们也热情欢迎来自各国各地区的新朋友，能借此机会与各位结识是我们的荣幸。

今晚，各国朋友欢聚一堂，我希望中外同行广交朋友，寻求合作，共同度过这个愉快的夜晚。

最后，请大家举杯，为“中国国际××展览会”的圆满成功、朋友们的健康，干杯！

民营企业商务发展招待宴会主持辞

范例

［致辞背景］ 商务招待宴会

［致辞人］ 市领导

尊敬的各位领导、各位来宾、朋友们：

今天在这里，为庆贺××××民营企业商务发展研讨会在××市胜利召开，我们大家齐聚一堂。这是多么令人欢欣鼓舞的一件大事。现在，请允许我代表××市委、××市政府、××局向出席今天宴会的领导和来宾朋友们表示最热烈的欢迎和最衷心的感谢！

自××年以来，我们××地区社会经济实现了巨大发展，市场发达，治安良好，群众生活水平大大提高，全市呈现出经济繁荣、社会安定景象。××年，××市经济社会综合发展水平更是跃居全国百强市前列，其经济与文化综合竞争力则极大地领先于全省××个地市。目前××市的小商品城建设日趋规模化和管理现代化，自××年已经连续举办了5届博览会，曾数次登上中国年度商务会展新闻大事榜，并被评为××××。博览会的规模以及中外参会商务人数也已跃居全国商务经贸类博览会十大排行榜单。

所有这些成就的取得都离不开在座各位商业界朋友一直以来的厚爱、参与和支持。今天，我们有幸得以借这个机会，在此向大家表示我们全××市人民最诚挚的谢意！

此次，××××在××市举办民营企业商务发展研讨会，必将为未来中国民营企业经济发展起到方向性的引导和巨大促动作用。我们在此真诚地邀请与会的各位领导、专家和企业家朋友，会议期间能借机会到我们××市的各地走访考察，发现××、了解××、支持××，同时希望您为我们××市的未来发展不吝意见，献言献计。在此我们先表示感谢。

各位领导、各位来宾，现在我提议：为此次民营企业商务发展研讨会

的圆满成功，为了各位领导和来宾朋友们的到来，为了我们民营企业未来的发展，为了今天我们能够汇聚一堂共商大计，我们干杯！

外商代表迎春酒会主持辞

范例

[致辞背景] 外商代表迎春酒会

[致辞人] 市委领导

尊敬的各位来宾、各位朋友、女士们、先生们：

今天在这里，我们××市委、××市人民政府举办全市××年××市外商代表迎春酒会。值此良辰佳景，我们大家能够欢聚一堂，共贺新春，同时也可以同商“共赢”大计。

现在我宣布今天出席本次酒会的有××市委市政府领导：×××等。感谢领导们的到来。同时出席今天酒会的外商代表：×××等；中商代表：×××等。感谢你们的到来。

在此，请允许我代表××市委××政府对今天参加此次迎春酒会的各位中外商界代表和来宾朋友们表示热烈的欢迎。

下面我来介绍一下今天酒会主要议程：第一项，由市委、市政府××领导××同志致酒会词；第二项，××××部门××同志为大家介绍××市涉外经贸概况；第三项，外商和中商代表讲话；最后一项，××迎春酒会正式开始。

下面，我们就请市委、市政府××领导××同志为大家致酒会辞！大家欢迎！（略）

接下来，我们请××部门××同志上台介绍我们××市近年来对外经贸发展运行概况。大家欢迎！（略）

下面，我们欢迎外商代表××先生发言。欢迎××先生！（略）

有请中商代表××先生上台讲话。欢迎××先生！（略）

感谢各位领导和商业代表们的精彩讲话。

现在，我宣布晚宴开始！祝各位领导与中外商界来宾朋友晚餐愉快！新年快乐！谢谢！

乡镇招商宴会领导致辞

范例

[致辞背景] 招商宴会

[致辞人] ××县领导

同志们，朋友们：

有朋自远方来，不亦乐乎。今天，我们在这里举办××招商宴会，诚邀天下客商，互相投资合作，促进共同发展。××人民热忱欢迎社会各界人士、海内外同胞们光临这片充满传奇色彩的土地。××有着厚重深积的历史文化、美丽的山水自然风光、丰富的资源、良好的投资环境和优质的服务，××政府拥有扩大开放、加快发展的坚强决心，××广大人民心存诚邀客商、建设××的美好愿望。借此机会，我就××招商引资的优势、基础和项目作一个简要的介绍。

第一，××自然资源丰富。首先，××依山傍海，环境优美，气候宜人，民风淳朴，社会治安良好，具有丰富的旅游资源。其次，××具有繁多的名优特产。再次，××的水电资源非常丰富。

第二，××交通便利。自××××年拟定《铁路高速公路建设方案》以来，两路建设如火如荼，国、省干道和乡村公路纵横交织，密如蛛网。

第三，××工业发达。近几年来，我们坚持以工业园区建设为重点，大力实施"兴工强市"战略，大力加强工业园区基础设施建设。

在招商引资方面，××具有雄厚的基础。近几年来，我市招商引资成效显著，共引进外资项目×个，到位资金×亿美元；引进内资项目×个，到位资金×亿元。这些项目和资金的引进，为我市经济社会发展注入了新的活力。连续五年，我市对外贸易尤其是加工贸易持续高速增长，外贸出口年均增幅超过×%，加工贸易年均增幅高达×%。全市经济社会持续发展，各项社会事业协调稳定发展，为广大客商来××投资打下了坚实的基础。

在这次招商会上，我们向大家推出了新兴城镇化基础设施类项目和构建和谐小区项目，合计优质项目×个，投资总额×亿元，这些项目都是涉及优质资产转让和可望获得丰厚回报的好项目。

我代表××的父老乡亲们，热忱欢迎海内外朋友到××投资置业、经商、旅游，携手共创美好明天！

县农副产品招商宴会主持辞

范例

［致辞背景］ 招商宴会

［致辞人］ ×县领导

尊敬的各位来宾、亲爱的兄弟姐妹们：

金秋送爽，在这丰收的季节里，我们共同迎来了×市×县农副产品招商会。欢迎各位领导莅临本次招商会，感谢各位朋友的支持与厚爱。

此次农副产品招商会旨在提升×县农副产品的质量和品牌，推进×县农副产业的发展。×县拥有得天独厚的自然条件、优越的生态环境，再加上各种惠农政策，这一切为名特优农副产品产销提供了充足的资源保障、安全的质量保障和有力的政策保障。近年来，×县县委、县政府高度重视现代农业发展，不断增加“三农”投入，使得农业出口率显著提高，农产品质量和品牌建设水平不断提升，特别是绿色食品、有机农产品认证数量位居全省前列，培育出一大批在省内外有影响的名特优农产品。

×县的茶、酒、特色小吃文化有文献可查，×县还是中国重要的中药基地。×县拥有雄厚的科技开发实力，先进的技术装备和大批高级科研人员，×县还具有多种自然景观和人文景观，旅游资源丰厚，让人流连忘返。投资×县高效规模农业，经销×县名特优农副产品，一定能够获得丰厚的回报。希望各位来宾、各位企业家尽快到×县走一走、看一看，实地考察，亲身体验。

×县开发农副产品要走的路还很长，我县将进一步开拓创新，发挥优势，大力实施精品工程，生产上抓落实、保安全，产品上强技术、创优势，产业上抓延伸、争效益，经营上打品牌、拓市场，在实施高效农业上做出新文章、争创新优势、跨出新步伐。

相信通过举办本次农副产品招商会，汇集更多的目光聚焦×县、更多的世人关注×县、更多的投资者创业×县，×县的明天一定会更加美好。

会后，请各位与会代表观摩现场各种农副产品相关展示，此次展示示范的品种有××余个，是近年来各乡镇育种单位育成的最新成果，并已经通过省（市）或国家审定，正大面积示范、推广。

欢迎各方仁人志士到×县来，这里充满无限商机！